JN437084

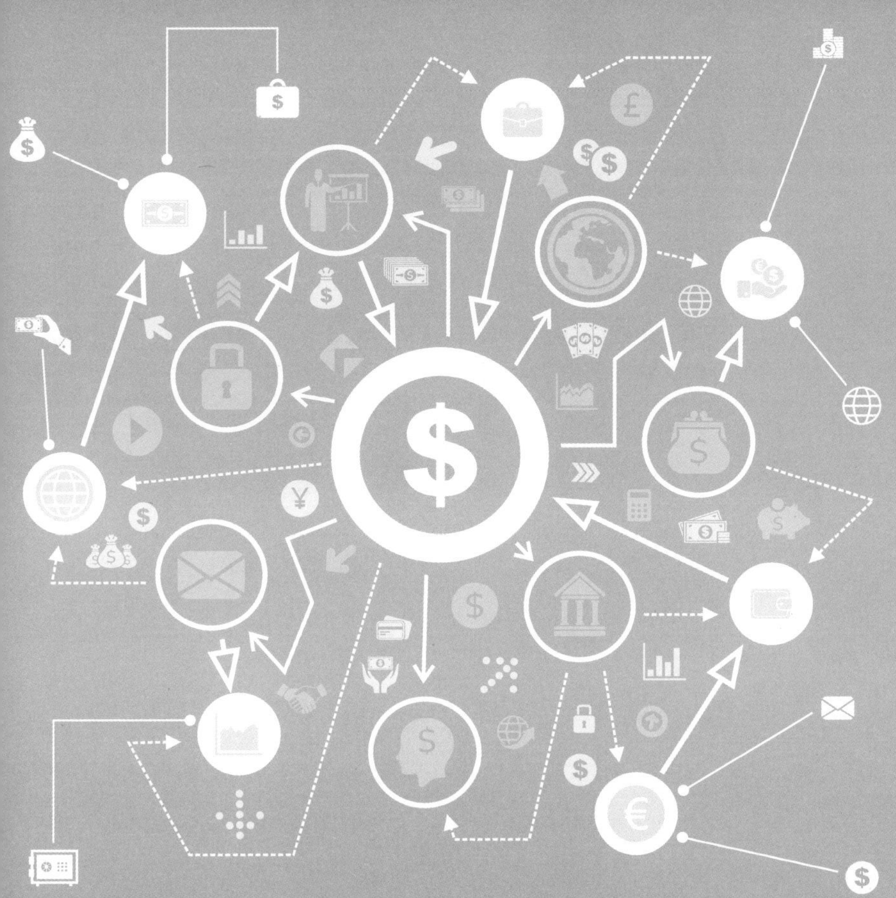

사례중심의

경영학원론

김명호 저

도서출판 두남

오늘날, 4차 산업혁명에 의한 급격한 기술의 혁신, 사회구조의 변화, 다양한 문화양식의 출현 등으로 말미암아 조직의 관리는 한층 까다로워지고 있으며, 전문적인 경영지식이 요구되고 있다. 더구나 국민들의 생활수준은 크게 향상된 가운데 도시의 현대화, 공해의 방지, 의료 시설의 확충, 토지개발, 주택건립 그리고 교육환경개선 등으로 관리자는 대량의 재화와 용역의 흐름을 철저하고 효율적으로 관리해야 하는 사명을 안고 있다.

따라서 관리업무는 점차 어려움을 더해가고 있으며, 우리 주변의 상황은 관리자들로 하여금 전문적인 교육과 훈련을 받도록 강요하고 있다.

그동안 우리 사회가 많은 변화를 겪어오는 가운데 경영학 역시 그 발전단계에서 많은 변신을 거듭해 왔다. 그러나 경영학의 연구방법이 많은 변화를 가져왔지만 인적·물적자원을 가지고 원하는 결과를 성취한다고 하는 경영관리의 기본사명만은 변하지 않았다.

이 책은 이와 같은 관리자들의 과업에 관한 것을 내용으로 하고 있다. 즉, 관리자들이 조직의 목표를 성취하기 위하여 조직구성원과 그들의 활동을 어떻게 관리할 것인가를 설명하고 있다.

그리고 이 책의 목적은 최신의 경영지식을 습득하고, 개인 및 조직의 생산성을 극대화시키기 위하여 효과적인 관리기술을 개발하고자 하는 경영학도 및 실무자들에게 도움을 주려는데 있다. 또한, 이 책은 이러한 취지와 목적을 성취하고자 하는 열망에서 지금까지 개발된 경영관리의 기초지식을 초보자들이 알기 쉽도록 정리하고, 체계화하였다.

따라서 이 책은 경영학의 지식이 전혀 없는 학생들을 위한 기초 입문서로서 뿐만 아니라 경영실무자들을 위한 유용한 지침서의 구실을 할 것이다. 이러한 맥락에서 이 책은 3부 17장으로 구성되었다. 각 부는 그 나름대로 독자적인 영역을 고수할 수 있도록 '제1부 경영학의 일반적 접근', '제2부 경영활동의 기본 인식', '제3부 경영활동과 관리'로 짜여져 있다.

각 장은 시작부분에 그 장의 개념을 제시하여 전체적인 이해를 쉽게 하였다. 그리고 각 장의 끝에는 관련된 기업사례를 실었는데, 이것은 이론과 실제를 접목시키면서 현실감각을 살리기 위한 것으로, 독자들이 터득한 관리 개념을 실제상황에 적용할 수 있는 능력을 배양하는데 도움이 되었으면 한다.

그리고 대부분의 이미지를 정성껏 그려준 이종영 박사, 꼼꼼하게 교정을 보아준 박사과정의 김수걸 국장과 이상열 사장에게 감사드리고, 항상 따뜻한 격려와 도움을 주신 분들께도 감사의 말씀을 전한다. 또한, 나의 사랑스런 가족, 특히 손주 주환이와 송하와 함께 이 기쁨을 같이 하고 싶다.

끝으로 오랫동안 본서의 출간을 기다리면서 정성껏 편집과 제작을 도와준 도서출판 두남의 전두표 사장님과 편집부원들께 깊은 감사를 드린다.

2018년 3월
사기막에서 저자 씀

차례

Contents

PART 1 경영학의 일반적 접근

PART 2 경영활동의 기본 인식

Chapter 5 조직의 목표 91

Chapter 6 경영전략과 전략적 계획 108

Chapter 7 기업의 사회적 책임 136

Chapter 8 경영자의 리더십 148

PART 3 경영활동과 관리

PART 01

경영학의 일반적 접근

Chapter 1

경영학의 개념

제1절 경영학의 의의

1. 관리의 정의

관리(management)란 단어는 라틴어의 마누스(manus)로부터 유래된 것으로, 손·일·무리·군중 등의 뜻을 가지고 있다. 즉, 경영(administration)에서는 작업과 인간의 문제가 중점적으로 거론되어 왔으며, 오늘날에도 경영(관리)은 인적·물적 자원을 효과적으로 통합·조정하는 행위라고 규정하고 있다.

사람들이 개별적으로는 성취할 수 없는 목표를 달성하기 위하여 집단을 형성한 이래, 관리활동은 개인의 노력들을 조정하기 위한 필수적인 요소가 되어 왔다. 우리가 점차 집단의 노력에 의존하게 되고, 조직화된 많은 집단들이 성장함에 따라 관리자들의 임무는 더욱 중요하게 되었다. 실제로 인간의 활동 중에서 가장 핵심적이고 중요한 것이 관리활동이다. 왜냐하면 각계각층의 모든 관리자들은 사람들이 집단적으로 과업을 수행하여 부여된 사명과 목적을 달성할 수 있는 환경을 조성시켜 줄 기본임무를 지니고 있기 때문이다.

2. 관리의 필요성

현대사회에 살고 있는 사람들은 누구나 직·간접적으로 어떤 조직 속에서 생활하고 있다. 마치 거대한 거미줄과 같이 서로 연결된 조직망은 우리에게 삶의 행복과 번영을 약속하는 물자와 자원을 제공한다.

그러므로 조직체에서 공식조직(formal organization)을 이루기 위해서는 다음과 같은 3가지 기준을 만족시켜야 된다.

① 적어도 두 사람 이상이 있어야 한다.

② 하나의 공동목표가 설정되어야 한다.
③ 그 목표를 성취하기 위하여 노력하고, 이끄는 사람이 있어야 한다.

그런데 모든 집단의 과업은 항상 분업을 통하여 수행되므로, 집단이 그 목적을 달성하기 위해서는 모든 업무가 조정·관리되어야 한다. 물론 소규모의 조직은 명확히 규정된 관리자들 없이도 운영될 수 있겠지만, 대규모의 조직에는 관리자에게 과중한 과업을 맡기게 되므로 관리자들의 과업을 명확히 규정하여야 하고, 관리자들과 종업원들의 과업을 조정하여야 한다.

3. 관리의 성격

1) 관리는 기술인가? 과학인가?

관리가 기술(art)인지, 과학(science)인지의 문제가 흔히 제기되는데, '기술'은 업무수행의 기교로서 바라는 결과를 얻어내는 비결이라고 규정하며, '과학'은 체계화된 지식으로 규정한다.

그러므로 실천으로서의 관리는 기술이고, 그 실천의 기초를 이루는 체계화된 지식은 과학이라고 말할 수 있다. 이러한 시각에서 과학과 기술은 상호보완적이므로, 생산적인 기술은 그것의 토대가 되는 과학의 이해를 요구한다.

2) 관리는 배울 수 있는 것인가?

관리는 과학과 기술이 상호보완을 이룬다. 그러나 우리는 교육을 통하여 관리에 관하여 배울 수는 있지만, 관리 자체를 배울 수는 없다.

따라서 사람이 관리를 잘 할 수 있느냐? 없느냐? 하는 문제는 그가, 무엇을, 얼마나 잘 배웠으며, 또 얼마나 영리하며, 배운 것을 얼마나 잘 응용하는지 등과 반드시 관련이 있는 것은 아니다. 물론 이들이 중요하기는 하지만, 무엇보다도 가장 중요한 요인은 사람의 개성과 행동양식인 것이다.

따라서 관리는 배울 수 있는가?라는 문제의 해답은 각기 독특하고 다양한 개성과 행동양식을 지닌 관리자들이 과연 경영의 이론과 원리를 어떻게 받아들이느냐 하는 또 다른 문제를 야기시킨다.

3) 관리는 보편타당한 것인가?

맥케니(James L. McKenney)와 킨(Peter G. Keen)은 사람에 따라 사고방식이 체계적인 사람이 있는가 하면, 직관적인 사람이 있고, 또 지시적인 사람이 있는가 하면, 수용적인 사람도 있다고 주장하였다. 그리고 이들 유형은 고유한 것으로서 성인이 되기 전에 이미 형성된다고 보고 있다. 그런데 이들 유형이 사람들의 직무수행방법에 영향을 미칠 뿐만 아니라 심지어 적성에 맞는 분야를 결정지을 수 있다는 것이다.

모든 조직(기업)은 각기 서로 다른 배경과 관습 그리고 문제를 내포하고 있으므로 각기 독특한 개성을 지닌 관리자들의 다양한 관리방식이 성공하기도 하고, 실패하기도 한다. 그러므로 모든 상황에서 관리할 수 있는, 한 가지 최선의 방법이란 결코 있을 수 없다. 마찬가지로 모든 상황을 위한 최선의 개성이나 관리방식도 없다. 그러므로 적절한 관리방식은 오로지 관련된 환경과 사정에 달려있으므로 관리기법은 상황에 따라 달리 적용되어야 한다. 즉, 관리자가 관리의 이론, 원칙 그리고 기법을 적용할 때, 현실상황을 고려하는 이른바 상황 적응적 관리(contingency management)를 하는 것이 효과적이다.

제2절 경영관리의 기능

1. 개방시스템으로서의 조직

어떤 조직이든 독자적으로 존재하지 않으며, 그 조직이 속해있는 산업분야나 경제계 또는 사회와 같은 보다 큰 시스템의 한 부분으로서 외부환경의 변화에 종속되어 있다. 그러므로 조직은 외부환경과 끊임없이 접촉하면서 투입요소들을 받아들이고, 이들을 변형시켜서 산출물을 밖으로 산출한다.

1) 시스템의 개념

시스템(system)이란 전체의 독특한 특성에 기여하기 위해 상호 관련된 부분들로 구성된 어떤 존재이다. 그리고 이들 부분들은 상호 유기적으로 관련되어 있다. 그러므로 어느 하나가 빠지거나 제 기능을 발휘하지 못하면, 전체 시스템은 올바르게 작용하지 않는다.

모든 조직도 시스템으로, 조직을 이루는 부분들은 그 조직의 업무수행에 이용되는 사람(사회적 요소)과 기계(기술적 요소)들 이다. 그러므로 조직을 사회·기술시스템(sociotechnical system)이라고도 한다. 조직·인간 또는 자동차와 같은 복잡한 시스템의 주요 부분들 자체도 본시 시스템인데, 이를 부분시스템(sub-system)이라고 한다. 조직의 각 관리계층과 각 부서와 같은 부분시스템들은 각기 전체 조직에서 중요한 역할을 한다.

2) 폐쇄시스템과 개방시스템

시스템에는 폐쇄시스템과 개방시스템의 2가지 유형이 있다. 폐쇄시스템(closed system)은 확고한 경계선을 긋고 있어 시스템의 외부환경으로부터 영향을 받지 않는다. 예를 들면, 시계는 폐쇄시스템의 대표적인 예라고 할 수 있다. 즉, 시계가 에너지만 충분히 저장하고 있으면, 그 시스템은 외부환경과 관계없이 작용한다.

개방시스템(open system)은 외부환경과 교류하면서 작용한다. 그러므로 개방시스템은 외부환경의 변화에 적응할 능력을 갖고 있어야 하며, 그것이 계속 작용하기 위해서는 그 변화에 적응해야 한다. 무엇보다 모든 조직은 개방시스템이기 때문에 관리자들은 개방시스템에 관심을 두며, 조직의 생존을 위하여 외부세계에 의존하여야 한다.

3) 조직의 개방시스템 모형

조직은 외부환경으로부터 물자, 자본, 인적자원, 정보 등을 들여오며, 이렇게 들여오는 것들을 투입요소(input)라고 한다.

다음의 〈그림 1-1〉은 개방시스템으로서의 조직을 단순하게 표시한 모형이다.

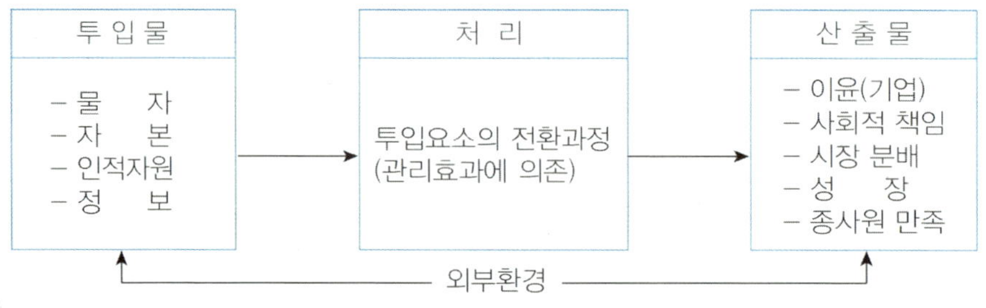

〈그림 1-1〉 개방시스템으로서의 조직

처리(process)단계에서는 조직이 이들 투입물을 변환시켜 제화나 용역의 산출물(output)을 만들며, 조직은 이를 외부로 내놓는다. 그러므로 조직이 효과적으로 관리되면, 처리과정에서 투입물에 가치를 부가할 것이다. 그리고 그 결과는 이윤의 발생, 매출액 증가, 시장점유율 확대, 사회적 책임, 종업원의 만족, 성장발전의 성취 등 많은 부가적 산출물로 나타난다.

2. 관리에 영향을 미치는 환경요인

조직은 생존을 위하여 외부환경과 끊임없이 교류하여야 하며, 여러 가지 환경요인들이 조직관리에 직접·간접으로 영향을 미친다. 그러므로 조직을 관리하기 위해서는 조직에 영향을 미치는 환경요인들을 분석·파악하여 이들에 대한 대응책을 마련해야 한다. 이러한 환경요인은 외적 환경요인과 내적 환경요인으로 구분되는데, 관리는 변화하는 외적 환경요인에 조직을 적응시키기 위하여 내적 환경요인을 조정하는 기능이라고 볼 수 있다.

1) 외적 환경요인

외적 환경요인들은 직접·간접으로 조직에 중대한 영향을 미칠 수 있는데, 그 성격상 사회적·경제적·물질적·기술적 요인으로 구분할 수 있다.

① **사회적 요인** : 주로 경제·정치·종교·교육·윤리·국제관계 등에 대한 사회의 문화적 태도를 반영시키는 것으로, 기업의 사회적 책임과 소비자 보호운동에 영향을 미치고 있다.

② **경제적 요인** : 조직이 직면한 일반 경제상황을 반영하는 경제성장률, 국민소득수준, 실업률 등과 관련이 있는 것으로, 이는 소비자에 의해 요구되는 재화나 용역의 산출량에 직접 영향을 미친다.

③ **물질적 요인** : 자연자원이나 인적자원과 같은 조직의 투입물과 공기나 물의 오염도와 같은 기업의 산출물과 관련이 있는 것으로, 오늘날 자연보존·환경보호문제를 야기시키며, 이에 따른 비용이 조직에 영향을 미치게 된다.

④ **기술적 요인** : 비용을 절감시키고 효율을 증대시킬 수 있는 새로운 물질이나 공정의 개발 등과 관련이 있으며, 조직이 살아남기 위해서는 지속적인 기술혁신과 기술개발을 주도해야 한다.

2) 내적 환경요인

관리가 외적 환경요인의 영향을 받는 것처럼 많은 내적 환경요인들 또한 직접·간접으로 조직내의 변화를 일으키는 원인이 된다.

이와 같이 내적 환경의 변화는 조직의 기본구성요소인 조직의 구성원, 구조, 기능, 물적요인 등에 큰 영향을 미친다. 그리고 조직이 구성원, 구조, 기능, 물적요인 등으로부터 어떻게 영향을 받을 것인가? 하는 문제는 조직의 목표·계획·전략·방침 등에 따라 결정된다.

3. 관리기능

외적·내적 환경요인들에 의하여 야기되는 변화를 수용하기 위하여 인적·물적자원과 같은 투입물들을 다양한 모습으로 조화롭게 변동시킴으로써 비로소 관리는 시작된다. 그리고 투입물(input)들은 끊임없이 계속되는 변화의 흐름을 반영시키면서, 계획화·조직화·지휘화·통제화의 관리기능을 발휘시키는 시발점의 역할을 하게 된다. 결국, 이들 투입물은 이러한 관리기능을 거쳐 고객이 바라는 산출물(output), 즉 재화나 용역을 내놓게 된다. 조직의 성공과 실패는 바로 이 산출물에 달려 있다.

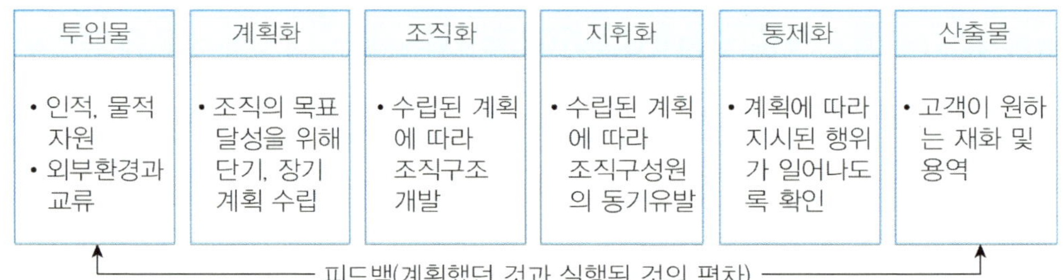

〈그림 1-2〉 조직의 전체시스템

1) 계획화

계획화(planning)는 관리의 첫번째 기능으로서 계획수립기능을 말한다. 즉, 조직의 목적이 무엇이며, 조직구성원은 그것을 성취하기 위하여 무엇을 하여야 하는가를 미리 결정하는 과정이다.

그러므로 효과적인 업무수행을 위해서 사람들에게 그들의 목표나 목적을 알게 하는 것보다 더 중요한 것은 없다.

2) 조직화

조직화(organizing)는 조직의 구성원이 수립된 계획을 실천하여, 그 목적을 달성할 수 있는 어떤 '체계의 틀'을 짜 맞추는 것을 말한다. 그러므로 조직은 누가, 무엇을 하여야 하는가를 규정하게 된다.

조직기능은 사람들이 조직에서 담당하여야 할 역할의 체계를 의도적으로 설정하는 것과 관련된다. 조직기능은 목표를 달성하는데 필요한 모든 과업이 반드시 잘 수행할 사람들에게 할당되도록 하는 것을 확실히 한다는 뜻에서 의도적이다.

그러므로 조직화는 다음과 같은 사항을 포함한다.

① 목표를 달성하는데 어떤 활동이 요구되는가를 결정한다.
② 이들 활동을 각 부서별로 집단화시켜 나눈다.
③ 그러한 집단활동을 관리자에게 할당한다.
④ 그들에게 실천할 권한을 위양한다.
⑤ 그러한 활동, 권한, 전달을 종과 횡으로 조정한다.

3) 지휘화

지휘화(leading)는 조직구성원들로 하여금 조직구조에 따라 맡겨진 그들의 임무를 수행하도록 이끄는 것이다.

리더십은 사람들의 추종을 의미하는데, 사람들은 그들의 충동·욕구·희망을 충족시킬 수 있는 수단을 제공하는 사람을 따르려고 하므로, 지휘기능은 동기부여, 리더십의 유형과 접근방법 그리고 정보전달 등의 문제를 내포하게 된다. 그러므로 과거에는 관리자들이 채찍질이나 위협 그리고 경제적 보상을 수단으로 하여 그들의 지휘기능을 발휘하였으나, 근래에는 조직구성원들로 하여금 내적 충동을 일으켜 행동하게 하는 동기유발에 주로 관여하고 있다.

4) 통제화

통제화(controlling)는 나타난 결과가 수립된 계획과 부합되도록 하기 위하여 조직구성원의 활동을 측정하고, 수정하는 기능을 말한다. 그러므로 통제기능은 조직이 실제로 그의 목적을 달성하고 있는가?를 확인하는 과정으로, 일반적으로 다음의 3가지 단계를 밟는다.

[단계 1] : 주어진 기간 내에 성취하여야 할 표준과 목표를 설정한다.
[단계 2] : 실제로 이룩한 것을 측정하여 이를 목표와 비교한다.
[단계 3] : 목표와 크게 벗어났다면, 이를 시정하기 위해 조치한다.

4. 관리기능과 관리계층

경영조직에서는 계획기능, 조직기능, 지휘기능, 통제기능의 결합상태가 관리계층에 따라 〈그림 1-3〉과 같이 다르게 나타난다. 최고경영층에서는 계획기능이 주요 업무가 되고, 그 다음이 조직기능이며, 지휘기능과 통제기능은 그다지 중요치 않다. 그러나 하부감독층에서는 지휘기능과 통제기능에 가장 큰 역점을 두게 된다. 이 계층에서의 계획기능은 단기적인 성격을 띠게 되고, 조직기능은 어느 정도 제한된다.

그리고 그림에 나타내지 않았지만, 조직의 중간관리층에서는 모든 기본적인 관리기능이 적절히 혼합된다.

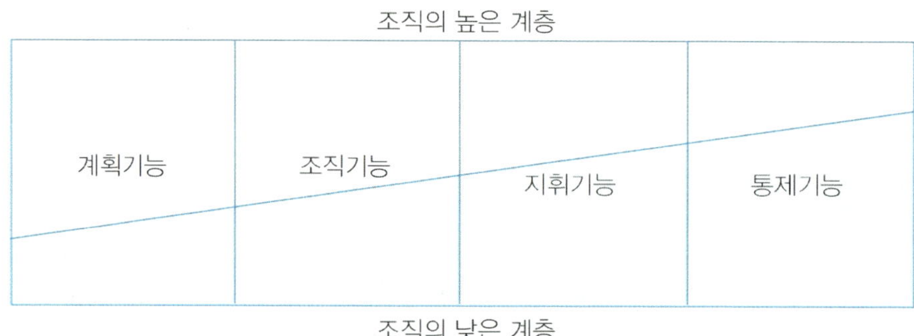

〈그림 1-3〉 관리기능과 조직계층과의 관계

5. 관리기능과 업무기능

소규모 사업체, 대기업, 행정부서, 일반 경영계층, 특정 업무분야 등 조직의 어느 계층·어느 분야를 막론하고, 모든 관리자는 계획기능, 조직기능, 지휘기능, 통제기능을 실천하는데 관여한다. 이와 같은 관리기능을 생산·마케팅·재무 등과 같은 업무기능(operative function)과 혼돈하지 않아야 한다.

관리자의 활동영역은 어느 한 업무기능으로 한정되는데, 관리자가 어떤 업무기능에 대해 책임을 지고 있든지간에 그는 자기가 맡은 조직의 과업을 계획하고, 그 과업이 수행될 수 있는 조직체계를 설정하여 명령과 지시를 내려야 하며, 그 업무가 계획대로 달성되고 있는가를 확인하여야 한다.

〈그림 1-4〉는 생산분야의 대표적인 업무기능과 관리기능 사이의 관리활동 범위를 예시한 것이다. 여기에서 생산분야의 담당 관리자는 계획·조직·지휘·통제의 관리기능을 적절히 활용함으로써 임무를 효과적으로 실천할 수 있다. 이것은 마케팅·재무·

인사분야를 담당한 각 관리자들에게도 마찬가지이다. 결국, 조직을 위한 관리활동은 그 조직에서 나타나는 각 업무분야에 대한 관리기능을 요구한다.

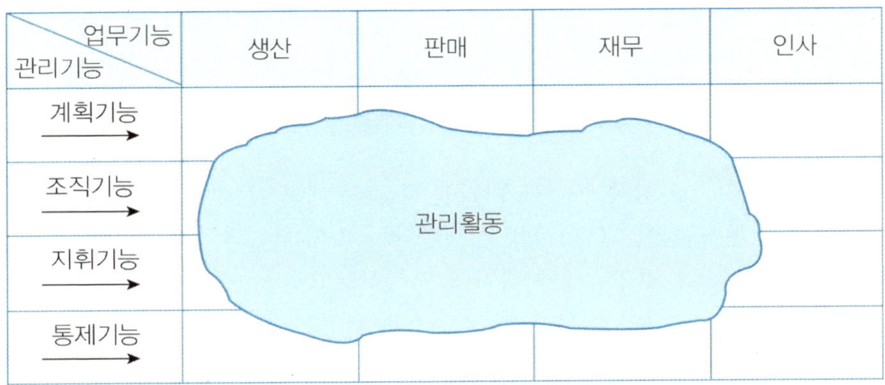

〈그림 1-4〉 관리기능과 업무기능과의 관계

기업사례

경쟁력 있는 기업의 경영이념

지속적인 도전을 계속하여 경쟁력 있는 기업으로 성장한 기업은 일반적인 기업과는 다른 생각과 관점으로 기업을 발전시켜 나간다.

1. 자만하지 않는다

1911년 10월, 남극점 최초 도착을 둘러싸고 로알 아문센(Roal Amundsen)과 로버트 스콧(Robert Scott)이 세기의 대결을 벌였다. 그 결과는 아문센 팀이 승리하였으며, 스콧 팀은 지친 나머지 눈 속에서 전원 사망했다.

과연 무엇이 그들의 운명을 좌우하였던 것일까. 이 역사적인 사례를 통해 현대 기업과 개인은 큰 교훈을 얻을 수 있다.

아문센 팀과 스콧 팀의 가장 큰 차이는 '광적인 규율'의 유무에 있었다. 즉, 스콧 팀은 날씨가 좋고 컨디션이 좋을 때는 체력이 다 소진할 때까지 행진했다. 그러나 아문센 팀은 날씨가 아무리 좋아도 하루에 적정선인 20마일 행진을 고수했으며, 반대로 날씨나 컨디션이 아무리 나빠도 하루 20마일을 행진하였다.

위대한 성과를 창출하는 기업들은 정해진 규율에 의해 업무를 해내고 목표를 달성해 나가지만, 그렇지 못한 평범한 기업은 이러한 규율이 없다.

그리고 자만에 빠진 기업은 절대로 정해진 목표를 달성하기 위하여 꾸준히 규율을 지킬 수 없다. 자만이 무서운 것은 방만해지고 느슨해진 마음과 행동들이 모여 바로 큰 댐이 바늘구멍만한 틈에 의해 무너지는 경우와 같기 때문이다.

적자에 허덕이며 몰락해 가던 애플로 돌아온 스티브 잡스(Steve Paul Jobs)가 가장 먼저 한 것은 과거의 화려한 성공이나 명예를 발판으로 자만하지 않고 회사의 규율을 강화한 것이었다.

사우스웨스트 항공을 통해 우리가 배워야 할 것은 바로 혹독하다고 할 만큼 많고 힘든 엄격한 업무 규율이 그 회사에 존재한다는 것이다.

사우스웨스트 항공은 30년 넘게 흑자를 기록하였고, 사우스웨스트 항공이 처음에 벤치마킹했던 혁신 기업 퍼시픽사우스웨스트 항공은 파산했다. 똑같은 시스템, 똑같은 방식을 벤치마킹했음에도 불구하고 한 기업은 망하고 다른 한 기업은 승승장구하는 이유가 바로 임직원이 자만을 하느냐! 하지 않느냐!에 있다. 즉, 혁신보다 더 중요한 것은 엄격한 규율을 통해 일관성 있는 매일의 업무 달성 행동이다.

한 번의 큰 성공이나 큰 성과보다는 일관성 있는 작은 행동들이 모여야 위대한 기업으로 도약할 수 있다.

2. 변화에 적응한다

기업이나 조직은 끊임없이 변화를 추구하지 않으면 안된다. 그리고 이것은 바로 생존과 직결되는 중요한 문제이다.

기후변화가 인간의 삶에 큰 영향을 미치는 거대한 시대적 조류임을 실감하고, 2012년 6월에 SPC그룹은 식품업계에서 처음으로 '날씨판매지수'를 만들었다. 최근 5년간 전국 169개 지점의 기상관측 자료와 10억 건 이상의 점포별 상품 판매 데이터를 분석한 자료이다. 이 자료는 실시간으로 전국 3,100여점의 파리바게트 점포 단말기에 제공된다. SPC는 대량의 데이터(big data)를 이용한 날씨판매지수를 적용한 지 한 달 만에 조리빵 매출이 30% 늘었다고 한다.

3. 미래를 내다본다

미래를 내다본다는 것은 미래를 예측하고, 그것을 토대로 무엇을 우선적으로 집중해야 할 것인지 선택하고, 그것을 해 나갈 수 있는 것이다.

세계에서 가장 빠르게 성장하는 기업이 가진 공통점 가운데 하나는 사람들의 삶을 개선해주고, 세상에 고차원적인 혜택과 유익을 준다는 목표를 가지고 있다는 것이다. '미래 기업은 무엇으로 성장하는가'의 짐 스텐겔(Jim Stengel)이 정리한 대표적인 기업들의 브랜드 비전을 살펴보면, 기업의 존재이유가 단순히 수익 창출이 아니라는 사실을 알 수 있다.

① 코카콜라 : 행복한 순간을 고취시키기 위해 존재한다.
② 도브 : 모든 여성이 자신의 고유한 아름다움을 누릴 수 있도록 존재한다.
③ 구글 : 호기심을 즉시 충족시킬 수 있도록 돕기 위해 존재한다.
④ IBM : 더 똑똑한 세상을 만들기 위해 존재한다.
⑤ 메르세데스 벤츠 : 성취하는 삶의 전형을 보여주기 위해 존재한다.
⑥ 삼성 : 가능성이 무한한 세상에서 상상력을 고취시키고 삶을 풍요롭게 하기 위해 존재한다.
⑦ 스타벅스 : 인간의 정신에 영감을 불어넣고 더욱 풍요롭게 한다.

1945년부터 1968년까지 보잉사에 빌 앨런(Bill Allen)이 CEO로 있을 때, '점보 747'을 개발하였다. 하늘에 약4,000종의 비행기가 날아다니지만, 점보 747이야말로 역사상 가장 성공한 여객기라고 할 수 있다.

그러나 보잉사의 가장 크고 모험적인 프로젝트는 점보 747의 개발이었다. 당시 한 이사가 점보 747에서 발생할 예상 투자 수익률을 담당 관리자에게 물었을 때, "예측을 해 보긴 했는데, 기억이 나지 않는다."고 퉁명스럽게 답변하였다고 한다. 즉, 이윤은 중요한 문제가 아니었다.

보잉사가 상업적으로 어마어마한 성공을 거둔 비결은 이윤추구가 아닌 비행기 자체를 사랑했기 때문이었다. 즉, 이윤을 직접 공략했을 때보다 우회 전략을 썼을 때, 더 많은 이윤이 발생한다는 것이다.

만약, 보잉사가 이윤, 투자 수익률, 주주 수익률 등의 관점으로 접근을 하였다면 나쁜 결과를 초래할 수도 있었을 것이다. 즉, 이윤 추구에 있어 그것들은 일종의 함정과 같다.

그러면 경쟁자들보다 앞서 시장을 선점하는 기업의 성장 동력은 무엇인가. 그것은 고객의 삶을 개선하며 시대를 초월하는 비즈니스의 기본원칙과 인간 본성에 뿌리를 둔 새로운 비즈니스의 틀이다. 그러므로 기업은 새로운 비즈니스의 틀을 갖추고 미래를 전망해야 한다.

4. 새로운 길을 개척한다

오스트리아 출신의 미국 이론 경제학자인 조지프 슘페터(Joseph Alois Schumeter)는 기업가의 책무는 '창조적 파괴'라고 말하였다. 즉, 위대한 기업가는 기존 질서를 항상 파괴하고 해체시켜 새로운 질서를 만들고 새로운 비즈니스 모델을 창조하는 사람이라는 것이다.

1980년대, 토요다자동차는 지속적인 개선(continuous refinement)이라는 개념을 통하여 얻은 높은 품질로 경쟁기업을 따돌리고 세계적인 관심을 얻었다.

구글은 현대 경영의 새로운 모델을 발명하였으며, 그것은 혁명적이라고 해도 과언이 아니다. 거기에는 산업혁명 이후 비즈니스계를 지배했던 조직방식과는 확연히 다른 특징이 담겨있다. 즉, 일하는 방식, 조직관리, 위기에 대처하는 태도 그리고 소비자와의 관계 등에서 다른 기업들이 한 번도 해 본적이 없는 새로운 시도를 통하여 비즈니스를 혁신하고 있다.

기아자동차가 개발한 자동차의 앞에는 최초의 수식어가 붙어 다닌다. 예를 들면, 최초의 화물자동차인 3륜 K-360, 최초의 해외수출차량인 브리사 픽업 B-1000, 국내 최초의 승합차인 봉고, 세계 최초의 온오프 겸 승용형 SUV인 스포티지, 국내 최초의 완전 독자개발 승용차인 세피아, 국내 최초의 2인승 스포츠 오픈카인 엘란, 국내 최초의 승용형 미니벤인 카렌스, 신개념 CUV인 쏘울 등을 개발하였다.

5. 열정을 갖는다

런던 비즈니스 스쿨의 게리 하멜(Gary Hamel)은 자신의 저서인 '경영의 미래'에서 열정과 창의성과 추진력이 기업의 성공에 가장 크게 공헌하게 되는 요소라고 하였다. 즉, 가장 중요한 능력은 지식이나 기술이 아닌 열정이라는 것이다.

그리고 열정을 가진 사람은 기꺼이 장애물을 뛰어넘으며 쉽게 포기하지 않는다. 또한, 열정은 전염성이 있어 한 개인의 노력이 대중운동으로 퍼지게 만드는 중요한 기능이 있다.

오늘날 근면하고, 순종적으로 열심히 일하는 전문적 기술을 가진 근로자들은 넘친다. 그래서 구인광고만 내면 수없이 몰려들지만, 개인이나 기업의 성공에 이러한 요소가 크게 공헌하지 못한다는 것을 의미한다.

따라서 기업의 성공을 위한 강력한 요소는 열정이며, 이것은 창의성과 추진력을 수반하게 된다. 이와 같이 열정은 기술적, 정신적, 물리적인 한계를 뛰어넘게 해주는 유일한 요소이다.

메이난 제작소는 18세 청년에게 3천만 엔짜리 플랜트 설계를 맡겼고, 그 청년은 실수는 많았지만 실수를 자각하면서 크게 성장하였다. 메이난의 작업시스템은 개인이 90%를 책임지며, 나머지 10%는 협업으로 이루어진다. 10%의 협업은 사장을 비롯한 선배들의 충고를 받아들여 개선해 나간다. 현재 메이난에는 9개의 개발팀이 있으며, 사장도 1개의 개발팀을 이끄는 그룹의 일원이다. 이러한 기업시스템은 하세가와 사장의 일에 대한 열정이 있기 때문에 가능한 것이다.

6. 신속하게 실천한다

대부분의 기업들은 거창하고 멋진 전략과 목표, 계획을 수립한다. 그러나 멋진

전략과 계획만큼 신속하고 과감하게 실행에 옮길 수 있는 기업은 많지 않다.

피터 드러커(Peter Drucker)는 "시간은 가장 희소한 자원이다. 시간을 관리하지 못하면 아무 것도 관리하지 못한다."고 말한 것처럼, 자원 중에서도 가장 중요한 자원은 바로 시간이다. 그러므로 시간경영이 자기경영의 핵심이 될 뿐만 아니라, 기업경영에 있어서도 신속한 실천력과 결단력이 그 어떤 요소보다 중요하다.

20세기 '현대 전쟁이론의 아버지'라 불리는 존 보이드(John Boyd)가 있다. 존 보이드는 한국전쟁과 베트남전쟁에도 참전하였으며, 한 번도 패한 적이 없는 독보적인 전투기 조종사이자 교관이었다.

존 보이드는 혼자 힘으로 미군의 군사 행동전략과 미군들의 마인드를 변화시켰으며, 그 핵심은 '스피드가 곧 전략'이라는 것이다.

그의 전쟁이론이 미국 국방부뿐만 아니라 미국 전역의 기업과 조직에 빠르게 확산되어 최고의 경영이론으로 받아들여지게 되었으며, 그 결과 나온 것이 '스피드 경영이론'이다.

꿈과 목표와 신념을 실천하는 일, 즉 성공을 이루는 유일한 방법은 신속한 행동에 있다.

연습문제

1-1. 관리의 정의를 설명하라.

1-2. 관리의 필요성을 설명하라.

1-3. 폐쇄시스템과 개방시스템을 비교 설명하라.

1-4. 관리에 영향을 미치는 환경요인을 설명하라.

1-5. 관리기능을 설명하라.

1-6. 관리기능과 관리계층의 관계를 설명하라.

1-7. 경쟁력 있는 기업의 경영이념을 설명하라.

1-8. 남극탐험의 대결을 한 아문센 팀과 스콧 팀의 전략적 차이점을 설명하라.

Chapter 2

경영학의 발전과정

제1절 경영학이 없던 시대의 경영

경영학이 학문으로서 체계화된 것은 1900년대 테일러의 과학적 관리가 출현한 이후의 일이지만, 경영은 인간이 지구상에 존재해 왔던 아득한 역사만큼 긴 흐름을 가지고 있다. 그러므로 경영학의 틀이 잡히지 않았던 시대의 경영관리 사상이 기술·문화·사회·경제·정치에 어떻게 영향을 미치면서 발전해 왔는가를 살펴보자.

1. 근세시대 이전

1) 선사시대 : 집단생활의 협동·분업

원시사회에서는 집단이 공생공존하기 위해서 보다 복잡한 방식의 협력, 분업 그리고 공권력 등이 어떻게든 이루어져야 했다. 그리고 짐승 사냥, 농작물 재배, 공격에 대한 방어 등은 집단노력으로 이루어졌다.

그러므로 누군가가 집단의 목표를 명시하고, 의사결정을 하고, 집단의 힘을 조직화하여 이끌어 나가며, 결과를 검토하여야 했다. 그리하여 원시적 관리의 개념이 서서히 전개되었고, 효과적으로 관리된 사회집단만이 살아남게 되었다.

2) 고대시대 : 피라미드

인간은 새로운 사회적 욕구와 기술의 진보에 맞추어 새로운 개념들을 개발할 수 있는 능력을 지니고 있다는 것을 역사는 말해 주고 있다. 고대 이집트사람들은 그들이 세운 피라미드(pyramid)에서 도저히 믿을 수 없는 건설공사의 기술을 보여주었다. 예컨대, 제옵이라는 큰 피라미드(the Great Pyramid of Cheops)는 54,167m^2 면적에 한 개의 평균 무게가 2.5톤이 되는 벽돌을 230만개나 포함하고 있으며, 이것을 건설하는데 10만명이 넘는 사람들이 20년을 걸려 건설했다.

이와 같은 피라미드 건설에는 전문적인 건설기술 외에도 세련되고 능숙한 관리이론과 기법이 요구되었다. 이밖에도 고대중국의 만리장성(Great Wall of China : 200 B.C.)이나 희랍과 로마시대의 웅장한 신전, 넓은 도로망 등과 같은 건설공사에서도 그 시대의 위대한 관리능력을 엿볼 수 있다.

3) 중세시대 : 베니스의 군수공장

오늘날의 자동차 조립공정과 같은 조립라인에 의한 대량생산 기법은 이미 1400년대 중반에 볼 수 있었다. 도시국가 베니스(Venice)는 부지가 250,000m^2(75,625평)나 되고 1,000명 내지 2,000명의 작업자를 고용할 수 있는 조선시설을 갖추었다. 물론 거기서 만든 배는 오늘날의 전함에 비하면 아주 작은 규모(약 33m 길이)였지만, 그 당시에는 표준크기의 전함이었다.

이들 전함들은 모두 조립라인 방식으로 생산되었다. 완성되지 않은 배가 길게 늘어서 있는 창고들을 거치면서 무기·설비·부품들이 적절한 곳에 적절한 순서에 따라 맞추어졌다. 그래서 이 군수공장은 75일 동안 100척의 배를 만들어 냈다는 기록도 있다. 그리고 1574년 프랑스의 헨리 Ⅲ세에게 선전하기 위하여 이 공장은 1시간만에 전함 한 척을 완전 조립하여 진수시키기도 하였다.

베니스의 군수공장이 이와 같이 빨리 생산하기 위해서는 생산라인 기법에 알맞은 정교하고도 세련된 관리기술을 필요로 하였다.

2. 근대시대

1) 아담 스미스의 국부론

1776년, 아담 스미스(Adam Smith)는 『국부론』(The Wealth of Nation)을 저술하였다. 이 책은 본래 경제·정치문제에 초점을 맞춘 것이지만, 분업(전문화)이 주는 생산에 대한 효과를 생생하게 묘사함으로써 경영이론에도 크게 기여하였다.

다음은 스미스의 유명한 '핀 만들기'의 예이다. 사실, 분업에 대한 교육을 받지 못했거나, 분업 속에서 나타나는 조직기구(분업이 또 다른 분업을 가져온다는 것)에 익숙하지 못한 작업자는, 아무리 근면하더라도 하루에 핀 하나 만들기도 어려울 것이며, 20개는 더더욱 만들 수 없을 것이다.

그러나 분업을 하면, 작업이 여러 부분으로 나누어진다. 핀 하나를 만드는 일도 약

18가지의 독특한 작업으로 나누어지는데, 이 모든 작업들이 각기 한 사람 한 사람의 손에 의해 수행된다. 겨우 10명이 고용된 작은 공장에서 넉넉하지 못하여 충분한 조직체계를 갖추지는 못했지만, 18가지 작업을 몇 가지의 분업형태로 나누어 작업함으로써 하루에 5kg 이상의 핀을 만들어 낼 수 있었다.

2) 철학과 기술의 진보

철학적·기술적 사고의 개발이 다른 몇 가지 분야의 발전과 더불어 동시에 나타났다. 특히, 산업혁명으로부터 기계중심의 생산공장들이 속속 출현하여 크게 발전하였다. 여기서 중심이 되는 사고의 조류는 효과적인 관리를 통하여 생산효율을 추구하는 것이었다. 사회제도는 생산기업의 개념을 수용할 만큼 충분히 성숙되었고, 따라서 원자재를 완제품으로 전환시키는 산업의 효율을 증진시키려는 사고방식은 어떤 것이나 크게 환영받았다

그리고 시장의 탈인격화는 인간의 탐욕스러운 성향을 규제하였으며, 이 성향은 초기 산업혁명 때부터 중단되기 시작하였다. 이전의 장인(숙련기능공)들은 독자적으로 일을 하였으며, 훌륭한 제품에 대한 대가로 그저 몇 푼 안되는 돈을 받고도 감사하게 생각했다.

그러나 수요와 공급의 탈인격화된 힘이 가격을 정하게 되자, 숙련공들은 미숙련공들보다 훨씬 더 많은 보상을 받게 되었다. 그리하여 여분의 돈을 벌게 되자 그들은 다른 사람들을 고용하고 설비를 사서 갖출 수 있었으며, 더 많이 생산하고 더 많은 수입을 올리면서 더욱 성장·발전하게 되었다.

3) 경영에 미친 영향

시장시스템의 확대와 스미스의 책에 나타난 사회적 규범과 가치의 변화는 경영관리를 하나의 학문분야로 발전시키는 계기가 되었다. 산업혁명전에는 독자적인 장인의 기술능력만으로 충분하였다. 그러나 기업의 규모가 커지면서 효율적인 생산의 필요성 역시 커졌으며, 관리기술이 요구되었다. 마치 필요가 발명의 어머니라는 사실을 지적해 준 것이다.

따라서 오늘날 관리이론의 대부분은 산업혁명이나 시장시스템과 관련된 문제와 기회로부터 발전된 것이다.

(a) 소호 주물공장(the Soho Foundry)

시간이 흐르고 조직이 성장함에 따라 또 다른 관리개념들이 나타나기 시작하였다. 초기 제조업자들은 효율을 추구하기 위하여 여러 가지 제품개념과 관리방식을 갖고 실험을 하였다. 그 한 예로 제임스 와트(James Watt)의 증기기관을 만들기 위하여 세워진 영국의 소호 주물공장(the Soho Foundry)의 경우를 들 수 있다. 이 공장의 1,800가지 주조물은 예측, 생산계획, 기계배치법, 표준화된 부(분)품, 원가계산제도, 작업의욕의 고취, 훈련계획 등 정교한 관리기법들을 이용하여 만들어졌다.

(b) 뉴 라나크 제분소(the New Lanark Mills)

소호 주물공장과 거의 같은 시대에 두번째의 진보적인 산업조직이 스코틀랜드에 나타났다. 뉴 라나크 제분소(the New Lanark Mills)는 사회적 책임을 지는 기업의 초기 예로써 역사책이나 사회학 교과서에 자주 인용된다. 뉴 라나크는 작업자의 생산이 작업환경에 의하여 영향을 받는다고 본 로버트 오웬(Robert Owen : 1771~1858)의 사회적 신념과 경영철학을 실험을 통하여 반영시켰다. 이러한 관념이 오늘날에는 보편화되고 있지만, 그 당시로서는 획기적인 것이었다. 뉴 라나크의 실험은 작업자들에게 좋은 생활환경을 제공하였고, 자녀들에게 학자금의 혜택을 받게 하였으며, 오락시설을 갖추어 주었다. 이와 같이 근로자들을 위한 적극적인 환경을 조성시켜줌으로써 뉴 라나크는 크게 이익을 올릴 수 있었다.

비록 뉴 라나크 제분소에 관심있는 사람들의 주의를 환기시키고 결과적으로 공장개혁법안에 영향을 미치기는 했지만, 그 당시 대부분의 기업들은 이를 따르지 않았다. 대부분의 경영자들은 인간적 요인을 계속 무시하였고, 근로자들을 살아있는 기계로 취급했다. 그러나 소호와 뉴 라나크는 그 당시의 선도적인 기업들이었다.

(c) 엘리 휘트니(Eli Whitney)

사회철학과 관리기법이 동시에 출현하여 발전되는 과정은 또 다른 생산관리방식의 예를 통해 볼 수 있다. 한 가지 유명한 예가 엘리 휘트니(Eli Whitney : 1765~1825)인데, 그의 발명특허인 견사기 부(분)품 의 생산과정을 들 수 있다. 처음에 휘트니는 공장에 몰래 들어와서 거의 완성된 기계로부터 부(분)품들을 훔치는 사람들 때문에 자주 실망하였다. 모든 기계가 손으로 정교하게 만들어진 것이므로 없어진 부(분)품을 기계에 맞추어 넣는데는 상당한 시간이 걸렸다. 그래서 얼마 후 휘트니는 잃어버렸거나, 못쓰게 되었거나 또는 도난당한 부(분)품들을 쉽게 대신할 수 있도록 표준규격에 맞추어 부(분)품들을 만들기 시작하였다.

이와 같은 개발로 말미암아 휘트니는 정부에 머스킷(소총)을 공급할 수 있는 계약을 맺을 수 있었다. 특히, 부(분)품들을 교환할 수 있는 그의 조립라인에 의한 생산방식은 다른 어떤 공장들보다도 더욱 효율적으로 머스킷을 만들어낼 수 있었다. 그리고 부품의 호환성은 중요한 발전이었다. 즉, 모든 무기는 파손된 부분을 개별적으로 하나하나 수리하는 대장간을 거치지 않고, 현장에서 즉시 수리될 수 있었다. 이렇게 표준화된 소총은 군인들의 전투효과를 크게 증진시킬 수 있었다.

제2절 과학적 관리운동

1. 테일러의 과학적 관리

1) 프레드릭 테일러

테일러(Frederick Winslow Taylor : 1856~1915)는 그 당시의 시대적 조류를 반영시키고 있다. 과학적 관리의 아버지라고 불리는 테일러는 그 당시 산업조직이 과학적 방법을 통하여 개발된 어떤 지식체계를 필요로 할 때 경영사상을 집대성하여 가장 잘 구현시켰다. 테일러 사상의 대부분은 베비지(Charles Babbage), 제본스(W.S Jevons) 그리고 그 밖의 19세기 사상가들로부터 이어 받았다.

그러나 테일러는 그 자신의 경험과 교육의 힘을 바탕으로 전개되는 대량생산산업의 경영문제를 해결하는데 과학적 방법을 이용해야 한다는 것을 강력하고 설득력 있게 주장하였다.

어디에서나 '보다 좋은 방법'을 찾아내려는 테일러의 열망은 미드베일 철강회사(Midvale Steel)에 입사하면서 그 곳으로 옮겨졌다. 그는 1879년 노무자로 들어가서 28세가 되던 1884년 주임기사가 될 만큼 빠른 승진을 거듭하였다. 그는 1895년 경영관리에 관한 최초의 저서 『공장관리』(Shop Management)를 출판하였다.

1898년, 테일러는 베들레햄 철강공장(Bethlehem Steel Work)에서 일하게 되었는데, 여기서 그는 선철을 화물차에 싣는 사람들을 대상으로 작업연구를 하였다. 각 선철의 무게는 약 42kg이 나갔는데, 작업자들은 하루 평균 12.5톤을 싣고 있었다. 테일러는 슈미드(Schmid)라는 작업자를 선정하여 연구하였다. 테일러는 작업의 과학적 조사·분석을 통하여 슈미드가 작업시간의 43%를 일하고 57%를 쉬면, 하루 47톤을 실을 수 있다고 결론을 내렸다. 실제로 첫째날에 슈미드는 47.5톤을 실었다. 베들레햄 철강공장의 경영진들은 테일러의 이 아이디어에 대해 매우 열광적이었다.

2) 테일러의 관리원칙

테일러는 기능별감독제도, 도구의 표준화, 성과급제도 그리고 예외에 의한 관리원칙 등을 포함하여 많은 관리이론 및 기법을 개발한 것으로 유명하다. 그러나 무엇보다도 그의 가장 큰 업적은 과학적 관리(scientific management)를 집대성하여 보급시킨 것이다. 1911년까지 테일러는 과학적 관리의 원칙을 네 가지로 분류하여 제시하였다.

① 인간의 모든 작업동작에 대하여 과거의 주먹구구 방식 대신 과학적 방법을 개발하라. 오로지 과학적 연구를 통하여 작업을 분석하고, 그것을 수행하는 최선의 방법을 찾아라.

② 과거와 같이 작업자 자신들이 할 일을 선택하여 자기 멋대로 하도록 내버려두지 말고, 작업자를 과학적으로 선발·훈련시키고 가르쳐서, 자질을 키워나가도록 하라. 직무에 가장 적합한 사람을 찾고, 그 다음 가장 적합한 방법을 이용하여 그를 훈련시켜라.

③ 모든 작업이 과학적 원리대로 수행되도록 윗사람과 아랫사람들은 성실하게 협력하라. 협력의 형태는 생산을 증진시키는 시스템으로 나타나야 한다. 적합한 직무에 적합한 작업자(적재적소)가 배치될 때, 어떤 경우보다도 더 많은 돈을 벌 수 있을 것이다.

④ 관리자와 작업자 사이에 작업과 책임이 거의 대등하게 나누어져야 한다. 과거에는 아랫사람들이 거의 모든 작업과 상당부분의 책임까지도 맡아야 했지만, 관리자들에게 적합한 작업은 모두 관리계층이 맡아서 책임을 져야 한다. 작업자는 작업을 하고 관리자는 관리를 하면, 양쪽에 보다 큰 이익을 가져올 것이다.

3) 테일러의 추종자들

테일러와 같은 탐구적 정신을 프랑크 길브레스(Frank Gilbreth : 1868~1924)에게서도 찾아볼 수 있다. 길브레스 역시 과학적 관리의 원칙을 적용하여 놀랄만한 생산증진을 이룩하였다.

길브레스는 MIT(Massachusetts Institute of Technology)대학에 갈 수 있는 기회마저 버리고 벽돌공으로 수습하면서 청부업을 시작하였다. 그는 벽돌쌓는 것과 같은 단순한 기능도 여러 가지 다른 방법으로 수행되고 있음을 보고 놀랐다. 테일러가 철강산업을 위하여 보다 좋은 방법을 찾으려고 노력했던 것과 마찬가지로 길브레스는 벽돌쌓는 방법이 여러 가지라는 점을 주목하고, 그 작업동작을 어떤 방법으로든 개선하려고 노력하였다. 그래서 그는 벽돌공들이 모르타르를 섞은 다음 벽돌을 운반하여 실제로 벽돌을 쌓기까지의 모든 작업을 수행할 때 나타나는 그들의 작업동작에 초점을 맞추었다.

길브레스는 과학적인 조사와 연구를 통하여 벽돌을 쌓는데 요구되는 작업동작을 18가지에서 2가지로 줄였다. 그리고 그는 한 사람이 한 시간에 120개의 벽돌을 쌓던 것을 350개를 쌓을 수 있도록 평균 생산량을 증가시켰다. 그는 또한 개선된 조립식 발판을 설계하였고, 모르타르의 최적배합을 개발하였으며, 그밖에도 벽돌쌓는 과정을 단순화하는 여러 가지 혁신방안을 제안하였다.

1904년, 길브레스는 심리학자인 릴리안 몰러(Lillian Moller : 1878~1972)와 결혼하였으며, 이들은 함께 산업의 생산효율을 증진시키는 방법들을 개발하였다. 그들은 각 작업동작에 요구되는 시간을 측정하기 위하여 시계를 눈에 띄지 않게 지니고, 작업하는 사람들의 활동사진을 찍어 시간과 동작을 연구하였다. 나중에 그들은 작업자의 손에 전구를 부착시켜 작업자의 작업활동의 증가·감소 및 방향을 알아보았다. 그들은 작업자의 작업동작을 18가지의 기본동작으로 분류하였는데, 이를 더블릭(therbligs : Gilbreth의 철자를 거꾸로 한 것임)기호라고 부른다.

한편, 테일러의 동료였던 헨리 간트(Herny L. Gantt)는 생산일정계획문제를 연구하였다. 그 이전에는 제조과정에서의 정체현상이 무시되었다. 간트는 생산의 지연을 없애거나 최소로 줄일 수 있도록 각 기계에 작업을 정확히 배정할 수 있는 도표시스템을 개발하였다. 이를 간트도표(Gantt chart)라고 하며, 생산일정계획을 세우는데 유용하게 사용되었다. 그밖에도 간트는 노동에 대한 관리태도를 인간적 측면에서 고려함으로써 인사관리의 과학적 접근방법에 공헌하였다.

4) 테일러와 길브레스 부부의 영향

테일러(Taylor)와 길브레스 부부(the Gitbreths)는 깊은 감명을 주는 많은 성과들을 이룩하였다. 이들의 제자들은 광범위한 제조업 분야에 과학적 원리와 시간연구 및 동작연구를 적용시켰다. 제자들은 테일러의 과학적 관리의 4가지 원리 가운데 처음 2가지(즉, 최선의 방법을 찾아라. 그리고 최선의 작업자로 훈련시켜라)에 대해서는 그것의 타당성과 유익한 점을 쉽게 이해하였다.

그들은 나머지 2가지 원리(관리자들이 작업자들과 협력하고, 책임을 함께 지는 것)

가 실천되는 것을 실제로 보지 못하였다. 대부분의 조직은 단순히 작업방법을 다시 설계하거나 표준화함으로써 상당한 생산 효과를 얻고 있었다. 그러나 긴밀히 협조해야 한다는 생각은 그 당시의 관리자들이나 작업자들에 의하여 쉽사리 받아들여지지 않았다. 사실, 테일러 자신도 나중에 그의 저서를 통해 협동정신이나 책임감을 주입시킬 수 없다는 사실을 알고 실망을 나타냈다.

마찬가지로 작업자들도 테일러나 길브레스를 열렬히 지지하지는 않았다. 그들은 직무를 과학적으로 분석하면, 불필요한 요소가 제거될 수 있다는 사실을 발견하고 협동정신이나 책임감을 보이기는커녕 오히려 두려움과 증오감만을 나타내었다. 그러나 이 기간 동안 작업자에 대한 과학적 관리의 견해는 소유자나 관리자의 견해와 잘 조화를 이루고 급속히 발전하였다.

2. 과학적 관리의 영향

20세기에 들어서면서 과학적 관리는 경영사상을 최초로 체계화한 것이었다. 그것은 어떤 문제이건 입증하거나 반증하는데 수리적인 측정에 역점을 두면서 그 시대의 과학적 동향을 반영시켰다. 또한, 그것은 그 시대의 사회적 철학을 반영시키기도 했다. 즉, 작업자들은 어리석고, 게으르고, 무능력하고, 신뢰할 수 없으며, 기계와 같은 동물이었다. 그리고 그들은 자연적인 선택과정과 정해진 운명 때문에 달리 어떻게 존재할 수 없었다. 이 세상의 부를 조금이라도 더 많이 추구하려는 산업계의 지도자들은 이러한 작업자들을 보다 효율적으로 이용하여, 더 많은 벽돌을 쌓도록 하고, 더 많은 선철을 싣도록 일을 시켜야 했다.

과학적 관리운동과 산업심리학은 이와 같은 목표를 성취할 수 있는 방법을 제공하게 되었고, 그 후 30여 년동안 경영사상을 지배해 왔었다. 그 영향은 아직도 많은 산업분야에 미치고 있다.

제3절 경영관리이론의 등장

1910년대, 과학적 관리운동이 미국을 중심으로 활발히 전개되고 있는 동안, 거의 같은 시기에 유럽에서도 이에 버금가는 관리이론이라 할 수 있는 합리적인 경영관리이론이 앙리 페이욜(Henry Fayol : 1841~1925)에 의하여 제시되었다.

1. 페이욜의 기능적 관리

경영과정이론의 기초를 확립한 앙리 페이욜은 테일러의 위세에 눌려 한동안 빛을 보지 못했다. 사실, 그는 경영관리사상을 일으킨 장본인이며, 경영관리의 보편성개념을 이론적으로 제시하여 경영학을 학문답게 체계화시킨 '현대 경영관리 이론의 아버지'라고 불릴만한 인물이다.

페이욜은 일반관리원칙을 다룬 그의 저서 『산업 및 일반관리』(Administration Industrielle et Generale : 1916)에서 경영을 매우 포괄적인 것으로 해석하였으며, 가장 중요한 경영활동으로는 계획·조직·명령·조정·통제과정으로 이루어지는 관리활동으로 보았다. 즉, 그의 이론에 의하면, 경영활동에는 ① 기술활동, ② 상업활동, ③ 재무활동, ④ 보전활동, ⑤ 회계활동, ⑥ 관리활동이 있으며, 특히, 우리의 관심의 초점이 되는 관리활동은 14가지 관리원칙과 5개의 관리과정(계획·조직·명령·조정·통제)으로 구성되어 있다. 이러한 관리의 과정과 원칙은 관리자가 교회, 행정부서, 기업, 가정 등 어떤 조직에서 관리하든지 상관없이 근본적으로 똑같다는 것이다. 그러므로 그 과정과 원칙을 익혀서 활용하면 훌륭한 관리성과를 거둘 수 있다는 것이다. 이와 같이 관리를 5가지 과정으로 본 견해는 오늘날 경영학에 있어서 과정이론(기능적 관리)의 중추를 이루고 있다.

테일러의 과학적 관리는 작업자의 과업을 과학적으로 조사·연구함으로써 즉각적인 생산실적의 향상을 강조하였다. 페이욜의 관리과정론(기능적 관리)은 포괄적이고 장기적인 접근방법으로서 관리자의 과업에 초점을 맞추었다. 페이욜은 큰 탄광회사의 관리자 및 감독자로 있으면서 조직이 효과적으로 운영되도록 하는데 요구되는 관리자 과업을 관찰하고 분석하였다. 테일러는 작업자의 하루 생산량을 4배로 증가시켰다.

그러나 페이욜의 관리이론으로부터 얻을 수 있는 이득은 테일러의 관리원칙으로부터 얻을 수 있는 것보다 즉각적으로 나타나지 않았다. 그러므로 어느 정도의 시간이 흐르고 나서야 비로소 페이욜도 프랑스에서 널리 인정받게 되었다.

2. 페이욜의 위대한 공헌

경영관리가 발전을 이룩하는 데는 역사의 발전이 중요한 역할을 하였다. 제1차 세계대전과 더불어 나타난 폭발적인 경제성장은 점차 전문적인 관리의 필요성을 증가시켰던 것이다. 단순히 작업자를 감독하는 방법보다는 오히려 일반적인 관리이론이 필요하였다. 관리계층이 급속히 증가하였으며, 이 집단은 관리적 차원에서 훈련을 필요로 하였다. 그래서 대학에서는 경영관리과정을 서둘러 설치하기 시작하였다.

이와 같은 시대적 상황에서 페이욜은 최초로 중요한 일반관리이론을 제시하였던 것이다. 그는 관리의 과업과 기능 양쪽을 논리적이고, 체계적인 시각으로 조감하였다. 그는 '관리'(management)를 관리자의 5가지 기능을 중심으로 가르치기 쉽게 짜여진 지식체계로 보았다.

① 계획기능(planning) : 조직의 과업을 계획화하는 것
② 조직기능(organizing) : 과업을 수행하는 데 필요한 사람·돈·물자를 조직화하는 것
③ 명령기능(commanding) : 사람들이 각 과업을 맡아 수행하도록 지휘하는 것
④ 조정기능(coordinating) : 적절한 방향으로 나아가도록 사람들의 활동을 조정하는 것
⑤ 통제기능(controlling) : 관련된 과정·절차·사람을 통제하는 것

3. 페이욜의 관리원칙

페이욜은 사람과 조직을 폭넓게 관찰한 것을 토대로 14가지의 일반적인 관리원칙을 이끌어 내었다. 그리고 이 관리원칙들은 관리지식을 체계화는 바탕을 마련해 주었다. 페이욜의 관리원칙들은 다음과 같다.

① 분업의 원칙 : 전문화를 통한 분업이 관리효율을 증진시킬 수 있다.
② 권한·책임의 원칙 : 관리자는 권한을 가지며, 그 권한을 사용하는 것과 동일하게 책임도 진다.
③ 규율의 원칙 : 유능한 관리자들은 좋은 규율을 유도해 낸다. 그들에게 순종하고 부지런한 사람은 격려하고, 그렇지 않는 사람은 처벌한다.
④ 명령통일의 원칙 : 조직에는 단 한 사람의 상사만 있으며, 그 사람에게만 보고한다.
⑤ 지휘통일의 원칙 : 같은 목적을 가진 집단활동은 그것을 성취하기 위해 한 사람의 상사와 하나의 계획만을 가져야 한다. 그러므로 계획들은 조정되어야 한다.
⑥ 개인이익이 일반이익에 종속되는 원칙 : 관리자들은 모범을 보임으로써 이 원칙을 증진시켜야 한다.
⑦ 보수의 원칙 : 공정하고 합리적인 임금계획안이 필요하다. 그러나 이것이 훌륭한 관리로 대신되는 것은 아니다.
⑧ 집중화의 원칙 : 집중화는 의사결정이 맨 꼭대기에서 이루어지도록 하려는 조직

의 경향을 지칭한다. 그리고 분산화에서는 조직이 의사결정권을 아래로 위양시킨다. 그러므로 관리자는 조직이 어느 정도의 집중화 또는 분산화를 필요로 하는지를 알아야 한다.

⑨ 계층의 원칙 : 모든 종업원은 조직의 계층과 명령 계통을 알아야 한다. 정보의 전달은 공식적인 명령계통을 통하여 흘러가야 한다. 그리고 같은 계층에 있는 사람들끼리는 수평적으로 직접 전달될 수 있도록 한다.

⑩ 질서의 원칙 : 모든 사람과 물건은 위치가 지정되어, 그 자리에 있어야한다.

⑪ 공평의 원칙 : 관리자는 정정당당하고 공평해야한다.

⑫ 안정의 원칙 : 최선의 결과를 위하여 조직은 관리자와 종업원 양쪽의 장기적인 안정을 도모해야 한다. 그러므로 급격한 교체는 조직의 목표를 파괴한다.

⑬ 창의의 원칙 : 관리자는 사업계획을 창안하고, 그것을 완수할 수 있어야 한다.

⑭ 단결의 원칙 : 관리자와 종업원은 조화롭게 함께 일하면서 인화단결을 도모해야 한다.

페이욜의 이와 같은 논리성과 포괄성은 오늘날까지 경영학을 가르치는데 가장 보편적으로 이용되는 원칙론적 접근방법 가운데 하나이다. 그것은 많은 지식을 체계적으로 정리·분류하였기 때문에 학자들은 이를 경영관리분야를 논의하는데 가장 적합한 접근방법으로 보고 있다.

제4절 인간관계론의 출현

종업원들 사이에서 과학적 관리의 기계적 인간관에 대한 저항이 일어나기 시작하였다. 특히, 1929년 미국의 대공황은 종업원의 실직·불만·불안감을 가져다주어 생산이 경영의 주체가 될 수 없도록 만들었다. 경영자는 종업원의 인간적인 문제에 관심을 돌리지 않을 수 없는 상황에 처하게 되었다. 그들은 종업원들을 이해하고 그들의 복지에 관심을 기울여야 했다.

따라서 경영은 물질적이고 기계적인 것으로부터 탈피하여 보다 개념적이고 사회적인 차원에서 인간을 위해 봉사하는 정신으로 바뀌어 가고 있었다. 이와 같이 지금까지의 경제적 인간상에서 사회적 인간상으로 바뀌는 데에는 호손연구(the Hawthorne

Studies)와 같은 연구가 획기적인 역할을 하였다.

1. 호손연구

산업 심리학자들과 과학적 관리자들은 공장에서 일하는 작업자들에게 영향을 끼치는 다양한 물질적 요인을 연구하였다. 그러한 연구 가운데 하나가 미국의 웨스턴 일렉트릭회사의 호손공장(the Western Electric Company's Hawthorne Works)에서 실시되었는데, 이를 '호손연구'(the Hawthorne Studies) 또는 '호손실험'이라고 하며, 이 연구로 부터 인간관계론(human relations)이 탄생되었다.

호손연구는 록펠러 재단의 후원을 받아 메이요(Elton Mayo : 1880~ 1749: 심리학자)와 뢰스리스버거(Fritz J. Roethlisberger : 사회학자) 등 하바드대학의 연구팀에 의하여 1927년부터 1932년까지 수행되었다. 이 연구는 처음에 여러 가지로 변하는 작업조건 아래서 작업집단의 태도와 반응을 조사하는 것으로부터 시작되었는데, 그 결과는 놀랍게도 전혀 새로운 방향으로 이끌어졌다.

1) 조명실험(1924.11~1927.4)

처음에는 작업장의 조명 정도의 최적점을 찾아냄으로서 기업의 생산성을 극대화하려는 합리적인 접근으로 시도되었다. 그 이유는 이러한 조명정도를 밝힘으로써 기업은 생산성을 극대화할 수 있기 때문이었다. 이를 위하여 종업원들을 실험집단과 통제집단의 2그룹으로 나누고, 실험집단에는 조명의 밝기를 변화시키고 통제집단에서는 일정하게 유지함으로써 조명의 정도가 생산성에 미치는 영향을 밝히려고 노력하였다.

그러나 실험결과는 놀랍게도 통제집단에서도 생산성이 향상되었으며, 또한 조명의 밝기를 낮춘 후에도 실험집단의 생산성이 여전히 증가하는 놀라운 결과를 보여주었다. 그리하여 연구자들은 조명 정도가 생산성에는 직접적인 영향이 없다고 결론을 짓고 생산성 향상에 영향을 미치는 요인을 다른 각도에서 관찰하게 되었다.

2) 계전기 조립실험(1927.4~1929.6)

6명의 여공을 대상으로 작업 능률 향상에 도움이 된다고 생각한 여러 조건에 대하여 실험하였으나, 결과는 이들 조건과 생산성은 관계가 없었다.

따라서 종업원의 개인적인 사기, 감독방법, 인간관계 등 심리적 조건이 생산성 향상에 영향을 미친다는 결론을 얻게 되었다.

3) 면접실험(1928.9~1930.5)

종업원 21,126명에 대하여 불만에 대한 면접조사를 실시한 결과, 작업장의 사회적 조건(집단적 감정)과 근로자의 심리적 조건(개인적 감정)이 근로자의 근로의욕과 생산성에 영향을 미친다는 결론을 얻었다.

4) 배선 관찰 및 면접실험(1931.11~1932.5)

배전기 배선작업에 참여한 14명의 종업원을 대상으로 관찰과 면접을 병행한 결과, 회사가 정한 공식조직(formal organization)과는 별도로 집단적 신념이나 감정을 기초로 하여 자연발생적인 조직, 즉 비공식조직(informal organization)이 형성된다는 결론을 얻게 되었다.

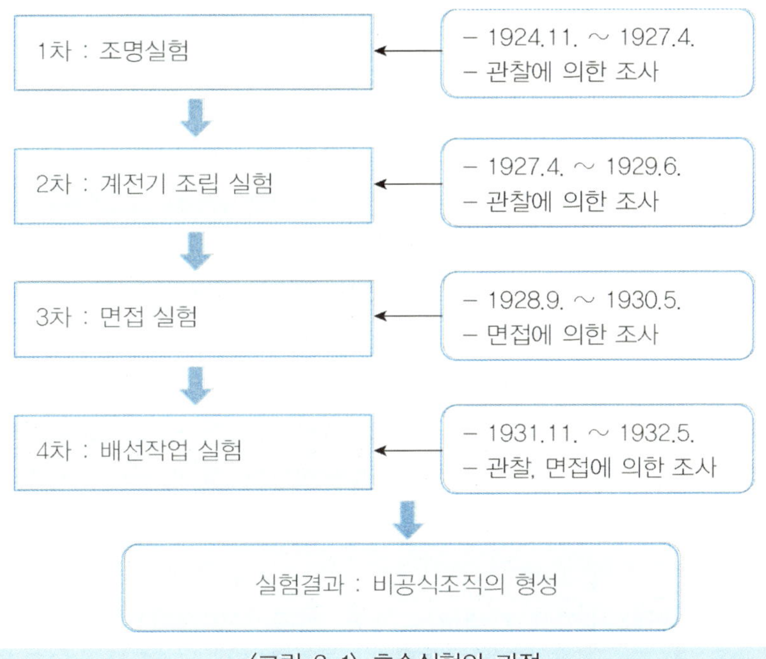

〈그림 2-1〉 호손실험의 과정

그리고 장기적인 실험의 결과, 인간은 경제적 조건 외에 심리적 조건과 사회적 조건에 의해서도 영향을 받음을 알게 되었으며, 인간관계론의 핵심인 '사기와 욕구충족이 동기부여에 직결된다'는 사실도 밝혀졌다.

이와 같이 메이요는 호손연구를 통하여 작업에서 인적 및 사회적 요인을 강조한 인간관계론을 제창하였으며, 이것은 행동과학적 접근방법의 계기가 되었다.

2. 인간관계론

물질적 조건의 중요성보다 인간적 요소의 중요성을 강조한 호손연구는 인간관계론이라는 하나의 학문영역으로 발전되었다. 이러한 호손연구의 결과는 과학적 관리의 가정을 근거로 하여 널리 유행하던 경영실무에 큰 충격을 안겨주었다. 관리자들은 생산량을 증가시키기 위하여 좋은 인간관계를 실천해야 했고, 종업원들의 감정을 고려해야 했다. 그렇지만 종업원을 사회적 인간으로 부각시켜 인간을 이해하려고 하는 인간관계론에 익숙하지 않은 많은 과학적 관리자들은 냉담한 반응을 보였다.

많은 학자나 관리자들이 호손결과를 냉담하게 받아들였을지라도 '작업자들 역시 사람'이라는 주장은 반박하기 어려웠다. 초기의 몇몇 경영학자들이 이러한 인간에 대한 생각을 내놓았지만 그것을 증명할 수가 없었다. 그런데 호손결과는 인간관계론이 다시는 무시될 수 없을 정도로 관리의 인간적인 접근방법을 과학적으로 뒷받침해 주었다. 또한, 호손연구는 산업심리학의 초점을 작업자의 생리로부터 작업자의 태도로 옮겨 놓았다.

제5절 행동과학과 경영과학의 발전

인간관계론에 대한 연구가 깊어지자 조직에 있어서 인간행동을 과학적으로 연구하게 되었고, 이를 바탕으로 인간의 잠재능력을 최대한 개발하여 활용하고자 하는 움직임이 나타났다. 즉, 심리학, 사회학, 문화 인류학의 개념과 방법을 이용하여 조직에서의 인간행동을 체계적으로 연구하려고 하는 이른바 '행동과학'(behavioral science)이라고 지칭되는 새로운 학문분야가 나타났다. 이와 같이 조직론자들이 인적자원을 최대한으로 활용하기 위한 방안을 모색하는 동안, 다른 한쪽에서는 경영의 과학화와 합리화를 위해 모든 경영문제를 수리적으로 연구하려는 노력이 나타났으니, 이것이 곧 '경영과학'(management science)이다. 행동과학이나 경영과학은 모두 1950년을 전후하여 나타났으며, 오늘날까지 경영학 발전에 크게 기여하고 있다.

1. 행동과학적 관리

1) 행동과학

행동과학(behavioral science)은 조직에서의 인간행동을 과학적으로 연구하기 위한 학문분야로서 인간행동에 영향을 미치거나 행동결정 요인에 관한 지식을 체계화하는 것이다. 그러므로 행동과학은 인근 학문의 지원을 받는 종합과학의 성격을 띄게 되는데, 제2차 세계대전 후 심리학과 사회학 분야의 발전과 정교한 연구방법의 개발에 힘입어 조직행위의 연구가 한층 과학적으로 이루어짐으로써 행동과학은 크게 발전하기 시작하였다.

조직에서의 인간행동을 연구하여 경영학에 기여한 행동과학자들 가운데 주요 인물로는 매슬로우(Abraham Maslow), 맥그리거(Douglas McGregor), 아지리스(Chris Argiris), 리커트(Rensis Likert), 허즈버그(Frederick Herzberg), 맥클랜드(D. McClelland) 등을 들 수 있다. 이들은 작업집단의 상호작용, 종업원의 동기유발, 리더십의 유형, 조직 설계, 근로생활의 질 등 여러 가지 측면을 연구하여 인간주의적인 조직풍토에서 종업원들의 욕구를 충족시키고, 그들의 잠재능력을 최대한으로 발휘시키며 효율적으로 활용하려는데 초점을 맞추었다.

2) 행동과학적 접근

행동과학의 발전은 경영학의 학문적인 내용뿐만 아니라 연구방법에도 새로운 변화를 주었다. 경영의 행동과학적 접근은 인간관계론과는 분명히 달랐다. 행동과학적 접근(behavioral science approach)은 조직이 설계나 관리에 행동과학의 개념을 적용시킴으로써 종업원들이 그들의 잠재능력을 최대한으로 발휘할 수 있도록 하려는 것이었다. 즉, 행동과학적 관리(behavior science management)는 조직의 인적자원의 효과를 증대시킴으로써 조직의 효과를 증대시키는데 그 목적을 두었다. 이것은 과학적 분석방법을 이용하여 작업장에서의 인간행동을 설명하고, 예측함으로써 성취될 수 있다.

이와 같은 행동과학적 접근은 크게 유행하여 1960년대 경영학 분야를 거의 주도하다시피 하게 되었다.

그러나 지금까지의 접근방법이 그러했듯이 행동과학적 접근도 '하나의 최선의 방법'을 고수하였다. 그 내용은 행동과학의 적절한 적용만이 개인이나 조직의 효율을 증진시킨다는 것이었다. 그리고 직무설계나 종업원의 참여도와 같은 행동과학적 기법들은 어느 특정 개인이나 상황에서만 적합할 뿐이다. 그러므로 행동과학적 접근은 많은 공헌에도 불구하고, 연구된 상황과 다른 상황에서는 흔히 부족함을 느끼게 되었다.

2. 경영과학적 관리

1) 경영과학

경영과학(management science)은 경영의 과학화·합리화를 위해 경영문제를 계량적으로 연구하는 것이다. 경영문제를 수리적으로 풀이하는 방법은 일찍이 테일러의 과학적 관리에서 그 뿌리를 찾을 수 있으나 그것이 본격적으로 시도된 것은 제2차 세계대전 부터이다. 영국은 그들의 한정된 전투기와 대공고사포를 최대한 효과적으로 사용하여 대규모 독일항공기의 공습을 피할 수 있는 방법을 찾아야만 했고, 나중에는 유럽대륙의 공격을 위한 연료와 보급품 수송의 효율을 극대화하는 방법을 찾아야만 했다. 이와 같은 문제뿐만 아니라 독일 잠수함과의 교전이나 일본항구의 기뢰부설 등에서 야기되는 문제들을 해결하기 위하여 OR(operations research)이라는 명칭 밑에 여러 분야가 종합된 계량적 기법이 이용되었다. 따라서 OR은 수학·물리학·화학·공학·통계학 등 혼합팀을 구성하여 발전시킨 학제적 성격을 띠고 있다.

OR은 이와 같이 제2차 세계대전 당시 영국과 미국의 군작전팀이 제한된 군사자원을 효과적으로 사용하기 위하여 개발된 것인데, 전쟁 후에 OR은 각종 평화적인 산업에 적용되었고, 그 명칭도 경영과학(MS : management science)으로 바뀌었다.

2) 경영과학적 접근

경영과학적 접근(management science approach)은 조직의 모든 운영문제에 과학적 탐구방법(계량적 분석기법)을 적용시키는 것이다. 그러므로 경영과학자들은 완전한 합리성에 근거하여 최적화를 추구하며, 경영관리 현상을 수리적 모형으로 파악한다. 즉, 계획·조직·지휘·통제 등 관리기능에 대한 의사결정이 논리적인 과정이라고 가정하고, 수학적인 기호나 관계로 표현할 수 있다고 본다. 수리적 모형은 고려해야 할 변수의 수를 통제가능한 수로 줄여 줌으로써 복잡한 현실문제를 추상화하고 단순화한다. 그러므로 계량화된 각 변수와 그 변수들 사이의 관계를 객관적으로 비교·검토할 수 있어 경영문제를 합리적으로 그리고 질서있게 생각하고 해결할 수 있다.

경영과학적 접근은 행동과학적 접근처럼 그렇게 널리 영향을 미치지는 못하였다. 그 이유는 대부분의 관리자들이 당면한 문제로서 계량적인 문제보다 인간관계의 문제를 더 많이 다루었으며, 1967년대 까지만 해도 복잡한 계량적 기법을 이해하고 활용할 줄 아는 관리자들이 얼마 되지 않았기 때문이다. 그렇지만 컴퓨터의 발달과 더불어 복잡한 문제들이 쉽게 처리될 수 있게 되면서, 경영문제에 계량적 기법의 적용은 활기를 띄게 되었다.

제6절 현대경영

오늘날 경영문제가 복잡해지면서 전체 시스템(total system)의 차원에서 유기적 내지 총괄적으로 문제를 인식하고 풀어야 할 필요성이 커지고 있다. 행동과학이나 경영과학이 많은 다른 학문분야와 제휴해야 하는, 즉 학제성을 필요로 함에 따라 경영을 상호 유기적인 관계의 차원에서 시스템적 접근(systems approach)으로 파악해야 하고, 동시에 구체적인 차원에서 각 조직이 갖고 있는 독특한 환경조건에 맞는 상황적응적 접근(contingency approach)으로 풀이하는 경향으로 나아가고 있다. 즉, 현대경영은 1970년대부터 크게 각광을 받고 있는 시스템 이론과 상황적응적 이론이 그 내용의 주류를 이루면서 발전하고 있다.

1. 시스템이론

시스템(system)이란 '부분들로 이루어진 전체'라는 뜻이다. 그런데 전체는 '부분의 합' 이상의 의미를 가져올 수 있다는 총체론적이고, 유기적인 개념을 가지고 있다. 이러한 시스템 이론은 학문간의 대화와 상호이해 그리고 교류를 촉진시켜 학문분야를 통합할 수 있는 통합적인 사고와 연구의 틀을 찾도록 하였다.

존슨(Richard A. Johnson), 카스트(F.E. Kast), 로젠즈바이그(J.E. Rosenzweig) 등은 이 시스템 이론을 경영학에 도입시키는 데 크게 기여하였다. 그래서 경영학도 심리학·사회학·인류학·경제학·정치학 등 사회과학뿐 아니라 수학·물리학·생물학 등 자연과학과도 폭 넓게 교류할 수 있게 되었다. 즉, 여러 학문의 기본개념과 용어들이 경영학에 도입되어 경영학의 폭은 아주 넓어지게 되었다. 특히, 물리학과 생물학에서 오래 사용되어 온 시스템 이론과 분석방법이 경영학에 적용되었다.

시스템 이론은 조직이 여러 부분(부분시스템)으로 이루어져 있으며, 각 부분이 상호

관련되어 있고, 환경과도 관련되어 있음을 밝혀준다. 특히, 조직은 환경과 관련해서 개방시스템에 입각한 경영을 해야 한다는 것을 가르쳐 주었다.

따라서 경영의 시스템적 접근은 모든 것이 상호관련되어 있다는 데서 비롯한다. 즉, 어떤 것을 전체로부터 분리하여 탐구하는 것은 소용이 없으며, 각 개인은 격리되어 홀로 존재하지 못한다. 그러므로 개별 작업자의 행동은 작업자가 몸담고 있는 조직상황과 관련하여 관리되어야 한다. 마찬가지로 조직 또한 그 주변의 사회구조, 정부의 세력, 시장의 힘, 역사적 추세 및 종업원의 기대 등과 연관시켜 관리되어야 한다.

이와 같은 시스템적 접근의 전체성과 포괄성은 다른 관리론들을 불완전한 것처럼 보이게 한다. 그뿐만 아니라 연구자가 시스템의 구성부분들 가운데 어느 하나를 연구하는 동안 그 시스템의 나머지 부분들을 일정하게 유지시킬 수 없기 때문에 정확한 과학적 탐구가 거의 불가능하게 된다. 그러므로 시스템론자들은 연구를 통하여 거부될 수도 있는 완벽하지 못한 이론을 갖고 만족하게 된다. 이와 같은 시스템 이론의 헛점을 보완하기 위하여 등장한 것이 상황적응이론이다.

2. 상황적응이론

상황적응이론(contingency theory)은 각 조직이 처하고 있는 환경이나 내적 요소들이 각기 다르기 때문에 조직의 경영도 각 조직마다 달라야 한다는 것을 내용으로 하고 있다. 상황적응이론은 전통적 관리론이나 행동과학적 관리론 또는 경영과학적 관리론을 부정하려는 것이 아니라, 시스템 이론과 마찬가지로 여러 갈래로 분리된 관리이론들을 통합하려는 것이다.

따라서 상황적응이론은 각 관리기능들을 독자적으로 고려하기보다 그들 사이의 상호관련성을 강조하고, 특정시점에서 조직에 가장 많은 영향을 미치는 특정 환경요인들, 즉 상황에 역점을 둔다.

이 때문에 상황적응이론은 '상황적응적 사고'의 중요성을 강조하게 된다. 결국, 상황적응이론의 목적은 시스템의 관점에서 조직외부의 어떤 환경요인이 조직체계와 기술체계에 어떤 영향을 주며, 환경요인, 조직체계, 기술체계가 어떤 관계를 가질 때 조직의 유효성이 높으며, 가장 적합한가를 합리적으로 해명하는데 있다.

경영관리에서 상황이 중요하다고 본 것은 새로운 것이 아니다. 폴렛(Mary Parker Follet)여사가 1920년대에 '상황의 법칙'(the law of situation)에 관하여 언급한 내용에는 "서로 다른 상황은 서로 다른 종류의 지식을 요구한다."고 한다. 그리고 똑같은 조건이라면 특정 상황에 필요로 하는 지식을 소유한 사람이 마땅히 지도자가 되어야 한다고 주장한 바 있다. 그 후 20여 년이 지난 1948년 스톡딜(Ralph Stogdill)은 리더십 성향에 관한 깊은 연구를 통해 지도자가 어떤 성향과 어떤 재능을 필요로 하는가를 결정해 주는 것은 바로 '상황'이라고 결론지었다.

그러나 상황적응이론이 경영학에서 일반화된 것은 1967년 로렌스(P.R. Lawrence)와 로쉬(J. W. Lorsch)의 연구에 의해 경영관리나 관련 사회과학분야가 조직과 관리효과에 영향을 미치는 변수들을 처리할 수 있게 된 이후부터이다.

상황적응적 접근(contingency approach)은 조직의 목표를 가장 효과적으로 달성하기 위하여 특정 관리기법이나 개념을 당면한 특정상황에 부합시키려는 것이다. 지금까지 관리론들은 관리기능과 관련된 어떤 원리(이론)를 찾으려고 노력하였다.

관리가 어떻게 수행되어야 하는가에 관한 이론적인 지식체계를 전통적으로 경영의 과학적인 요소, 즉 원리(이론)로 생각했으며, 이 원리(이론)를 실제 상황에 적용시키는 것을 단지 경험이나 시행착오에 의해 터득되는 어떤 것, 즉 기교(기술)라고 생각하였다. 상황적응적 접근은 지식(원리)을 실제 상황에 직접 적용시킴으로써 경영이론의 신장에 크게 기여하였다. 또한, 상황적응적 접근방법을 이용함으로써, 관리자들은 특정 상황에서 어떤 기법이 조직목표를 달성하는데 가장 크게 기여하는지를 정확하게 파악할 수 있다.

지금까지 경영학이 역사의 흐름 속에서 어떤 과정을 거쳐 발전해 왔는가를 고찰하였다. 분명한 것은 경영학이 각 시대의 사회상과 밀접한 관계를 갖고, 그 시대적 사명에 부응하면서 발전해 왔으며, 앞으로도 그렇게 될 것으로 전망된다. 〈표 2-1〉은 지금까지 고찰한 경영학의 발전과정을 역사의 흐름에 따라 요약한 것이다.

〈표 2-1〉 경영학의 역사적 발전

<table>
<tr><th>사회성격</th><th>농경사회</th><th colspan="2">산업사회</th><th>고도산업사회</th></tr>
<tr><td>시기</td><td>1980년대 이전</td><td>1880~1930</td><td>1930~1960</td><td>1970년 이후</td></tr>
<tr><td>주요작업장
노동 성격
주요 자원</td><td>밭, 가정
육체노동(농업)
토지</td><td colspan="2">공장
육체노동(제조업)
기계</td><td>사무실
정신 노동
(서비스, 컴퓨터)
지식</td></tr>
<tr><td>경영관리의
유형</td><td>경영학이 없는
관리
주먹구구식 관리</td><td>과학적 관리
기능적 관리</td><td>인간관계론
행동과학적 관리
경영과학적 관리</td><td>시스템적 접근
상황적응적 접근</td></tr>
<tr><td>인간성에
대한 가정</td><td colspan="2">경제적 인간</td><td colspan="2">사회적 인간, 자아실현 인간
복잡한 인간</td></tr>
<tr><td>경영관리의
초점</td><td colspan="2">작업자의 작업수행방법
작업자의 동작 및 시간통제</td><td>종업원의 사회적
체계유지</td><td>종업원 개발 촉진</td></tr>
</table>

기업사례

표준화의 아버지, 휘트니

1. 서언

최초로 호환성에 착안하여 물건을 제작한 사람으로 '미국 독립의 아버지'라 일컫는 조지 워싱턴(George Washington : 1732~1799)을 들 수 있다. 그는 버논산에 있던 자신의 농장에서 농기구 개선에 심취한 나머지 영국 쟁기 제조업자에게 자기가 설계한 쟁기를 주문하고 부속이 마모되면 다시 교체할 수 있게 하였다.

그러나 표준화가 본격적으로 시도된 문헌상의 최초 기록은 미국의 휘트니(Whitney, Eli : 1765~1825)가 소총 생산에 호환성 이론을 도입한 것이다. 미국은 영국과 독립전쟁(1755~1783, 13개주 독립선언은 1776년)을 치르면서 유럽으로부터 소총을 수입하고 있었다. 독립 직후, 미 국방장관의 최대 관심은 소총의 국내산업 육성이었다.

2. 표준화의 아버지, 휘트니

미국의 국내 사정은 숙련공의 부족과 설비부족으로 곤경에 빠져 있었다. 휘트니는 원래 목화에서 실을 뽑는 방적공장을 운영하고 있었다. 휘트니는 방적기 생산 경험을 토대로 표준화에 의한 호환성 이론을 이용하면 대량생산이 가능하다는 자신감을 갖고 국방성을 방문하였다. 국방성을 방문한 휘트니는 자기가 가지고 간 열 자루의 총을 완전히 분해해 놓고, 그것을 국방성 관계자가 보는 앞에서 순식간에 다시 결합해 보였다.

이런 묘기 시범은 호환성이 없었던 당시에는 놀라움 그 자체였으며, 국방성 관계자들을 감동시켜 1798년 미국 정부와 소총 1만정의 납품 계약을 체결하고, 1809년에 이를 완납함으로써 표준화에 의한 생산성 혁신에 이정표를 세우게 되었다. 당시, 대규모 소총 생산을 맡았던 스프링필드의 조병창에서도 연간 생산량이 4천정에 불과하였고, 다른 26명의 소총업자들이 3만정 밖에 납품하지 못했다는 점을 고려하면, 휘트니의 표준화를 통한 생산성 혁신의 위력을 잘 나타내고 있다.

호환성 생산시스템은 근대적 생산방식의 기초를 구축하였으며, 경제적으로는 합리적인 공차한계 설정의 원점이 되었다고 한다. 이런 공로로 미국에서는 휘트니를 '표준화의 아버지'라고 부른다.

3. 남북전쟁의 원인과 결과

휘트니의 노력에도 불구하고 표준화 개념이 미국 산업에 곧바로 적용되지는 못하였다. 1850년 이후에 이르러 적극 활용되었지만, 공업이 발달된 북부에서 활용되었을 뿐, 농업에 의존하던 남부에서는 이용되지 않았다.

그러던 중 남북전쟁(1861~1865)이 발발하였는데, 이 전쟁에서 북군은 호환성이 있는 휘트니의 총으로 싸운 반면, 남군은 호환성이 없는 총으로 싸운 결과, 북군의 승리로 돌아가게 되었다. 남군의 총은 호환성이 없어서, 한 총은 총열이 못 쓰게 되고 다른 한 총은 방아쇠틀이 고장 나면, 두 자루의 총을 다 못 쓰는 형편이 되었다.

4. 결언

여기에 아이러니가 존재하는데 어떻게 보면 휘트니는 남북전쟁을 도발한 장본인이면서 북군의 승리에 결정적으로 공헌한 당사자이기도 한 것이다. 휘트니는 목화에서 실을 뽑는 방적기를 개발함으로써 공업 지역인 북부지방에서 노예의 필요성을 감소시키는데 공헌을 하였으나, 그 때까지도 노예가 필요하였던 남부지방의 도전에 직면하게 되었다.

따라서 우리는 표준화가 어떤 공헌을 하였는가에 주목할 필요가 있으며, 최근의 경제전쟁에서 표준화가 갖는 전략적 가치를 인식하여야 한다.

연습문제

2-1. 테일러의 관리원칙을 설명하라.

2-2. 페이욜의 관리원칙을 설명하라.

2-3. 호손연구의 과정을 설명하라.

2-4. 행동과학에 대하여 설명하라.

2-5. 시스템이론에 대하여 설명하라.

2-6. 상황적응이론을 설명하라.

2-7. 경영학의 역사적 발전과정을 설명하라.

2-8. 휘트니의 호환성 생산시스템을 설명하라.

Chapter 3

현대 기업의 형태

제1절 기업의 개념

현대사회는 조직사회라고 한다. 이것은 사회에 유용한 재화나 서비스의 제공, 고용 확보 등 오늘날 사회에서의 모든 기능이 조직을 통해서 수행되는 현실을 반영한 것이다. 그 조직사회에서 중심적 존재는 대규모 기업이며, 이들 대규모 기업에 대해서 드러커(Peter Drucker)는 현대 사회에서의 결정적, 대표적, 사회적 제도라고 말했다.

그렇다면, '기업'이라는 조직을 어떻게 정의하는가? 국어사전에 따르면, 기업은 영리를 얻기 위하여 재화나 서비스를 생산하고 판매하는 조직을 의미한다. 이제, 기업의 개념을 더 깊이 살펴보도록 하자.

1. 넓은 의미의 기업 개념

기업이란 ① 영리(수익성 추구)를 목적으로 하는 조직이며, ② 그 목적을 달성하기 위해서 계속적으로 사업을 실시하는 조직이다. 그리고 '사업을 한다'란 사회적인 규모로 큰 일을 수행한다는 뜻이다. 그렇다면, 사회에는 어떤 사업들이 존재하는가?

우선, 제공하는 서비스 자체, 또는 그들을 제공하기 위한 활동이 본질적으로 영리목적에 맞는 것이 아니라 사회 통념으로 영리 추구가 어려운 사업이 있다. 행정사업, 복지사업, 의료사업, 교육사업, 종교사업 등 서비스 사업이 이에 해당하는 것으로 각각 관공서, 복지 단체, 병원, 학교, 사찰, 교회 등과 같은 조직에 의하여 수행되어 왔다. 이들 사업의 목적은 각각 사회적 사명으로 하는 서비스의 제공을 안정적으로 유지하는 데 있다.

한편, 이러한 사업 이외의 사업은 경제사업으로 분류된다. 경제사업이란 한정된 자원으로 인간 생활의 향상에 필요한 재화나 서비스를 생산·공급·배분함으로써, 재화를 생산하고, 또 소비하는 활동이다. 그리고 그런 활동을 실시하는 조직을 경제사업

조직이라 부른다.

여기에서 주목하는 것은 경제사업은 사회적으로 유용한 재화 및 서비스의 생산·교환이라는 사회적 활동의 측면과 동시에 금전의 조달, 소비 등 재무적 활동의 측면도 겸비하는 사업이 있다. 이 경제사업의 재무적 활동 측면은, 장래 수익을 목표로 자금을 조달하는 투자활동을 감안하면, 경제사업은 본질적으로 활동 그 자체가 재화나 용역의 제공이라는 사회적 활동(사회성)에 그치지 않고, 사업주에 의한 사업주를 위한 투자 측면, 즉 사적인 영리추구(영리성)도 내포하고 있다고 말할 수 있는 것이다. 경제사업조직은 그런 사업을 실시하는 조직으로서 사회에 존재한다.

이와 같이 사회사업은 영리를 목적으로 하는 것에 대한 여부를 기준으로, 그것이 사회적으로 용인되는 경제사업과 그렇지 않은 사업으로 분류된다. 초기, 기업의 정의는 영리를 목적으로 한 사업 조직이었다. 즉, 기업은 우선 영리를 목적으로 하며, 경제사업을 실시하는 조직, 즉 경제사업 조직이라고 정의할 수 있다. 이것이 광의의 기업 개념이다.

2. 협의의 기업 개념

경제사업을 하는 기업 중에도 영리를 목적으로 하지 않는 특수한 기업이 존재한다. 첫째, 투입된 자본이 공적 성격을 갖는 것에 기인하고 비영리적인 성격을 지니며, 공기업과 제3섹터의 같은 공사 혼합 기업 등이 이에 해당한다. 둘째, 사적 자금이 투입되어 영리를 목적으로 하는 것이 충분히 가능함에도 불구하고, 경영 방침에 민주적 원리를 도입함으로써 비영리성을 관철하고 있는 것으로, 농협이나 생협과 같은 협동조합이 이에 해당한다. 이들 공기업, 공사 혼합기업, 협동조합은 경제사업을 수행하면서도 비영리를 고수하고 있으며, 그 특수성을 명시하기 때문에 비영리 경제사업 조직으로 불린다.

이에 대해서 일반 사적자본(이른바 민간자본)이 투입된 경제사업 조직은 다소간 영리를 목적으로 하고 있으며. 이를 명확히 할 수 있도록 비영리 경제사업 조직에 대해서 영리 경제사업 조직으로 불리게 되고 있다.

이 같은 넓은 의미의 기업(경제사업 조직)은 또 비영리 경제사업 조직과 영리 경제사업 조직으로 분류된다. 이 중 영리를 목적으로 한 사업 조직이라는 당초 기업의 정의에 비추어 보면, 엄밀하게 기업이라고 부를 수 있는 것은 광의의 기업(경제사업 조직) 가운데 영리를 목적으로 하는 경제사업 조직이다. 이것이 협의의 기업 개념이다.

〈그림 3-1〉은 지금까지 기술한 기업의 개념을 정리한 것이다.

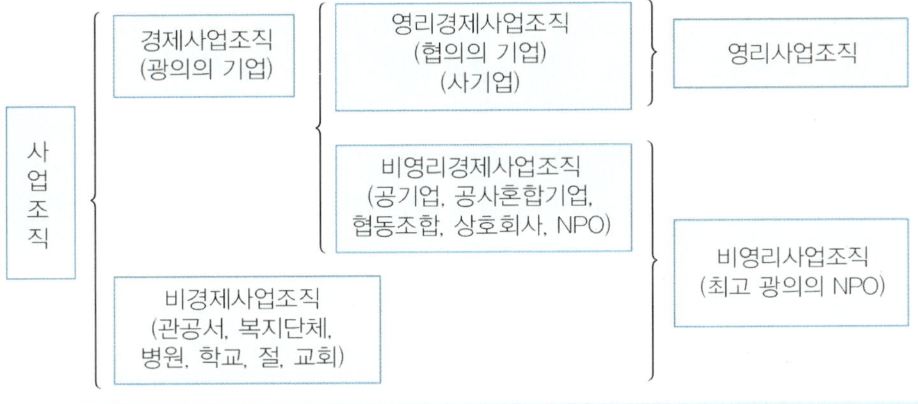

〈그림 3-1〉 기업의 개념

- 사기업 : 개인기업, 합명회사, 합자회사, 주식회사, 합동회사, 유한책임 사업 조합
- 공기업(정부 공기업) : 관공서, 수출입은행, 개발은행, 공단, 사업단
- 공기업(지방 공기업) : 지방 공기업, 지방공사
- 공사혼합기업 : 은행, 제3섹터 등
- 협동조합 : 농협, 축협, 신용금고, 신용조합 등

제2절 사기업의 역사적 발전 형태

개인기업이야말로 기업의 원점이다. 현대의 각종 기업 형태는 사기업이 대규모화를 목표로 발전 속에서 등장한 것, 혹은 등장한 사기업 형태를 모델로 그것들을 조합하고 파생적으로 만들어진 것으로 볼 수 있다. 이하, 제도적 사기업의 역사적 전개, 출자의 확대(대규모 자본 조달), 지배권 유지를 중심으로 살펴보기로 한다. 또한, 출자의 확대란 자본조달 방법을 연구하면서 기업을 대규모화시키는 프로세스로, 지배권 유지는 출자자(소유자)가 경영에 자신의 의사를 반영시키는 발언권을 유지하는 것을 의미한다.

1. 개인기업

사기업 형태 중 가장 단순하고 원초적인 것이 개인기업이다. 개인기업의 출자자(소유자)는 단독의 개인이며, 그는 출자를 하는 동시에 경영에 무한책임을 부담하는 것을 근거로 한다. 그러므로 지배권을 독점적으로 소유하고, 경영의 모든 의사결정을 처리한다. 즉, 개인기업에서는 소유자가 의사결정뿐만 아니라, 실제 경영에도 깊이 관여한다.

이처럼 개인기업은 출자자 개인이 지배권을 독점하고 지배권에 대해서는 안정적으로 유지된다. 그러나 출자의 확대에 대해서는 개인 재산 한도로, 또 차입에 대해서도 출자자 개인의 인적 신용의 범위에 그친다. 그리고 사업의 계속에 대해서도 출자자 개인의 의향에 따른다는 측면이 크다.

그러므로 개인기업에서 대규모로 출자를 확대하는 것은 어려움이 있으므로, 출자를 확대하기 위해서는 새로운 자금 조달 방법을 연구하는 것이 필요하다.

2. 합명회사

자본 확충의 방법은 개인기업의 출자자와 그와 동등한 권리·의무를 지는 출자자를 도입하는 방법을 제도화한 것이 합명회사이다.

합명회사의 출자자(소유자)는 전원이 동일한 금액을 출자하여 동등한 무한책임을 지는 무한책임 사원이며, 이를 근거로 전원에게 평등한 권리를 부여한다. 평등한 권리는 구체적으로 출자자 각자가 경영에 대해서 동등한 발언권(즉, 지배권)을 가지며, 합명회사에서는 그것을 보장하기 위해서 경영의사결정에 대해서는 출자자 전원 참가의 합의제(1인 1표제)가 채용된다. 그리고 자신의 출자분(지분)에 대한 양도에 대해서는 다른 사원들의 승낙이 필요하다.

합명회사의 자본의 확대는 기존 출자자와 동등한 권리를 가진 새로운 출자자를 늘리는 것으로 해결하려고 하였다. 그러나 기존 출자자는 자신의 지배권을 유지하기 위해서 출자자의 증대는 기존 출자자와의 인적 신뢰 관계가 유지되는 범위로 한정된다.

그런 제약 속에서, 합명회사의 자본 확충 방법은 2단계로 나뉜다.

1단계는 새로운 출자자를 늘리는 것이다. 그러나 이는 기존 출자자의 지배권 유지 차원에서 인적 신뢰 관계의 범위에 한정된다. 거기에서 다음에 출자자 수는 그대로 하고, 각 출자자에게 추가 출자를 요청하여, 한 사람당의 출자액을 증대시키는 방법이 채용된다. 이 추가 출자를 할 때에 주의해야 할 점은, 합의의 한 사람 한 표의 권리에 대한 평등성을 유지하기 위해서 전원에게 동일한 금액을 요청하는 것이다.

그러나 이 추가 출자에 의한 자본 확충과 추가 출연 요청이 거듭되면, 그 중에 요청에 응하지 못하는 출자자가 나오는 것은 당연하며, 이것이 한계이다. 또, 차입에 대해서도 신용의 기초는 개인기업과 마찬가지로 출자자의 인적 신용의 범위에 그치는 것이며, 출자자가 복수로 되면 이것에 대해서도 인적 한계가 있다.

이처럼 합명회사의 자본 확대는, 지배권 유지의 관점에서 출자자 간 인적 결합 및 차입에 인적 신용이라는 한계가 존재하고, 또한 사업에 대해서도 출자자 전원의 뜻에 따른다는 측면이 있으므로, 투자자(소유자)의 인적 측면이 강조된다. 그래서 합명회사는 인적 회사로 불린다.

3. 합자회사

출자자로서 합명회사와 마찬가지로 무한책임 사원과, 출자액을 한도로 유한책임의 부담만으로 허용되는 유한책임 사원을 탄생시킴으로써 자본의 확대를 도모하는 회사이다. 합자회사의 유한책임 사원은 무한책임을 면제 받는 대신 합의에 참여하지 않으며, 출자액에 관한 제약도 없다. 그리고 그들의 출자는 양도 가능하지만 양도 시에는 경영에 종사하는 무한책임 사원 전원의 동의가 필요하다.

합자회사의 문제점은 합명회사의 대규모화 과정과 같으며, 합명회사의 자본 확대에는 인적 한계가 있음은 이미 설명하였다. 그러나 경쟁에서 우위를 점하기 위한 대규모화(자본 확충) 요청은 멈출 줄을 모르고, 마침내 그 선을 넘는 경우가 발생한다. 구체적으로는 ① 익명 출자의 발생, ② 출자자의 평등성 붕괴라는 2가지 현상이 일어나게 된다.

익명 출자 발생 경위는 다음과 같다. 추가 출연 요청이 쏟아지는 합명회사 안에서 개인 재산이 바닥나면, 추가 출자에 응하는 출자자가 나타난다. 그래서 그는 동일한 금액의 출자를 유지할 수 있도록 자신의 지인(합명회사에서 보면 제삼자)에게서 돈을 빌려 추가 출자에 응하려고 시도한다. 합명회사의 무한책임 사원에 자금을 빌려준 사람은 실질적으로 합명회사의 출자자이다. 그러나 합명회사에서 보면, 그는 정식 출자자로 인식될 수 없으며, 이것은 익명 출자라고 불리는 현상의 발생 원인이 된다.

그러나 그 익명 출자에 의한 추가 출자에의 대응도 그것을 이용하는 무한책임 사원의 개인적인 인적 신뢰 관계의 범위에 한정되는 것이므로, 마침내 추가 출자에 명시되지 않은 사람으로 나타난다. 여기에서 합명회사의 무한책임 사원 전원의 동일한 출자에 대한 원칙은 무너지는 것이다.

이에 합명회사의 기타 무한책임 사원은 어떻게 대응하는가?

합명회사는 동액 출자, 동등한 무한책임 부담을 조건으로, 각 출자자에 1사람 1표에 의한 합의제에 참가한다는 평등의 권리를 부여하는 제도였다. 지금 그 평등의 권리에 근거가 되고 있던 동일한 출자가 무너진 것이다. 거기서 다른 무한책임 사원은 지배권 유지의 관점에서 다음 조치를 취한다. 즉, 추가 출자에 응할 수 없는 출자자를 합의에 참가시키지 않는 것과 동시에 무한책임에 대해서도 이를 면제하는 것이다.

그런데 먼저 본 익명 출자와 추가 출자에 응할 수 없게된 전 무한책임 사원에게는 공통점이 있다. 첫째, 둘 다 합명회사의 합의에 참여하지는 않고, 경영에 대한 발언권은 일절 없다. 둘째, 모두 실질적으로 출자액을 한도로 유한책임을 진다. 그리고 합명회사가 도산했을 경우, 익명 출자의 자금은 전혀 회수될 가망은 없지만, 이것은 바로 합명회사에 대한 출자액 한도의 유한책임을 부담하는 것과 같다. 한편, 합의에서 벗어난 전 무한책임 사원은 무한책임이 면제되지만, 출자액에 대한 책임 부담은 남는다. 즉, 이쪽도 출자액을 한도로 유한책임의 부담은 남게 된다.

이처럼 합명회사의 대규모화 속에서 발생한 익명 출자와 추가 출자에 응할 수 없게 된 전 무한책임 사원은, 출자에 대한 유한책임을 지는 동시에 지배권과 무관한 출자자 계층으로 취급된다. 그리고 이 새로운 출자자층을 유한책임 사원으로 공식 채택한 것이 합자회사이다.

그러므로 합자회사 제도라면, 무한책임 사원은 출자액을 자유롭게 결정하는 유한책임 사원을 늘림으로써, 자신의 지배권을 유지하면서 무한으로 자본 확충을 꾀할 수 있게 보인다. 그러나 유한책임 사원의 지분의 양도에 대해서는 여전히 무한책임 사원의 동의가 필요하게 됨으로써 유한책임 사원일지라도 역시 무한책임 사원과의 인적 신뢰 관계가 아니면 출자는 어려웠다. 또, 유한책임 사원을 이용한 자본의 확대(대규모화)는 무한책임 사원이 실제로 무한책임을 부담할 수 있는 현실적인 범위에 대한 인적 한계가 존재한다. 그래서 합명회사와 같은 합자회사도 인적 회사로 불린다.

4. 주식회사

기업 간 경쟁 심화와 함께 자본의 확대는 합자회사의 한계를 넘어선다. 그리고 무한책임 사원의 지배권 유지의 근거가 되고 있던 무한책임 부담은 유명무실화되었다. 그래서 탄생한 것이 주식회사이다. 주식회사의 기원은 1602년 설립된 네덜란드 동인도 회사로 알려졌지만, 이는 기존의 대규모 합자회사끼리의 대합병으로 탄생한 것이다. 그러나 제도적으로는 주식회사로서 완성된 것은 없었다.

주식회사는 합자회사의 무한책임 유명무실화에 대응해서, 전체 출자자들을 유한책임으로 하고, 전원에게 경영의사결정에 참석할 기회를 부여하여 평등성을 주는 등의 방법으로 주식회사 제도를 개발하였다. 그러므로 출자액의 차이가 그대로 발언권의 차이에 연결되도록 고안함으로써 자본의 확대와 지배권 유지가 가능한 획기적인 제도이다.

합자회사에 이르기까지 출자를 증명하는 증권은 존재하지 않는다. 반면, 주식회사에서는 동액의 소액 액면이 기재된 양도가 자유로운 출자 증권(주식)이 고안되어 출자자는 각각 출자액(지분)상당 부분의 주식(주식 수=지분의 주식 액면)을 받으며, 주주라고 불리게 된다. 또, 무한책임 사원에게는 합의 대신, 최고 의사결정 기관으로서 주주총회를 제도화하였으며, 주주로 있으면 누구나 자유롭게 참여할 수 있도록 하였다.

이렇게 주식회사에서 출자자 전원이 유한책임, 출자액도 자유, 주식의 양도도 자유 그리고 의사결정의 장소인 주주총회의 참석도 자유롭게 함으로써 인적 신뢰 관계에 얽매이지 않는 광범위한 자본의 확대 조달이 가능토록 하였다.

한편, 지배권 유지에 대해서는 주주총회에서의 결의를 1사람 1표의 합의가 아닌 1주당 1표를 배정하는 것으로, 출자액의 차이가 그대로 경영에 대한 발언권의 차이에 반영되도록 고안되었다.

그러나 주식회사 제도라도 2가지 의미에서 지배권 유지는 완전치 않다.

우선, 주주가 보유한 주식은 양도 자유이며, 특히 상장된 주식회사의 주식은 증권시장에서 언제든지 매매 가능하다. 이 때문에 늘 주식을 대량 취득하고, 지배권을 획득하려는 사람이 등장할 위험성이 존재하고 있다. 즉, 주식회사에서 추가 자본이 확대됨에 따라 그때까지 지배권을 유지해 온 대주주 지분 비율이 낮아지고 지배권을 잃을 수 있다. 그리고 전문 경영자가 대주주 대신 실질적으로 지배권을 쥔 이른바 '경영자 지배' 상황이 계속되는 것도 현실이다.

기업사례

일하는 방식이 다른 구글

1. 구글의 구글 방식

구글(Google)은 1990년대 초 캘리포니아 실리콘벨리에서 인터넷 경제라는 특별한 환경 속에서 탄생하였다. 구글의 공동창업자이자 스탠포드대학의 절친한 친구 사이인 래리 페이지(Larry Page)와 세르게이 브린(Sergey Brin)은 세상을 변화시키고 싶어 하였고, 인터넷에서 검색기능을 향상 시키고 싶은 뜨거운 열정을 함께 나누었다. 자유로운 사고를 가진 이 청년들은 기존의 경영관행에 어긋나는 결정도 거침없이 하였다.

구글의 새로운 조직운영 방법으로 잘 알려진 마사지 서비스, 무료 점심, 수영장, 배구코트 등이 구글의 공동창업자인 래리 페이지와 세르게이 브린에게 관심의 대상이 된 것은 아니다.

구글이 이전의 기업과 다른 새로운 기업형태라고 할 수 있는 이유는 인적 자원관리, 제품과 서비스의 개념, 조직 구성, 경영 측정도구와 모니터링 분야에서 혁신의 방해가 되는 모든 장벽들을 제거해 왔으며, 특히 일하는 방식에서 혁신적인 시도를 계속하였기 때문이다.

2. 구글의 기본 경영방침의 틀

1) 끊임없는 학문적인 열정

구글의 공동창업자인 래리 페이지와 세르게이 브린은 컴퓨터와 프로그램을 개발할 수 있는 능력으로 기업을 설립할 자신감을 갖게 되었다. 그들의 아이디어는 반세기 동안 개발되어 왔던 인공지능의 개념을 발전시킨 것이었다.

그리고 구글의 핵심강점 중 하나는 학문적인 커뮤니티와의 관계를 통해 연구 활동을 유지해온 것으로, 회사 창립자들이 가지고 있던 연구자로서의 특성에 의한 것이다.

2) 독립적인 경영 방식

구글에 초기 투자자금을 지원한 벤처 캐피털리스트인 앤디 벡톨샤임(Andy Bechtolsheim)은 구글의 창업자들을 만나서 불과 몇 시간의 대화로 십만 달러 수표를 써 주었다. 이것은 구글에게 성공의 확신을 심어준 것이었으나, 그 대신 벤처 캐피털리스트는 투자자금을 회수하기 위하여 구글에게 수익이 가장 높은 비즈니스로 활동할 것을 강요하였다.

그러나 래이와 세르게이는 "벤처 캐피털리스트들이 마음대로 회사 경영에 개입하게 하고 특허를 내어 한 분야를 전문화하라는 그들의 압력에 굴복하였다면, 지금의 구글은 없었을 것이다."라고 말한다.

구글의 창업자들이 공통적으로 가지고 있는 특징은 독립과 자율을 향한 갈망이었다. 그래서 기업을 공개할 때 '독립'에 대한 그들의 의지를 다시 명확히 하였다. 래이와 세르게이는 독립적으로 경영하겠다는 의지의 글을 잠재투자자들에게 공개하였다. 이 글은 "구글은 지금까지 여러분이 알고 있는 회사와 다릅니다. 우리는 그렇게 할 생각이 추호도 없습니다."로 시작되며, 금융시장에 대한 불신과 돈만 벌 목적으로 행해지는 월스트리트의 횡포를 비난하는 내용이었다.

3) 영업사원이 없는 광고영업 방식

전통적인 대중매체의 광고가 소비자를 브랜드로 유인하고 설득하여 충성심을 얻어내는 것과 달리, 구글은 메인 홈페이지에는 광고를 게재하지 않는다. 즉, 광고에 대한 게임의 법칙을 완전히 바꾸어 놓았다.

구글은 사용자가 입력한 질문어가 특정 지역 광고주의 키워드와 맞을 경우에 나타나는 광고 디스플레이에 모델을 결합하고, 클릭당 지불비용을 광고주가 결정하게 하였다. 그 결과, 구글이 광고 노출당 벌어들이는 수익은 야후보다 30% 이상 많다.

그리고 구글은 다른 기업들이 사용하던 광고영업 방식에 따른 영업사원을 채용하지 않는다. 만일 그렇게 하면 엄청난 돈이 들 것이다. 그러나 구글이 성공할 수 있었던 것은 영업사원을 두지 않고, 광고를 배치하는 과정을 자동으로 처리하여 판매에 소요되는 비용을 급격히 감소시켰기 때문이다. 그러므로 마케팅부 사이에 흔히 일어나는 갈등을 줄였으며, 사용자 행동에 대한 풍부한 정보도 직접 얻게 되었다.

4) 서로 견제하는 3인 경영체제

래리와 세르게이는 노벨(Novell, Inc)에서 회장겸 CEO였던 에릭 슈미트(Eric Emerson Schmidt)를 2001년 영입하였으며, 3인 경영체제로 회사를 이끌어가면서 권력을 분산하고 서로 균형을 잡아주는 구글만의 독특한 3인 경영체제의 이사회를 만들었다. 어느 한 사람이 마음대로 하려고 할 경우, 다른 두 사람의 견제와 균형을 통해 재빨리 바로잡아 놓았다. 그리고 3인 경영체제는 모든 책임을 나누기 때문에 1인 경영체제에서 나타날 수 있는 강박관념을 최대한 줄일 수 있다. 또한, 세 사람의 경영진은 한 사람의 경영주에 비하여 주주와 투자자들의 압력으로부터 보다 자유로울 수 있으며, 실제로 투자자나 자문가들의 간섭이나 통제로부터 벗어나게 되었다.

3. 인재 채용과 관리 전략

1) 최고의 인재 채용

구글과 일해 본 기업의 경영자들은 일류대학의 박사학위, 적어도 석사학위가 없으면 구글에 들어갈 수 없다고 말한다. 이러한 엘리트주의는 구글에만 해당되는 것이 아니며, 아마존닷컴과 마이크로소프트도 마찬가지이다.

구글의 인사부서는 거의 임시직원들로 구성되어 있다. 채용기구는 얼핏 보기에는 공장 같지만, 필요할 때 언제든지 직원에게 도움을 요청할 수 있는 유연한 체제로 운영되고 있다.

기술직에 지원한 사람들은 구글의 실험실 적성검사를 거치게 된다. 지원자들에게 난이도가 높은 문제 해결의 능력과 업무환경에 응용할 수 있는 기술과 관련된 질문을 한다. 그리고 후보자가 가지고 있는 독창성과 유머를 보는 것이 검사의 특징이다.

구글 채용 전략의 또 다른 특징은 채용담당자를 전문화하는 것이다. 어떤 채용담당자는 신입직원만 상대하고, 또 어떤 사람은 기술직이나 관리자만 상대하고 또 다른 사람은 해외채용만 담당한다. 그 결과, 각 채용담당자는 아주 세분화된 영역에서 후보자들을 아주 자세히 확인해 볼 수 있다.

2003년 말 1,628명이었던 직원의 수가 2006년 말 10,674명으로 증가하였으며, 2008년 6월에는 19,604명, 2016년에는 72,053명이 전일제로 근무하였다.

2) 20% 정책

구글은 엔지니어와 개발자의 근무시간을 둘로 나누어, 80%는 월급을 받는 프로젝트에, 나머지 20%는 개인연구에 투자하게 하였다. 이것이 구글의 '20% 정책'이다. 물론 엔지니어들은 원하는 연구 분야를 마음대로 선택할 수 있지만, 그들이 선택하는 연구 분야가 회사의 목표에 부합되어야 한다는 것을 전제로 한다.

이 방법은 엔지니어들이 회사를 떠나는 것을 막기 위하여 3M에서 고안된 방법이며, 구글의 20% 정책은 신제품 개발과 최근의 비즈니스 환경에도 도움이 되는 장점을 가지고 있어 '오픈 소스 커뮤니티(open source community)'에서 개발에 참여하던 자원봉사자들도 구글로 끌어들일 수 있었다.

3) 동료들간의 명예를 위한 경쟁

20% 정책에 의해 우수한 프로젝트를 낸 팀은 다른 부서의 평가를 받기 위하여 프로젝트를 발표하게 된다. 그리고 이에 대한 평가는 그 동료들이 맡게 된다.

동료평가는 기술 분야에서 전문지식을 충분히 확보하고 있는 개인의 명성을 토대로 이루어지기 때문에, 기존의 수직적인 조직구조와는 다른 병렬적인 계층구조를 만들어 낸다.

이 '명예를 위한 경쟁'은 아주 숙련된 전문가를 필요로 하는 회사들에게 명쾌한 해법을 준다.

4. 성장 전략

1) 지속적인 아이디어 헌팅

구글의 지도자들은 자사 검색엔진이 경쟁사보다 훌륭하더라도 그것에 만족하고 더 이상 아무 것도 하지 않는다는 것이 얼마나 위험한 선택인지 충분히 알고 있다.

새로운 돌파구를 만들어 낼 수 있는 아이디어는 엔지니어나 학자, 심지어 경쟁사까지 포함하여 누구에게서나 나올 수 있다는 사실을 너무도 잘 알고 있기 때문에 구글은 항상 그들이 하는 말을 적극적으로 경청한다.

구글은 흥미로운 제품을 가진 회사들을 인수하는데도 적극적이다. 2001년부터 구글은 50개가 넘는 회사를 인수하였다. 주요 인수 대상은 아이디어와 개발능력을 가진 두세 명이 만든 창업 기업이거나 수천, 수만 명의 방문자를 끌어들이는데 성공한 새로운 웹 어플리케이션을 개발한 회사들이다.

구글의 인수 목적은 시장점유율, 전문지식, 인수하는 회사의 기술을 넘어서는 것이다.

2) 신제품 평가에 소비자 참여

구글은 연구자들에게 제품을 소비자들로부터 받은 피드백을 통해 제품의 특성을 조기에 개선함으로써 스스로를 구하는 전략에 힘쓰고 있다. 자신의 친구나 친지를 통해 사용자들을 테스트 프로그램에 많이 초청한다. 이것은 결국 개발팀을 확장시키는 효과를 가져 온다.

이러한 조기 출시와 테스트 전략은 개발시간을 단축시켜줄 뿐만 아니라, 시장에 정식으로 소개되기 전에 먼저 사용해 볼 수 있는 특권을 사용자들에게 부여한다. 또한, 제품을 조기에 출시하는 것은 경쟁이 일어날 수 있는 상황을 미리 막고, 신규진출자가 시장에 진입하는데 필요한 비용을 높이는 역할을 한다.

3) 수학적 팩트를 절대적으로 신뢰

수학을 중요하게 생각하고 수학에 의존하는 것은 구글의 특징 중 하나라고 할 수 있다. 고객과의 관계를 규정하는 용어에 구글처럼 수학을 많이 사용하는 회사는 드물다.

구글의 지도자들은 인터넷 광고요금을 부과하는 방식도 수학적 계산에 기초를 두고 있으며, 수학적인 계산을 여러 가지 방법으로 일상적인 서비스에도 적용하였다.

인사채용에도 수학적 기법이 사용된다. 2006년에 5개월 이상 근무한 직원들을 대상으로 하여 인사부서에서 300가지 항목의 설문조사를 실시한 적이 있으며, 수집한 데이터를 바탕으로 직원성과를 25가지 척도로 비교하였다. 그것은 독특한 기업문화에 대한 직원들의 적응력과 업무성과에 영향을 미치는 예측변수를 찾기 위한 것으로 지금까지 사용되고 있다.

4) 소규모 팀의 다수 운영

수천 명의 엔지니어가 수백 개의 팀으로 나뉘어져 프로젝트를 수행하기 때문에 짧은 시간 내에 신제품을 출시할 수 있다.

작게 나뉜 팀은 팀원들의 무임승차를 예방하게 해주고, 그로 인한 갈등도 줄여준다. 그리고 작은 팀에는 구체적인 지침을 주는 상사가 없기 때문에 모든 팀원들이 창의적 역량을 발휘하게 되며, 어느 정도의 융통성 발휘가 허용된다.

작은 팀의 아이디어는 결코 새로운 것이 아니다. 다만 구글에서 작은 팀이 더 효과적으로 운용될 수 있었던 것은 그들의 발전을 격려해 줄 수 있는 독특한 문화적 환경이 있었기 때문이다.

5) 사내 정보 공유와 블로그 활용

1999년에 처음 시작된 블로그(Blogger)는 2003년 9월에 구글에 인수되어 즉시 사내 인트라넷에 설치되었다.

구글러(Googler)들은 '세계에서 가장 스릴 있고 스마트한 가상 놀이터'라고 불리는 '구글 블로그'에서 동료들과 함께 스스로 활동을 자유롭게 조정한다. 그리고 정보를 널리 알리면 경영자의 개입 없이도 직원들이 회사의 필요에 맞게 행동을 조정하고, 동료들의 역량을 최대한 활용할 수 있게 된다.

6) 온라인 커뮤니티를 성장의 도구로 활용

구글 사용자들은 구글이 제공하는 툴(tool)들을 마음껏 사용할 수 있다는 이유 때문에 구글을 찾고, 자원해서 구글에 뭔가 기여하기를 원한다. 어떤 사람들은 자신이 가진 기술을 증명해보고 싶어서 구글에 몰려든다.

그 결과, 구글 사용자들이 만들어가는 온라인 커뮤니티는 구글의 성장에 크게 기여하였으며, 구글은 이런 추종자들의 대화에서 나오는 아이디어에 귀를 기울인다.

연습문제

3-1. 넓은 의미의 기업 개념을 설명하라.

3-2. 좁은 의미의 기업 개념을 설명하라.

3-3. 개인기업에 대하여 설명하라.

3-4. 합명회사에 대하여 설명하라.

3-5. 합자회사에 대하여 설명하라.

3-6. 주식회사에 대하여 설명하라.

3-7. 구글의 기본 경영방침을 설명하라.

3-8. 구글의 성장 전략을 설명하라.

Chapter 4 기업의 경영의사결정

제1절 의사결정의 개념과 과학적 접근

1. 의사결정의 개념

21세기에 접어들어 기업은 세계화의 추세에 따라 거대한 규모로 발전하였으며, 내부적으로 복잡한 구조를 갖게 되었고, 동시에 외부적으로 다양하게 변화하는 환경에 직면하고 있다.

과거에는 기업경영이나 의사결정의 환경이 어느 정도까지 예측이 가능하였으며 그에 대한 대응도 가능하였지만, 현재는 이러한 예측 자체가 매우 어렵거나 불가능한 상태가 되었다. 그야말로 무한경쟁의 시대를 맞이하게 되었다.

이러한 상황하에서 의사결정은 기업경영의 가장 중요한 요소로 등장하게 되었으며, 최고경영자가 의사결정을 하는 것은 더욱 어려워졌다. 그러므로 오늘날 최고경영자에게 요구되는 최상의 기능은 바로 의사결정에 있다. 왜냐하면 의사결정은 최고경영자가 당면하고 있는 조직의 문제를 효율적으로 해결하는 기본 요건이기 때문이다.

따라서 현대 최고경영자의 의사결정의 필요성은 다음과 같은 경영관리 개념상의 특징에 근거를 두고 있다.

첫째, 과거 경영자의 의사결정은 시행착오적 경험론에 입각하지만, 현대 경영자의 의사결정은 사전관리를 토대로 하고 있다.

둘째, 기업은 내·외적으로 다양한 요인에 의하여 영향을 받으며, 그 변동은 동태적이며 확률적이기 때문에 그 변동요인을 체계적으로 통제하는 기법이 필요하다.

셋째, 시스템은 구성요소들의 유기적 결합을 전제로 하기 때문에 모든 경영의사결정문제는 전체시스템을 유기적으로 파악하는 총괄시스템 관점에서 해결되어야 한다.

2. 의사결정의 과학적 접근 과정

의사결정의 과학적 접근 과정을 〈그림 4-1〉과 같이 ① 문제의 정의, ② 모형의 설정, ③ 모형의 타당성 검토, ④ 해의 도출, ⑤ 결과의 평가, ⑥ 모형의 적용으로 나타낼 수 있다. 그리고 그림에서 나타낸 화살표는 각 단계에서 불충분하다고 생각될 때에는 언제든지 아래 단계나 그 아래 단계에서 다시 의사결정과정을 진행해야 한다는 것을 의미한다.

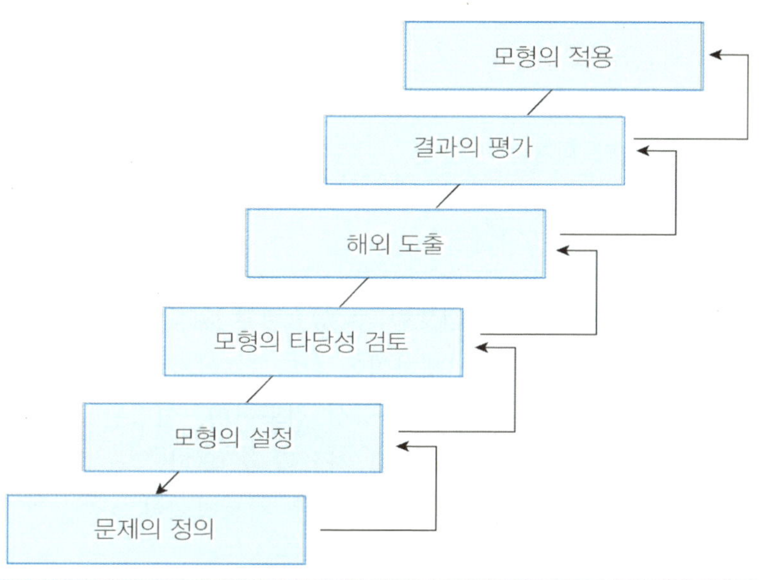

〈그림 4-1〉 의사결정의 과학적 접근 과정

1) 문제의 정의

시스템이 지니고 있는 문제를 객관적으로 파악함으로써 최적의 해결책이 무엇을 위한 것인가를 사전에 분명히 해 두는 단계이다. 그러므로 문제의 정의는 매우 중요하면서도 가장 어려운 단계이기도 하다. 그리고 문제를 계량화하기 어려울 때에는 구체적이고 측정 가능한 목적을 개발하는 것이 필요하다.

따라서 문제를 정의할 때는 ① 적절한 목표, ② 제약조건, ③ 조직의 타 분야와의 상호관계, ④ 대안, ⑤ 시스템 효과 측정을 위한 척도 등의 사항들을 포함시켜야 한다.

2) 모형의 설정

모형이란 현실의 이상적 표현으로서, 시스템의 핵심을 내포하며 구성 요소간의 상호관계를 나타내고 분석을 가능하게 한다.

실제, 경영시스템을 이용하여 경영 의사결정이나 복잡한 요소간의 관계를 파악하는 것은 너무 많은 비용이 들어 비효율적이기 때문에 실제 시스템의 기본이 되는 요건들을 토대로 추상화하여 모형을 설정한다. 그러므로 모형은 신중하게 개발하여야 하고, 현실적이며 이해하기 쉽고, 수정하기 쉬워야 한다.

따라서 경영자가 실제 시스템의 활동을 보다 잘 파악하고, 분석, 예측, 통제될 수 있도록 현실을 정확히 반영하여 모형개발을 설계하여야 하며, 다음과 같은 사항들이 모형설계과정에서 반영되어야 한다.

① 모형과 변수의 관련성
② 변수와 모수 사이의 수학적 관계
③ 변수와 모수 사이의 확률성

3) 모형의 타당성 검토

최초의 모형은 여러 개의 결함을 내포할 수 있으므로 해를 도출하기 전에 타당성을 검토하여 결함을 제거하는 작업을 선행하여야 한다. 그러므로 과학적 방법의 일반적인 요건 가운데 가장 중요한 것이 바로 타당성 검토이며, 설정된 모형이 기능적으로 타당성이 결여될 때에는 과학적 분석도구로 사용될 수 없다.

따라서 실제의 목적을 수행할 수 있는 가능성을 검토하여야 하며, 그 결과에 따라 다음 단계를 진행하여야 한다.

4) 해의 도출

해의 도출은 문제에 대한 최적해에 도달하기 위하여 모형을 조작하는 것을 포함하고 있다. 그리고 모형의 해를 구하는 것은 시스템의 효과를 극대화 또는 극소화하는 결정변수의 결합을 찾는 것으로, 대부분의 경우에는 이미 개발된 소프트웨어를 사용한다.

그러므로 모형으로부터 문제의 해를 도출하는 것은 최적해가 발견될 때까지 몇 가지 단순한 단계를 반복하는 것이며, 타당성 검증과 함께 계량적 의사결정분석에서 매우 중요하며 상호의존적 관계에 있다.

5) 결과의 평가

모형에 대한 결과를 기업 내에 적용하기 전에 정확도와 신뢰도를 검정하는 단계이다. 그리고 모형의 검증은 모형에 의하여 이용된 자료의 정확성과 완전성을 포함하며, 결과의 신뢰도는 유사한 형태의 문제에 대한 계산된 해가 일관성 있게 현실적인 결과를 제공해 주는 정도를 나타낸다.

결과의 정확도와 신뢰도가 높다는 것이 확인되면, 해를 도출하기 위하여 이용된 입력자료와 모형은 실제 시스템에서 발생하는 문제해결에 매우 유용한 정보가 된다. 그리고 모형은 현실에 관한 하나의 접근이기 때문에 모형과 입력자료의 변화에 대한 민감도는 그 결과를 분석하는데 매우 중요하다.

따라서 모형의 잘못된 적용으로 나타날 수 있는 결과를 체계적으로 평가하여야 하며, 경영자는 그 모형이 타당하게 적용될 수 있는 조건의 범위를 인식하여야 한다.

6) 모형의 적용

의사결정 과정의 최종단계는 결과를 적용하는데 있다. 즉, 경영자가 개발된 모형을 기업 내에 구체화시키는 과정으로, 이 단계가 성공적으로 수행되어야 효과를 보기 때문에 이 단계는 매우 중요하다.

그러므로 경영자는 모형의 가정과 한계 그리고 장점들을 잘 알고 있어야 그 모형을 이용할 수 있다. 경영자는 이 모형을 가지고 시뮬레이션 혹은 민감도 분석을 시행해 봄으로써 모형의 특성을 이해하고, 일상적인 경영의사결정이나 문제해결에 이용할 수 있다.

제2절 의사결정의 계량적 분석 방법

1. 의사결정모형

1) 기본 구성요소

의사결정모형의 기본요소는 주어진 상황, 대안, 성과의 3가지로 구성된다.

① 주어진 상황(states of nature) : 어떤 결정 대안을 택했을 때, 그 결과에 영향을 주는 일단의 발생가능한 확률 사상

② 대안(alternatives) : 의사결정자가 택할 수 있는 가능한 대안

③ 성과(payoffs) : 주어진 상황하에서 취해진 의사결정 대안에, 그 상황하에서 나타난 사상과의 결합으로 실현시키는 이익이나 비용

〈표 4-1〉은 기본 구성요소의 예를 나타낸 것으로, 현재의 상황 S_1, S_2, S_3에 따라 의사결정자가 취할 수 있는 대안에는 A_1, A_2, A_3의 3가지가 있다. 만약, 의사결정자가 3가지 대안 가운데 A_1을 택하고, 이때 변화가능한 상황이 S_1이 된다면, 의사결정자가 얻을 수 있는 이익은 10,000원이 된다. 그러나 상황은 S_2와 S_3으로 언제든지 변화할 수 있다.

〈표 4-1〉 의사결정 행렬표의 예

대안 \ 주어진 상황	S_1	S_2	S_3
A_1	10,000(원)	15,000(원)	20,000(원)
A_2	5,000	20,000	10,000
A_3	15,000	10,000	10,000

2. 의사결정의 가치척도

의사결정의 가치척도로 보편적으로 많이 쓰이는 것은 화폐로서, 주어진 상황이 일어날 확률을 알고 있을 때는 기대화폐가치(EMV : Expected Monetary Value)를 최대화하는 결정대안이 최적대안이 된다.

1) 기대화폐가치(EMV : Expected Monetary Value)

불확실성하의 기대이익을 평가하는 기준으로 기대화폐가치(EMV)를 이용하며, 다음과 같은 수식으로 나타낼 수 있다.

$$EMV_j = \sum_{i}^{n} f(x_i,\ d_j) \times p(x_i)$$

여기서,

x_i : 수요량

$p(x_i)$: 수요량에 따른 확률

i : 주어진 상황

j : 결정대안

$f(x_i, d_j)$: x_i와 결정대안 d_j에 의한 조건부 이익

EMV_j : 대안별로 얻게 되는 기대이익

기대화폐가치를 기준으로 의사결정을 할 때에는 다음과 같은 과정을 거친다.

① 성과표(payoff table) 작성
② 각 대안별 확률에 따른 기대화폐가치(EMV) 계산
③ 가장 큰 기대화폐가치(EMV)의 선택

2) 기대기회손실(EOL : Expected Opportunity Loss)

기회손실은 최적결정을 하지 못함으로써 야기되는 이익과의 차이를 의미한다. 이 개념은 불확실한 상황, 즉 어떤 주어진 상황에서 최적의 대안이 어떤 것인지를 알 수 없는 경우, 이 정보를 얻는데 지불할 비용을 결정하는 기준으로 쓰이기 때문에 중요하다.

$$EOL_j = \sum_{i=1}^{n} OL(x_i, d_j) \times p(x_i)$$

여기서,

$OL(x_i, d_j)$: 수요량 x_i, 대안 d_j를 통해서 나타난 기회손실

EOL_j : 대안별로 얻게되는 기대기회손실

3) 완전한 정보하의 기대이익(EPPI : Expected Payoff with Perfect Information)

주어진 상황에 대한 정보를 완전하게 알고 있음으로서 최적의 결정을 내리게 되고, 이때 얻게되는 최대이익을 말한다. 그러므로 확실성하의 기대이익(EPC : Expected Payoff With Certainty)이라고도 한다. 따라서 EPC, EOL 그리고 EMV는 다음과 같은 관계를 갖는다.

$$EPC = EMV_j + EOL_j$$

대안별 기대화폐가치(EMV_j)와 기대기회손실(EOL_j)의 합이 확실성하의 기대이익(EPC)이 되는 것이므로, 기대화폐가치와 기대기회손실은 상호보완적이다. 예컨대, 기대화폐가치가 최대값을 취하면 기대기회손실은 최소값을 갖게 된다.

4) 완전한 정보의 기대값(EVPI : Expected Value of Perfect Information)

불확실성을 제거하여 확실한 상황에서 의사결정을 하려면, 확실성하의 기대이익(EPC)과 기대화폐가치(EMV)의 차액만큼 정보비로 부담하여야 한다. 이 금액을 완전한 정보의 대가로 보고, 이를 완전한 정보의 기대값($EVPI$)이라 부른다. 이것은 불확실성 때문에 입게되는 기회손실과도 같은 것이라고 볼 수 있기 때문에 완전한 정보의 기대값(EVPI)은 기대기회손실(EOL)과 항상 그 금액이 같다.

$$EVPI = EOL$$

대부분의 경영자들은 상황에 따른 보다 정확한 예측을 하기 위하여 유용한 정보를 얻기 위한 투자를 한다. 따라서 경영자들이 추가된 정보를 위하여 지불해야 하는 투자액의 상한은 기대기회손실(EOL)이 되며, 어떻게 성립하는가를 알아보자.

다음은 의사결정 문제에 대한 성과표로서, 각각의 주어진 상황에 대한 확률은 0.2, 0.3, 0.5로서 기대화폐가치를 최대화하고, 기대기회손실을 최소화하는 대안을 선택하고자 한다.

〈표 4-2〉 성과표

대안 \ 주어진 상황	S_1(0.2)	S_2(0.3)	S_3(0.5)
A_1	25	40	15
A_2	40	60	10
A_3	65	50	−10
A_4	75	40	−5

만약, 상황 S_1에서 대안 A_1을 선택하였다면 25의 이익이 기대된다. 그러나 우리가 특정상황이 발생할 것을 정확하게 알 수 있었다면, 보다 현실적인 대안을 선택할 수 있을 것이다. 예를 들어, 상황 S_2가 발생할 것을 알았다면, 이익을 최대화하는 대안

A_2를 선택하였을 것이다. 이것이 완전한 정보의 기대이익(EPPI)의 개념이다. 이 개념하에서 상황의 발생을 통제할 수는 없지만, 우리는 상황이 발생할 것이라는 것을 정확히 말할 수 있다.

만약, 상황 S_1, S_2, S_3가 각각 0.2, 0.3 그리고 0.5의 확률로 발생한다면, S_2의 상황은 30% 발생하고, 이것이 발생했을 때 정확하게 알았을 것이다. 우리가 상황의 발생을 통제할 수 없기 때문에 완전한 예측하에서 그 수익의 측정치를 기대이익으로 사용하여야 한다. 따라서 각 상황하에서 최대이익을 제공하는 가치를 찾을 수 있다. 이들 가치는 〈표 4-3〉과 같다.

〈표 4-3〉 상황별 최대이익

상 황	상황에 대한 최대이익
S_1	75
S_2	60
S_3	15

완전한 정보하의 기대이익(EPPI)은 각 상황의 확률을 해당 상황에 대한 최대이익에 곱한 다음, 이 값들을 모두 더하면 구할 수 있다.

$$EPPI = 0.2 \times (75) + 0.3 \times (60) + 0.5 \times (15) = 40.5$$

40.5는 상황 S_1의 75 보다 더 현실적인 가치를 나타내는데, 그것은 우리가 통제하는 그 상황들에 의존할 뿐 아니라, 발생확률을 아는 것도 요구되기 때문이다. 즉, 최대이익이 된다.

최대기대이익은 각 대안의 상황에 따른 확률을 곱하여 모두 더한 값 가운데 최대값을 최대기대이익의 대안으로 선택한다.

$$A_1 : EP[A_1] = 0.2(25) + 0.3(40) + 0.5(15) = 24.5$$
$$A_2 : EP[A_2] = 0.2(40) + 0.3(60) + 0.5(10) = 31 \quad \leftarrow Maximum$$
$$A_3 : EP[A_3] = 0.2(65) + 0.3(50) + 0.5(-10) = 23$$
$$A_4 : EP[A_4] = 0.2(75) + 0.3(40) + 0.5(-5) = 24.5$$

그러므로 최대기대이익은 대안 A_2를 선택함으로서 31의 기대이익을 얻을 수 있다. 그리고 완전한 정보의 기대값(EVPI)은 완전한 정보하의 기대이익과 불완전한 정보에 의한 최대 기대이익사이의 차이값이므로 다음과 같이 산출한다.

$$EVPI = EPPI - \max EP = 40.5 - 31 = 9.5 \text{ 최대값}$$

완전한 정보의 기대값(EVPI)은 부가된 정보의 가치에 대한 상한선을 제공하며, 실제로 완전한 정보를 얻기는 매우 어렵지만 추가된 정보에 대하여 기꺼이 지불하고자 하는 최고 금액을 EVPI에 의하여 그 가치를 나타낸다. 그러므로 EVPI는 정보 수집의 비용을 측정하고자 할 때 표준을 제공한다.

제3절 의사결정문제의 유형

의사결정문제의 유형은 알려져 있는 정보의 양에 따라 확실성하의 의사결정(Decision making under certainty : DMUC), 불확실성하의 의사결정(Decision making under uncertainty : DMUU), 위험하의 의사결정(Decision making under risk : DMUR)으로 구분한다.

1. 확실성하의 의사결정

확실성하의 의사결정(Decision making under certainty : DMUC)은 필요한 모든 정보가 명확하게 알려져 있다고 가정한 확정적 모형으로, 현실적으로 나타나기 어려운 상황이다. 그러나 확실성하의 의사결정은 통제가능한 변수만을 취급하며, 현실과 비교할 수 있는 객관적인 기준이 되기 때문에 필요한 문제 유형이다.

사결정모형이 비록 이론적으로는 타당하더라도 문제의 결정기준이 분명치 못하거나, 변수가 너무 많아서 모두 수용할 수 없는 경우가 있다. 이를 기초로 한 기법에는 손익분기기법이 있다.

2. 불확실성하의 의사결정

불확실성하의 의사결정(Decision making under uncertainty : DMUU)이란 주어진 상황이 어떻게 나타날 지 전혀 알 수 없는 상태에서 대안을 선택하는 경우를 말한다. 즉, 경영자에게 대안에 대한 과거의 정보가 전혀 없을 경우이다. 이때, 의사결정 과정에서 중요한 단계는 최적대안을 선택하기 위한 방법을 결정하는 것으로, 대부분의 경영자는 주어진 상황에서 주로 주관적으로 대안 중의 하나를 선택하게 된다.

1) 최대최대기준 : 낙관적 기준

최대최대기준(Maximax criterion)은 각각의 다양한 대안들 가운데 최대의 전략을 극대화 시키기 위한 대안을 선택하는 것으로, 매우 낙관적인 접근이다. 즉, 최대최대기준은 가능한 가장 큰 이익을 성취하기 위하여 각 대안별로 최대의 이익을 선택하고, 그 가운데 다시 최대의 이익을 내는 대안(Maximum value)을 최적대안으로 결정하는 방법이다.

예제 4-1

K씨는 투자 브로커이며, 그는 지금 이용할 수 있는 3개의 증권 A_1, A_2, A_3에 투자하기 위한 선택에 직면해 있다. 주어진 상황은 'S_1 : 증권시장의 약세', 'S_2 : 증권시장의 안정', 'S_3 : 증권시장은 적당하게 팽창', 'S_4 : 증권시장은 상당히 팽창'의 4가지로 나타난다.

K씨는 각각의 대안과 주어진 상황에 대한 이익을 측정하여 다음과 같이 나타내었다. 최대최대기준에 의하여 최적대안을 결정하라.

(단위 : 억원)

대안 \ 주어진 상황	S_1	S_2	S_3	S_4
A_1	−1	−2	4	2
A_2	−3	0	5	6
A_3	−2	−5	2	8

먼저 각 대안별로 최대이익을 구한다. 그 다음 최대이익을 가진 대안을 최적대안으로 선택한다.

대 안	기 대 이 익
A_1	4
A_2	6
A_3	8 ← 최대이익의 최적대안

따라서 K씨는 기대이익을 비교하여 최대 기대이익인 세 번째 대안 A_3를 선택할 것이다.

최대최대기준은 매우 낙관적인 의사결정의 방법으로 위험을 좋아하는 경영자에게 나타날 수 있으나 실제로 좋지 못한 의사결정을 유도할 수도 있다.

2) 최대최소기준

최대최소기준(Maximin criterion)은 의사결정자가 최적의 대안을 선택하기 위하여 먼저 각각 대안에 대한 최소이익을 찾고, 최소이익중 최대값을 주는 대안을 선택하는 방법으로, 월드기준(Wald criterion)이라고도 한다.

예제 4-2

다음 성과표를 이용하여 최대최소기준에 의하여 최적대안을 선택하라.

대안 \ 주어진 상황	S_1	S_2	S_3	S_4
A_1	−1	−2	4	2
A_2	−3	0	5	6
A_3	−2	−5	2	8

풀이 각 대안별로 먼저 최소이익을 구하고, 그 값 가운데 최대이익을 갖는 대안을 선택한다.

대 안	기 대 이 익
A_1	−2 ← 최소이익 가운데 최대값
A_2	−3
A_3	−5

K씨는 이익을 최대화하기 위하여 대안 A_1을 선택할 것이다. 이것은 의사결정의 매우 소극적인 접근이다.

최대최대기준은 너무 낙관적이고, 최대최소기준은 너무 소극적이며 비관론적이다. 만약, 하나의 대안이 '아무것도 하지 않는다'라고 한다면, 대부분의 경영자들은 최대최소기준에 의하여 이 대안을 선택하고, 다른 모든 경영활동과 관련된 위험을 가능한 피하려고 할 것이다.

3) 최소최대후회기준

최소최대후회기준(Minimax Regret Criterion)은 상황을 알았더라면 택했을 대안의 청산액(최대이익 또는 최소비용)과 현 청산액의 차이, 즉 의사결정자가 선택한 결과에 대하여 후회를 최소화하려고 기회손실의 개념을 이용한 기준으로, 세베이지 기준(Savage Criterion)이라고도 한다.

최소최대후회기준의 적용과정은 다음과 같다.

① 성과표를 이용하여 기회손실표를 작성한다.

② 각 대안별 기대기회손실의 최대값을 찾는다.

③ 최대 손실의 대안 가운데 가장 작은 대안을 선택한다.

예제 4-3

다음 성과표를 이용하여 최소최대후회기준에 의한 최적대안을 결정하라.

대안 \ 주어진 상황	S_1	S_2	S_3	S_4
A_1	−1	−2	4	2
A_2	−3	0	5	6
A_3	−2	−5	2	8

풀이 a. 기회손실표의 작성

각 주어진 상황에 대하여 최고의 성과를 나타내는 값에서 다른 값을 뺀다. 이때 값이 크면 클수록 기대기회손실이 크게 되며, 최고의 성과는 0으로 나타나 기회손실이 전혀 없게 된다.

대안 \ 주어진 상황	S_1	S_2	S_3	S_4
A_1	0	2	1	6
A_2	2	0	0	2
A_3	1	5	3	0

b. 대안별 기대기회손실의 최대값 탐색
각 대안의 최대손실 중 가장 작은 값을 가진 대안을 선택한다.

대 안	각 대안별 최대손실
A_1	6
A_2	2 ← 최대손실 중 가장 작은 값
A_3	5

c. 최적대안 선택
따라서 두번째 대안 A_2에 투자를 할 것이다.

최소최대후회기준은 잠재이익과 손실사이의 더 나은 차액으로 보다 현실적인 의사결정을 이끌어 내기도 한다.

4) 후르빅츠기준

후르빅츠기준(Hurwicz Criterion)은 의사결정자의 낙관적인 사고와 비관적인 사고를 절충시킨 현실적 절충기준이다. 즉, 각 대안별 최대이익과 최소이익 그리고 낙관계수를 이용하여, 최대이익을 내는 대안을 선택하는 방법이다. 후르빅츠기준을 사용하면, 주어진 전략에 대하여 각 대안별 최대값에 낙관계수를 곱하고, 최소값에 '1 − 낙관계수'를 곱한 다음, 얻어진 결과를 더하여 구한다.

$$\text{각 대안별 이익} = \text{최대값} \times \text{낙관계수} + \text{최소값} \times (1 - \text{낙관계수})$$

이 방법은 가중평균을 산출하는 것으로 대안 가운데 최대값을 갖는 전략을 선택하는 방법이지만, 실행상에 있어 그 결정방법은 좋은 것으로 나타나지 않는다. 그 주된 한계는 가치가 상황의 출현가능성을 적용한 것이 아니고, 또 낙관계수를 선정하는 것이 어렵기 때문이다.

예제 4-4

다음 성과표를 이용하여, 후르빅츠기준에 의한 최적대안을 결정하라. 낙관계수의 의미를 설명하고, 낙관계수는 0.8을 적용하라.

대안 \ 주어진 상황	S_1	S_2	S_3	S_4
A_1	−1	−2	4	2
A_2	−3	0	5	6
A_3	−2	−5	2	8

풀이 a. 각 대안별로 최대이익과 최소이익을 찾는다.

대 안	최대이익	최소이익
A_1	4	−2
A_2	6	−3
A_3	8	−5

b. 낙관계수를 이용하여 대안별 기대이익을 계산한다.

대 안	가중이익(weighted payoff)
A_1	$(4)\times0.8+(-2)\times(1-0.8) = 3.2-0.4 = 2.8$
A_2	$(6)\times0.8+(-3)\times(1-0.8) = 4.8-0.6 = 4.2$
A_3	$(8)\times0.8+(-5)\times(1-0.8) = 6.3-1.0 = 5.4$ ← 최대값

따라서 대안 A_3을 선택한다. 그리고 낙관계수 0.8은 이 회사가 행운을 얻거나 최대이익을 성취할 80%의 가능성이 있다는 것을 의미한다.

5) 라플라스기준

라플라스기준(Laplace Criterion)은 일명 균등가능기준(equally likely criterion)이라고도 하는데, 주어진 상황의 출현가능성에 대해 아무런 정보도 갖고 있지 않기 때문에 나타낼 확률을 동일하게 가정해야만 한다는데 근거를 둔다. 그러므로 각 대안별 이익을 가중평균하여 가장 큰 값을 선택하면 된다.

예제 4-5

다음 성과표를 이용하여 라플라스기준에 의한 최적대안을 결정하라.

대안 \ 주어진 상황	S_1	S_2	S_3	S_4
A_1	−1	−2	4	2
A_2	−3	0	5	6
A_3	−2	−5	2	8

풀이

대 안	계 산
A_1	1/4(−1) + 1/4(−2) + 1/4(4) + 1/4(2) = 0.75
A_2	1/4(−3) + 1/4(0) + 1/4(5) + 1/4(6) = 2.00 ← 최대값
A_3	1/4(−2) + 1/4(−5) + 1/4(2) + 1/4(8) = 0.75

따라서 대안 A_2가 최적대안으로 선택된다.

3. 위험하의 의사결정

위험하의 의사결정(Decision making under risk : DMUR)은 DMUC와 DMUU의 중간단계로서 주어진 상황에 대한 정보를 부분적으로 알고 있는 경우, 즉 어느 정도의 발생 가능성을 확률로 나타낼 수 있는 경우의 의사결정을 말한다.

예제 4-6

S 꽃가게에서는 장미꽃을 한송이에 20원에 받아와서 40원에 판매한다. 만약 팔리지 않고 시들 경우 그냥 버리고, 부족한 경우에는 인접한 가게에서 40원에 구입하여 부족량을 보충한다. 이 꽃가게의 지난 한달간 장미꽃의 수요량과 확률은 다음과 같다. 이때 최대이익을 올리기 위하여 장미꽃을 몇 송이 준비하는 것이 좋겠는가?

X_i 수요량	확률 $P(X_i)$
X_1 = 250	0.60
X_2 = 300	0.30
X_3 = 350	0.10
	1.00

풀이 1) EMV : 각 대안별로 조건부 이익에 확률을 곱하여 얻은 총 기대값을 계산한다.

수요량 X_i	확률 $p(X_i)$	d_1=250		d_2=300		d_3=350	
		$f(X_i, P(X_i))$		$f(X_i, P(X_i))$		$f(X_i, P(X_i))$	
		d_1	$f{\cdot}p$	d_2	$f{\cdot}p$	d_3	$f{\cdot}p$
250	0.60	5,000	3,000	4,000	2,400	3,000	1,800
300	0.30	4,000	1,200	6,000	1,800	5,000	1,500
350	0.10	3,000	300	5,000	500	7,000	700
	1.00	EMV_1=4,500		EMV_2=4,700		EMV_3=4,000	

만일, 수요량이 250송이일 때 장미꽃 구매량을 250송이로 하였다면, 이때 조건부이익은,

$$f(X_1 = 250,\ d_1 = 250) = 20\text{원(송이당 이익)} \times 250\text{송이} = 5{,}000\text{원}$$

이 된다. 그리고 수요량이 250송이인데 300송이를 구매할 경우,

$$\begin{aligned} f(X_1 = 250,\ d_2 = 300) &= 20\text{원(송이당 이익)} \times 250\text{송이} \\ &\quad - 20\text{원} \times 50\text{송이(팔리지 않은 장미송이 수)} \\ &= 5{,}000 - 1{,}000 = 4{,}000\text{원} \end{aligned}$$

이 조건부이익이 된다. 또한, 수요량이 300송이인데 250송이를 구매하여 재고부족이 발생할 때,

$$\begin{aligned} f(X_2 = 300,\ d_1 = 250) &= 20\text{원} \times 250\text{송이} - 20\text{원} \times 50\text{송이} \\ &= 5{,}000 - 1{,}000 = 4{,}000\text{원} \end{aligned}$$

이 조건부이익이 된다. 여기서 기회비용 20원은 부족한 장미를 40원씩에 추가 구입할 때 생기는 장미 한 송이당 이익의 희생을 뜻한다.
따라서 EMV가 가장 큰 값인 대안 2의 300송이를 준비하는 것이 최적대안이다.

2) EOL : 주어진 상황하에서 최적결정대안을 택했을 때 얻을 수 있는 이익과 최적이 아닌 대안을 택했을 때 기대되는 이익과의 차를 말한다.

수요량 X_i	확률 $p(X_i)$	d_1=250		d_2=300		d_3=350	
		$f(X_i, P(X_i))$		$f(X_i, P(X_i)$		$f(X_i, P(X_i))$	
		d_1	$f \cdot p$	d_2	$f \cdot p$	d_3	$f \cdot p$
250	0.60	0	0	1,000	600	2,000	1,200
300	0.30	2,000	600	0	0	1,000	300
350	0.10	4,000	400	2,000	200	0	0
	1.00	EOL_1=1,000		EOL_2= 800		EOL_3=1,500	

3) EPC : 주어진 상황(수요량)별 최적이익을 각각의 상황이 발생할 확률로 곱하여 더한 것.

수요량 X_i	확률 $P(X_i)$	최적이익	기대값
250	0.60	5,000	3,000
300	0.30	6,000	1,800
350	0.10	7,000	700
			EPC = 5,500

따라서 EVPI = EPC − max EMV
= 5,500 − 4,700
= 800 = EOL

제4절 의사결정체계도

의사결정 문제를 나타내는 다른 편리한 방법으로 의사결정체계도(decision tree)를 사용하는데, 이것은 문제를 구조적으로 나타내는 편리한 표현방법이다. 특히, 복잡한 환경하일 때와 순차적 의사결정을 수반할 때, 의사결정체계도를 만드는 전형적인 방법은 갈라진 나뭇가지처럼 각 행동을 나타내는 것이다. 그리고 가지들의 교차점은 의사결정체계도 위에 분기점을 형성한다.

의사결정체계도의 구성요소는 일반적인 의사결정 모형과 같이 주어진 상황, 대안, 대안별 성과를 포함한다. 그리고 선택적 대안을 나타내는 분기점들과 선택적 환경들을 구별하기 위하여, 결정 분기단계는 네모(□, decision node)를 그리고 상황 분기단계는 동그라미(○, chance node)를 사용하여 나타낸다. 그리고 의사결정체계도의 기본원칙은 사건의 흐름이 왼쪽에서 오른쪽으로 이동하게 되며, 각 대안은 주어진 상황하에서 대안이 착수된 후부터 오른쪽 끝까지 하나의 가지로 나타내어진다.

의사결정체계도를 통한 각 대안에 대한 결과는 각 대안의 경로 끝에 나타내고, 대안과 상황의 배합에 대한 성과가치를 나타낸다.

〈그림 4-2〉는 〈표 4-4〉의 성과표를 의사결정체계도로 나타낸 것이다. 그러므로 3개의 가지를 가진 맨 처음의 네모로부터 선택할 수 있는 대안은 A_1, A_2, A_3의 3가지이다. 이러한 대안들은 3가지 상황중 하나의 상황에서 서로 다른 영향을 미칠 수 있다. 각 대안의 가지들로부터 각각 3가지 상황 S_1, S_2, S_3의 가지를 갖는다. 이러한 가능성에 대응하는 성과들은 숫자의 오른쪽에 제시된다.

〈표 4-4〉 성과표

(단위: 억원)

대안 \ 주어진 상황	S_1(0.5)	S_2(0.4)	S_3(0.1)
A_1	−10	20	25
A_2	0	15	20
A_3	10	10	−5

만약, 의사결정자가 대안 A_1을 선택하고 S_1의 상황이 발생한다면, −10억원의 성과가 나타날 것이다. 동일한 해석이 다른 8개의 가지에도 적용될 수 있다. 이처럼 〈그림

4-2〉는 〈표 4-4〉와 같이 똑같은 정보를 제공하지만, 구조적으로 대안들을 보기 쉽게 나타내어 준다.

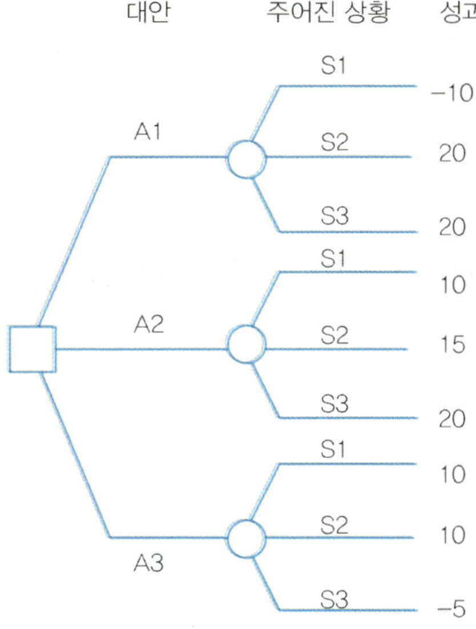

〈그림 4-2〉 의사결정체계도의 예

의사결정체계도에서 각각의 가지에 대한 기대이익을 찾기 위해서, 간단히 그 가지에 있는 각 상황별 이익을 함께 더한다. 따라서 대안 A_1에서 가중된 가치는 총 5.0 이 된다.

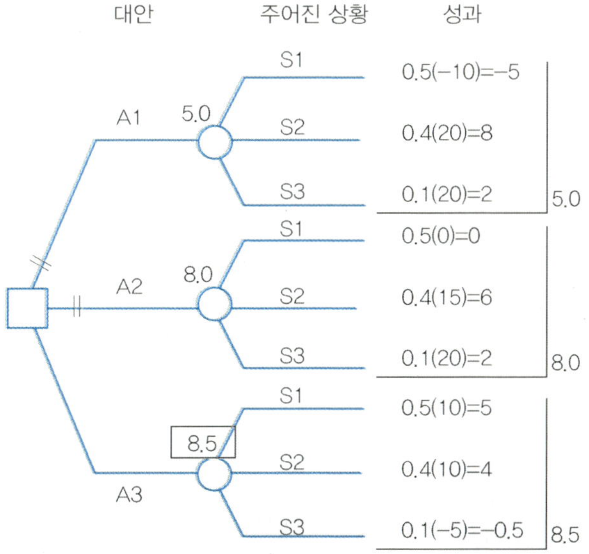

〈그림 4-3〉 의사결정체계도에 의한 의사결정

그러면 가장 높은 기대이익을 갖는 가지를 쉽게 고를 수 있다. 이 경우에 대안 A_3에 대응하는 가지가 8.5의 가장 높은 기대이익을 가진다. 대안 A_1, A_2의 가지를 선택하지 않을 것임을 알리기 위해 double slash(//)를 가지에 그려 넣는다. 이러한 과정을 〈그림 4-3〉에 나타내었다.

기업사례

경쟁력 있는 기업, 기아자동차

1. 기아자동차의 탄생과 그 배경

설립자인 김철호 회장은 16세 때 일본으로 건너가 자전거 기술을 배웠고, 오사카 소재의 삼화공장을 인수하여 자전거 부품 너트와 볼트를 생산하여 크게 성공하였다.

1944년 12월, 김 회장은 한국으로 돌아와 자전거 부품 제조공장인 경성정공을 설립하였다. 그리고 6·25전쟁이후 부산에서 국내 최초의 국산자전거 삼천리호를 출시하였으며, 기아산업(주)으로 기업명을 바꾸었다.

1962년 5월, 2륜 오토바이를 생산하였고, 일본의 마츠다 자동차와 기술 제휴로 일명 '딸딸이'라고 불리었던 356cc의 3륜 화물차 'K-360'을 생산하게 되었다.

1973년 8월, 대한민국의 첫 종합 자동차 공장으로 연간 25,000대의 생산능력을 갖춘 시흥 공장을 완공하였다. 1974년 4월에는 대한민국 최초의 세단 승용차 '브리사'를 탄생시켰다. 그리고 1975년부터 기아자동차는 브리사와 픽업트럭을 해외로 수출하기 시작하였다.

이렇게 자전거, 오토바이, 3륜 화물차, 4륜 화물차, 소형 승용차 등으로 회사를 키워갔던 기아자동차는, 1976년 10월 아시아자동차공업주식회사, 기아기동 등 다른 회사를 인수하면서 자동차 산업을 본격적으로 시작하였다.

1990년 3월, 그동안 사용하던 기아산업(주)의 기업명을 현재의 '기아자동차'로 변경하였다.

2. 기아자동차의 위기와 도약

1) 기아자동차의 위기

1993년 7월 9일, 기아자동차는 세계 최초의 도심형 4륜구동 승용차인 스포티지를 개발하였다. 스포티지는 1997년, 1998년에 미국 소비자연구기관인 '인텔리 초이스'가 실시한 자동차 종합평가 소형 4륜구동 차량부문에서 '가장 값진 차(Best Overall Value of Year)'로 2년 연속 선정되었으며, 그 파급효과는 대단하였다.

그러나 IMF 당시 수많은 중소기업은 물론, 대기업들도 역사의 뒤안길로 사라졌다. 기아자동차라고 그 흐름을 피할 수는 없었다. 기아자동차는 1997년 10월 법정관리에 들어갔고, 1998년에 결국 현대자동차에 인수되었다.

2) 기아자동차의 도약

기아자동차는 놀랍게도 2년만인 2000년에 법정관리에서 벗어나서 2012년에는 글로벌 브랜드 컨설팅 그룹인 인터브랜드가 선정한 '2012년 세계 100대 브랜드'에 당당히 이름을 올리게 되었다. 이것은 명실상부한 세계적인 기업으로 도약했다는 것을 의미한다.

기아자동차는 기적적으로 기사회생하였고, 새로운 가치를 창조하는 가치혁신 기업으로 급부상하였다. 그것은 기아자동차만의 특별한 위기 돌파력 때문이라고 할 수 있다.

기아자동차는 기아자동차만의 독특한 아이덴티티를 느낄 수 있도록 차별화되고 일관성 있는 고차원적인 디자인 경영전략을 실행하였다. 기아자동차만의 독특한 디자인 경영은 2005년 아우디-폭스바겐그룹 출신의 세계적인 자동차 디자이너인 피터 슈라이어(Peter Schreyer)를 영입하여 디자인 총괄 부사장으로 임명하면서 본격적으로 시작되었다.

2007년 K5를 필두로 소렌토R, 뉴모닝, 쏘울을 출시한 기아자동차는 2012년까지 4년 연속 세계 3대 디자인상 중 하나인 'iF디자인상'과 '레드닷 디자인상'을 수상하였다.

3. 기아자동차의 명차 카렌스 개발

카렌스는 국내 최초의 승용형 미니밴으로 국내 RV 대중화의 시대를 열어놓은 차이다. 1999년 6월 출시 이후, 2002년 말까지 국내시장에서 공급이 수요를 따라가지 못했다. 국내시장 최고의 히트작이라 할 수 있다. 그동안 판매대수 면에서 카렌스보다 많이 팔린 차는 있었지만, 42개월 동안 제품의 재고가 없어서 백오더(back-order)되는 기록은 국내에 전무후무한 일이다.

카렌스는 기아자동차에게 있어서 특별한 의미를 가진 차이다. 카렌스가 나오기 전에 기아자동차는 주로 마츠다의 차종을 들여와 생산하거나, 엔지니어 중심의 연구소에서 엔지니어들이 차종개발을 주도해 왔다.

그러나 카렌스는 모든 부서가 참여하여 기획, 시장조사, 기안, 상품 컨셉, 목표원가, 목표 수익, 개발 일정 등을 처음부터 의논하고, 체계적으로 협력하여 만들어낸 최초의 차이다.

카렌스의 성공 덕분에 기아자동차는 법정관리의 조기 탈피와 RV 전문메이커라는 2개의 물고기를 동시에 잡을 수가 있었다.

1) 카렌스의 아이디어

카렌스를 직접 기획한 상품기획 팀장은 1996년 파리 모터쇼에서 르노가 출품한

컨셉카 '메간 & 세닉'을 본 순간 카렌스에 대한 아이디어를 얻게 되었다고 한다.

메간 & 세닉은 승용차의 이점인 실내 디자인과 편의성을 그대로 살리면서 레크레이션 차량의 용도로도 손색없는 차이다.

팀장은 모터쇼에서 돌아온 후 바로 아이디어를 제시하였으며, 반신반의 하던 회사와 직원들을 설득하고 교육하기 시작하였다. 가장 힘든 상대는 연구소의 엔지니어와 영업 직원들을 설득하는 것이었다. "회사가 이렇게 힘든 상황인데 안 팔리면 어쩌려고 새로운 컨셉의 차를 개발하려고 하느냐"는 것이 엔지니어들과 임직원들의 생각이었다.

팀장은 납득하지 못한 영업팀은 개발 기획회의에서 빠지라는 초강수로 김선홍 회장에게 결재를 올렸다. 김 회장은 카렌스의 잠재력을 발견하고 즉시 시행하게 하였다.

2) 카렌스의 개발

개발기간을 단축하기 위하여 연구소의 설계 인력들이 도쿄에 있는 기아일본연구소로 이동하게 되었으며, 연구원들은 연구와 설계에만 집중하는 생활이 시작되었다. 이때부터 기아자동차의 엔지니어들은 고난의 시간을 보내야 했다.

본격적으로 개발이 시작되면서 여러 가지 난관에 봉착하였다. 그 가운데 가장 큰 난관은 팀장이 기획한 세피아 1.8L의 언더보디에 7인승을 올리는 방식이 연구소의 반대에 직면한 것이었다. 연구소의 엔지니어들은 7인승을 소형차 언더보디를 토대로 하여 만들면 최고의 제품이 될 수 없다는 이유로 반대한 것이었다. 그래서 크레도스의 언더보디로 개발하게 되었다. 이 문제뿐만 아니라 변속기의 기어 위치를 중심으로 연구소와의 설전이 벌어지기도 하였다.

카렌스는 여러 우여곡절 끝에 16개월 만에 출시되었고, 그 결과는 대성공이었다.

3) 카렌스의 성공비결

카렌스의 성공비결은 일반 소비자들이 쉽게 접근할 수 있는 ①가격 경쟁력 ② LPG 엔진 승합차의 경제성 ③RV로서의 효용성, 즉 승용형 미니벤의 기본인 3:3:3의 특성을 모두 갖추었기 때문이었다.

대우의 레조가 카렌스보다 먼저 개발에 착수하였으나, 카렌스는 상상도 할 수 없는 짧은 개발기간으로 출시되어 시장을 선점하였다.

4. 기아자동차의 경쟁력

도산 직전까지 간 회사가 세계 100대 브랜드의 초우량기업으로 도약할 수 있었던 것은 기아자동차만의 특별한 위기 돌파력 때문이라고 할 수 있다.

① 자만하지 않는 힘 : 기아자동차는 그 어떤 기업보다 지속적인 도전을 계속해

온 기업이다. 기아자동차가 계속해서 성장을 할 수 있었던 가장 큰 원동력은 자만하지 않는 기업이기 때문이다.

② 변화에 적응하는 힘 : 기업이나 조직은 끊임없이 변화를 추구하지 않으면 안 된다. 그리고 이것은 생존과 직결된다. 기아자동차는 2000년대부터 제2의 도약을 위한 전기를 마련할 수 있도록 준비하여 왔다.

③ 미래를 바라보는 힘 : 기아자동차가 글로벌 100대 기업이 될 수 있었던 것은 미래를 내다보는 힘이 있었기 때문이다. 2006년 정의선 부회장이 경영일선에 나서면서 디자인 경영을 선언하고 전념하였다. 이것은 일의 우선순위를 정하고 집중할 수 있는 힘이 있다는 것이다.

④ 새로운 길을 개척하는 힘 : 기아자동차는 끊임없이 새로운 것을 개척하며 실험하는 자세로 남들이 가지 않는 길을 개척해 나간 기업이다. 그동안 기아자동차는 최초의 화물자동차인 경3륜 K-360, 국내 최초의 완전 독자개발 승용차인 세피아, 국내 최초의 2인승 스포츠 오픈카인 엘란 등, '국내 최초'라는 수식어가 붙을 만한 많은 자동차를 개발하였다.

⑤ 기술을 뛰어넘는 힘 : 1974년 기아자동차는 자전거를 만드는 회사에서 출발하여 꾸준한 도전을 계속해 온 결과, 국내 최초의 승용차인 브리사를 개발하고 생산하였다. 그리고 이 자동차의 엔진을 80%까지 국산화하였다.

⑥ 신속하게 실천하는 힘 : 기아자동차는 신속하게 실천하고 행동할 줄 아는 기업으로서 지금의 기아자동차가 존재할 수 있는 토대가 되었다.

우리는 2008년 미국의 금융위기, 2010년 유럽의 재정위기 등, 위기의 시대에 살고 있다고 해도 과언이 아니다. 절체절명의 위기에서 살아남아 계속 도전하는 힘을 가진 강한 기업, 기아자동차로부터 위기 시대의 생존해법을 배울 수 있을 것이다.

5. 기아자동차의 현재

2011년 3월 24일, 기아자동차는 수출 1,000만 대를 돌파하였고 2012년 9월에 출시한 K3는 두 달 연속 7,000대 이상 판매하면서 준중형차 분야에서 돌풍을 일으켰다.

기아자동차는 위기 속에서도 기사회생하는 저력을 보여준 기업이다. 부도 직전의 상태에서 우리나라 최초의 승합차인 봉고를 만들어 2년 만에 우량기업으로 우뚝 섰다. 그리고 기아자동차는 2016년 한 해 동안 글로벌 시장에서 301만 8,093대를 판매하였으며, 3년 연속 300만 대 이상 판매를 달성하였다. 또한, '2016 글로벌 100대 브랜드'에서 기아자동차가 63억 달러의 브랜드 가치를 기록하여 69위에 선정되었다.

연습문제

4-1. 의사결정의 과학적 접근 과정을 설명하라.

4-2. 의사결정모형의 기본 구성요소를 설명하라.

4-3. 의사결정 상황에 영향을 주는 주요 요소는 무엇이며, 이에 따른 의사결정의 유형을 설명하라.

4-4. S컴퓨터社는 기존에 제작하던 586컴퓨터의 생산을 중단시키고 다음과 같은 새로운 686 기종 3가지를 제작하여 판매하고자 한다. 시장 조사결과, 다음과 같은 보고서를 얻었으며, 'A_1 : 686 SX1', 'A_2 : 686 SX2', 'A_3 : 686 SX3'의 판매성과는 시장 환경의 변화와 크게 관련이 있다. 시장의 환경변화 요인은 다음과 같다.

S_1 : 국제 컴퓨터 시장의 개방

S_2 : 초등학교 컴퓨터 교육 실시

S_3 : 윈도우즈 프로그램의 시장확대

(단위 : 천만원)

대안 \ 주어진 상황	S_1	S_2	S_3
A_1	−7	15	2
A_2	−2	6	5
A_3	5	1	16

1) 최대최대기준에 의한 최적대안 결정하라.
2) 최대최소기준에 의한 최적대안을 결정하라.
3) 최소최대후회기준에 의한 최적대안을 결정하라.
4) 후르빅츠기준에 의한 최적대안을 결정하라.(낙관계수 = 0.7)
5) 라플라스기준에 의한 대안을 선택하라.

4-5. P건설회사는 동해안 쪽의 경관이 좋은 곳에 대지를 매입하여 콘도미니엄을 지으려고 한다. 회사 경영진에서는 콘도미니엄의 규모에 대하여 3가지 대안, 즉 소규모, 중규모, 대규모를 놓고 의사결정을 하려고 한다. 각 대안에 대하여 예상되는 수요가 낮을 경우 S_1, 보통일 경우 S_2 그리고 높을 경우 S_3의 기대되는 이익은 다음과 같다.

대안 \ 주어진 상황	S_1	S_2	S_3
A_1 : 소규모	50	50	50
A_2 : 중규모	20	70	70
A_3 : 대규모	−40	40	100

1) 최대최대기준에 의한 최적대안을 결정하여라
2) 최대최소기준에 의한 최적대안을 결정하여라.
3) 최소최대후회기준에 의한 최적대안을 결정하여라.
4) 0.8의 낙관계수를 이용해서 후르빅츠기준에 의한 최적대안을 결정하라.
5) 라플라스기준에 의한 최적대안을 결정하라.

4-6. 다음 성과표를 이용하여 각 문항에 답하라.

대안 \ 주어진 상황	S_1	S_2	S_3
A_1	20	20	15
A_2	25	40	20
A_3	40	60	10
A_4	65	50	−10
A_5	75	40	−5

1) 항상 지배되는 대안(dominated act)은 어느 것인가 ?
2) maximax criterion은?
3) maximin criterion은?
4) minimax regret criterion은?
5) Hurwicz criterion은? (단, α=0.4)
6) Laplace criterion은?

4-7. S꽃집에서는 장미 한송이를 300원에 받아와서 500원에 판매하고 있다. 이 꽃집에서는 만약 장미가 팔리지 않을 경우에는 그냥 폐기처분하고 모자란 경우에는 옆집에서 500원씩 구입하여 수요량을 충족시킨다. 이 꽃집의 지난 1년간의 장미 수요량은 다음과 같다. 최적대안을 결정하라.

수 요 량(송이)	확률 $P(X_i)$
X_1 = 10	0.05
X_2 = 20	0.20
X_3 = 30	0.35
X_4 = 40	0.25
X_5 = 50	0.15
	1.00

4-8. 극동 피혁은 우피를 직접 만들어 벨트를 생산할 것이냐, 아니면 납품받아 생산할 것인가의 선택을 하려한다. 우피를 직접 만들 경우에 대한 기대이익은 우피를 고가로 살 경우 100만원, 중가로 살경우 200만원, 저가로 살 경우 300만원이며 납품받을 경우에 대한 기대이익은 고가로 납품받으면 100만원, 중가로 납품받으면 150만원, 저가로 납품받으면 400만원이다. 각 상황이 일어날 확률이 0.5, 0.3, 0.2라고 할때 의사결정체계도를 이용하여 최적대안을 결정하라.

4-9. K씨는 새로운 사업으로 피자전문점(A_1), 케쥬얼의류전문점(A_2), 커피숍(A_3) 가운데 하나를 선택하고자 한다. 이 사업장을 세웠을 경우 나타날 수 있는 상황은 고객의 수가 동종의 다른 사업체와 비교하여 '평균정도', '조금 많아진다.', '아주 많아질 것이다.'라고 생각하고 있으며 각각의 상황이 발생할 확률은 0.3, 0.45, 0.25 이다. 각각의 상황에서 기대이익은 다음의 성과표와 같다.

(단위 : 만원/월)

대안 \ 상황	S_1(0.25)	S_2(0.45)	S_3(0.30)
	평균정도	조금 많다	아주 많다.
피자전문점(A_1)	300	400	600
케쥬얼의류(A_2)	200	400	700
커 피 숍(A_3)	300	450	500

의사결정체계도를 이용하여 최적대안을 결정하라.

PART

02

경영활동의 기본 인식

Chapter 5

조직의 목표

제1절 조직목표의 의의

1. 조직목표의 형태

기업의 조직목표에 대한 정의는 시대의 조류에 따라 전통적인 것으로부터 현대 기업환경을 반영하는 것에 이르기까지 여러 가지 형태로 나타나 있다. 그 중 몇 가지를 살펴보면 다음과 같다.

1) 이윤의 극대화

기업의 목표는 '이윤을 극대화하는 것'이라고 흔히 전통적인 경제학의 개념으로 정의되고 있다. 그러므로 기업은 가능한 많은 이익을 얻는 방향으로 모든 노력을 집중한다.

2) 고객의 창조

드러커(Peter Drucker)는 "기업의 유일한 목표는 고객을 창조하는 것이다."라고 하였다. 드러커에 의하면 고객은 기업의 토대이고, 기업을 존속케 하며, 그 고객만이 고용의 기회를 부여할 뿐만 아니라 소비자의 욕구와 욕망을 충족시키기 위하여 사회는 부의 생산을 기업에 위탁하는 것이다.

3) 유기적 조직체의 자기보존

조직이 처음에는 목표를 성취하기 위하여 설립되지만, 자연시스템의 유형에 따라 그 조직은 자신의 욕구와 목표를 가진 유기적 조직체의 성격을 띠게 된다. 그러므로 그 목표는 조직의 설립자들에 의하여 계획된 목표와 전혀 달라질 수도 있다. 그리고 모든 유기적 조직체와 마찬가지로 기업조직도 자기보존을 최우선 목표로 가지고 있다.

4) 누가 이익을 보는가?

조직의 진정한 목표는 누가 이익을 보느냐에 따라 여러 가지 형태로 나타난다. 그러므로 기업은 그 소유주의 이익을 올리기 위해 존재한다. 비록 기업이 소속된 종업원들이나 고객들, 또는 일반 소비자들에게 이득을 제공할지라도 소유주의 목표는 이익을 얻는 것이다.

5) 이익·성장 및 생존

오늘날 보편적인 목표의 정의는 ① 이익(profit), ② 성장(growth), ③ 생존(survival)의 세 가지 개념을 내포하고 있다. 경쟁적인 자본주의 경제환경에서 이익은 반드시 필요하다. 그러나 간혹 기업은 미래의 성장이나 생존을 촉진시키기 위해 현재의 최대이익을 포기하기도 한다.

2. 조직목표의 성질

조직목표도 관리의 개념과 같이 자신의 고유한 성격을 지니고 있다. 목표는 측정될 수 있을 뿐만 아니라 계층을 이루고 있고, 조직내에서 네트워크를 형성하기도 한다. 또한, 그것은 다면적이고 단기로부터 장기에 이르기까지 그 범위를 넓힐 수도 있다.

1) 측정가능성

모든 조직과 부서의 목표는 측정할 수 있어야 하며, 모든 경영문제가 타당한 기준에 따라 성취해야 할 목표를 내포하고 있다. 관리자가 무엇을 달성하여야 할지 모르면 효과(결과)를 측정할 길이 없다. 측정할 수 없는 목표를 제시하는 것은 조직운영의 효율성과 경제성이라는 중요한 관리개념을 침해하는 것이다.

2) 계층형성

조직의 목표는 여러 계층을 이루어 조직화 될 수 있다.

3) 네트워크 구성

목표는 마치 계층을 형성하듯이 네트워크를 형성한다. 경영의 목표가 상호 연결되어 유지되지 않으면, 관리자는 기업에 흔히 해가 될 수 있는 개별목표를 추구하기 쉽다. 그러므로 특정 프로그램들을 개발할 때, 계층간에 상호관련있고 전체 프로그램의 부분이라는 사실을 인식하는 것이 중요하다.

4) 목표의 다양성

모든 기업조직은 하나 이상의 목표를 가지고 있다. 다양한 목표는 기업의 각 기능분야에서 하나 이상을 내포한다. 마찬가지로 각 기능계층에서도 목표는 복합적이다.

5) 단기·중기·장기의 목표

여러 가지 복합적인 목표들이 효과를 거두려면, 그들은 조직의 계획과 결부되어야 한다. 그리고 단기·중기·장기의 목표들은 상호 관련되어야 한다. 단기목표는 매우 구체적이고, 보통 1년 이내에 실현된다. 중기목표는 2년에서 4년까지의 기간을 갖고, 장기목표는 5년 이상으로 기간이 연장된다.

제2절 목표의 유형

기업조직의 목표에는 거시적 시각에서 투영되는 전반적인 조직목표와 미시적 시각에서 추구되는 구체적인 조직목표가 있다. 전자는 기업의 외부환경과 관련하여 제시되는 광범위한 조직목표이고, 후자는 기업의 관리체계의 효율을 높이는 것과 관련하여 설정되는 구체적이고 측정가능한 조직목표이다.

1. 전반적인 조직목표

전반적인 조직목표는 주주의 이익을 위하여 장기적 안목으로 관리하는데 초점을 맞춘 기업의 폭넓은 목표를 다루는 것이다. 이와 같이 추구하는 목적을 달성하기 위하여 경영자는 다음과 같은 사항에 주의와 관심을 기울여야 한다.

① 경제적 서비스의 목표

② 폭넓게 제시되는 기업의 목표

③ 생존과 성장의 목표
④ 개별집단의 목표
⑤ 정치적·사회적 목표

이러한 일반적 목적들은 때로는 고무적인 가치를 지닐 수도 있지만, 대체로 그들은 구체적이고 유용한 목적의 개발을 저해하기 때문에 성과를 이룩하는데 해가 될 수도 있다.

1) 경제적 서비스의 목표

기업은 무엇을 위하여 설립되는가? 기업은 이윤을 얻기 위해 존재하는가? 또는 고객의 욕구를 충족시키기 위해 존재하는가? 그렇지 않으면 그 밖의 다른 기준을 만족시키기 위한 것인가?

전통적으로 이윤이 기업의 목표가 되어 왔다. 그러나 오늘날 이윤의 개념은 기업의 목적 그 자체가 아니라 그 목적을 얻는 수단으로 점차 바뀌고 있다. 이윤은 투자를 촉진시키고, 시설이나 설비에 대한 대규모 투자는 제조원가를 절감시키는 결과를 낳고, 고객이 원하는 제품을 저렴한 가격으로 서비스할 수 있게 한다. 그러므로 이윤은 기업의 진정한 목적인 '고객의 욕구를 충족'시키는데 꼭 필요하다.

그리고 오늘날 기업은 서비스 목적의 우선, 즉 제품이나 용역을 공정한 가격으로 제공함으로써 성취되는 '고객의 만족'(consumerism)이 기업의 으뜸가는 목표가 되어야 한다는 사실을 인식해야 한다.

2) 폭넓게 제시되는 사업목표

기업은 판매할 제품과 용역을 장기적 안목에서 폭넓게 규정하여야 한다. 오늘날 철도산업·영화산업·석유산업 등이 폭넓게 규정되지 않음으로써 어려움을 겪고 있다. 예컨대, 미국의 철도산업이 어려움을 겪게 된 것은 사회적 욕구가 자동차·항공기·트럭 등 다른 운송수단에 의하여 충족되었기 때문이 아니고, 철도 그 자체에 의해 충족되지 않았기 때문이다. 철도는 그 자신을 고객의 수송산업이 아니라 단순한 철도사업으로만 생각했기 때문에 고객을 다른 교통기관에게 빼앗겼다. 결국, 철도산업이 오늘날 난관에 봉착하게 된 것은 사업목표가 교통지향적으로 넓게 규정되지 않고, 철도지향적으로 좁게 규정된 데서 비롯된 것이다.

3) 생존과 성장의 목표

기업의 생존과 성장은 모든 조직에 공통된 중요한 목표이다. 기업은 사회가 필요로 하는 제품과 용역을 제공하는 문제가 중요하지만 그것은 기업의 생존문제 다음이다. 아무리 경제적 서비스의 목표가 우선이라 하더라도 기업은 손익분기점 이상에서 운영되어야 한다. 즉, 기업은 성장·발전하기를 원한다.

바람직한 성장의 목표는 고객이 인정하는 보다 좋은 제품과 용역을 생산하는 것이다. 이것은 곧 기업이 보다 높은 매출과 이익을 낳게 하고, 나아가 보다 높은 임금을 지불할 수 있게 하여 발전할 수 있는 기회를 제공한다.

4) 개별집단의 목표

기업의 내부나 외부에는 흔히 서로 상충되는 목적을 가진 개별집단들이 존재한다. 이들 각 집단은 그 자신의 목표를 가지고 있으며, 그들은 어떤 형태의 조직활동을 통하여 각자의 개별목표를 달성하려고 한다. 그러므로 발전할 수 있는 기회, 다른 사람들과의 제휴하고자 하는 마음 그리고 안전의 보장 등 구성원들의 협력을 얻기 위하여 기업이 충족시켜 주어야 하는 공통된 개별목표들이다.

〈표 5-1〉은 기업 내외의 개별집단과 그들의 목표를 예시한 것이다. 여기에는 어느 한 집단의 목표가 곧 바로 다른 집단의 목표와 상충되고 있다. 예컨대, 주주들은 관리자나 종업원들에게 보다 높은 임금을 지불하면, 결과적으로 자기들에게 돌아올 배당금이 크게 줄어들 것이라고 믿고 있다. 그러므로 개별집단의 목표는 곧 조직 내외의 집단들이 바라는 개인 가치를 충족시킬 수 있는 수단과 방법을 창출하고 개발하는 것이다.

〈표 5-1〉 기업 내외의 개별집단과 목표

집 단	경제적 목적
경쟁자	값싸게 이익을 올릴 수 있는 영업활동
고 객	값싼 제품이나 용역
은 행	높은 은행 대출 이자
주 주	우선주 및 보통주의 많은 이익 배당
관리자 및 종업원	높은 경쟁적 임금
노동조합	정당한 보수
공급자	빈번한 주문 조달

5) 정부 및 사회의 목표

정부와 사회는 모든 기업조직에 대하여 경제적 관심을 가지고 있다. 그리고 정부와 사회의 목표는 사회보장제도의 확립과 같은 공생·공영을 위한 극히 보편적인 목적을 가진다. 이러한 보편적인 목표는 흔히 정부나 사회가 기업을 간섭하고 통제하는 성격을 띤다. 기업은 이러한 정부의 규제에 순응하지 못하여 사회적 목적에 기여하지 못하면, 사업을 제대로 영위할 수 없을 것이다.

기업의 사회적 책임의 이행은 공공복지에 이바지하여 보다 좋은 사회를 건설하는데 조력하는 것이다. 물론 기업의 이익과 사회의 이익은 균형을 유지하여야 한다.

2. 구체적인 조직목표

구체적인 조직목표는 전반적인 조직목표와 크게 다르다. 왜냐하면 그것은 측정 가능한 목표를 통하여 경영성과를 관리하고 평가하는 것과 관련이 있기 때문이다. 관리업무가 평가되고 입증될 수 있는 목표는 반드시 필요하다. 명확히 규정된 목표없이 기업을 운영하는 것은 극히 어리석은 짓이다. 어떤 경영자이건 명확한 목표를 규정하지 않고는 효과적이고 경제적인 성과를 이룩할 수 없다. 그러므로 바라는 결과(목표)를 성취하기 위하여 경영자는 ① 생산성의 목표, ② 예산의 목표, ③ 양적인 목표, ④ 질적인 목표와 같은 구체적인 조직목표에 관심의 초점을 맞추어야 한다.

1) 생산성의 목표

경제학자들은 흔히 생산성(productivity)을 직원의 작업시간당 산출량으로 정의한다. 그러나 보다 넓은 견지에서 보면 생산성은 직원들이 얼마나 열심히 일하는가에 대한 측정치가 아니고, 직원의 지적 및 육체적 능력과 자본을 얼마나 잘 이용하는가에 대한 측정치이다. 이와 같이 생산성은 직원들로 하여금 보다 효율적으로 일하도록 하는 것이지, 그들이 더 오래 더 열심히 일하도록 하는 것이 아니다.

따라서 생산성의 향상은 보다 좋은 계획, 보다 발전된 기술, 보다 효율적인 설비 그리고 보다 많은 발명과 창의력으로부터 나온다.

2) 예산의 목표

예산이란 기업의 활동을 숫자화하여 대차대조표, 손익계산서, 현금예산, 자금의 원천과 운용 등 재무제표로 나타낸 것이다. 그러므로 측정할 수 있는 기업의 목표를 설정하는 데에는 유동적인 예산(안)을 이용하는 것이 가장 보편적인 방법이다.

관리자가 실제로 필요로 하는 것은 잘 계획되고 잘 짜여진 예산이며, 이것은 곧 기업의 운영목표가 된다.

3) 양적인 목표

목표는 측정되어 입증할 수 있어야 한다. 그러므로 분명한 목표가 설정되지 않으면, 관리활동은 계획성이 없게 된다. 그리고 명확한 목적이 없으면, 어떤 개인이나 집단도 효율적인 업무 수행을 기대할 수 없다.

입증할 수 있는 가장 쉬운 방법은 목표를 계량적인 용어로 표시하는 것이다. 기업에서 이용될 수 있는 계량적인 목표 가운데 매출과 이익 등이 가장 많이 쓰이는데, 이때도 목표가 막연히 이익을 올리는 것이라고 말하지 않고, 구체적으로 20억 원어치의 제품을 판매함으로써 금년도 순이익(세금차감후)을 1억 원으로 올리는 것이라고 나타내어야 한다.

4) 질적인 목표

모든 목표가 계량화될 수 있는 것은 아니다. 대부분의 경우, 정확한 숫자의 목표가 관리자를 잘못 이끌 수 있기 때문에 지나치게 숫자로 나타내려고 하면 오히려 위험하다. 목표가 계량화되지 않더라도 유용한 것들이 많다. 경영조직의 계층이 높으면 높을수록 그만큼 목표는 질적인 경향을 띤다.

질적 목표는 '얼마나 많이'(how much)에 의하여 측정되는 양적 목표에 반하여, 그것이 최종결과를 '얼마나 잘'(how well) 달성하는 가에 의하여 측정된다. 대부분의 경우 질적으로 추구되는 목표는 그것이 명확히 설정되면 측정 가능하다. 그렇지만 양적으로 제시되는 목표와 똑같은 정확도를 가지고 입증되지는 않는다.

제3절 목표에 의한 관리

1. 목표에 의한 관리의 개념

앞에서 제시한 구체적인 조직목표들이 양적 지향이든 질적 지향이든 그들을 '목표에 의한 관리'(MBO : management by objectives) 프로그램에 넣음으로써 결국 그들은 작업환경 속에서 효과적으로 실행될 수 있다. 그런데 목표에 의한 관리(MBO)라 함은 넓은 의미에서 계획·조직·지휘 및 통제의 기본기능을 수행하는 효과적인 방법이라고 규정할 수 있다.

2. 목표에 의한 관리의 정의

목표에 의한 관리(MBO)가 오늘날 널리 전파되고 있으나, MBO가 뜻하는 바를 명확히 설명하지 못하고 있다. 이와 같이 MBO의 규정과 적용이 각기 다르지만 대체로 다음과 같이 정의할 수 있다.

MBO는 많은 주요한 관리활동을 체계적인 방법으로 통합하고, 조직과 개인의 목표를 효과적이고 효율적으로 달성하기 위하여 의도적으로 지향하는 종합적인 관리시스템이다.

이와 같은 MBO의 개념규정은 그것이 인간의 행동과 동기유발의 철학에 근거를 두고 있으며, 성공의 관건은 모든 경영계층에서 조직의 목표를 개인의 목표로 전환시키는 능력에 달려있다.

그런데 작업목표를 설정할 때, 다음과 같은 3가지 목표가 규정되어야 성과를 거둘 수 있다.

① 목표의 명료성(goal clarity) : 분명하고 구체적인 목표가 작업자의 노력을 이끌어내는데 필요하다. 즉, 그것은 생산량이나 화폐 단위로 표시될 수 있다.

② 목표의 난이도(goal difficulty) : 적절한 숙련도가 어느 정도 요구되는 도전적인 목표가 너무 쉽거나 너무 어려운 목표보다 더 효과적이다.

③ 목표의 수용성(goal acceptance) : 목표가 유용하다고 인정되어야 한다.

이와 같이 양적으로 규정되어 명확하고 어느 정도 어려운 작업목표가 관리자와 종업원에 의하여 받아들여지면, 작업자는 보다 많은 노력을 기울이게 되어 높은 생산성을 이룬다. 이렇게 높은 성과를 가져본 '목표에 의한 관리'(MBO)는 목표의 활용에 역점을 둔 관리기법으로, 종업원들에게 보람있고 흥미로운 직무를 제공하여 그들이 만족을 느끼도록 하는데 목적이 있다.

3. 목표에 의한 관리의 실행

MBO는 조직구성원들이 함께 기업의 목표를 설정하는 방법이다. 각 구성원은 상사의 도움을 받아 각자의 책임분야를 규정하고, 기대되는 결과를 분명히 명시하는 목표를 설정한다. 그리고 관련된 직원들은 관리의 지침과 조직의 성과측정을 개발한다. 그러므로 MBO는 ① 목표의 설정, ② 실행계획의 개발, ③ 정기적인 검토, ④ 업적의 평가 등 4가지 기본과정을 거쳐 실현된다.

1) 목표의 설정

목표의 설정은 여러 단계를 거치게 된다. 먼저, 기업의 장기적 성공을 위해 중요하다고 생각되는 영역을 찾는다. 그것은 보통 시장상황, 생산성, 수익성, 사회적 책임 등이 된다. 이와 같이 주요 결과를 낳을 수 있는 영역은 다시 조직의 각 기능별 또는 각 단위별로 구체화된다.

그리고 이들 주요 분야들이 일단 명확히 열거되면, 각 영역에 대한 성과의 척도를 결정한다. 예컨대, 생산운영분야의 주요 성과는 어느 기간의 생산량에 의하여 측정되는 산출량이 될 수 있고, 또는 고정비와 변동비에 의하여 측정되는 생산원가도 될 수 있으며, 투자수익과 제품의 매출액에 의하여 측정되는 자원의 활용도 될 수 있다.

2) 실행계획의 개발

비록 목표가 계획수립과 그 밖의 주요 관리기능의 토대를 마련해 줄지라도, 그것은 목적의 방향을 제시하는 실행계획으로 전환되어야 한다. 먼저 실행계획을 개발하기 위하여 관리자는 요구되는 모든 활동을 규정하고, 이들을 단계별로 분할한다.

다음으로 관리자는 누가 활동에 대한 책임을 져야 하고, 어떤 자원이 필요하며, 어느 정도 기간이 요구되는가를 결정하여야 한다. 그 과정은 모든 활동의 착수시기와 완료시기를 계획하고 설정할 수 있는 토대를 마련해 준다. 이러한 계획과정은 그것이 구체적인 목표를 달성하는 시기를 규정하게 되므로, '공격목표'(targeting)라고 흔히 일컫는다.

3) 정기적인 검토

MBO과정의 다음 단계는 정기적인 검토를 통하여 수행되는 활동을 점검하는, 통제시스템을 설정하는 것이다. 그 목적은 관리자가 제시된 목표를 성취할 수 있는지의 여부와 성취할 수 있다면, 얼마나 효율적으로 달성할 수 있는지를 알아보는 것이다. 이 통제시스템은 표준에 대한 성과를 측정할 뿐만 아니라 조직구성원들에게 제시하여 목표에 대한 그들의 진척도를 알려주는 피드백(feedback)을 제공한다. 그리고 표준으로부터 크게 벗어난 편차는 평가와 수정을 위해 보고된다.

4) 성과의 평가

MBO 프로그램의 마지막 과정은 수행된 업적을 매년 평가하는 것이다. 그러나 단편적인 프로젝트를 관리하는 경우에는 그 성과의 평가가 각 프로젝트의 완료시나 완료 전에 적절한 시간별로 시행될 수 있다. 연도별 평가는 결과(목표)에 초점을 맞추는데 기간별 평가와 비슷하다. 중요한 차이는 연도별 평가가 MBO 프로그램의 모든 면을 넓고 깊게 다루는데 반하여, 기간별 평가는 대부분 상급자와 하급자간에 개별적으로 시행된다. 그렇지만 연도별 검토는 모든 개별적인 공헌을 통합하여 조직을 복합체로 만든다.

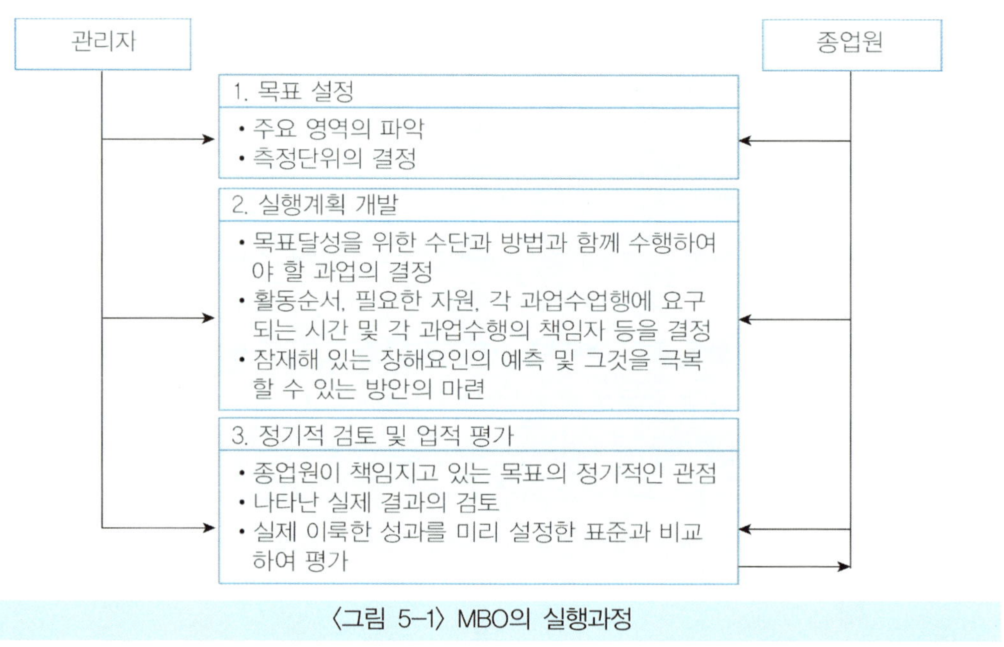

〈그림 5-1〉 MBO의 실행과정

〈그림 5-1〉은 MBO의 실행과정을 간략하게 나타낸 것이다.

4. 목표에 의한 관리의 장·단점

비록 목표에 의한 관리가 현재 널리 이용되는 관리방법이기는 하지만 그것의 효과는 때때로 의문시되고 있다. 그 이유는 흔히 잘못 실행을 하거나 또는 관리과정을 시스템으로 통합하지 않고, 어느 한 면에만 초점을 맞추는 기계적인 기법으로 적용하기 때문이다. 그러면 현실적인 시각에서 MBO의 장점과 단점을 분석해 보기로 한다.

1) MBO의 장점

명확한 목표의 설정은 조직구성원들의 동기유발 측면에서 큰 이득을 가져온다는 사실이 많은 실험연구의 결과로 밝혀졌다. 그 밖에도 다음과 같은 장점들이 있다.

(a) 관리의 개선

목표는 계획없이 설정될 수 없고, 결과지향적인 계획은 합리적으로 실행될 수 있다. MBO는 관리자로 하여금 활동이나 과업을 단순히 계획하도록 하지 않고 결과를 위한 계획수립을 하도록 한다. 또한, 그것은 관리자로 하여금 그가 목표를 달성하는 방법과 그가 필요로 하는 인적·물적 자원에 대해 생각하도록 한다.

(b) 명확히 분산된 조직

MBO는 관리자로 하여금 조직의 역할과 구조를 명확히 하도록 한다. 조직은 주요 결과를 가져오는 영역을 중심으로 구축되어야 한다. MBO 프로그램에 효과적으로 착수하는 기업들도 흔히 그들이 기대하는 결과에 따라서 권한을 위임해야 한다는 사실을 잊어버리는데, MBO는 각 종업원들을 자신의 특정과업에 대한 관리자로 만드는 것이다.

(c) 개인 참여와 책임이행

MBO는 조직구성원들로 하여금 각자 자기들의 목표달성에 전념하도록 촉진시킨다. 그들은 더 이상 지시를 따르거나 명령과 결정을 기다리지 않고 명확히 규정된 목적을 가진 독자적인 의사결정자들이다. 그들은 그들의 목표를 설정하는 일에 참여하고, 계획수립에 자신의 생각을 개진할 수 있는 기회를 갖게 되고, 자유재량권을 알게 되며, 또한 목표를 달성할 수 있도록 상급자로부터 도움을 구할 수도 있다. 이것들이 곧 스스로 책임을 이행하는 데 기여하는 요소들이다.

(d) 효과적인 통제의 개발

MBO는 효과적인 통제를 개발하는 데도 도움을 준다. 원래 통제는 목표가 달성되었는지를 확인하기 위하여 결과를 측정하고, 계획으로부터 벗어난 편차를 수정하는 것이다. 즉, 통제기능에서 중요한 문제 가운데 하나는 지켜봐야 할 표적을 아는 것이다.

2) MBO의 단점

MBO는 약간의 단점도 지니고 있다. 그런데 그 대부분이 MBO의 개념을 잘못 적용하는 데서 나타난다.

(a) MBO의 철학을 납득시키지 못함

비록 MBO가 단순할지라도 그것을 실행하는 관리자들은 많은 것을 알고 있어야 한다. 그래서 그들은 부하직원들에게 그것이 무엇이며, 어떻게 작용하고, 왜 행해지며, 업적을 평가할 때 어떤 역할을 하는가? 그리고 함께 참여하면 어떻게 이득을 얻을 수 있는가?를 설명해야 한다.

(b) 목표설정자에게 지침을 주지 못함

다른 계획기능과 마찬가지로 목표를 설정할 사람이 필요한 지침을 제공받지 못하면, MBO는 실행될 수 없다. 관리자는 기업의 목표가 무엇이며, 자신의 행위가 목표와 어떻게 조화를 이루는가를 알아야 한다. 기업의 목표가 애매하고, 비현실적이거나 또는 일관성이 없는 관리자에 맞추어 행동하기란 불가능하다. 그러므로 관리자는 계획의 전제조건과 기업의 주요 정책에 대해 알고 있어야 한다.

(c) 목표설정의 어려움

실행할 수 있는 적절한 목표를 설정하는 것이 쉽지는 않다. 그러므로 효과적으로 달성될 수 있는 목표는 ① 누가 봐도 명료하여야 하고, ② 만만치 않으면서도 달성할 있어야 하며, ③ 기업전체에 유용하다고 인정되는 것이라야 한다. 흔히 경영자들은 경제적 결과에 지나친 관심을 보임으로써 종업원으로 하여금 부도덕한 행동을 유발시킬 위험이 있는데, 경영자는 윤리적 행위를 강조하고 합리적인 목표설정에 동의하여야 한다.

(e) 단기목표만을 강조

대부분의 MBO 프로그램에서 관리자들은 1년 이상의 장기목표에는 관심을 두지 않고, 몇 개월(기껏해야 3~4개월) 이내의 단기목표에만 역점을 두고 있다. 이와 같이 장기목표를 희생시키고, 단기목표만을 강조할 위험이 있다. 물론 이것은 다른 단기계획처럼 현재의 목표가 장기목표에 기여하도록 설계되어야 한다는 사실로 정당화될 수도 있다.

(f) 탄력성의 결여

관리자들은 흔히 목표를 변경시키기를 주저한다. 비록 목표가 너무 자주 바뀌어서 잘 계획된 결과를 나타내지 못하면, 그것은 아무런 의미가 없다. 그렇다고 기업의 목표가 수정되고 계획과 방침이 변경됨으로 말미암아 시기에 적절치 못한 목표를 관리자가 추구하기를 기대한다는 것은 더욱 어리석은 짓이다.

이밖에도 목표를 실증할 수 있는 것으로 만들려는 열망 때문에 사람들은 지나치게 계량적인 목표를 강조하고 그것이 적합하지 못한 분야에서도 숫자를 사용하려는 경향이 있다. 문제는 목표의 설정보다는 관리의 묘에 더 많은 노력을 기울여야 할 것이다.

기업사례

360도 토탈 어필 광고전략

WTO 체제하에서의 광고 전략은 기업의 PR개념에 새로운 변혁을 요구하고 있다. 여기서의 PR이란 피할 것은 피하고 알릴 것만 알려야 하는 것이 아니라, 피할 것 없이 모든 것을 알리는 360도 토탈 어필 개념인 것이다.

1. 정직성이 최선의 선택

미국의 대통령 링컨은 "한두 사람을 여러 번 속일 수는 있고, 여러 사람을 한두 번 속일 수는 있다. 그러나 여러 사람을 여러 번 속이지는 못한다."고 말하면서 국가 경영에 있어서 정직성이 최선의 선택임을 주장한 바 있다.

정직성에 대한 링컨의 이런 주장은 국가 경영에서 뿐만 아니라 기업의 광고에서도 절대적으로 필요한 것이다. 우리 기업들이 광고를 PR이라고 해서 피할 것은 피하고 알릴 것은 알리는 것으로 생각해 온 것이 사실이다.

미국 자동차 대여업체인 에비스사의 타운센트는 1962년 회장에 취임하면서, "우리는 2등밖에 안됩니다. 그러므로 더 열심히 하겠습니다."라는 광고로 소비자의 관심을 끌어 매출액의 급신장을 가져왔고, 1973년에는 당시 최고였던 허츠사를 능가하는 계기를 마련하였다. 자기 회사만이 최고라는 기존의 광고 패턴과는 달리, 자기 회사의 좋은 점과 나쁜 점을 동시에 제기함으로써 소비자에게 호소력을 얻은 360도 어필 광고의 예라고 할 수 있다.

우리 기업에서 양측면 어필 광고 개념으로의 전환이 필요한 이유는 우리 기업들의 제품이 복합적인 장점을 갖고 있기 때문이다. 품질로는 선진국 제품에게 밀리고, 가격면에서 후진국 제품에게 밀리는 중저가·중품질의 제품이기 때문이다. 그러므로 제품의 일면만을 강조하기에는 어려움이 있다.

그러나 복합적으로 보면 가격은 선진국보다 싸면서 품질은 후진국 제품보다 좋은, 후진국 제품에 비해서는 "가격은 좀 비싸지만 이만한 품질의 제품이 어디 있습니까?"라는 식의 광고가 그리고 선진국 제품에 비해서는 "품질은 조금 못하지만 이만한 가격의 물품이 어디 있습니까?"라는 식으로 제품의 장단점을 양측면에서 홍보하는 광고 전략이 보다 효과적일 것이다.

2. 양측면 어필 광고의 강점

소비자는 영리하다. 그러므로 감춘다고 영원히 감춰지는 일이 아니고 언젠가는 알려질 일이라면, 먼저 시인하는 것이 현명할 것이다. 치명적인 결함이 없는 한 솔직히 털어 놓음으로써 자기의 강점을 더욱 명확하게 돋보일 수 있는 것이다.

우리나라의 가전제품을 예로 들어보면, VCR이나 TV는 일본 소니제품에 비해서 고장률이 높은 것이 사실이다. 우리 가전업체가 소니보다 제품의 품질이 좋다고 광고한들 소비자가 믿을 리 없다. 그렇다면 솔직히 그 실상을 시인하고 대안을 제시하는 것이 더욱 호소력이 있을 것이다. "일본제품이 2년에 한번 정도의 고장률에 비해 저희 VCR은 1년에 한번 정도의 고장률로, 고장이 잦은 것은 사실입니다."라고 먼저 제품의 단점을 시인하고, "그런데 이것 때문에 우리 VCR 40만 원보다 두 배가 비싼 일본제품 VCR을 사시겠습니까? 우리 VCR을 사신 후 고장이 나면 금방 고쳐드릴 테니 저희 VCR을 사주세요. 그러면 열심히 노력해서 일본제품을 능가하는 VCR을 만들어 은혜에 보답하겠습니다."라는 양측면 어필 광고를 하는 편이 나을 것이다.

또 하나의 예로 우리나라 자동차 회사의 광고를 들어보자. '최고의 품위와 성능을 자랑하는 자동차'라는 근거 없는 광고보다 다음과 같은 양측면 어필 광고가 호소력이 있을 것이다. "저희 자동차는 타회사 자동차에 비해서 휘발유가 10%쯤 더 소비되는 것은 사실입니다. 그 이유는 고객의 경제보다는 목숨을 소중히 여기기 때문입니다. 그래서 조금 두꺼운 철판을 썼습니다. 그러다 보니 차체가 좀 무거워 휘발유가 좀 더 소비되는 것입니다. 고객의 안전을 먼저 생각하는 저희의 정성을 믿으신다면 저희 차를 사보세요" 이와 같이 자기 회사차의 단점을 정직하게 설득한다면, 단점은 더 이상 단점이 될 수 없을 것이다.

이런 발상은 혁명적 시도로써 실패를 두려워하는 우리 광고업계의 속성상 그 예가 드물다. 다만 유일하게 그 시도와 성공사례로 제일제당의 다시다 광고가 있다. “가격은 좀 비싸지만 정말 좋은 제품이에요” 선전에서 그냥 우수하다는 것보다는 가격이 비싸다는 것을 전제함으로써 더 진한 호소력을 보여주는 것이다.

긍정적인 면과 부정적인 면을 함께 공개하는 이런 양측면 또는 360도 토탈 광고 전략이 전부 성공적일 수만은 없지만, 다량의 정보 속에서 생활하는 현명한 소비자에게는 무조건 우리 제품이 우수하다는 광고가 오히려 반감을 불러일으킬 수 있을 것이다.

3. 360도 토탈 광고 사례

1) 한스 브링커 버짓 호텔(Hans Brinker Budget Hotel)

네덜란드의 암스테르담에 있는 한스 브링커 버짓 호텔명은 손가락 하나로 둑의 틈새로 흐르는 물을 막아 네덜란드를 구해낸 한스 브링커의 이름에서 따온 것이다. 이 호텔은, “당신의 집 같은 안락함이라든가, 뭐 대단한 걸 기대하지 마세요. 한스 브링거 버짓 호텔은 더 나빠질 게 없습니다.”라고 광고한다.

이렇게 단점들을 광고하고 있음에도 불구하고 한스 브링커 버짓 호텔이 무명의 삼류 호텔에서 유럽 젊은이들에게 인기가 있는 숙소가 된 이유는 무엇인가?

① 우스꽝스러운 모습의 홍보 : 호텔로서 기본적으로 갖추어야 할 룸메이드 서비스, 엘리베이터 등을 갖추지 못한 요소들을 우스꽝스러운 모습으로 홍보하여 이 호텔만의 이야기를 만들어 냈다.

② 솔직함으로 고객들에게 어필 : 싸구려 호텔인 것을 감추기 위해 말이나 영업 등으로 고객을 현혹시켜 호텔을 이용한 고객들에게 후에 불평·불만을 듣고 신뢰를 잃기 보다는 자신들의 단점을 솔직히 나타내어 고객들에게 믿음을 얻고 있는 것이다.

③ 현대적인 것을 갖추지 못한 친환경 호텔 : “친환경적 엘리베이터, 즉 계단으로 통행을 하며, 온수가 나오지 않아 지구 에너지 절약에 동참하고 있습니다.”라고 설명한다

④ 싼 가격 보장 : 돈 없고 알뜰한 배낭 여행객에게는 단순히 지친 몸을 쉴 수 있는 따뜻한 잠자리만 있으면 만족할지도 모른다. 타 호텔은 1박에 46유로 이상인 반면, 한스 브링커 버짓 호텔은 1박에 18유로이므로 부담이 적은 곳이다.

2) 에이비스(Avis) 렌터카

미국인 워런 에이비스(Warren Avis)가 향후 미국 내 교통체계가 항공기 위주로 재편될 것이란 생각을 하고, 1952년 공항에서 자신의 이름을 딴 렌터카 서비스를

시작하였다.

당시 미국 렌터카 시장의 점유율은 허츠사(Hertz)가 70%로 1위였고, 에이비스를 포함한 나머지 렌트카 회사는 3~5% 수준이었다. 따라서 에이비스의 경영상황은 날로 악화되어 13년 동안 적자로 고전하였고, 1962년에는 무려 125만 달러 적자였다.

따라서 당시 사주였던 앙드레 메이어는 아메리카 익스프레스사 부사장이었던 로버트 타운젠트(Robert Townsend)를 사장으로 앉히고 경영혁신을 도모하였다. 타운젠트 사장은 전 세계 영업소 책임자들이 찾아오기 편하도록 본사를 보스턴에서 뉴욕으로 옮겼다.

그리고 매출액이 4배 이상 차이가 나는 허츠사를 따라잡기 위해 '100만 달러로 500만 달러의 광고를 하자'라는 생각을 현실로 옮겨줄 수 있는 광고 대행업체를 찾기 시작하였고, 드디어 당시 실력을 인정받던 비비디의 빌리번벅을 만나게 되었다.

빌리번벅은 "에이비스는 렌터카 업계에서 2위에 불과합니다. 그런데 왜 저희를 이용해야 할까요? 저희는 더 열심히 일하기 때문입니다."라는 광고를 제작하였다. 한편, 타운젠트 사장은 현장에서 광고대로 회사의 모습을 보여주기 위해 대대적인 서비스 개선작업에 들어갔고, 직원들의 가슴에 'We are harder(더 열심히 노력합시다.)'라는 배지를 달게 하는 등, 캠페인에서 한 약속들을 지키기 위하여 노력하였다. 또한 적극적인 서비스 할 수 있는 분위기 조성을 위하여 전국 80개 도시의 영업소장을 모아 놓고 광고의 취지에 대한 설명과 함께 선언식을 진행하였다.

그 결과, 13년간의 적자가 2달 만에 흑자로 바뀌고, 뉴욕에서는 1개월 만에 매출이 51%나 증가하였으며, 에이비스사의 매출은 2년 후 10%에서 35%로 증가하였다.

연습문제

5-1. 조직목표의 형태를 설명하라.

5-2. 조직목표의 성질에 대하여 설명하라.

5-3. 전반적인 조직목표를 설명하라.

5-4. 목표에 의한 관리의 실행과정을 설명하라.

5-5. MBO의 장점과 단점을 설명하라.

5-6. 토탈 어필 광고전략을 설명하라.

5-7. 한스 브링커 버짓 호텔의 광고전략을 설명하라.

5-8. 에이비스 렌트카의 광고전략을 설명하라.

Chapter 6

경영전략과 전략적 계획

제1절 전략

1. 전략의 정의

전략(strategy)은 목표를 달성하기 위한 일반적인 행동계획이다. 전략은 방침과 함께 계획에 방향을 제시하는 것을 주요 기능으로 하고 있다. 그리고 전략은 다음의 2가지 관점에서 정의될 수 있다. 하나는 조직이 앞으로 의도하려고 하는 미래지향적인 시각에서 보는 것이고, 다른 하나는 조직이 행동을 시도했건 안했건 간에 현재의 시각에서 보는 것이다

미래지향적 관점에서 보면, 전략은 '조직의 목표를 설정하여 달성하고, 그 사명을 실행하기 위한 광범위한 프로그램'이다. 이 정의에서 프로그램이라는 말은 조직의 전략을 결정하는 데 있어서 관리자들에 의하여 행해지는 적극적이고 의식적이며 합리적인 역할을 의미한다.

현재의 관점에서 보면, 전략은 '시간의 흐름에 따라 변하는 환경에 조직이 대응하는 모습'이다. 이 정의에서는 모든 조직이 어떤 형태이건, 전략을 가지고 있음을 나타낸다.

2. 전략의 특징

전략의 특징은 여러 가지 관점에서 설명될 수 있겠으나 일반적인 계획의 유형과 뚜렷이 구별할 수 있는 특징을 다음의 다섯 가지로 요약할 수 있다.

① **기간** : 일반적으로 '전략'이란 말은 그것을 실행하는데 걸리는 시간과 그 효과가 나타나는데 소요되는 활동을 설명하는데 이용되며, 장기목표달성을 위한 접근방법이다.

② **효과** : 어떤 전략을 추구한 결과가 분명하게 나타나지 않을 경우에도, 궁극적인

효과는 지대하다.

③ **집중성** : 효과적인 전략은 대체로 직원의 노력, 주의 또는 활동을 아주 좁은 분야의 일에 집중시킨다. 이와 같이 선정된 활동에만 초점을 맞추는 것은 다른 활동들을 위하여 이용될 수 있는 자원을 묵시적으로 절감시킨다.

④ **일관성** : 기업에 따라서는 그들이 선정한 전략을 설행하기 위하여 몇 가지 중요한 결정만을 내려도 될지 모르지만, 대부분의 전략은 시간의 경과에 따라 일련의 결정이 계속적으로 이루어지는 것을 요구한다. 이러한 결정들은 그들이 일관성있는 형태를 따라야 한다는 점에서 서로 지지해 주어야 한다.

⑤ **보편성** : 전략은 자원할당 과정으로부터 하루하루의 업무에 이르기까지 각양각색의 활동을 포함한다. 뿐만 아니라 이들 시간의 경과에 따라 일관성을 유지해야 하기 때문에 모든 계층의 조직이 그 전략을 강화할 수 있도록 거의 본능적으로 활동하게 된다.

이와 같은 5가지 특징이 시사하는 바는 '조직의 전략은 다른 주요 조직 활동들을 파생시켜 그 주위를 맴돌게 하는 중추적 역할을 한다.'는 사실이다. 이러한 전략은 광범위하고 장기적인 것이므로, 중요한 조직의 행위를 보급하고 통제하며 조직의 성공과 실패의 중요한 관건이 된다.

3. 경영전략의 개발

1920년대 우드(Robert E. Wood)장군은 미국의 거대한 통신판매회사인 시어즈 뢰백(Sears, Roebuck & Co.)의 사장이었다. 우드사장은 앞으로 승용차 인구의 증가로 말미암아 점차 많은 사람들이 쉽게 도시로 접근할 수 있게 됨으로써 시골사람들도 통신판매의 카탈로그를 사용하는 대신 직접 소매점을 찾게 될 것이라고 전망하였다.

그러므로 시어즈는 소매연쇄점으로 전환하는 장기전략에 착수하였다. 기업경영은 어떤 점에서 전쟁과 같으므로, 기본전략만 적절하면 다소의 전술적 잘못이 있더라도 결국 기업은 성공을 거두게 된다.

1) 전략수립의 유형

전략을 수립하는 데는 여러 가지 유형이 있으나 민쯔버그(Henry Mintzberg)는 ① 모험형(entrepreneurial mode), ② 적응형(adaptive mode), ③ 계획형(planning mode)의 3가지 유형을 제시하고 있다.

(a) 모험형

모험형은 한 명의 강력한 지도자(보통, 기업의 창업자)가 대담하고 위험을 감수하는 결정을 다소 직관적으로 내리는 것을 말한다. 이와 같이 최고경영자에게 권력이 집중된 기업조직에서는 '지속적 성장'이라고 하는 최우선의 목표에 의하여 동기가 부여된다. 전략수립은 성공화된 법칙에 의해서가 아니라 경영자 개인의 계획에 의하여 새로운 가능성(기회)을 적극적으로 모색하는 데서 이루어진다.

(b) 적응형

적응형은 '그럭저럭 무사히 넘어가는 기술'이라고 흔히 불린다. 모험형 기업가가 환경을 강력하게 통제하면서 대응하는데 반하여 적응형 관리자는 환경의 변화에 그대로 순응한다. 큰 사업적 조직에서의 전략은 불확실성에 직면하여 진취적 도약을 꾀하는 반면, 적응형 조직은 한발짝씩 조심스럽게 나아간다. 그리고 모험적인 기업가는 항상 남보다 앞서 기선을 제압하려고 하는데 반하여, 적응형 관리자는 경쟁자의 행위에 방어적으로 대하는 경향이 있다.

이와 같은 차이는 강력한 집중력의 부족에서 비롯된다. 이해관계자들의 상충된 요구들이 서로 엇갈린 와중에서 관리자가 뚜렷한 목표를 항상 제시할 수 있는 것은 아니다.

(c) 계획형

계획형은 다른 유형들이 갖지 못한 강력한 방향감각과 확고한 지침을 제공한다. 즉, 최고경영자가 체계적인 절차와 과정을 밟으면서 조직과 환경을 분석하여 그로 하여금 미래지향적인 계획을 개발할 수 있게 한다. 경영자가 위험을 무릅쓴 결단을 내려야하더라도 그의 선택은 조직적이고 체계적이다.

〈그림 6-1〉은 전략수립의 3가지 유형을 그림으로 나타낸 것이다.

〈그림 6-1〉 경영전략 수립의 3가지 유형

2) 유형의 선정문제

위에서 제시한 3가지 전략수립의 방법들 가운데 어느 것을 선택하느냐 하는 문제는 간단하지 않다. 그것은 모든 조직과 모든 상황에 꼭 적합한 방법은 없기 때문이다.

신속하고 대담한 진척을 선호하는 강력한 경영자를 가진 개업초기의 비교적 소규모의 조직에서는 모험형이 요구될 수 있다. 이러한 조직은 다소 위험을 무릅쓴 행동을 취한다고 하더라도 잃는 것보다 얻는 것이 많으므로, 대담하게 앞으로 도약할 수 있다. 또한, 이와 같은 모험적 행위는 대담한 처방만이 유일한 희망으로 곤경에 빠진 조직에도 적합할 것이다. 그렇지만 이와 같은 특수한 상황에서 전략을 수립하는 경영자의 입장에서는 어떤 체계적인 시도가 직관적인 결정을 위한 유용한 지침을 제공할 수 있다.

적응형은 환원시킬 수 없는 투자를 했거나 서로를 견제하는 경쟁적 집단의 관리체제를 가진 조직에서 이용할 수 있는 방법이다. 그러므로 많은 대학이나 병원 또는 행정기관들에 적합한 유형이다. 그리고 대부분의 대기업들도 마찬가지다. 이들은 모두 행동의 융통성과 효과적인 계획수립을 제한받고 있다.

실제, 대부분의 조직은 프로젝트나 조직단위의 요구 또는 그 관리자들의 개성에 따라 3가지 유형을 결합하여 함께 이용한다. 그래서 연구개발 부서는 모험형을 이용하는가 하면, 마케팅부서는 계획형을 이용하는 수도 있다.

4. 전략의 종류

전략은 조직의 유형에 따라 여러 가지 형태로 수립될 수 있다. 여기서는 기업에 초점을 맞추어 그 운영에 전반적인 방향을 제시하는 주요 전략들은 다음과 같은 분야에서 수립될 수 있으므로, 각 분야를 중심으로 전략의 종류를 살펴보기로 한다.

① **제품과 서비스** : 제품 및 서비스전략은 고객이 요구하는 새로운 제품과 서비스를 개발하는 것이다. 기업은 제품과 서비스를 제공하기 위하여 존재한다. 진정한 의미에서 이윤은 회사가 고객들에게 얼마나 잘 봉사해 주는가에 대한 척도에 불과하다.

② **마케팅** : 마케팅전략은 관리자들을 움직여 제품과 서비스를 고객들에게 분배하고, 그들로 하여금 구매하도록 설계하는 것이다.

③ **성장** : 성장전략은 성장이 어느 정도, 얼마나 빨리, 어디에서 일어나야 하며, 그것이 어떻게 일어나야 하는 것과 같은 질문에 답을 하는 것이다.

④ **재무** : 모든 기업은 운영 자금을 조달하기 위한 뚜렷한 전략을 가져야 한다. 이

를 위해서는 여러 가지 방법이 있을 수 있는데 대체로 많은 제약을 받는다.

⑤ **조직구조** : 조직구조의 전략은 기업이 이용할 조직형태의 유형과 관련이 있다. 이것은 의사결정의 권한이 집중되어야 하는가? 분산되어야 하는가? 어떤 종류의 부서형태가 가장 적합한가? 이익 책임을 갖는 사업부제를 개발하여야 하는가? 매트릭스 구조를 이용하여야 하는가? 그리고 참모(staff)직제는 어떻게 설계하여야 하는가?와 같은 실제적인 질문에 답하는 것이다. 물론 조직구조는 사람들이 목표를 달성하는데 도움을 주는 역할의 체계와 역할의 관계를 제공한다.

⑥ **인사·노무** : 인적자원분야에도 많은 주요 전략들이 수립될 수 있다. 그들은 주로 노사관계, 임금, 선발, 고용, 훈련, 평가 같은 주제뿐만 아니라 직무확충(job enrichment)과 같은 특수분야도 다룬다.

⑦ **광고·홍보** : 이 분야의 전략은 독자적으로 시행할 수 없고, 주요 전략들을 지원하여야 한다. 이 전략은 기업의 형태, 소비자와의 근접도 및 행정기관의 규제에 대한 민감도를 고려하여 설계되어야 한다.

이상은 어디까지나 사업의 장기목표 달성방법을 나타내는 기본전략들로서 전략적 행동의 기본방향을 제시하게 되며, 장기목표 달성에 필요한 노력을 조정하고 유지시킬 수 있는 판단의 기준이 된다. 같은 기본전략은 어떤 전략이든 조만간 곤경에 처하게 되거나 노후화되기 마련이다. 그래서 이들은 조정, 수정, 또는 혁신을 필요로 한다. 그러므로 기업에서는 현재의 전략을 정기적으로 평가하면서 창의적으로 전략대안을 개발·선택하여 수행토록 하는 것이 바람직하다. 이와 같은 전략들을 어느 정도 수정·보완하면, 기업 외에 다른 유형의 조직에서도 이용될 수 있다.

제2절 전략적 계획

1. 전략적 계획의 특징

전략적 계획(strategic planning)은 조직의 목표를 선정하고, 그 목표를 달성하는데 필요한 방침과 프로그램을 결정하며, 그 방침과 전략적 프로그램이 반드시 실행되도록 하는데 필요한 방법과 절차를 설정하는 과정이다.

전략적 계획에 대하여 보편화된 정의는 없으며, 학자들 사이에는 전략적 계획(strategic planning) 대신 종합적 계획(comprehensive planning) 또는 장기적 계획(long-range planning)이라는 말을 흔히 사용한다.

그러나 앞에서 설명한 전략의 5가지 성질을 근거로 한, 전략적 계획의 5가지 중요한 특징에 대해서는 의견의 일치를 보고 있다.

① **기본적인 질문** : 전략적 계획은 기본적인 질문을 취급한다. 즉, 그것은 "우리가 어떤 사업에 종사하고 있으며, 어떤 사업에 종사하여야 하는가? 우리의 고객들은 누구이며, 그들은 누가 되어야 하는가?" 등과 같은 질문에 답을 제시한다.

② **일상적인 결정의 틀** : 전략적 계획은 보다 세부적인 계획과 하루하루의 결정을 위한 틀을 제공한다. 그러한 결정에 직면한 관리자는 "어떤 행동방침을 이용하는 것이 우리의 전략에 가장 적합한가?"라는 질문을 할 수 있다.

③ **장기간의 소요** : 전략적 계획은 다른 유형의 계획보다 긴 시간의 틀을 가지므로 장기적 계획의 성질을 갖는다.

④ **에너지와 자원의 집중** : 전략적 계획은 조직의 에너지와 자원을 최우선 활동에 집중시킬 수 있도록 한다.

⑤ **최고경영층의 활동** : 전략적 계획은 최고경영층이 적극적으로 관여한다는 뜻에서 최고경영층의 활동이다. 최고경영층은 조직의 모든 면을 조감하면서 필요한 비전을 제시하여야 하며, 하부계층의 임무를 만들어서 지원하는 성격을 갖는다.

2. 전략적 계획의 중요성

기업경영을 위한 전략적 계획의 중요성이 최근에 크게 증대되고 있다. 오늘날 대부분의 조직은 장기적인 성장·발전을 위한 전략적 계획의 중요성을 인식하고 있다. 관리자들은 조직의 사명과 목적을 구체적으로 규정함으로써 그들이 조직의 지향할 방향을 보다 잘 제시할 수 있고, 조직의 활동을 집중시킬 수 있다.

결과적으로, 조직은 보다 잘 기능을 발휘하게 되고, 변화하는 환경에 한층 민감성을 띠게 된다. 결국, 전략적 계획은 조직의 기능과 민감도를 향상시킬 수 있는 조직활동의 기틀을 제공한다. 그러면 전략적 계획이 중요한 이유를 조직의 민감도 측면에서 구체적으로 살펴보기로 한다.

1) 조직활동 기능의 향상

전략적 계획의 도입이 조직의 기능을 얼마나 잘 향상시키는 결과를 가져올 수 있는

가에 대한 예로써 미국의 에비스(Avis) 자동차 대여회사의 경우를 들어보자. 이 회사는 여러 해 동안 적자운영을 하고 있었다. 그런데 타운젠트(Robert Townsend)가 사장으로 취임하여 이 회사에 꼭 필요한 방향감각을 제시하였다. 그리고 3년이 지나자, 이 회사는 그 분야에 제 2인자로 뛰어 올랐다. 즉, 타운젠트 사장은 먼저 회사의 사명과 목적을 분명히 설정하였다. 그래서 지금까지 호텔·여관·여행사·관광회사 등과 같은 관련 업체의 취득을 고려하던 것을 모두 중지하였다.

다음으로 그는 장기목표를 설정하였다. 그것은 이 회사가 소형자동차의 대여와 임대업으로 최고의 이익마진을 가지고 가장 빨리 성장하는 회사가 되는 것이었다. 이와 같이 구체적인 목표를 설정하여 모든 조직의 힘을 집중시킴으로써, 비생산적인 활동에 조직의 에너지원을 허비하지 않았다.

그러므로 전략적 계획은 조직의 선명한 개념을 개발할 수 있게 하고, 조직을 그들의 목표로 근접시킬 수 있는 구체적인 계획과 활동을 할 수 있게 한다.

2) 변화하는 환경에 대한 민감성

전략적 계획이 관리자들에게 중요한 또 다른 이유는 그것이 관리자들로 하여금 급격히 변화하는 기업환경에 대한 준비를 하여 대응할 수 있게 한다는 점이다. 변화의 속도가 느릴 때 관리자들은 미래가 과거와 비슷하다는 가정 하에서 조직을 운영할 수 있을 것이다. 그들은 단순히 과거의 경험으로부터 추정함으로써 목표와 계획을 설정할 수 있다.

그러나 오늘날 모든 사건들은 너무나도 빨리 진행되고 있으므로, 경험이 항상 신뢰할 수 있는 지침이 될 수 없다. 관리자들은 미래에 발생할 독특한 문제와 기회에 적합한 새로운 전략을 개발해야 한다.

그러므로 근시안적 차원에서 단기전망의 결과는 위험할 수 있다. 미국의 자동차산업은 일찍이 연료효율이 높은 소형차를 개발하는 장기계획에 초점을 맞추지 못했기 때문에 수입되는 외국자동차들에게 시장의 큰 몫(1984년에 24%)을 빼앗겼다. 또한, 미국의 기계·도구 생산업자들도 그들의 단기계획에만 의존한 나머지 국내시장의 수요를 충족할 수 없게 되자, 결국 외국회사들이 들어왔다.

3. 전략적 계획의 장·단점

전략적 계획수립은 조직과 상황에 따라 여러 가지 형태로 변한다는 사실을 유의하여야 한다. 정식으로 절차를 밟는 공식적인 계획수립이 항상 가능한 것은 아니다. 특히, 자원이 너무 한정되어서 광범위한 공식적인 전략적 계획수립의 과정을 밟을 수 없거나 그러한 프로그램의 이득이 비용을 능가하지 못하는 중소기업에서는 그것이 불가능하다. 또, 어떤 조직에서는 공식적인 전략적 계획수립을 위한 관리능력이 부족할 수도 있을 것이다. 이러한 경우에는 일상적인 업무를 토대로 비공식적으로 전략적 개념을 활용하지만, 공식적인 체계를 거치지 않으려는 경영자에 의해 오히려 큰 이득이 얻어질 수 있을 것이다.

여기서 전략적 계획의 장점과 단점을 분석해 보기로 하자.

1) 전략적 계획의 장점

① 조직의 활동에 일관성 있는 지침을 제공한다. 관리자들이 전략적 계획을 이용함으로써 명백히 규정된 목표와 목표를 달성하기 위한 방법을 그들의 조직에 부여한다. 그밖에도 계획수립과정을 통하여 관리자들은 어떤 문제가 발생할 것을 예견할 수 있고, 또 그 문제가 심각하게 되기 전에 다룰 수 있다.

② 관리자들로 하여금 안전한 기회와 위험한 상황을 파악하도록 하여 그들을 선택하는데 도움을 준다. 전략적 계획에 의한 치밀한 분석을 통하여 관리자들은 그들이 좋은 의사결정을 하는데 필요한 정보를 많이 얻을 수 있다.

③ 조직의 목적, 목표 및 전략이 철두철미한 검토를 받게 되므로 전략적 계획은 오류나 예기치 않은 어려움이 발생하는 것을 최소로 줄여준다. 그러므로 목표나 전략들은 잘못되거나 못할 염려가 없다. 이 장점은 관리자의 결정과 그 결과 사이에 오랜 시간이 걸리는 조직에서 특히 중요한 의미를 갖는다.

2) 전략적 계획의 단점

① 기업의 제품이나 고객과 직접적인 접촉을 갖지 않는 관료적인 계획입안자들을 창출할 위험이 있다. 최근, 많은 기업들이 효과적인 전략적 계획시스템을 개발하기 위하여 컨설턴트, 계획 참모진, 복잡한 모델 및 계획프로그램 등에 막대한 투자를 하고 있다. 그런데 이들 계획에 참여하는 스탭들은 운영관리자들의 영역과 권한을 침해할 우려가 있다.

② 전략적 계획시스템이 요구하는 시간, 돈 그리고 사람에 대한 투자를 보상받는 데에는 몇 년씩 걸리게 되고, 그 전략적 계획이 제대로 기능을 발휘하기 시작할 때까지 조직은 불투명한 상태에서 중대한 결정들을 하게 되므로 좋은 기회를 잃어버리는 결과를 초래할 수도 있다.

③ 때때로 조직을 가장 합리적이고, 위험이 없는 안정기반 위에 정착시킴으로써 발전을 저해하는 경향이 있다. 관리자들은 계획수립과정의 치밀한 분석을 지탱할 수 있는 목표와 전략만 개발할 줄 알고, 고도의 불확실성을 내포하고 있거나 분석하기 어려운 진취적이고 매력적인 기회를 회피한다.

제3절 경영전략의 3가지 수준

1. 경영전략의 3가지 수준

기업의 경영전략은 ① 전사적 차원의 전략, ② 사업 차원의 전략, ③ 기능 수준의 전략 등 3개 수준이 존재한다. 그리고 이들은 ① 전사적 전략, ② 사업전략(경쟁전략), ③ 기능별 전략의 계층으로 분류할 수 있다.

전사적 전략은 기업의 거시 환경을 포함한 관점에서, 기업 전략의 지침이 되는 정보를 분석하고, 도메인의 결정이나 다각화의 선정과 관련된 경영의 골자에 관계되는 중요한 결정을 하는 것이다. 그러므로 전사적 전략은 기업 경영의 분석 결과를 바탕으로, 기업의 성장을 지향하는 방향성을 명확히 하는 동시에, 경영 활동을 펼친 뒤에 선정하는 것이 중요하다.

그 다음의 사업전략은 기업에 포함되는 사업마다 다른 기업과의 경쟁 우위성을 확보하기 위한 검토를 실시하고, 사업 활동의 방침과 실시를 구체화한다.

마지막으로 기능별 전략은 사업전략과 마찬가지로 기업 전략을 바탕으로 한 경쟁 우위성의 확보를 목표로 연구 개발 부문, 마케팅 부문 등을 기능별로 검토한다.

보다 구체적으로 설명하면, 먼저 SWOT분석으로 대표되는 기업의 경영환경 분석을 실시하고, 이어지는 전사적 전략은 기업의 사업 영역(도메인)과 성장하는 방향성을 검토한다. 기업의 목표 방향성이 명확하게 된 시점에서, 사업전략과 기능별 전략의 책정으로 넘어가게 된다. 사업전략과 기능별 전략은 다른 기업과의 경쟁에서 어떻게 하면 경쟁 우위성을 유지하는지를 검토한다.

경영 이념이나 비전은 기업의 목적을 나타내지만, 기업의 현실 모습과는 차이가 존재한다. 그러므로 경영전략은 그 차이를 메우기 위한 구체적인 방법론을 나타내는 것이다. 일반적으로 경영전략은 전술처럼 3개의 전략 차원에서 책정되는데, 각각 검토해야 하는 내용이나 역할은 다르다. 그러나 어느 차원에서도, 경영 이념과 비전과의 일관성 차원에서 전략 간의 정합성을 유지할 필요가 있다.

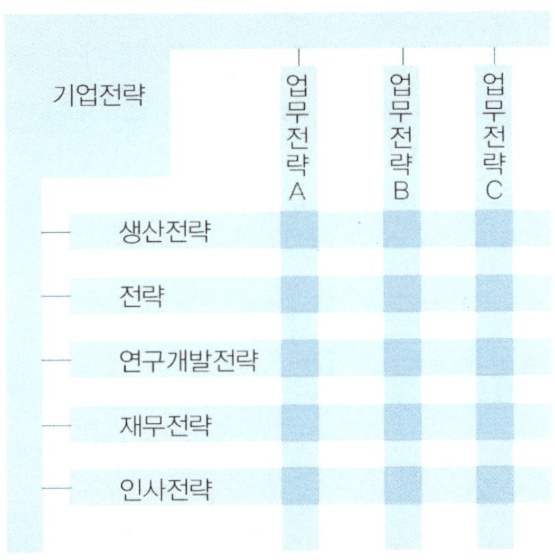

〈그림 6-2〉 경영전략의 매트릭스 구조

1) 전사적 전략(Corporate Strategy)

기업 전체의 장래 방향성에 관련된 것으로, 기본적으로 어떤 사업 분야에서 활동해야 할 것인가에 대한 전략이다. 그러므로 사업 분야의 선택과 자원 배치가 주된 것이다. 어떤 사업 영역(사업 도메인)에서, 무엇을 경쟁력의 원천으로 하는지, 어떤 사업 조합(사업 포트폴리오)을 갖고, 어떻게 경영 자원을 각 사업에 배정할지를 결정한다. 단일 사업밖에 없는 기업이라면, 전사적 전략과 사업전략은 일치하지만, 복수의 사업을 다루는 다각화 기업의 경우, 사업별 전략 이외에 기업 전체의 관점이 필요하다.

2) 사업전략(Business Strategy)

기업이 종사하는 사업과 제품시장 분야에서 얼마나 경쟁하느냐에 초점을 맞춘 전략으로, 자원 전개와 경쟁 우위성이 주가 된다. 이 전략은 개별 사업 분야에서 경쟁에 이기기 위한 전략을 실시하는 것이다. 전사적 전략에서는 다수의 사업을 대상으로 하기 때문에, 사업마다 경쟁 기업과 고객이 다른 경우가 있다. 그러나 사업전략에서는 구체적인 사업을 취급하므로, 특정 시장에서 기업 각각의 경쟁을 분석할 필요가 있다.

그리고 분석 결과를 바탕으로, 보다 구체적인 행동계획을 실시하여야 한다.

3) 기능별 전략(직능별)(Functional Area Strategy)

각 직능 분야에서 자원을 얼마나 효율적으로 이용하는가와 관련된 것으로, 자원 전개와 시너지가 전략 구성 요소의 열쇠가 된다. 각 기능별 전략에서는, 기업 전략으로 배정된 경영 자원 중에서 업무 효율을 높이는 방법을 모색한다. 그리고 각 전략이 서로 제휴할 수 있는 구조를 갖추는 것이 중요하게 된다.

제4절 전사적 전략

기업 목표 달성을 위해서 전사적 전략(corporate strategy)이 수단으로서 먼저 책정될 필요가 있다. 전사적 전략이 사업 차원의 목표 설정의 제약요인으로 설정되고, 사업전략이 책정되어 기능 수준에서의 기능별 전략으로 연결된다. 또한, 이러한 각 차원의 전략은 사업 확대와 다각화한 기업에서 각각 명확하게 분류된다. 동시에 각 차원의 전략 시행에 있어서는, 서로 조화하는 일관된 것이 요구된다. 사업전략은 전사적 전략에서의 제약을 받아 기능별(직능별)전략은 전사적 전략과 사업전략의 쌍방 제약으로 전개된다.

따라서 전사적 전략, 사업전략, 기능별(직능별) 전략 모두가 유효하게 기능하기 위해서는 먼저 전사적 전략이 명확하게 책정될 필요가 있다. 그러므로 전사적 전략을 기업 행동의 중심축으로 하여, 각 사업전략, 기능별(직능별)전략에 균형있게 연계시키는 것이 중요하다.

전사적 전략은 자사의 경쟁적 지위를 확보하기 위해서 기업이 지향하는 쪽으로 전사적 자원 배분의 할당과 배분의 변경을 실시하는 것을 내용으로 한다. 여기에서는, 특히 중요한 ① 제품시장 믹스, ② 다각화 전략, ③ PPM(product portfolio management)을 중심으로 전사적 자원 배분을 고려한다.

1. 제품시장 믹스

기업의 성장 벡터로서 앞으로 생각할 전략 유형은 어떤 것인가? 이 문제 의식에 부응하려면, 도메인, 자원 전개, 시너지 등을 고려할 필요가 있다. 예를 들면, 기업차원의 전략, 제품시장 분야에 관한 전략의 유형을 보면, 가로축에 현재 및 새로운 제품 분야, 세로축에 현재 및 새로운 시장 분야를 취함으로써, 다음과 같이 전략을 식별할 수 있다.

① **시장침투 전략** : 현재 시장에서 현재 취급하고 있는 제품의 판매를 늘리는 성장 전략을 말한다. 예를 들면, 기존 고객에게 광고나 할인 등을 통해서, 기존 제품을 더 살 수 있게 하는 방안이다.

② **시장개발 전략** : 새로운 고객을 개척하고, 기존 제품의 판매를 늘리는 성장전략이다. 예를 들면, 기존의 상품 및 서비스를 해외에서 판매하는 방법이다.

③ **제품개발 전략** : 기존의 고객층을 향해서, 신제품을 개발하여 판매하는 성장전략이다. 그리고 제품의 모델 변경도 이에 해당한다.

④ **다변화 전략** : 새로운 제품 분야 및 시장 분야에 뛰어들어, 새로운 사업을 전개하는 성장전략이다. 예를 들면, 소프트웨어 회사가 오락 비즈니스에 참가하고, 항공사가 리조트 사업을 전개하는 경우이다.

〈표 6-1〉 제품시장 전략

제품 / 시장	현제품	신제품
현시장	시장침투전략	제품개발전략
신시장	시장개발전략	다각화전략

이러한 제품시장 매트릭스에 의한 전략 유형은 성장 방향으로 설명된다. 성장 방향이란 현재의 제품시장 분야와 관련해서, 기업이 어떤 방향으로 나아가는지를 나타낸 것이며, 그것이 어떤 방향으로, 어떤 내용을 끌어가고 있는지 나타낸다.

또, 제품시장 매트릭스와 성장 방향에 의해서 결정되는 분야에서는 당연히 기업이 경쟁 상의 우위성을 획득할 필요가 있다. 경쟁사와 비교해서 강력한 경쟁상의 지위를 갖게 되는 독자적인 제품시장 분야의 특성을 명확히 하는 것이 요구된다. 그러므로 기업은 M&A를 하거나 사업 제휴를 하게도 될 것이다.

다각화 전략의 성공 여부는 시너지 효과 여부에도 크게 관계되어 있다. 시너지 효과(synergy effect)는 원래 생물학의 개념 용어였지만, 기업전략에 관련된 말로 사용하면서 중요한 경영 용어가 되고 있다. 그러므로 다각화를 실시하는 경우, 기존 사업과 신사업의 시너지 효과가 성공의 열쇠가 된다.

2. 다각화 전략

다각화 전략(diversification strategy)은 기업에 다음과 같은 상황이 발생하였을 때, 고려되는 전략이다.

① 규모 확대에 따른 시장 점유율을 낮추기 위한 기업 분할
② 단일 사업 구조에 의한 수요 변동과 계절 변화가 실적에 미치는 악영향 회피
③ 잉여 자원의 다각적 활용을 배경으로 전개되는 전략에서 사업 구조의 다양화 지향

기업이 사업 활동을 통해서 경영을 전개시키는 데에 있어 불가피한 위험(경영 위험)이 존재한다. 사실, 기존 사업(또는 기존 제품)이 그 제품수명 상에서 성숙기, 쇠퇴기를 맞이하여 향후의 성장을 구하는 것이 어렵고, 계속하기도 어려워진다. 이러한 상황에 대비하여, 기업은 단일 사업에만 의존하는 것이 아니라, 복수의 사업을 전개시킴으로써 그 위험성을 회피하려 한다. 즉, 경영 위험의 분산이 다각화를 실시하는 최대의 이유이다.

다른 이유로는, 사업 상승효과의 추구가 있다. 현대의 경영에서는 ① 규모의 경제성, ② 범위의 경제성, ③ 연결 경제성 등을 논해야 한다.

규모의 경제성은 생산량의 증대에 따른 평균 비용이 감소하는 결과로서 이익률이 상승하는 것을 의미하는 반면, 범위의 경제성은 기업이 복수의 제품(서비스 포함)을 생산하려는 때에 필요한 총비용이 이들 복수의 제품을 개별적으로 생산할 때 필요한 비용의 합계보다 적게 드는 효과를 말한다. 또한, 연결의 경제성은 기업활동을 전 세계적으로 전개하기 위해서 정보를 공유하거나 정보의 비대칭성을 활용하여 타사에 앞서 나가는 가치사슬을 구축하하는 것을 말한다. 그것은 네트워크의 활용에 의한, 많은 기업의 결합에 의해서 태어난 경제성이다.

이러한 이유로 기업은 어느 정도 사업의 다양화를 도모하는 것이 바람직하며, 결과적으로 다각화를 전개하게 된다.

이제, 다변화의 종류에 대해서 살펴보자. 다각화는 기존 사업과의 관련성에서 관련 다각화와 비관련 다각화로 나눌 수 있다.

① **관련 다각화** : 새로 전개하려는 사업이나 기존 사업과 관련성이 높고, 기존 기술과 유통채널, 관리 노하우 등을 공통적으로 활용할 수 있는 상태에서의 다각화

를 나타낸다.

② **비관련 다각화** : 새로 전개하려는 사업이나 기존 사업과 관련성이 떨어지거나 전혀 존재하지 않는 경우의 다각화를 말한다.

〈표 6-2〉 다각화에 따른 이점의 유형

다각화의 이점	관련 다각화	비관련 다각화
경영활동의 다양한 경험의 공유	0	
핵심역량 강화	0	
경영자원의 생산성 향상	0	
사업 위험의 분산		0
자금관리의 효율화		0

이 2개의 다각화를 생각했을 때, 비교적 실행하기 쉬운 것은 관련 다각화이며, 비관련 다각화의 경우에는 새 사업에 관한 경영 자원의 대부분을 새롭게 획득·배분해야 하므로, 경영위험을 수반할 수밖에 없다. 그러나 동종업계의 다른 기업들이 똑같이 다각화를 검토하는 것이 많이 있을 수 있기 때문에, 비관련 다각화가 다른 기업들의 참가를 저지할 가능성이 높고, 성공한 경우의 수익이 크다는 매력을 가지고 있다.

루멜트(E.P. Rumelt)에 의한 다각화의 분류는 다음과 같다.

① **단일 사업형 다각화** : 연간 수입의 95%이상을 단일 사업에 의존하고 있는 다각화

② **주요 사업 집중형 다각화** : 연간 수입의 70~95%를 단일 사업에 의존하고 있는 다각화

③ **관련 사업형 다각화** : 주요 사업의 연간 수입이 70%미만으로, 다른 사업과 관련성이 있는 다각화

④ **무관련 다각화** : 주요 사업의 연간 수입이 70%미만으로, 관련 사업을 거의 갖추지 못한 다각화

그리고 업종의 확대와 대조적으로 수직 방향의 확대를 통합하는 움직임이 보이는데, 수직(상중하)방향에 위치한 산업 각각의 통합화를 지향하는 전략이다. 대형 제철회사가 유리창틀의 제조·판매에 나서거나, 어류 양식업이 냉동가공회사를 설립하거나, 원료로부터 판매·서비스까지 광범위하게 하는 경우가 있다. 기업이 수직 통합 전

략을 전개시키는 이유는, 강의 상류로부터 하류로 이어지는 수직적 사업통합을 꾀하는 것이고, 원자재와 중간 제품 등을 항상 안정적으로 조달할 수 있다는 측면에서, 수직적으로 통합함으로써 거래 비용을 경감할 수 있는 측면이 있다.

또한, 이러한 다각화를 축으로 하는 기업의 성장전략은 자사에서만 실시할 뿐만 아니라, 넓은 동업 타사와 관련 분야의 기업들과 전략적 제휴를 통하여 실현되는 경우도 많이 나타나게 되었다. 이 전략적 제휴(strategic alliance)란 다른 기업에서의 생산과 판매의 위탁, 공동 연구 개발이나 생산 및 판매, 기술 원조와 부품 공급 등을 구체적 내용으로 한다.

3. PPM분석

경영 자원의 포괄적 파악과 적절한 배분을 생각하는데 유용한 프레임워크로 PPM(product portfolio management)이 있다. 전략 연구가 활발해지면서, 이러한 체제도 잇달아 탄생되고 있지만, 보스턴 컨설팅그룹(Boston Consulting Group : BCG)이 개발한 PPM이 대표적이다. 이 PPM분석도 다각화한 기업이 각 사업에 효과적으로 자원을 배분하려면 어떻게 하면 좋은가? 또, 기업 전체로 제품 사업 조합을 최적화하려면 어떻게 하면 좋은가?를 밝히는 데 도움이 된다. 여기에는 다음 2개의 개념이 전제가 되고 있다.

첫째, 제품이나 산업에 라이프 사이클(수명)이 있다는 사실을 인정하는 것이다. 이 설은, 모든 생물은 탄생에서 성장, 성숙하고, 쇠퇴에 이르는 프로세스가 있으며, 그것과 비슷하게 제품이나 산업에도 수명이 있어 일련의 프로세스를 체험한다는 것이다. 라이프 사이클의 형상에 대해서는 다양하게 생각되지만, 일반적으로는 S자형을 하고 있다. 즉, 도입기에는 성장률이 그다지 높지 않지만, 연수가 지남에 따라 그것이 높아지고 이윽고 다시 낮아진다는 것이다.

둘째, 경험곡선(experience curve)에 준거한다. 경험곡선은 기업 경영에서 경험이 축적되는데 따라 비용이 감소한다는 경험효과의 현상을 계량적으로 측정한 것이다. 이 현상은, 제조비용뿐만 아니라 관리, 판매, 마케팅 등을 포함한 총비용에도 해당된다. 즉, 1개 제품의 누적 생산량이 2배가 되면, 총비용이 일정률로 감소한다는 실증 연구에 의해서 발견되었다.

이러한 라이프 사이클과 경험곡선 2개의 전제로부터 유추되는 논리가 PPM이며, 이는 〈그림 6-3〉과 같은 개념도로 나타낼 수 있다. 그것은 시장 성장률과 상대적 시장점유율의 2차원으로 구성되는 'BCG 매트릭스'이다. 각각의 축에 해당하는 시장 성장률은 해당 제품이 속한 시장의 연간 성장률 그리고 상대적 시장 점유율은 그 제품 사업의 상대적 점유율을 뜻한다. 또, 매트릭스의 각 셀에는 그 성격부터 독특한 이름으로 부여되며, 다음과 같은 특징을 갖고 있다.

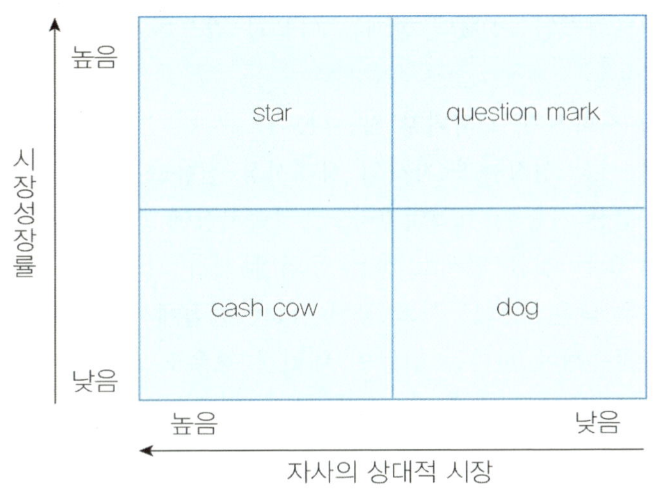

〈그림 6-3〉 BCG 매트릭스

① **스타(star) 사업** : 성장률과 시장점유율이 높아서 계속 투자를 하게되는 유망한 사업이다.
② **현금 젖소(cash cow) 사업** : 점유율이 높아서 이윤이나 현금흐름은 양호하지만, 앞으로 성장하기 어려운 사업이다.
③ **물음표(question mark) 사업** : 신규사업. 상대적으로 낮은 시장점유율과 높은 성장률을 가진 사업으로 기업의 행동에 따라서는 차후 스타(star) 사업이 되거나, 개(dog) 사업으로 전락할 수 있는 위치에 있다. 일단 투자하기로 결정한다면, 상대적 시장점유율을 높이기 위해 많은 투자금액이 필요하다.
④ **개(dog) 사업** : 더 이상 성장하기 어렵고, 이윤과 현금흐름이 좋지 못한 사업이다.

제품 포트폴리오의 개념도는 여러가지 활용법이 있겠지만, 이 점에 관하여 츠치야(1984)는 다음과 같이 설명하였다.

① 자사의 현재 제품 구성을 이에 의해서 분석할 수 있다.
② 동종업계 다른 경쟁기업에 대한 매트릭스를 각각 시계열적으로 그려보면, 자사와 경쟁기업의 상대적 강점, 약점 그리고 관계 등에 대한 이해를 할 수 있게 되

어, 장래의 경쟁관계에 대한 전망을 할 수 있다.

③ 경영을 다각화하고, 새로운 사업을 선택할 때, 쉽게 산업에 뛰어드는 일이 있지만, 그것을 피하기 위한 지표를 제공한다.

한편, 2차원 매트릭스인 PPM의 한계는 다음과 같으며, 이 점에 대하여 유의하는 것이 현명하다.

① 사업 각각의 시너지가 고려되지 않는다,

② 현 시점에서 시장 성장률과 자사의 상대시장 점유율 밖에 인정하지 않는다.

③ 잠재적으로 성장 가능한 사업일지라도, 성숙시장에 속하는 사업(제품)에는 자원 투입을 하지 않는 것을 전제로 하는 등의 문제가 지적할 수 있다. 더욱이 시장 성장률이 모두 낮은 사업도 사회 공헌이라는 관점에서 의미 있는 사업으로 철수하지 않고, 지속해야 한다는 판단이 내려질 경우도 고려해야 한다.

제5절 사업전략

기업이 스스로의 성장과 발전을 실현하기 위한 적절한 수단으로 사업전략(business strategy)을 전개하는데, 이 사업전략은 개별 사업 분야에서 경쟁을 뚫기 위한 전략을 실행하는 것이다. 전사적 전략에서는 다수의 사업을 대상으로 하기 때문에, 사업마다 경쟁 기업과 고객이 다른 경우가 있다. 이것에 대해서, 사업전략에서는 구체적인 사업이나 사업 분야를 취급하므로, 특정한 시장의 기업 경쟁력을 분석할 수 있다.

사업전략은 경쟁 우위성을 확립하기 위해서, 보다 구체적인 실행계획을 작성하고, 실시하여야 한다. 여기서 말하는 경쟁 우위성과 경쟁전략은 중요한 의미를 지닌 것으로, 시장에서 가치 있는 것으로 인식되는 동시에 경쟁업체가 아직 보유하지 못한 것도 경영능력이다.

1. 경쟁 우위성을 위한 사업전략

1980년대, 홀(W.K. Hall)은 당시의 성숙 산업이었던 미국 8대 산업에 대해서 조사한 결과, 어려운 속에서도 좋은 실적을 거두고 있는 기업의 존재가 확인되었다. 이렇게 성공을 거두고 있는 기업은 2가지 점에서 공통성을 가지고 있었다. 그에 따르면, 각 산업에서 역경 아래 있으면서 성공을 이룬 기업들은, ① 해당 산업의 최저 원가의 달성, ② 최고의 제품 및 서비스 품질 등에서의 차별적 지위의 구축을 달성하고 있었다. 이 사실로부터 밝혀진 것은 원가의 우월성과 제품 및 서비스의 차별화 실현이 향후 기업 경영에서 무엇보다 중요하다는 것이다. 이를 통해서 경쟁 우위성을 어떻게 구축시키느냐 하는 것에 대해서는, 1980년대 이후 기업 경쟁전략 및 생존 전략으로서 그 중요성을 높이고 있다. 특히, 포터(M.E. Porter)에 의한 경쟁전략론 제기 이후 기업 경영의 중심적 과제는 경쟁전략으로서의 사업전략에 초점을 맞출 수 있게 되었다.

그가 제시한 기업이 경쟁 우위를 확보하기 위한 3가지 기본 전략에 따라 기업의 전략적 경영 방식을 전환시킨 포터는 나중에 산업 조직론에 근거하여 기업에 대한 수익을 초래할 산업 구조의 특성을 추출하였다.

그에 따르면, 5가지 요인의 존재가 실제 업계의 경쟁 구조를 결정한다고 하였다. 이들 여러 요인에 의해서 결정되는 업계의 수익성을 분석한 후, 가장 수익성 높은 업계(산업)를 기업이 선택하는 것이 중요하다.

① **신규 참가의 위협** : 잠재적 참가 업체를 포함한 신규 참가 업체의 수와 규모가 초래하는 위협
② **대체 위협** : 구매자의 욕구를 충족시키는 다른 제품의 출현을 초래하는 위협
③ **구매자의 협상력** : 고객이 미치는 수익에 대한 영향
④ **판매자의 협상력** : 원자재 구입처인 공급업체가 미치는 수익에 대한 영향
⑤ **기존 기업들과의 경쟁관계** : 업계 내 경쟁업체끼리의 경쟁 상황의 정도 차이가 초래하는 위협

그러므로 포터에 의한 경쟁전략은 업계에서 유리한 경쟁적 지위를 찾는 것에 의미가 부여되었고, 그 중심 개념은 '저비용화'와 '차별화'에 있다. 이들을 기초로 집중화를 추가함으로써, 기업이 취할 경쟁전략으로서의 기본 유형은 ① 저비용화 전략, ② 차별화 전략, ③ 집중화 전략 등 3가지로 구성된다.

2. 가치사슬분석의 기본

가치사슬은 기업의 모든 활동이 최종적인 가치에 어떻게 기여하는지 체계적이고 종합적으로 검토하는 기법을 말한다. 포터가 1985년 자신의 저서인 『경쟁 우위』에서 소개한 가치사슬은, 사업을 고객에게 가치를 창조하는 활동이라는 측면에서 분석하고,

각각의 주요 활동의 특징을 파악하여, 그들 활동의 연결을 구축하는 프레임워크이다. 또, 그것은 기업의 경쟁 우위를 가져오기 위해서 어디서 부가가치를 낳는지를 밝히기 위한 프레임워크이다. 그리고 사업전략에서 경쟁 우위를 확보하기 위해서는 부가가치보다 사실은 가치사슬을 분석하는 것이 적절하다고 말했다. 그 이유는, 부가가치(판매가격에서 총비용을 공제한 금액)는 원자재와 회사의 활동에 이용되는 많은 구입물을 정확히 분리하지 않고, 기업과 공급자의 연결 관계를 밝히지 않은 것이다.

또한, 가치사슬은 가치를 만드는 활동과 마진으로 되어, 가치 활동은 주활동과 지원활동으로 나뉜다. 주활동은 제품이나 서비스가 고객에 도달하기까지 재료나 부품의 구매 물류, 제조, 출하 물류, 판매·마케팅, 서비스를 말한다. 한편, 지원활동에는 조달활동, 기술개발, 인사·노무관리, 전반적 관리 등이 있고, 모든 지원활동이 각각의 주요 활동에 관련하고 있어, 가치사슬 전체를 지원한다. 그리고 마진은 총가치와 가치활동에 따른 총비용의 차이라고 한다.

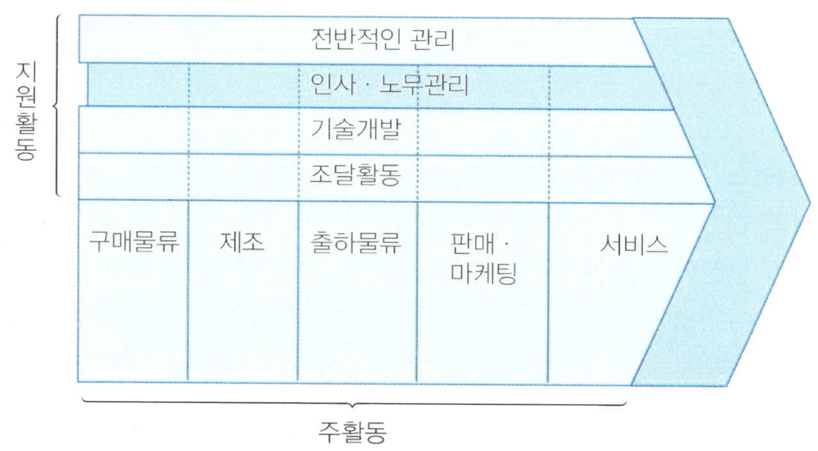

〈그림 6-4〉 가치사슬분석의 기본모형

여기서 중요한 점은 기업활동의 가치사슬에 있어서, 일부 활동만이 가치를 창출하고, 상호 활동이 유기적으로 기능하며, 그 가치를 최종 고객까지 제공할 수 있다는 것이다. 즉, 각 활동은 유기적 기능으로, 경쟁기업에 모방되지 않은 가치를 창출하여야 경쟁 우위를 확보할 수 있다.

여기에 추가하여 경쟁 상대의 가치사슬에 대한 정보 수집에 의한 분석을 실시하고, 타사에 없는 가치사슬 구축한다. 최근, 정보통신기술의 활용이 주로 활동 전반에 걸쳐서 가치를 높이는 중요한 요인이 되고 있으며, 이것이 차별화 요인이 된다. 이 구축된 가치사슬에 의해서 다른 경쟁기업과의 차별화를 실현하려면, 부단히 자신의 가치사슬의 재검토와 모방 저항성을 이루는 것이 필요하다.

제6절 기능별 전략

기능별 전략(functional area strategy)은 생산, 마케팅, 인사, 재무, 연구 개발 등 각 기능의 전략이며, 사업전략을 실현시키기 위한 시책을 기능별로 흡수하여, 기능별 관점에서 전략을 어떻게 실시하고 가겠다는 내용이다. 〈그림 6-5〉와 같이, 기능별 전략에서 중요한 것은 부분 최적화가 아니라 전체 최적화를 생각하여 기능별 전략을 책정하는 것이다.

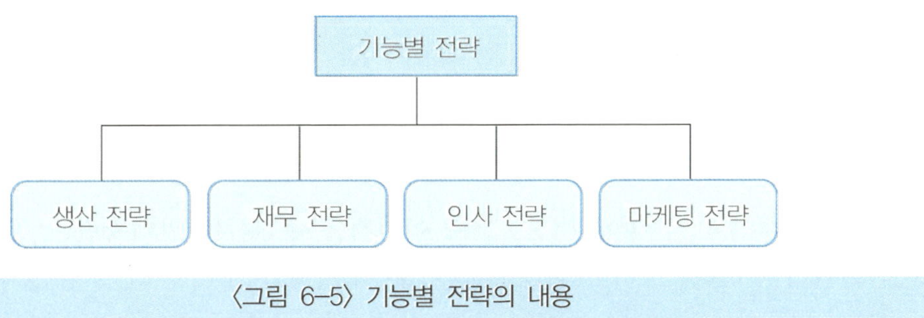

〈그림 6-5〉 기능별 전략의 내용

가치사슬 기업이 활동한 최종적인 부가가치가 어떻게 만들어지는지 척도가 될 수 있다. 그러므로 기능별 전략에서는 각 기능의 능력을 최대한 끌어내는 전략을 구축해야 한다. 또한, 각각의 기능을 따로 구축하는 것이 아니라 잘 결합시키고, 전사적 전략이나 사업전략의 책정과 정합성을 취하는 것이 중요하다. 기능별 전략은 생산, 마케팅, 인사, 재무, 연구개발 등 각 기능별 전략이지만, 여기에서는 마케팅 전략에 대해서만 설명하기로 한다.

1. 마케팅의 4P

마케팅의 4P란 제품(product), 가격(price), 판매촉진(promotion), 판매채널(place)이다. 마케팅 전략에서 중요한 것은 시장의 요구와 제품 및 서비스 등의 요소를 일치시키는 것이다.

1) 제품전략

제품(product)전략은 어느 시장에, 어떤 상품을 판매할지를 용도별, 고객별, 상품별로 정하는 것이다. 여기에는 제품 아이템에 관한 전략 입안, 제품 라인에 관한 전략 입안으로 나눌 수 있다. 제품의 형태는 특징, 스타일, 브랜드 이름, 패키지, 품질 등 5가지 특성을 갖고 있다.

2) 가격전략

상품의 가격(price)을 어떻게 설정할지를 원가나 시장 가격을 기초로 정하는 것이다. 가격은 마케팅 프로세스 안에서 유일하게 이익 창출을 결정하는 것이다. 그러므로 가치의 약속은 기업 실적에 매우 큰 충격을 주는 요소가 된다. 건전한 경쟁을 하고 있는 제품 및 서비스의 가격은 하한이 제조원가(자사의 시점)이며, 상한이 고객 가치의 최대치(고객의 시점)가 된다.

3) 판매촉진전략

판매촉진(promotion)전략은 광고 선전, 마진과 리베이트, 행사 등을 어떻게 할지를 정하는 것이다.

광고가 고객의 의식 밑에 누진적으로 이미지를 촉진하는 판매촉진은, 비교적 현실적인 측면이 강하다. 그리고 판매촉진은 유통업자용과 소비자 대상 등 2가지로 나누어진다.

유통채널용 판매촉진은 각 업체나 소매업자의 눈에는 띄지 않는 것도 많다. 한편, 소비자용 판매촉진은, 주로 유통 업체를 통해서 잠재 고객에 수요를 촉구하고, 할인과 기념품, 경품을 하는 등의 수단을 강구함으로써, 구매 의욕을 촉진하는 것이다. 판매촉진은 노동집약적인 일이며, 일반적으로 소규모의 판촉 전문 대리점이 주요 업무를 담당하는 것이 많다. 그러나 기업의 이벤트는 텔레비전 광고나 신문의 PR 등과 연동하는 등 대형 광고 대리점을 중심으로 종합적으로 운영하는 경우가 늘고 있다.

그리고 가게 앞에서 디스플레이나 프로모션용 패키지, 카탈로그 작성 등도 두드러지지 않지만, 중요한 판촉 업무의 일환이다. 또, 판매촉진은 광고와 달리, 유통업자를 압박하며, 유통업자측이 이를 받아, 단독으로 혹은 회사와 공동으로 소비자에게 구매하는 것으로, 최근에는 다양한 판매 형태가 늘고 있다. 예를 들면, 다이렉트 마케팅, TV쇼핑 등 고객에게 상품 가치를 호소하는 세일즈 판매촉진이 있다.

4) 판매채널전략

판매채널(place)전략이란 어떤 판매채널에서 판매하느냐에 대한 지역별, 상품별, 거래처별로 정하는 것이다.

판매채널의 구축에는 시간이 걸리는데, 한번 구축하면 좀처럼 바꿀 수 없는 성질을 갖고 있으므로, 선정에 신중을 기할 필요가 있다. 또, 판매채널은 다른 '마케팅의 4P'와 다른 사람들과의 관련 요소가 매우 커서 관리가 어려우므로, 논리만으로는 통제할 수 없다는 성질을 가지고 있다.

2. 코틀러의 경쟁지위 전략

마케팅 전략을 생각할 때, 업계의 지위를 고려하는 것은 매우 중요하다. 그것은 업계의 지위에 걸맞은 전략을 취하는 것으로, 기업의 체력 소모와 고객만족의 저해를 막을 수 있기 때문이다. 기업의 업계 지위는 다음과 같이 코틀러(Philip Kotler)의 4가지 경쟁지위 전략으로 분류할 수 있다.

① 리더 : 시장에서 최고의 점유율을 자랑하는 기업
② 도전자 : 리더 기업에 이어 점유율을 유지하고, 리더 기업과 경쟁하는 기업
③ 틈새 공략자 : 특정 시장(니치)에서 독자적인 지위를 가진 기업
④ 추종자 : 리더의 전략을 모방하고 시장에서의 지위를 유지하는 기업

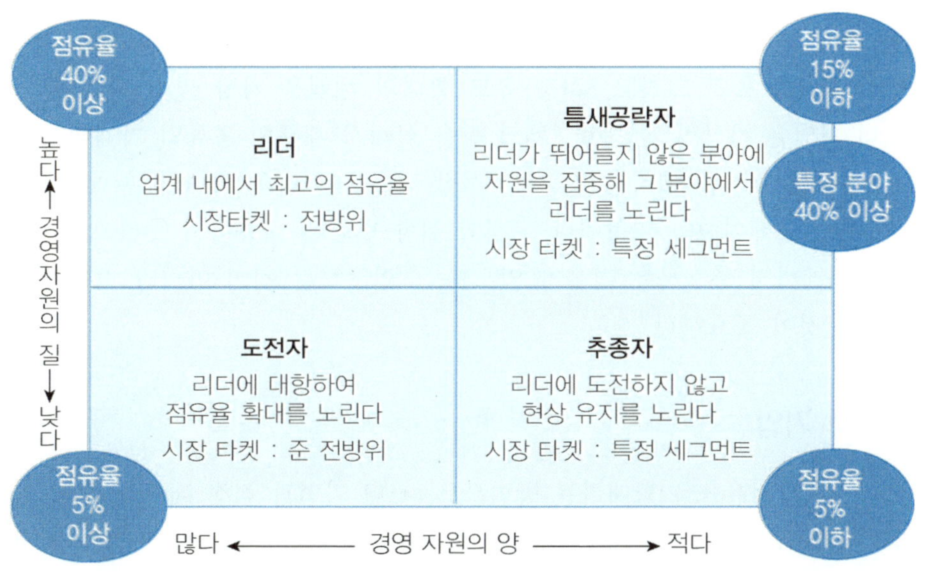

〈그림 6-6〉 코틀러의 경쟁지위 전략

이 4가지 형태의 전략과 특징을 요약하면, 〈표 6-3〉과 같다. 이 표는 4가지 유형의 기업 군과 4P와의 관계를 나타낸 것으로, 마케팅 전략의 역점과 유의점을 확인할 수 있다.

〈표 6-3〉 마케팅의 4P와 경쟁지위 전략

	리더	도전자	틈새 공략자	추종자
제 품	풀 라인 전략	지도사의 차별화	철저한 틈새 제품	리더의 흉내
가 격	가격유지	가격 유지, 단 과감한 높낮이 가격도 설정	업계 평균 이상의 값	저가격화
채 널	개방형	개방형	필요 최소	필요 최소
프로모션	전방위형	전방위형	매체 엄선	매체 엄선
과 제	점유율 확대, 계획력 향상, 이익 확대	점유율 확대	계획력 향상 이익	이익
방 침	풀 라인 전략	지도자들과 차별화	시장이나 제품의 특정	리더 및 도전자의 신속한 모방

1) 리더 기업

리더 기업은 대개 업계의 가장 높은 점유율을 자랑함과 동시에 강력한 채널과 제품 개발력을 가지고 있기 때문에, 광고와 가격 면에서 강세의 전략을 실시하고 있다. 선두 기업은 그 점유율의 크기로, 시장 규모 확대의 혜택을 가장 많이 받는다.

또, 리더 기업은 자금력, 기술력, 채널 등을 살려서 제품의 종류와 가격대가 다양한 상품을 마련하는 전략을 취하는 것으로, 시장 점유율을 더욱 확대할 수 있다. 그러나 업계에 따라 이노베이션의 영향이나 고객의 취향 변화에 대응하지 못하고, 리더 기업 뿐 아니라 업계까지 축소하는 경우가 있으므로, 안주하는 것이 아니라 혁신적인 대응을 유지하는 것이 중요하다.

2) 도전자 기업

도전자 기업은 점유율을 확대하는 방법으로, 리더 기업과 직접 대결을 해도 리더 기업을 넘어서기 어렵다. 그러므로 리더 기업이 아직도 강화하지 않은 지역이나 제품 분야에 주력하고, 점유율이 작은 기업의 점유율을 빼앗기도 한다. 이를 위한 방법으로,

제품 및 서비스를 철저하게 차별화하거나 과감한 가격 설정을 하기도 한다.

3) 틈새 공략자 기업

틈새 공략자 기업은 리더 기업과 도전자 기업이 참여하지 않은 부문을 발견하여 경영 자원을 집중함으로써, 전문성을 높이고, 시장에서의 독점적 지위를 유지하는 전략이 중요하다. 틈새 공략자 기업은 시장을 확대했을 때, 리더 기업의 참여를 초래하고, 점유율을 잃는다는 위험을 고려할 필요가 있다.

4) 추종자 기업

추종자 기업은 리더 기업과 도전자 기업의 모방 활동을 하여 좋은 수익성을 확보하는 경우가 있다. 추종자 기업은 리더 기업에게 별로 매력이 없는 시장(예를 들어 저가 구매시장)에 목표를 정하고, 전략을 세운다.

제7절 비마케팅 믹스

마케팅 믹스는 제품·가격·판매·유통채널의 가장 효과적인 조합을 계획하고 실행하는 것이다. 4P라는 마케팅 믹스의 시점은 모두 파는 측의 시각이며, 이에 대해서, 라우터본(R.F. Lauterborn)은 구매자 측의 관점에서 4C차원을 고찰하는 것이 중요하다고 비판하였다. 그리고 판매자는 4P를 설정하기 전에 우선 매수 시점에서 4C의 검토로부터 시작해야 한다고 주장했다. 4C란 ① 고객 가치(customer value), ② 고객 비용(customer cost), ③ 편리성(convenience), ④ 커뮤니케이션(communication)으로, 각각 4P와 4C는 대응 관계에 있다.

라우터본(R.F. Lauterborn)의 주장은, 마케터는 타켓 시장의 고객을 4C의 관점에서 이해하면, 4P의 설정도 훨씬 쉽게 된다는 것이다. 즉, 마케팅이 타켓 시장을 결정하고, 고객을 이해하는 것부터 시작하는 활동이란 점을 고려하면, 라우터본의 주장은 정당성이 있다. 어떤 편익을 도모하는 제품을 개발하는가? 어떤 가격에 파는가? 어떤 판매채널을 쓰는가? 등은 판단 대상이 되는 고객과 시장이 결정되어야 가능하다. 그러므로 적절한 마케팅 믹스를 하기 위해서는, 먼저 고객 위주의 관점이 필요하다. 즉,

4P가 마케팅 컨셉에 기초한 것임을 감안하면, 4C의 시점은 미리 4P속에 내장되고 있다고 할 수도 있다.

이처럼 마케팅 믹스의 분석 방법은 기업이 타켓으로 하는 시장이나 고객, 제품 라이프 사이클, 기업 규모 등 내부 환경 요인에 의해서 적절한 조합이 바뀌므로, 여러 외부환경 요인과의 적절한 마케팅 믹스를 하기 위해서, 먼저 적절한 사업전략이 필요하게 된다는 것을 의미한다. 그러므로 마케팅 믹스는 아직 형태를 수반하지 않는 사업전략을 구현하는 행동계획이라고 할 수 있다.

사업전략과 마케팅 믹스는 밀접한 관계에 있으며, 한쪽이 없으면 다른 한쪽도 제대로 기능하지 못한다. 그리고 실행을 동반하지 않는 마케팅 전략은 아무런 가치를 창출하지 않지만, 전략이 없는 실행은 매출 감소와 동시에 뜻밖의 위험을 발생시킬 수 있다. 다시 말하면, 마케팅 믹스는 단순한 마케팅 도구의 조합이 아님을 확실히 인식할 필요가 있다.

기업사례

맥도날드와 버거킹

1. 전략 분석 방법

효율적인 생산관리는 복잡한 고등수학이 아니더라도 단순한 공정분석과 수량분석으로도 가능하다. 이런 분석은 우선 공정 계통도의 작성으로부터 시작된다. 즉, 제품이 공장 내에서 어떤 과정을 거쳐 완성되는지를 도형으로 표시하는 것이다.

생산 과정을 도표로 나타낸 다음, 그 과정을 수량화한다. 맥도날드의 빅맥 하나를 생산하는데 소요되는 총시간, 단위시간당 빅맥의 최대 생산능력, 단위당 원재료비 및 노무비 등의 직접비, 시간별 고객의 예상 수요량 등을 산출해 내야 한다. 그 다음에는 생산과 관련된 경영상황을 검토하고, 문제가 있으면 그 요인을 분석하여 문제를 해결하는 것이다.

맥도날드(McDonald's)와 버거킹(Burger King) 두 회사의 마케팅 전략과 제품의 제조공정은 어떤 연관을 갖고 있는지, 맥도날드의 빅맥(Big Mac)과 버거킹의 와퍼(Whopper)에 대한 생산 과정과 광고 문안을 통해 살펴보기로 하자.

2. 맥도날드의 전략

1937년, 패트릭 맥도날드는 캘리포니아주 몬로비아 공항 근처에 '비행장'이란 식당을 개업하였다. 당시 햄버거는 10센트였고, 오렌지 주스는 5센트였다. 1940년, 그의 두 아들, 모리스와 리차드는 '비행장' 식당에서 좀 떨어진 곳으로 이사하면서 식당이름을 '맥도날드의 바비큐'로 바꾸었다.

2차 세계대전 후, 맥도날드 형제(Richard and Maurice McDonald)는 자신들이 경영하는 식당의 종업원 문제로 큰 골치를 앓고 있었다. 그리고 식당 앞에는 항상 실업자들이 취직을 위하여 줄을 섰었다. 리처드 맥도날드는 다음과 같이 생각하였다. "그래, 접시·잔·포크 등 이 모든 것을 없애자. 서비스, 접시 닦기 그리고 두꺼운 메뉴판도 없애자. 종이 포장에 햄버거, 음료수 그리고 감자튀김만을 팔자. 모든 것을 사전에 준비하고 통일시키자. 그러면 아주 짧은 시간에 많은 양을 처리할 수 있을 것이다." 맥도날드는 굽거나 찐 빵 속에 조리된 고기나 생선을 넣어 샌드위치로 만들어 창구에 전달하는 제조공정으로 전환하였다.

3. 버거킹의 전략

최초의 버거킹은 1954년 12월 4일, 미국 플로리다 주 마이애미에서 제임스 맥라모어와 데이비드 에드거턴에 의해 Insta Burger King이라는 이름으로 세워졌다.

버거킹은 조리된 고기와 빵을 스팀테이블 위에 올려서, 고객의 주문대로 샌드위치를 만들어 창구에 전달한다. 그리고 1970년대에는 다음과 같은 광고문안을 첨부하였다. '오이 절임을 넣지 말까요? 상추를 뺄까요? 당신의 특별한 주문은 우리를 불편하게 하지 않습니다. 우리가 원하는 것은 당신이 먹고 싶은 대로 제공하는 것입니다.'

1990년대의 광고문안에는 'Have it your way! 버거킹은 당신의 취향에 따라 토마토, 양파, 피클, 양상추 등의 야채를 가감하실 수 있어 훨씬 더 입맛에 맞게 드실 수 있습니다'라는 내용을 추가하였다. 패스트 푸드 산업의 결정적 성공요인은 맛, 신선함, 신속함이다. 맥도날드의 공정은 일괄 조리공정인데 비해, 버거킹은 흐름 작업공정이다. 즉, 빅맥은 표준화에 의하여 손님이 기다리게 하지 않는 신속함을 추구하는 조리공정을, 와퍼는 손님이 기호대로 먹을 수 있는 생산공정을 구성하고 있다.

4. 결언

후발주자인 버거킹이 지난 수년동안 겪었던 힘든 역사를 되짚어 보면, 버거킹이 맥도날드에게 공격을 폈던 시기에 가장 큰 성공을 거둔 것으로 나타났다.

사실, 버거킹은 햄버거를 대량 생산하는 맥도날드의 방식을 비꼬는 '당신 방식으로 드세요(Have it your way)'라는 구호를 부르짖으며 개점했다. 그리고 뒤이어, '튀기지 않고 구운 것'과 '와퍼는 빅맥을 이긴다.'는 기치를 들고 맥도날드를 공격했다. 이 모든 계획들로 인해 버거킹은 맥도날드의 대체 지위인 2위 자리를 차지했다.

그러다가 무슨 이유인지 알 수 없지만, 버거킹은 맥도날드에 대한 공격을 멈추었으며, 심지어 자기도취적인 마케팅을 전개하였다. 더욱이 버거킹은 맥도날드의 힘의 원천인 어린 꼬마들을 끌어들일 계획까지 실시하기도 했다.

그러나 이러한 계획은 강력한 2인자의 자리를 고수하는 방법이 아니었다. 결과적으로 버거킹의 점포당 판매량은 떨어졌고, 공격적이었을 때의 수준으로 결코 돌아가지 못했다.

신속함과 기호는 서로 상충관계(trade-off)에 있으므로, 결국 패스트 푸드 가게를 찾는 고객이 어떠한 선택 동기를 가지고 있느냐에 따라 사업의 성패가 좌우될 것이다.

생산 공정문제 등을 비롯한 제반 생산관리도 기업의 경영목표와 고객의 요구에 부응하는 것이 무엇보다 중요하다. 생산공정을 포함하는 설비문제는 제품이나 서비스의 내용을 결정할 뿐만 아니라 바꾸는데 많은 비용이 들기 때문에, 장기적 관점에서 철저하게 고객과 연계하여 접근해야 할 것이다.

그동안 맥도날드와 버거킹은 저렴한 가격에 빨리 식사를 해결할 수 있게 해주는데 초점을 맞추었고, 이는 주효했다. 그러나 신속함을 무기로 내세우다 보니, 상대적으로 메뉴는 한정될 수밖에 없었다. 이제, 사람들은 일률적인 도시락 문화에 싫증을 느끼게 되었고, 개성을 추구하면서 조금은 사치스러운 휴식과 여유를 원하게 되었다.

연습문제

6-1. 전략의 특징을 설명하라.

6-2. 경영전략 수립의 3가지 유형을 설명하라.

6-3. 전략의 종류를 설명하라.

6-4. 전략적 계획의 특징을 설명하라.

6-5. 경영전략의 3가지 수준을 설명하라.

6-6. 다각화 전략을 설명하라.

6-7. PPM분석에 대하여 설명하라.

6-8. BCG 매트릭스에 대하여 설명하라.

6-9. 가치사슬분석의 기본모형을 설명하라.

6-10. 마케팅의 4P에 대하여 설명하라.

Chapter 7

기업의 사회적 책임

제1절 기업과 사회

1. 기업과 사회의 관계

기업은 현대 사회에서 결정적, 대표적, 사회적 제도이며, 특히 대기업의 행동이 사회에 미치는 영향은 크다. 그리고 그 영향은 기업활동의 글로벌화에 따라 세계 규모로 확대되고 있다. 그러므로 대기업을 비롯한 기업들이 어떤 행동을 취할지에 의해서 지역 사회뿐만 아니라 지구 사회의 장래가 결정된다고 해도 과언이 아니다. 동시에 기업은 사회의 지속적 발전과 그 사회의 승인 없이는 존속할 수 없는 존재인 것도 잊어서는 안 된다.

따라서 현대 기업은 자신의 경제적 효율성을 추구할 때, 사회 발전에의 공헌, 지구 환경 보호에의 공헌 등을 항상 의식하고 있어야 한다. 또, 기업의 이익은 사회가 주는 것이며, 기업의 신용 또한 사회에 의해서 주어지는 것임을 인식하고, 겸허한 자세를 유지할 필요가 있다.

이러한 자각에 근거한 행동으로 기업은 사회에 계속적으로 기여하는 '계속 기업체'(going concern)로서 그 존속이 허용된다. 기업은 이런 인식 위에서 사회와의 관계를 직접 완수해야 할 CSR(corporate social responsibility : 기업의 사회적 책임)을 생각해야 한다.

그럼, 사회는 지금 CSR로서 기업에 무엇을 요구하고 있는가? 오늘의 성숙사회라고 불리는 경제 상황에서 사람들은 정신적 풍요와 삶의 질적 향상을 중시하게 되었고, 그것을 실현할 수 있는 안정적이고 평화로운 사회를 요구하고 있다. 그것도 자국에 머무르지 않고 글로벌화한 시야로 세계적 규모에서 찾고 있다. 그것은 경제적 번영, 사회적 공정의 유지, 환경의 질적 향상이 균형있게 달성되고, 지속적인 발전이 가능한 지구 사회의 실현이 요망되고 있다고 할 수 있다.

여기서 말하는 경제적 번영은 우선 기업에 대해서 사회에 유용한 재화나 서비스를 제공한다는 경제적 기능을 요구하는 것으로 이해된다. 그것은 기업의 사업 활동으로 우리 생활을 풍요롭게 하는 재화나 서비스를 제공받을 수 있기 때문이다. 또, 고용의 확보도 이 안에 포함된다. 왜냐하면 고용은 사람들의 생활 기반이며, 일자리 없이는 재화나 서비스를 구입하지 못하고, 생활의 질적 향상도 있을 수 없기 때문이다.

사회적 공정의 유지와 기업이 제공하는 재화·서비스의 안전성 확보, 노동 현장에서의 직장 환경 개선, 직장 또는 지역 사회, 지구 사회 전체에 관련되는 인권 옹호, 경제 격차의 시정, 식량 부족, 빈곤 문제 해결 등이 그 내용이다. 기업에는 사회와의 공존·공영의 입장에서 법령 준수는 물론 높은 윤리관에 근거하는 적극적 공헌이 요구되고 있다.

환경의 질 향상은, 자원 고갈, 환경 오염, 기상 이변, 온난화 등 다양한 위기에 직면하는 지구환경 보호 등에 대하여 환경 부하가 큰 기업은 이 측면에 대해서도 적극적 대응이 요망된다.

이처럼 현대 사회는 지구의 지속적 발전을 위하여 기업에 대해 다양한 요청을 하고 있다. 기업으로서는 기업 시민(corporate citizenship)의 자각을 가지고 이러한 다양한 사회 요구에 대응하고, CSR을 하지 않으면, 그 존속 자체가 허용되지 않는 어려운 시대이다. 그리고 정보화의 진전에 따라 기업 행동에 관한 대량의 정보 발신이 그 경향에 박차를 가한다. 이런 상황에서 경영학, 기업, 기업을 둘러싼 환경(시장, 사회, 지구 환경)들과의 관계를 둘러싸고, 기업이 완수해야 할 CSR방식이 중요 과제로서 대두된다.

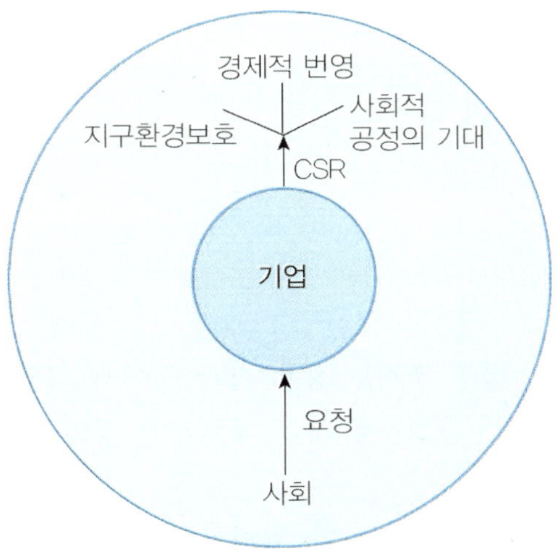

〈그림 7-1〉 기업과 사회

2. 기업의 사회적 책임

기업은 주변의 다양한 관계 주체에 대해서 어떠한 책임을 지게 되며, 이것이 '기업의 사회적 책임'(corporate social responsibility : CSR)이다. 2000년 이후 CSR을 둘러싸고 다양한 논의가 세계적으로 전개되고 있다.

그러나 '기업의 사회적 책임' 자체는 이전부터 논의되고 있었으며, CSR은 새로운 개념이 아니다. 일본에서는 1970년대의 공해나 석유 위기 때의 사재기와 편승 인상 등 기업활동이 환경, 지역 주민, 소비자 등에 미치는 영향이 커짐에 따라 경제단체를 중심으로 기업의 사회적 책임이 논의되었다. 또한, 미국에서도 1970년대에 록히드 사건이나 워터 게이트 사건으로 기업의 부정 행위 등이 밝혀졌는데, 기업과 사회와의 관계에 대해서 재고를 촉구하였다. 특히, 미국에서는 기업 윤리로서 기업이 법률이나 도덕적 규범을 얼마나 준수하여 활동을 실시할까? 그리고 그것을 촉진하려면, 어떤 외적 압력이나 제도화를 추진해야 할까? 등이 논의의 중심이 되었다.

종래, 일본이나 미국 등에서 논의된 기업의 사회적 책임은 기업활동에서 발생하는 나쁜 영향을 얼마나 최소화할 수 있느냐는 '소극적 윤리'에 초점을 맞춘 것이었다. 그러나 최근의 CSR 특징은 그런 소극적 윤리를 내포하면서도 지구 온난화 및 개발 도상국 문제 등 글로벌 과제 해결을 통한 '지속 가능한 발전'(sustainable development)을 달성하기 위한 기업활동으로 받아들여지고 있다. 그리고 CSR활동에 임하는 것이, 기업 그 자체의 경쟁력 강화에도 기여할 것으로 여겨지게 되어 있어, '적극적 윤리'로서의 활동이 두드러지고 있다.

제2절 CSR의 개념

1. CSR의 정의

CSR은 연구자, NGO(비정부 조직), 정부 기관 등에서 다양하게 정의되고 있지만, 통일된 정의는 없다. 그러므로 CSR에 대한 대표적인 정의를 살펴보고, CSR의 개념을 정리하기로 한다.

EU(유럽 연합)에서는 CSR을 논의하기 위해서 2002년에 인터넷 사이트와 포럼을 설립하였다. 그리고 2004년에 발표된 최종 보고서에서 CSR은 다음과 같이 정의되고 있다. "CSR은 환경이나 사회의 과제 사항을 자발적으로 사업 활동에 임해 가는 것이며, 법률과 계약상의 책임을 넘어선 것으로 …… 중략 …… CSR은 기업의 활동에 핵심적인 부분으로 위치시키고, 기업활동으로 이익을 올리며, 이해관계자들과의 연속적인 대화를 통해서 환경이나 사회의 과제들을 해결하면서 기업의 지속 가능성에 기여한다."

최근, 영국은 정책에 규정할 정도로 CSR이 활발한 CSR 선진국이라 할 수 있다. 그 영국 정부도 CSR의 정의를 "기업이 행하는 자발적인 활동이며, 최소한의 법률적 요청이라는 부분을 넘어선 것으로, 기업 자신의 경쟁력 강화와 광범위한 사회적 요청에 응하는 것이다."라고 발표하였다.

일본의 대표적 학회는 CSR연구의 정의를 "기업활동의 프로세스에 사회적 공정성과 환경 배려 등을 편입하여 경제적, 사회적, 환경적 실천 향상을 목표로 하는 것"으로 규정하였으며,이것은 CSR이 법률과 규제로 강제할 수 없는 자발적인 행동이라는 것이다.

기업의 사업 활동에 사회와 환경을 해결하는 것이 기업 경쟁력 강화와 지속 가능성의 향상으로 이어지는 것으로, 기업은 사회적 책임을 자각하고 사업 활동에 사회·환경 문제를 해결하는 구조를 자발적으로 구축하고, 그것에 의해서 기업 스스로의 경쟁력을 키워나가는 것이다. 이것이 최근의 CSR이라고 할 수 있다.

2. CSR 피라미드와 모델

CSR은 어떤 사회적 책임이 포함되는 것일까? 〈그림 7-2〉는 '기업의 사회적 책임'에 대해서 'CSR 피라미드'(The Pyramid of Corporate Social Responsibility)라는 계층형 모델을 제시한 것이다. CSR 피라미드는 저차원부터 고차원에 이르는 4가지 책임에 의해서 구성된다.

먼저, 법률과 규칙을 준수하는 것으로, '법령 준수'라고 부른다. 그리고 경제적 책임도 기초적인 책임 사항에 규정된다. 경제적 책임은 사업 활동을 통해서 이익을 올리는 것을 말한다. 손실을 계상하는 기업에서는 거래처나 종업원에게 지급 등에 대한 분배 기능을 제대로 행할 수 없다. 또, 손실액이 대규모가 되는 부채를 안고, 기업이 도산하는 일이 있으면, 사회에 엄청난 영향을 미친다. 그래서 법률을 준수하며, 사업 활동을 통해서 이익을 내는 것도 기업에게는 사회적 책임으로 포함된다.

그리고 기업은 이들 기초적인 책임을 바탕으로, 윤리적 책임과 사회 공헌적 책임이라는 상위의 책임 사항을 다할 필요가 있다. 여기서 윤리적 책임이란, 사회 통념이나 도덕적 측면에서 올바르지 못한 행동을 하지 않는다는 것이다. 예를 들면, 노동 규제가 약한 개발도상국에서 아동을 취업시키거나 또 기업 내에서 능력은 같아도 남자만 승진하고, 여자는 승진할 수 없는 남녀차별적인 기업의 행동도 윤리적이지 않다. 법은 필요 최소한의 규제를 하는데 있어. 그것을 초월하는 도덕이나 사회 통념에 비추어 올바른 행동을 할 책임도 기업은 지고 있으며, 이것이 윤리적 책임이라는 것이다. 가장 높은 차원의 책임인 사회 공헌적 책임은 문화·사회 활동에의 기부 행위, 지역 경제 발전과 자원 봉사 활동을 통한 지역 커뮤니케이션에 기여 등 기업이 사업 활동의 안팎을 통해서 사회 공헌을 실시하는 것이다.

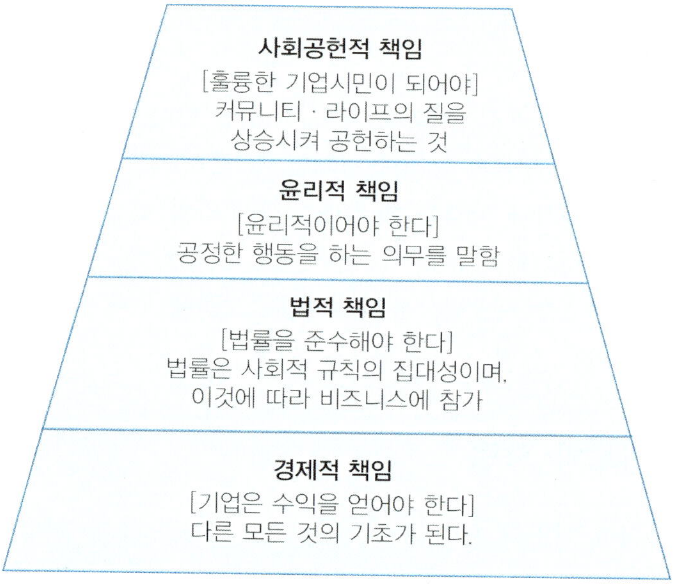

사회공헌적 책임
[훌륭한 기업시민이 되어야]
커뮤니티 · 라이프의 질을
상승시켜 공헌하는 것

윤리적 책임
[윤리적이어야 한다]
공정한 행동을 하는 의무를 말함

법적 책임
[법률을 준수해야 한다]
법률은 사회적 규칙의 집대성이며,
이것에 따라 비즈니스에 참가

경제적 책임
[기업은 수익을 얻어야 한다]
다른 모든 것의 기초가 된다.

〈그림 7-2〉 CSR 피라미드

이렇게 기업은 소극적인 것뿐만 아니라 적극적인 사회적 책임을 지고 있다. 그리고 이러한 사회적 책임을 기업은 스스로 자각하고, 일상의 사업 활동에 도입하여, 기업 자신의 발전뿐만 아니라 사회와 환경이 함께 지속 가능하게 발전하는 윈윈(win-win)의 관계를 목표로 하여야 할 것이다.

제3절 CSR의 배경

CSR이 논의되게 된 배경은 다음의 4가지 측면에서 정리하고자 한다.

첫째, 세계적 차원에서 빈발하는 기업 불상사가 꼽힌다. 예를 들면, 일본에서는 거품 붕괴 후 1990년대에, 일본의 장기신용은행 등 금융기관에서 분식 결산을 자주 벌였다. 2000년 이후에도, 자동차 회사의 리콜 은폐, 식품업체의 식품 위장이나 유통기한 조작, 제조업의 위장 청부 등 기업의 불상사에는 잠잠할 날이 없었다. 또, 세계적으로 보아도, 거액 부채에 허덕이다 쓰러진 리먼 브러더스의 파산, 영국의 석유회사 BP의 멕시코만 원유 유출 등 2000년대 이후에도 기업 불상사는 빈발하고 있다.

둘째, 선진국과 개도국을 불문하고, 진전된 경제의 글로벌화라는 과제를 든다. 이제, 대기업뿐만 아니라 중소기업에서도 세계 각국에 생산 거점이나 판매 거점을 요구하고, 적극적인 해외 전개가 이루어지고 있다. 이런 다국적 기업들이 법규제가 약한 개발도상국에서, 아동 노동, 인권 침해, 정부와의 유착 등의 문제가 발생하고 있다. 1990년대에는 스포츠 용품 세계적 브랜드인 나이키가 개발도상국에서 아동을 노동시켰다고 비판받았다. 이와 같이 글로벌화는 인권, 노동, 환경 등의 측면에서, 다국적 기업의 개발도상국 조업에 있어서의 심각한 과제를 부각시킨 것이었다.

셋째, 다양한 가치관을 가진 NGO의 대두와 ICT(정보통신 기술)의 발전도 CSR의 배경으로 꼽힌다. 환경 문제를 중심으로 CERES 등 NGO의 활발한 활동도 CSR을 촉진하는 요인이다. 그 중에는 과격한 환경보호 단체도 존재하지만, 이러한 NGO가 다국적 기업의 비윤리적인 활동을 감시하는 주체가 될 수 있음도 부정할 수 없다. 또, NGO의 활동은 ICT의 발달과 밀접하게 관계하고, 다국적 기업의 도상국 조업의 문제가 신속히 세계 각국에 파급하게 된 ICT에 의해서 네트워크화된 정보 통신망은, 기업의 CSR에 관한 새로운 정보를 순식간에 전 세계에 발신하고, 그런 정보는 기업들의 평판에 영향을 주기 때문에 CSR을 의식할 수밖에 없는 상황을 만든다.

넷째, 시장으로부터도 CSR을 촉진하는 메카니즘이 작용하였다. 이것에는 기업의 제품이나 서비스를 거래하는 소비시장과 기업의 주식이 매매되는 투자시장의 2가지 측면이 포함되어 있다. 우선, 소비시장은 지구의 환경 문제에 직면하고, 소비자로부터도 환경에 배려한 제품을 구매하려는 움직임이 있다. 즉, 소비시장에서 친환경 제품 구입의 적극화가 진행되고 있다.

또, 개발도상국의 자립지원을 촉구하는 공정무역 판매액도 세계 각국에서 증가하고 있으며, 소비자의 뜻뿐만 아니라 공정 거래나 인권 등도 포함되고 있다. 그리고 환경이나 인권 등으로 사회적 문제가 될 기업 제품에 대해서는 불매 운동을 할 수 있다. 실제, 온실효과가스(GHG)의 배출 삭감에 부정적이고, 다양한 GHG 줄이기 운동에 반대한 미국의 석유회사에 대해서 전개된 'Stop Esso' 캠페인 등이 알려졌다.

투자시장에서 CSR을 촉진하는 움직임으로 '사회적 책임 투자'(socially responsible investment : SRI)의 부상이 있다. SRI는 기업의 주식 투수 및 재무적 분석을 가미하여, 기업의 환경 대응이나 사회적 활동 등의 평가, 즉 기업의 사회적 책임의 평가를 가미하고, 투자기업을 결정하는 책임있는 주식에 투자하는 투자 방법이다. 근래에는, 연기금이나 펀드 등을 중심으로 SRI의 잔고를 확대하고 있으며, 미국과 유럽에서 거대시장이 되고 있다.

그러므로 기업에서도 적극적인 SRI 유치를 통해 자금 조달 및 주가 유지 등에 관심을 두게 된다. 종래, 영미식의 이른바 '앵글로 섹슨형'의 기업에서는 투자 효율을 향상시키고, 주주 가치를 추구함으로써, 그 결과 기업의 주가와 시가 총액도 향상될 것이라고 생각해 왔다. 물론, 현재에도 주주 가치와 주주 이익 극대화와 같은 생각은 뿌리 깊지만, 기업의 사회측면도 투자 척도의 하나가 되었다.

제4절 CSR의 동향

1. CSR 촉진을 위한 다양한 노력

1) 1990년대의 대응

투자자 단체에 의해서 결성된 CERES는 환경문제의 대응을 촉진하는 CERES 원칙을 1992년에 발표하였다. 1989년, 엑손(엑손 모빌의 전신)의 유조선이 알레스카 앞바다에 좌초되어 원유 유출 사고(발데이즈호 사건)를 일으켜 대규모 오염을 빚게 됐다. 이러한 사태에 직면하고, CERES는 환경문제에 대해 기업이 준수해야 할 10원칙을 책정하고, 이 원칙을 수용한 기업에 적극 투자하기로 결정한 데서, SRI을 촉진하는 하나의 계기가 되고 있다

1996년, ISO(International Organization for Standardization, 국제 표준화 기구)에 의해서, ISO14000이라는 환경 규격이 정해졌다. ISO14000은 EMS(Environment

Management System, 환경관리시스템)를 도입함으로써 환경 보전에의 대책을 기업의 업무에 통합하는 것을 목적으로 작성되었다. 이 ISO14000에 더해서 품질 규격인 ISO9000 없이 국제적인 거래를 원활히 진행할 수 없으므로, 오늘날에는 많은 기업이 ISO인증을 받고 있으며, EMS를 업무에 편입하는 움직임도 퍼지고 있다.

CSR이 세계적 조류가 되고, 주주들의 요망이 되면서 기업은 CSR활동과 그 성과를 보고할 필요성도 커지고 있다. 상장기업이라면, 재무보고서를 연차나 분기마다 작성·공표할 의무를 지지만, CSR의 성과를 공표했던 CSR보고서 작성도 근래에는 보고 의무가 되고 있다.

그러나 재무보고서와 달리, CSR보고서는 기업이 자발적으로 작성하는 것이기 때문에, 형편이 좋은 정보만 게재되어 있거나 기준이 통일되지 않는 등의 문제를 가진다. 그래서 CSR보고서도 일정 기준을 마련하도록 CERES를 모체로 GRI(Global Reporting Initiative)이 1997년에 설립되어 2002년에는 GRI 보고서 가이드 라인이 발표되었다. 이 가이드 라인은 투명성, 중립성, 비교 가능성 같은 요건을 근거로 경제·환경·사회라고 하는 삼각 라인의 측면에서 보고서의 기준을 정하고 있다.

2) 2000년 이후의 대책

2000년대 이후, CSR의 동향은 유엔의 CSR 관여뿐만 아니라 지역과 정부 차원에서 CSR을 경제 정책의 일환으로 대책을 발표하였다. 전 유엔 사무총장 아난(Kofi Annan)이 제창하여 출범한 유엔 글로벌 컴팩트가 있다. 여기에는 2010년 3월 현재, 세계 각국의 7,998개에 달하는 기업이나 NGO 등의 단체가 가맹하고 있다. 이 글로벌 컴팩트는 기업에 기업 시민으로서 입장의 자각을 촉구한다. 기업이 주어진 과제 해결의 일단을 담당하고, 지속 가능한 세계 경제 실현을 지향한다는 것이다. 인권, 노동, 환경, 부패 방지의 4가지 관점에서 10원칙을 규정하고, 참여하는 기업이나 단체는 그 규정의 준수가 요구된다. 유엔도 지속 가능한 발전을 위해서 기업의 적극적인 대응을 요구했고, CSR을 촉진하는 큰 역할을 맡고 있다.

지역이나 정부 차원의 대적으로 EU행정기관 및 영국과 프랑스 등 EU각국의 대응이 현저하다. EU차원에서는 2000년 3월 리스본 서미트에서 EU의 지속 가능한 발전 전략을 명확하게 하고, 일자리를 포함한 '사회'와 '경제의 경쟁력' 양립의 필요성을 전개하였다. 그리고 2001년 예테보리 서미트에서 '환경 보호'가 추가되어 지속 가능한 발전에는 경제·사회·환경의 3가지 측면을 동시에 고려할 필요가 있음이 인식되었다. 그리고 EU의 경제산업 정책을 담당하는 유럽 위원회(EC)가 2001년에 CSR에 관한 그린 페이퍼(Promoting a European Framework for Corporate Social Responsibility)

를 발표하였고, 2002년에 포럼을 개최하여 CSR에 맞는 기준을 내세워, 정부, 기업, NGO 등 다양한 참여 주체들이 CSR에 대한 논의를 쌓아 갔다.

정부의 CSR활동에 대해서는, 특히 영국의 동향이 현저하다. 2000년엔 연금법을 개정하고, 연금 기금에 대해서, 투자의사의 판단 기준으로 투자기업의 재무적 수치뿐만 아니라, 투자기업의 환경이나 사회에 대한 실시 평가 수행에 대해서 공개하도록 의무화했다. 이것에 의해서, 영국에서는 연금의 기금이 투자처인 기업의 사회환경면을 실질적으로 고려할 수밖에 없으며, SRI가 간접적으로 의무화되었다.

이어 2001년 4월, 일본 경제 산업성에 CSR을 통괄하는 장관이 설치되는 등 정부의 경제 정책의 일환으로 CSR이 반영되었다. 이러한 움직임은 프랑스 등에도 영향을 미쳤고, EU에서는 구주 위원회를 중심으로 한 EU지역 차원과 더불어 각국에서 CSR의 정책이 기업의 CSR을 촉진시키고 있다.

또, 2010년 11월에는, ISO 26000SR 규격을 발표했다. SR(Social Responsibility) 규격은 조직에 대한 사회적 책임을 명확히 하는 것을 의도하고, 작성된 국제 규격이다. ISO에서도 조직의 지속 가능한 발전에서, CSR의 중요성이 인식된 CSR 자체의 규격화가 발표된 것으로, 향후 CSR활동을 더욱 촉진하는 요인이 될 수 있다.

타이레놀의 위기와 대응

1. 타이레놀의 개발과 성공

진통제 타이레놀(Tylenol)은 1955년 맥네일 실험실에서 진통제 시장을 지배하던 아스피린의 대체품으로 개발되었으며, 맥네일 실험실은 1959년 Johnson & Johnson에 흡수되었다.

타이레놀은 처음에는 의사의 처방에 의해서만 구입할 수 있는 처방약으로만 판매되었으나, Johnson & Johnson은 1960년 처방 없이 누구나 구입할 수 있도록 허가를 받았다. 일반소비자들에게 광고하지 않고, 단지 의사와 약사들에게만 광고하여 그들이 환자들에게 추천하는 전략을 취하였다. 그 결과, 타이레놀 사용자 세 명 중, 두 명의 구입 계기는 의사의 추천에 의한 것으로 전략은 상당히 성공적이었다.

그런데 타이레놀은 부작용이 없기는 하나 진통효과가 그리 강하지 못하다는 인식을 갖고 있었다. 이런 인식을 극복하기 위하여 Johnson & Johnson은 1976년 훨씬 더 강력한 진통효과를 갖는 초강력 타이레놀(Extra Strength Tylenol)을 개발하여 '처방전 없이 구입할 수 있는 매우 강한 진통제'로 광고하였다.

이 신제품은 크게 성공하여 타이레놀의 시장점유율은 4%에서 1979년 25%까지 향상되었으며, 1982년에는 37%까지 신장되었다.

2. 불행한 사건

1982년 초가을, 타이레놀에 예기치 못한 불행이 닥쳐왔다. 시카고 지역에서 소비자 8명이 초강력 타이레놀을 복용한 후 사망하는 사건이 발생하였던 것이다. 이들 8명은 누군가 타이레놀 캡슐에 청산가리를 몰래 투입한 것을 복용하였던 것이다. 그러자 타이레놀의 시장점유율은 37%에서 7%까지 순식간에 급감하였고, 많은 전문가들은 타이레놀에 대한 인식이 다시 회복되지 않을 것으로 예측하였다.

이 사건과 관련하여 소비자 조사가 실시되었고, 조사결과 많은 것들이 소비자들에게 제대로 알려지지 않았다는 사실이 발견되었다. 한편, 타이레놀 캡슐이 그 사건에 사용된 지역은 시카고 지역에만 국한되었다는 사실을 많은 소비자들은 모르고 있었던 것이다. Johnson & Johnson은 그 사건에 책임이 없고, 타이레놀의 생산 과정은 모든 안전기준을 준수하고 있었다고 사정당국에 의해 밝혀졌다.

3. 타이레놀의 현명한 대응

Johnson & Johnson은 즉각 다음과 같은 조치를 취하였다.

① 시중에 유통되고 있는 약 790만 달러의 타이레놀 캡슐을 모두 회수하여 파기하겠다고 선언하였다.

② 소비자가 가정에 가지고 있는 타이레놀 캡슐을 우편으로 보내거나 스스로 파기하여 수신자 부담전화로 전화하면, 타이레놀 정제로 교체하여 주었다.

③ 캡슐제품 생산을 중지하였다.

④ 청산가리를 투입한 사람에 대한 정보를 제공하면, 10만 달러의 보상을 하겠다고 선언하였다.

⑤ 소비자 감정을 파악하기 위한 여론조사를 실시하였다.

또한, 다음과 같은 후속 조치를 취하였다.

타이레놀의 TV광고를 시작하면서 맥네일 실험실의 책임자는 사건이 시카고 지역에서만 발생하였으며, 캡슐이 사용되었다고 강조하였다. 그리고 회사의 중역들이 기자회견을 하고 솔직하게 문제를 논의하였다. 제임스(James E. Burke) 회장은 'The Phil Donahue Show'와 '60 Minutes' 등의 TV프로그램에 출연하여 사건을 공개하였다.

맥네일 실험실은 타이레놀 정제나 액제는 전혀 문제가 없으므로 환자들에게 타이레놀의 안전성을 확신시킬 수 있는 호소문을 발송하였다.

그 해 11월 말, 2불 50센트의 쿠폰을 발행하여 4천만 가정에 배포하였는데, 이 시기는 사건 후 다른 상표의 진통제를 구매한 소비자들이 진통제를 다시 구매할 때쯤이었다. 기존의 타이레놀 애용자들이 일시적으로 다른 상표를 구입하였다 하더라도 다시금 타이레놀로 돌아오도록 하기 위한 전략이었다.

타이레놀은 사건 발생 후, 소비자 조사와 아울러 문제해결 및 소비자 신뢰 회복을 위한 시기적절한 여러 가지 노력에 의하여, 1년 이내에 잃었던 시장점유율의 90%를 회복할 수 있었다.

연습문제

7-1. 기업과 사회의 관계를 설명하라.

7-2. 기업의 사회적 책임에 대하여 설명하라.

7-3. CSR 피라미드를 설명하라.

7-4. CSR의 배경을 설명하라.

7-5. CSR의 동향을 설명하라.

7-6. 타이레놀의 위기를 설명하라.

7-7. 타이레놀의 위기에 대한 대응방안을 설명하라.

Chapter 8

경영자의 리더십

제1절 리더십의 개념

1. 리더십의 정의

리더십(leadership)에 대한 정의는 학자들에 따라 그 표현방법이 다양하지만, 여러 정의들을 종합해 보면, '어느 개인이 집단의 행동에 영향력을 미치려고 시도하는 노력'을 리더십이라고 규정하고 있다.

이러한 정의는 리더십이 반드시 영향력의 행사를 내포하고 있으며, 모든 대인관계가 리더십을 포함할 수 있다는 것을 의미하며, 의사소통의 중요성을 내포하고 있다. 명확하고 정확한 의사전달은 추종자들의 행동과 업무성과에 영향을 미친다. 이 정의의 또 다른 요소는 목표달성에 초점을 맞추고 있다. 그러므로 유능한 지도자는 개인, 집단 및 조직의 목표를 다루어야 할 것이다.

지휘한다는 것은 인도하고, 지시하고, 선도하는 것이다. 그러므로 지도자들은 집단의 능력을 최대한 활용하여 그 집단이 목표를 달성하도록 이끌어야 한다. 그들은 집단을 뒤에서 밀기 위하여 그 뒤에 서 있지 않고, 집단이 쉽게 전진하도록 항상 앞에 서서 이끌고 나아가면서 그 집단이 목표를 달성하도록 격려하는 것이다.

2. 리더십 이론

리더십에 대한 연구는 지금까지 다양하게 이루어져 왔다. 초창기의 연구는 유능한 지도자에게는 남과 다른 자질이 있다고 생각하고, 그 자질을 추출하려고 노력하였다. 이를 리더십의 자질이론(trait theory)이라고 한다.

그러나 이 이론은 리더들의 공통적인 자질(특성)을 찾아내지 못했으며, 성공적인 리더십과 리더의 자질 사이에 어떤 관련성도 발견되지 않았다. 그리하여 다음은 밖으로

드러나는 리더의 행동을 관찰하는 방향으로 연구가 이루어졌다. 즉, 성과와 그 성과를 이룩하는 리더의 행동양식 사이의 관계를 규명하는 연구들이 진행되었는데, 이를 리더십의 행동이론(behavioral theory)이라고 부른다.

그러나 이러한 연구들도 어떤 행동양식(리더십 스타일)을 취하는 리더가 가장 높은 성과를 이룩하는지에 대한 완전한 해답을 주지 못했다

근래에 들어와서 리더십이란 리더와 추종자가 맡은 과업을 포함하는 상황의 산물이라는 주장이 호응을 받고 있다. 이를 '리더십의 상황이론'(situation theory)이라고 하는데, 즉 상황이 리더를 만드는 것이어서 가장 효과적인 리더란 상황의 요구에 가장 잘 부합되는 리더라는 것이다.

1) 리더십의 자질이론

리더십의 자질이론(trait theory)은 특성이론이라고도 하는데, 이것은 리더십의 현상이 지도자 개인의 뛰어난 자질에 연유하는 것이라고 가정한 것이다. 그래서 1940년대와 1950년대의 초창기 리더십연구는 주로 지도자들이 지니고 있는 자질(특성)을 찾아보려고 노력하였다. 고대 희랍과 로마시대까지 거슬러 올라가면서 지도자란 선천적으로 태어나는 것이지 결코 후천적으로 만들어지는 것이 아니라는 위인이론(great man theory)을 주장한 연구자들은 여러 위대한 지도자들의 육체적·정신적 특성을 밝혀보려고 노력하였다.

그리하여 여러 가지 특성들에 대한 연구가 이루어졌는데, 그 가운데 스톡딜(Ralph M. Stogdill)은 리더십 능력과 관련하여 5가지 육체적 특성(에너지·신장·용모·체중 등), 4가지 지능(판단력, 결단성, 표현능력 등), 16가지 성격(독립성, 자신감, 지배성, 공격성 등), 6가지 과업 수행특성(성취의욕, 지구력, 책임감, 솔선수범 등) 그리고 9가지 사회적 특성(협동심, 관리능력, 대인관계기술 등)을 제시하였다.

그 후 기셀리(E. Ghiselli)는 리더십의 효과와 과업을 수행할 때의 지능, 감독능력, 자신감, 솔선력과 같은 특성들 사이에 밀접한 관계가 있다는 사실을 밝혀내었다. 그리고 아주 높거나 낮은 지능은 리더십의 효과를 감소시킨다는 것이다. 즉, 지도자의 지적 수준은 부하들의 그것과 너무 차이가 나지 않아야 한다.

그러나 일반적으로 이러한 지도자들의 특성(자질)에 대한 연구는 리더십을 설명하는데 성공적인 접근방법이 되지 못하였다. 지도자들이라고 하여 그러한 모든 특성을 다 지니는 것은 아니다. 지도자가 아닌 사람들이라도 그러한 것들을 소유할 수 있을 것이다. 뿐만 아니라 개인의 특성에 초점을 맞추는 것은 그 개인이 리더십에서 실제로 무엇을 하는지를 나타내지 않는다. 특성은 누가 지도자인지를 밝혀주지만, 그가 부하들

의 행동에 영향을 줄 수 있는 행동양식을 보여주지는 않는다. 예컨대, 자질(특성)이론은 부하들과 리더십에 미치는 그들의 영향을 무시하였다. 영향은 두 사람 이상 사이의 관계이다. 그러므로 그 영향관계 중에서 어느 한쪽에만 초점을 맞추는 것은 리더십의 과정을 올바로 이해하지 못하는 것이다.

결국, 리더십의 효과는 리더십의 과정을 둘러싸고 있는 환경(상황)에 따라 다르다. 어떤 리더십유형은 조립생산공장의 직공들에게 효과적일 수 있으나 그것이 병원의 간호사들에게는 비효과적일 수도 있다. 그러므로 리더십효과에 대한 어떤 예측이 이루어지기 전에 상황 요인들의 상호작용이 먼저 검토되어야 할 것이다.

2) 리더십의 행동이론

리더십의 행동이론(behavioral theory)은 성공적인 지도자의 행동스타일에 초점을 맞추어 연구하는 것이다. 1950년대와 1960년대에 이르러 행동과학의 영향을 받으면서 학자들은 지도자의 특성보다는 지도자가 집단에서 어떻게 행동을 하는가에 초점을 맞추기 시작하였다. 즉, 지도자의 행동에 어떤 보편성이 있는가 하는데 눈을 돌렸다. 그리하여 현장이나 실험실에서 지도자들의 행동을 관찰하고 기록하는데 관심을 돌렸으며, 그 결과 지도자들의 행동에 어떤 양식이 있음을 알게 되었다. 예컨대, 의사결정을 할 때 어떤 지도자는 집단의 자문을 구하는가 하면, 어떤 사람은 그렇지 않았다. 이와 같이 지도자의 행동양식이 드러나면서 리더십의 스타일이 연구대상이 되었다. 이것은 지도자의 행동양식(유형)이 집단 구성원들의 만족감과 생산성에 중요한 변수가 된다는 가정에 바탕을 두고 있다.

그러나 이 행동이론도 지도자의 어떤 행동유형이 가장 높은 성과를 이룩하는가에 대한 명쾌한 해답을 주지 못하였다.

3) 리더십의 상황이론

리더십의 상황이론(situational theory)은 1970년대 이후 각광을 받고 있는 이론이다. 이 이론에 의하면, 상황이 지도자를 만들기 때문에 상황의 요구에 가장 부합하는 지도자가 가장 효과적인 지도자라는 것이다. 효과적인 리더십에 영향을 주는 환경(상황)요소에는 지도자와 부하의 특성, 과업의 성격, 집단의 구조 및 성격 등이 포함된다. 어떤 상황에서 적합한 리더십이 반드시 다른 상황에서도 적합한 것은 아니다. 상황이 변할 때에는 당연히 리더십의 내용도 달라져야 한다.

그리고 지금까지의 연구들은 유일한 이상적인 리더십형태를 발견하려고 애썼지만,

실제로 리더십의 효과를 추구하지 못하였다. 그러나 이 상황이론에서는 지도자가 상황에 부응하게 되면, 효과적인 리더십이 발휘된다고 본 것이다. 즉, 리더십스타일과 리더십의 효과를 상황을 매개체로 하여 연결시킨 것이다.

〈표 8-1〉은 리더십 연구의 주요 접근방법인 3가지 리더십이론을 요약한 것이다.

〈표 8-1〉 리더십 연구의 접근방법

접근상황	내 용
자 질 (1940년대 – 50년대)	성공적인 지도자와 그렇지 못한 지도자를 구별하는데 이용될 수 있는 일련의 개인적인 자질 또는 특성이 존재한다.
행 동 (1950년대 – 60년대)	리더십의 가장 중요한 측면은 리더의 자질이 아니라 여러 상황에서 리더가 어떻게 행동하는냐는 것이다. 성공적인 지도자와 그렇지 못한 지도자는 그들의 리더십 스타일에 의하여 구별된다.
상 황 (1970년대 이후)	지도자의 효과는 그의 행동스타일에 의해서뿐만 아니라 리더십환경의 상황에 의해서도 결정된다. 그 상황요소는 리더와 부하의 특성, 과업성격, 집단구조 등을 포함한다.

제2절 리더십의 행동과 유형

많은 학자들은 효과적인 지도자들이 개인이나 집단을 이끌어 어떤 목표를 성취하는 데에는 지도자들의 독특한 리더십 스타일을 활용한다고 믿고 있다.

경영실무에서 가장 널리 이용되고 있는 리더십 스타일, 즉 개인행동적 리더십 접근방법으로는 미시건대학에서 연구한 직무중심형·종업원중심형 리더십, 오하이오 주립대학에서 연구한 구조주도형·고려형 리더십 그리고 블레이크(Robert R. Blake)와 무톤(Jane S. Mouton)의 매니저리얼 그리드 등이 있다.

1. 직무중심형·종업원중심형 리더십

1947년이래 리커트(Rensis Likert)를 중심으로 한 미시건대학(The University of Michigan)의 연구진들은 작업진단의 성과와 만족을 높게 가져오는 리더의 행동유형

(즉, 리더십스타일)을 찾는데 골몰하여 왔다. 그 연구결과, 2가지 독특한 리더십스타일(leadership style)이 개발되었다.

① **직무중심형 리더십**(job-centered leadership) : 직무중심적 리더는 강압적·보상적·합법적 권력에 의존하면서 부하들의 행동과 성과에 영향력을 행사한다. 그러므로 이 유형의 리더는 부하들이 규정된 절차에 따라 그들의 과업을 수행하도록 엄격한 감독을 한다.

② **종업원중심형 리더십**(employee-centered leadership) : 종업원중심적 리더는 책임의 위양을 강조하고, 종업원의 복지·욕구·성장 및 발전에 관심을 둔다. 그러므로 이 유형의 리더십은 극히 인간지향적이다.

이와 같은 2가지 유형의 리더십을 발견하기까지 미시건대학의 행동과학자들은 많은 산업분야를 대상으로 여러 차례의 연구를 실시하여, 리더십스타일과 그것의 효과 사이의 관계를 규명하였다. 그 중 한 연구는 어느 대기업에서 4곳의 사업부에서 근무하는 500명의 사무직 종업원들을 대상으로 실시되었다.

이들 4개의 사업부에 대한 실험연구가 1년 동안 계속되었으며, 감독자들을 위한 훈련기간이 약 6개월 지속되었으며, 생산은 매주 측정되고 계산되었다. 그리고 종업원의 태도는 그 연구의 바로 직전과 직후에 측정되었다.

이 연구결과, 생산은 양쪽 시스템에서 모두 증가현상을 보였는데, 계층적으로 통제된 사업부에서는 그 증가폭이 25%였고, 참여적인 사업부에서는 20%였다. 물론 이들 증가량은 두 시스템에서 각기 다른 방식에 의하여 달성되었다. 즉, 계층적으로 통제된 사업부에서는 리더들의 직접적인 압력과 직무중심적 행동이 그러한 증가를 가져온 이유라고 보았다. 그러나 참여적인 사업부에서는 직원들 스스로 작업인력의 규모를 줄이고 몇 가지 작업방식도 바꾸었다. 그래도 참여적인 사업부의 생산은 그 집단의 한층 단결된 노력과 감소된 결근율 덕분으로 증가되었다고 믿을 수 있었다. 종업원들의 만족도를 나타내는 지표로는 결근율·이직률 및 태도를 들 수 있는데, 이들이 참여적인 사업부에서는 향상된 반면 계층적으로 통제된 사업부에서는 퇴보되었음이 밝혀졌다.

이와 같은 결과에 비추어 생산만을 놓고 볼 때, 계층적으로 통제된 사업부가 더 효과적이라고 말할 수 있다. 그렇지만 만족도가 고려된다면, 반드시 직무중심형(job centered style)이 더 우수하다고 말할 수 없다. 물론 생산은 단기적 효과측정을 위해서는 고려될 수 있다. 그래서 우리 주변에서도 보상이나 승진체계도 생산결과와 결부되기도 하며, 관리자들도 흔히 단기적 결과만을 창출하도록 강요받기도 한다.

그러나 단기적 증가는 종업원들의 부정적인 태도와 늘어나는 결근율과 이직율의 대가를 치루고 얻어지는 것이다. 그러므로 리커트를 위시한 연구자들의 결론은 종업 원 중심형(employee-centered style)의 리더십이 더 효과적이라는데 뜻을 같이 하였다.

2. 구조주도형·고려형 리더십

1) 오하이오 주립대학의 연구

제2차 세계대전 후 이루어진 대규모 연구들 가운데 가장 널리 알려진 것이 오하이오 주립대학(Ohio State University)의 연구진에 의하여 연구된 것이다. 그 연구의 주된 목적은 리더의 행동을 결정하는 요인을 조사하고, 리더십스타일이 작업집단의 성과와 만족에 미치는 영향을 알아보는 것이었다. 이 연구를 통하여 2개의 독립된 리더십차원이 밝혀졌다.

① **구조주도형**(initiating structure) : 이것은 리더가 과업을 규정하고 조직화하며, 작업이 수행되도록 배정하고, 의사소통의 통로를 설정하며, 작업집단의 성과를 평가하는 행위에 관여하는 것이다. 그러므로 구조주도형은 '직무중심형 리더십스타일'과 비슷하다.

② **고려형**(consideration) : 이것은 리더와 부하들 사이에 우정, 상호 신뢰, 존경, 화해를 나타내는 행위로 규정된다. 그러므로 고려형은 '종업원중심형 리더십스타일'을 강조하는 것으로 지칭된다.

이들 차원은 설문지를 사용하여 측정되었다. 2가지 설문지가 개발되었는데, 하나는 리더 의견 설문지(leader opinion questionnaire)로서 리더 자신에 의하여 인식되는 리더십의 스타일을 측정하는 것이었고, 다른 하나는 리더행위 기술 설문지(leader behavior description questionnaire)로서 부하들에 의하여 인식되는 리더십의 스타일을 측정하는 것이었다.

그 설문지들에 대한 응답으로부터 도출된 접수들이 관리자의 리더십스타일을 표시하는데 이용되었다. 〈그림 8-1〉은 이들 점수가 표기되는 방법을 보여주고 있다. 숫자는 5명의 표본관리자들에 대한 점수를 나타낸다. 예컨대, 관리자 1은 높은 구조주도와 높은 고려의 리더십 형을 보여주는 것으로 표기된 것이고, 관리자 2는 구조주도에서는 높으나 고려에서는 낮은 것으로 나타난 것이다.

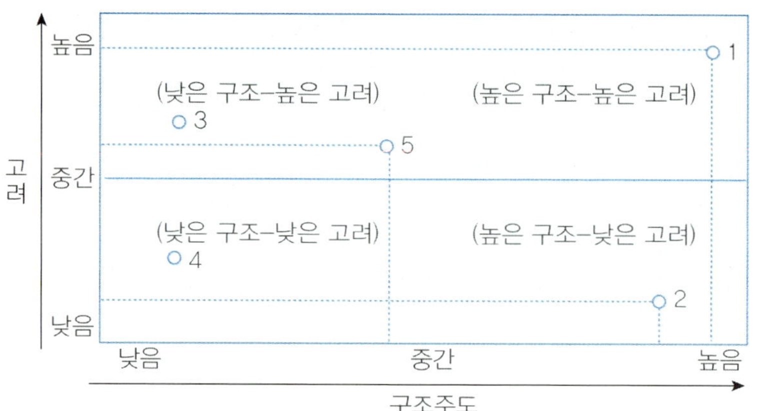

〈그림 8-1〉 구조주도와 고려 : 5명 리더의 점수

2) 후속연구들 : 오하이오 주립대학연구에 대한 비판

오하이오 주립대학의 연구가 있은 이래, 많은 후속연구들이 구조 주도(initiating structure)와 고려(consideration)가 집단의 성과와 사기에 미치는 영향을 알아보기 위하여 실시되었다. 초기의 많은 연구가 높은 구조주도형의 리더십과 높은 고려형의 리더십 양쪽이 모두 효과적일 것이라고 하는 신념을 가지고 실시되었다.

그러나 연구결과는 어느 1가지 스타일이 최선의 것으로 나타나지는 않았다. 예컨대, 어떤 연구에서는 높은 구조주도/높은 고려의 형이 높은 성과와 작업자의 만족과 관련이 있었다.

또, 다른 연구는 이 유형이 역기능의 효과를 나타낸다고 밝혔다. 특히, 제조업체의 연구에서는 '고려'가 결근과 밀접한 관계가 있고, 상급자들에 의한 리더의 업적평가와는 부정적인 관계가 있으며, '구조주도'는 낮은 작업자의 만족과 관계가 있는 것으로 밝혀졌다.

그리고 구조주도/고려형의 측정·평가가 리더와 부하들 사이에 일치하지 않았다는 사실이다. 리더와 부하들은 리더십스타일을 각기 다른 각도에서 보고 있다. 이것은 연구자들을 당황하게 하였으며, 리더십스타일을 어떻게 측정하여야 하는가? 하는 문제를 제기하였다.

사실, 오하이오 주립대학의 연구가 기여한 바는 크다. 즉, 리더들에 의하여 보여주는 행동들을 규정하여 기술할 수 있도록 잘 설계된 연구라는 점은 높이 평가할 만하다. 그리고 이 연구는 리더십의 기초지식을 확립하는데 크게 공헌하였으며, 현대 리더십 연구방법이 설정될 수 있는 바탕이 되었다.

3. 매니저리얼 그리드

오하이오 주립대학의 연구를 계기로 관리자들은 생산과 종업원 양쪽 모두에 관심을 보이는 것이 중요하다고 생각하게 되었다. 블레이크(Robert R. Blake)와 무톤(Jane S. Mouton)은 그 관심도를 그들의 기발한 착상에 의하여 개발된 이른바 매니저리얼 그리드(managerial grid : 격자형의 도표)라는 틀 속에 묶어 넣었다. 매니저리얼 그리드는 리더들의 마음이 생산에 대한 관심과 종업원에 대한 관심으로 양분될 필요가 없으며, 생산과 종업원에 대한 관심은 상호배반적이라기보다 상호보완적이라는 가정 밑에 리더들이 효과적인 성과를 이룩하기 위해 서는 이들 관심을 통합해야 한다는 것이다.

블레이크와 무톤은 이와 같은 생각을 그리드도표 위에 표시하게 되었다. 즉, 생산과 종업원에 대한 관리자의 관심도를 1(최소)부터 9(최대)까지의 점수로 그리드 위에 표시하였다. 〈그림 8-2〉는 이러한 매니저리얼 그리드의 예를 든 것이다.

이론적으로는 그리드 위에 81자리가 있을 수 있는데, 이것은 그만큼 많은 리더십스타일이 있다는 것을 뜻한다. 그러나 보통 1,1 : 9,1 : 1,9 : 5,5 : 9,9의 5가지 전형적인 스타일에 초점이 모아진다.

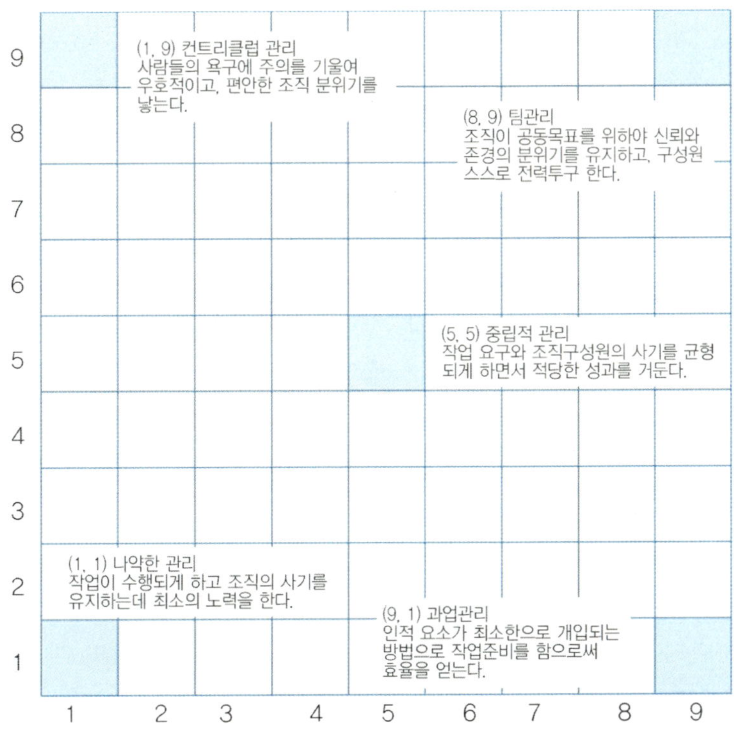

〈그림 8-2〉 매니저리얼 그리드

① (1,1) 나약한 관리(impoverished management) : 생산이나 종업원에게 모두 최소의 관심을 보이면서 필수적인 과업만 겨우 수행하고 종업원들의 이탈을 막으려는 극히 소극형의 관리이다. 이러한 관리를 하는 경영자는 어디로 가야할지 갈피를 잡지 못하며 직분을 유지하는데 필요한 최소한의 노력만을 투입할 것이다.

② (9,1) 과업관리(task management) : 될 수 있는대로 많은 과업이 수행되도록 하는 데만 최대의 관심을 보이면서 종업원들에게는 그들이 직장을 떠나지 않도록 하는 정도의 관심을 갖는 업무 중심형의 관리이다. 이와 같이 과업지향적인 관리를 하는 경영자는 대개 매우 권위주의적인 경영자들이다

③ (1,9) 컨트리 클럽 관리(country club management) : 필수적인 과업만 겨우 수행되도록 과업에는 최소의 관심을 보이면서 종업원들의 욕구를 만족시키는 데에는 최대의 관심을 보이는, 이른바 인간중심형의 관리이다. 이러한 관리를 하는 경영자는 인기형에 속한다고 볼 수 있는데, 친절하고 안온감을 줌으로써 인간관계나 조직분위기에 지대한 관심을 쏟는 것에 비해 생산에는 무관심하므로 산출이 낮다.

④ (5,5) 중립적 관리(middle of the road management) : 과업이나 종업원 가운데 어느 한쪽에 관심을 크게 기울이면, 다른 한쪽이 소홀히 될 것을 염려하면서 과업이나 종업원 양쪽에 다 같이 적절히 관심을 갖는 유형으로서, 마치 시계나 어떤 '추'의 진동이 중간에서 멈춘 것과 같다고 하여, 이를 '추의 진동이 멎은 관리'(dampened pendulum management)라고 한다. 즉, 용인될 수 있는 정도로 적당히 생산을 독려하고 만족할 만한 사기도 유지함으로써 생산과 종업원에 대한 균형을 꾀하는 이러한 경영자는 무사안일주의자라고 할 수 있다.

⑤ (9,9) 팀 관리(team management) : 종업원과 과업 양쪽에 모두 최대의 관심을 보이면서, 개인의 목표와 조직의 목표가 상호협조를 통하여 충분히 달성되도록 하는 이상형의 관리이다. 이를 위하여 경영자는 조직구성원의 자아실현의 욕구를 충족시키고 신뢰와 존경의 분위기를 유지하면서 구성원들로 하여금 과업에 전력투구하도록 하여야 하는데, 여기에 도달하려면 현실적으로 어려움이 많을 것이다.

어느 경영자(관리자)에게나 가장 이상적인 형은 생산에도 최대의 관심을 가지며 동시에 종업원에게도 최대의 관심을 갖는 (9,9)의 점수를 받는 것이다. 그러므로 이 그리드이론이 실무에 적응될 때에는 먼저 경영자(또는 관리자)가 어떤 위치에 있는가를

알아 낸 다음, 만약 이상형(9,9)에 있지 않다면 교육 훈련 등의 방법으로 부족한 점을 보완하여 그 이상형에 도달하도록 노력하여야 한다는 것이다.

비록 매니저리얼 그리드가 연구자나 이론가들에 의해서는 충분히 지지를 받고 있지 못할지라도 그것은 경영자들이나 실무자들 사이에서는 매우 인기있는 리더십의 이론으로 각광을 받고 있는데, 그 이유는 리더십스타일의 조합에 의하여 여러가지 형을 알 수 있을 뿐 아니라 경영자(관리자)들의 훈련수단으로도 이용될 수 있기 때문이다.

4. 리더십의 연속선과 4가지 시스템

리더십스타일은 직무중심과 종업원중심, 구조주도와 고려 그리고 생산에 대한 관심과 종업원에 대한 관심들에 따라 여러 가지로 나타난다는 것을 알았다. 이밖에도 리더십스타일은 지도자중심이냐 종업원중심이냐에 따라 여러 가지 형태로 나타난다. 이에 대해서는 탄넨바움(R. Tannenbaum)과 쉬미트(W. Schmidt)의 리더십 연속선(leadership continuum)과 리커트(R. Likert)의 4가지 시스템(system Ⅳ)이 대표적이다.

1) 리더십의 연속선

탄넨바움(R. Tannenbaum)과 쉬미트(W. Schmidt)는 리더십의 연속선 개념을 개발하여 광범위한 리더십의 행위유형을 나타내었다. 리더십의 행위는 지도자(경영자)가 추종자(종업원)들에게 허용하는 자유의 정도에 따라서 다양하게 변한다. 그러므로 이 연속선 이론은 리더십의 스타일이 경영자가 지니고 있는 권한에만 의존하는 극단적인 경영자중심의 형으로부터 종업원이 직무를 수행할 때 절대적인 자유재량이 허용되는 완전한 종업원중심의 형에 이르기 까지 무한히 계속되고 있음을 보여 준다.

이와 같이 지도자의 절대적 권한과 부하의 절대적 자유재량 사이에 이론적으로는 리더십의 유형이 무한히 있을 수 있겠으나 탄넨바움과 쉬미트는 그 가운데 대표적인 유형으로 7가지를 제시하였다. 이 7가지 유형을 더 압축시키면, 다음과 같이 5가지 유형으로 정리할 수 있다.

① **명령(지시)형**(tell style) : 이 유형은 상사가 단독으로 의사를 결정하고 부하는 무조건 복종하는 형이다.

② **설득 또는 판매형**(sell style) : 상사가 의사결정을 하되 부하가 이를 받아들이도록 설득한다.

③ **상담형**(consult style) : 상사는 부하와 협의하되 최종결정만 내린다.

④ **참여형**(join style) : 상사는 한계만 정해 주고, 부하들이 위양된 권한 내에서 자율적으로 의사결정을 하도록 한다.

⑤ **위양형**(delegation style) : 상사가 모든 권한과 책임을 부하에게 위양하고, 부하들 스스로 해결하도록 한다.

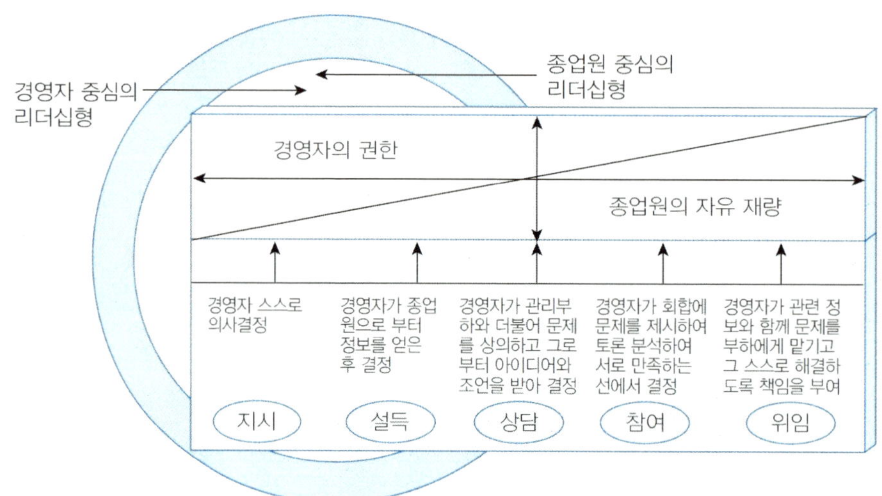

〈그림 8-3〉 리더십 행위의 연속선

이밖에 많은 다른 행동과학자들도 리더십의 유형을 분류하려고 노력하였다. 그런데 이들의 공통된 접근방법은 탄넨바움과 쉬미트의 연속선을 3가지 혹은 4가지 정도의 기본적인 리더십행위로 분류해 보려는 것이었다. 그래서 연속선에서 극단적인 관리자 중심의 형을 독재적인 형으로, 극단적인 종업원 중심의 형을 자유방임적인 형으로 그리고 연속선에서의 중간범위에 속하는 형을 참여적 혹은 민주적인 형으로 흔히 구분하고 있다.

2) 리커트의 4가지 관리시스템

리커트(R. Likert)는 리더십 외에 동기부여, 커뮤니케이션, 통제, 목표 등을 조직의 변수로 보고 이들에 대한 설문을 마련하여, 설문의 각 항목을 독특한 리커트척도(Likert scale)로 분석하였다. 그리고 연구결과, 시스템 I, 시스템 II, 시스템 III, 시스템 Ⅳ를 하나의 연속선상에 그려낼 수 있다는 것을 알게 되었으며, 이들 4가지 유형의 시스템은 다음과 같은 성격을 띠고 있다.

① 시스템 I : 착취권위적(exploitative authoritative)형으로 상사와 부하사이에

는 항상 두려움과 불신감이 따르고, 상사는 부하에게 위협과 벌 또는 보상을 이용하여 생리적 내지 안전욕구를 충족시키려 한다.

② 시스템 Ⅱ : 자비권위적(benevolent authoritative)형으로 상사가 부하를 어느 정도 신뢰하지만 결코 주종관계는 탈피하지 못하고, 상사는 은혜를 베푸는 듯한 온정적인 태도를 보이며, 부하는 두려움과 경계심을 보이는 관계를 유지한다.

③ 시스템 Ⅲ : 상담적(consultive)형으로 상사가 부하를 상당히 믿고 신뢰하지만 완전한 신뢰는 아니며, 주요 결정권은 상사가 장악하고 세부적인 문제는 부하에게 위임한다.

④ 시스템 Ⅳ : 참여적(participatiue)형으로 상사는 부하를 완전히 신뢰한다. 그러므로 의사결정은 조직 전반에 걸쳐 폭넓게 이루어지며, 동료 사이의 의사소통은 물론이고, 상사 사이의 의사소통도 대등한 관계에서 원활하게 이루어진다.

〈그림 8-4〉는 이와 같은 4가지 관리시스템의 리더십 성격을 요약한 것이다.

리더십의 성격	Ⅰ	Ⅱ	Ⅲ	Ⅳ
1. 상사의 부하에 대한 신뢰감	없음	있는 체 함 (생색을 낸다)	실제로 있음	절대적임
2. 부하의 상사에 대한 신뢰감	없음	있는 체 함 (아첨한다)	실제로 있음	절대적임
3. 상사가 부하를 돌봐주는 것	결코 없음	약간의 경우	실제로 있음	모든 경우
4. 부하가 상사와 직무에 대해 이야기 할 수 있는 자유	없음	거의 없음	실제로 있음	완전히 있음
5. 부하의 의사결정 참여도	거의 없음	때때로 있음	보통 있음	항상 있음
	착취 권위적	자비 권위적	상담적	참여적

〈그림 8-4〉 리커트의 4가지 관리시스템

리커트의 4가지 관리시스템은 맥그리거의 XY이론과 밀접한 관계가 있음을 알 수 있다. 즉, 시스템 Ⅰ과 시스템 Ⅳ는 X이론과 Y이론의 양극단을 보이고 있는 반면, 시스템 Ⅱ와 시스템 Ⅲ은 X이론과 Y이론의 양극단 중간에 위치한다고 볼 수 있다.

그리고 탄넨바움(R. Tannenbaum)과 쉬미트(W. Schmidt)의 리더십 연속선과 리커트의 4가지 관리시스템과도 리더십 문제에서 서로 밀접한 관계를 가지고 있다.

그러나 이와 같이 어느 하나를 최선의 유형으로 접근하는 것은 모든 상황에 반드시 적합한 것은 아니라는 것이 곧 밝혀졌다. 오히려 어떤 유형이 가장 적합한가를 결정하는 문제는 실제로 리더십이 발휘되는 그 독특한 상황에 좌우된다는 사실이 발견되었다.

제3절 리더십의 상황적응적 접근

리더십의 상황이론으로는 피들러(F. Fiedler)의 상황적응적 모형을 비롯하여 하우스(R. House)의 경로-목표이론, 허시(P. Hersey)와 블랜 차드(K. Blanchard)의 수명주기이론 그리고 브룸(V. Vroom)과 예튼(P. Yetton)의 규범적 모형 등이 있다.

1. 상황요인

관리자의 직무 가운데 가장 중요한 것이 그의 리더십의 효과에 영향을 미치는 여러 가지 요인들을 진단하고, 규명하며, 평가하는 일이다. 상황요인들을 진단·규명하는 일은 개인의 차이, 집단의 구조, 조직의 방침이나 업무와 같은 요인들의 영향을 찾아내고 파악하는 것을 말한다. 상황의 철저한 검토는 어떤 특정의 리더십스타일을 적용하고자 하는 관리자에게는 필수적인 과정이다. 예컨대, 환자의 생명을 구하기 위하여 극도의 긴장된 상황 속에서 일하는 간호사집단에서 요구하는 리더십스타일과 제품생산을 위하여 제품의 소재를 일상적으로 분석·연구하는 화학공학자들의 집단에서 요구하는 리더십스타일은 분명히 다를 것이다.

관리자가 상황을 진단하고 규명할 때는 ① 관리자의 특징, ② 부하들의 특징, ③ 집단의 구조와 과업의 성격, ④ 조직의 유형 등의 4가지 분야에 초점을 맞추어 검토하여야 한다.

1) 관리자의 특징

어떤 주어진 환경에서 리더의 행동은 그 개인의 힘이나 성격에 의존한다. 그래서 리더의 능력·지능·성향·자신감과 같은 개성과 안전욕구·권력욕구·자아실현욕구와 같은 욕구와 동기 그리고 과거의 경험 등은 리더의 행동유형에 영향을 미치는 중요한 요인들이다.

2) 부하들의 특징

리더가 특정 행동유형을 결정하기 전에 부하들의 개성과 행동방식을 고려해야 한다. 부하들도 관리자와 마찬가지로 그들의 행동에 영향을 미치는 내적 요인들(개성·욕구와 동기 및 과거의 경험 등)을 가지고 있다. 예컨대, 아주 낮은 수준의 욕구를 가진 부하들은 과업지향적인 리더를 쉽게 따를 것이다. 그리고 종업원지향적인 리더십 스타일은 아주 높은 수준의 욕구를 가진 부하들에게 더 효과적일 것이다.

3) 집단의 구조와 과업의 성격

집단의 특성이 구성원들을 이끄는 관리자의 능력에 중대한 영향을 미친다. 즉, 집단이 어떤 발전단계를 거치고 있고, 집단의 응집력은 어느 정도이며, 집단의 과업성격은 어떤 것인지와 같은 요인들이 리더십스타일에 영향을 미친다. 예컨대, 애매모호한 과업을 수행하고 있는 집단은 명확히 규정된 일상적인 과업에 종사하고 있는 집단과는 전혀 다른 리더십의 스타일을 요구할 것이다.

4) 조직의 유형

리더의 권력은 어디로부터 나오고, 조직의 방침 및 절차는 어떠하며, 전문성 및 위급성의 정도는 어떠한 지와 같은 상황변수들도 리더십의 스타일을 결정하는 중요한 요인들이다. 예컨대, 간호사, 과학자 및 교사와 같이 훈련을 받은 전문직업인들은 리더에게보다도 오히려 자신들의 교육배경과 경험에 더 많이 의존할 것이다. 그리고 위급하고 긴장된 상황에서는 참여적인 리더십스타일이 별로 효과가 없을 것이다.

2. 상황적응적 리더십 모형

피들러(F.E. Fiedler)는 리더십스타일과 리더에게 유리한 상황 사이의 관계를 연구하고, 이들 사이의 관계가 리더십의 효과를 결정한다고 주장하였다. 즉, 그의 모형은 집단의 성과는 리더십의 스타일과 상황의 유리함과의 상호작용에 의하여 결정된다는 것을 제시하였다. 이와 같은 피들러의 모형은 상황과 지도자를 각기 분류하여 특정 상황에 특정 지도자의 유형을 결부시킴으로써 리더십의 유효성을 찾는 것을 내용으로 하고 있다.

1) 상황의 분류

피들러(F.E. Fiedler)는 리더의 유효성에 영향을 미치는 3가지 상황요인들을 제시하고 있는데, 그것들은 ① 지도자와 구성원의 관계, ② 과업의 구조, ③ 지도자의 직위권한 등이다.

직관적인 견지에서뿐만 아니라 이론적인 견지에서 볼 때, 지도자와 추종자들 사이의 상호인간관계가 권한과 영향력을 결정하는 가장 중요한 변수일 것이다. 지도자의 영향력은 대체로 추종자들의 인정에 의하여 결정된다.

그러나 지도자가 추종자들로부터 신뢰를 받지 못하고 부정적인 시각으로 보여진다면, 그 상황은 호의적이라고 생각할 수 없다.

① **지도자와 구성원 사이의 관계**(leader−member relations) : 추종자들이 지도자에 대하여 가지고 있는 신뢰와 존경의 정도를 지칭한다. 이 상황변수는 추종자들이 지도자를 인정하는 정도를 반영하는데, 그것은 상황이 지도자에게 유리한지의 여부를 결정하는 주요변수이다.

② **과업의 구조**(task structure) : 상황의 유리함을 결정하는 주요변수이다. 과업의 구조가 잘 짜여져 있음은 과업내용이 명백하고, 목표가 뚜렷하며, 방법과 절차도 간단하여 의사결정이 언제나 반복되는 경우를 뜻한다. 과업의 구조가 잘 짜여져 있을수록 그 상황은 지도자에게 유리한데, 그 이유는 지도자가 무엇을 해야 하는지를 쉽게 결정할 수 있기 때문이다.

③ **지도자의 직위권한**(leader's position power) : 지도자의 직위가 집단구성원들로 하여금 명령을 받아들이게 할 수 있는 능력을 말한다. 여기에는 공식적·합법적·보상적·강압적 권력 등이 포함된다. 권위와 보상권한을 가지는 공식적 직위가 상황에 가장 유리하다.

이상 3가지 요소의 조합이 지도자에 대한 상황의 호의성을 결정하게 된다. 3요소의 결합은 지도자와 구성원과의 관계에 있어서 좋은 것과 나쁜 것 2가지, 과업구조가 구조적인 것과 비구조적인 것 2가지 그리고 직위권한이 강할 때와 약할 때 2가지가 있을 수 있으므로, 모두 8(2×2×2)가지가 나올 수 있다. 즉, 상황요인을 중심으로 8가지의 리더십 상황을 도출할 수 있다.

〈그림 8-5〉에서 볼 수 있는 바와 같이 상황이 지도자에게 유리한 경우는 3가지 요소가 모두 높을 때이다. 즉, 지도자와 구성원의 관계가 좋아 부하들이 지도자를 인정해 주고 과업의 성격이 구조적이어서 모든 것이 명확하며, 지도자의 직위권한이 강력할 경우이다. 그러므로 그림에서 상황 Ⅰ에 가까울수록 지도자에게 유리하고, 상황 Ⅷ

에 가까울수록 지도자에게 불리하다.

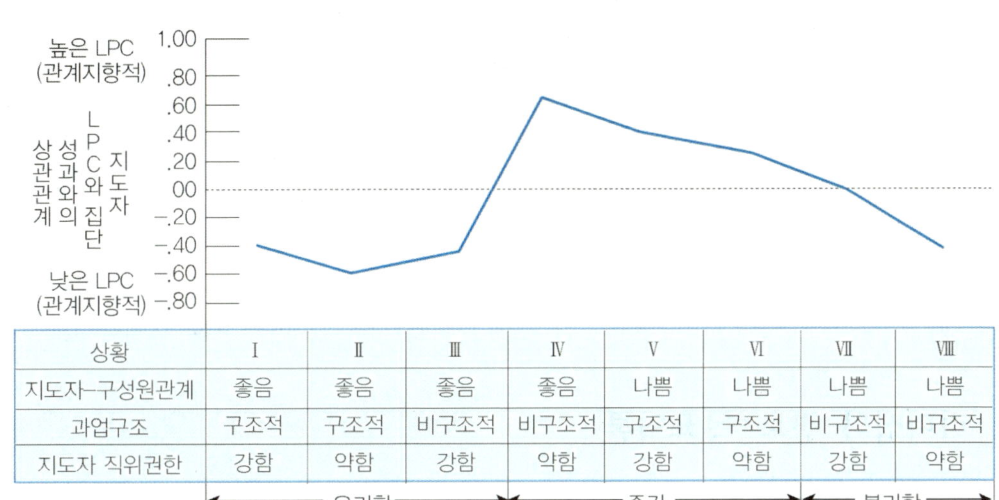

상황	Ⅰ	Ⅱ	Ⅲ	Ⅳ	Ⅴ	Ⅵ	Ⅶ	Ⅷ
지도자-구성원관계	좋음	좋음	좋음	좋음	나쁨	나쁨	나쁨	나쁨
과업구조	구조적	구조적	비구조적	비구조적	구조적	구조적	비구조적	비구조적
지도자 직위권한	강함	약함	강함	약함	강함	약함	강함	약함

〈그림 8-5〉 리더십 유효성의 상황적응적 모형

2) 지도자의 분류

모든 상황에서 다같이 최적의 개인이나 집단의 성과를 올릴 수 있는 지도자의 유일한 행동유형은 있을 수 없다. 어느 사람이든 상황에 따라 효과적일 수도 있고 비효과적일 수도 있다. 상황적응적 모형에서 지도자의 유효성을 알아보는 주요변수가 '가장 싫어하는 동료작업자'(Least Preferred Co-Worker : LPC) 점수이다. 이 LPC점수는 지도자의 개성을 나타내는 지표로 생각할 수 있는데, 이 점수는 지도자가 함께 일해온 사람들 중에서 가장 싫어하는 사람을 어떻게 생각하고 있는지에 대한 평가이다. 이 LPC점수는 8점 척도로 구분된 16개 항목의 설문을 통하여 얻어지는데, 그 중 2개 항목만 예시하면 다음과 같다.

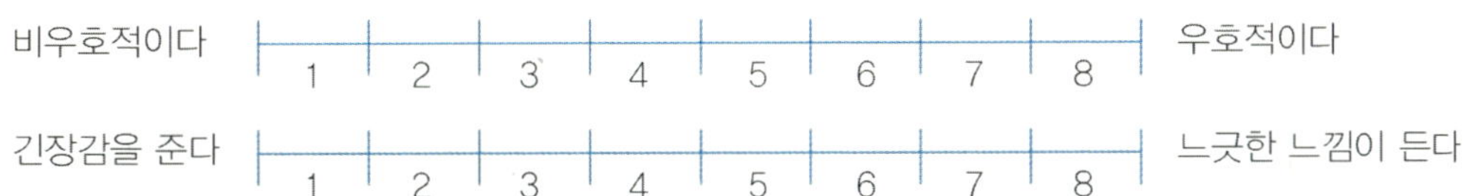

이 설문지를 받은 지도자들은 과거에 가장 함께 일하기 어려웠던 또는 현재 어려운 사람들을 구체적으로 생각하고, 그 사람이 자기에게 어떻게 보이는가를 항목에 따라

표시한다. 조사자는 문항에 대한 점수를 합계하여, 과업지향적 지도자(task→oriented leader)와 관계지향적 지도자(relation oriented leader)로 구분한다.

피들러는 이 점수가 낮은 사람을 과업지향적(즉, 콧대 높은) 지도자로 그리고 이 점수가 높은 사람을 관계지향적(즉, 너그러운) 지도자로 양분하였다.

〈그림 8-5〉의 아랫부분에는 상황의 특성이 표기되어 있고, 수직축으로는 지도자의 선호형(LPC접수로 측정된)과 집단의 성과사이의 상관관계가 표시되어 있다. 중간선 위의 중간상관관계는 관계지향적 지도자들이 과업지향적 지도자들보다 더 좋은 성과를 거둘 수 있다는 것을 보여주고, 중간선 밑의 중간상관관계는 과업지향적 지도자들이나 관계지향적 지도자들보다 더 좋은 성과를 거들 수 있다는 것을 보여준다.

3. 리더십의 경로-목표이론

리더십의 두번째 상황이론으로는 하우스(R.J. House)가 개발한 경로-목표이론(path goal theory)을 들 수 있다. 이 이론은 동기유발의 기대이론에 기반을 두고, 노력 → 성과 그리고 성과 → 보상에 따른 기대감(expectancy)과 그 보상의 선호도, 즉 유인가(valence)를 중심으로 리더십과정을 설명하고 있다. 이 이론에 의하면, 지도자의 주된 기능은 부하들이 기대감과 유인가를 인지하도록 영향력을 미치는 것으로 보고 있다.

가령, 관리자가 구조주도형의 리더십을 행사할 때는 수행될 과업을 배정하고 구체적인 목표를 설정해 줌으로써 경로 목표의 관계를 명백히 하여 종업원들의 동기유발과 만족감을 높일 수 있을 것이고, 종업원들이 일상적인 과업에 종사하고 있고 기대감이 이미 명백할 때 관리자는 고려형의 리더십을 행사하여 경로, 즉 목표의 과정을 보다 용이하게 해 줌으로써 종업원들의 동기유발과 만족감 및 성과를 높일 수 있다.

하우스는 특정상황 속에서 지도자의 어떤 행동유형이 부하들의 만족과 성과에 어떻게 영향을 미치는가에 초점을 두고, 지도자의 행동유형과 상황요인을 분류하였다.

1) 지도자의 행동유형

하우스는 구조주도 및 고려 양면을 염두에 두고, 리더의 행동유형을 다음과 같이 4가지로 분류하였다.

① **도구적 행위**(instrumental behavior) : 리더가 부하들의 활동을 계획·조직·통제·조정하는 것이다. 즉, 부하의 과업구조를 적극적으로 지시·조정해 나아가는 구조주도형이다. 그러므로 애매모호한 직무에 종사하는 종업원에게 효과적이다.

② **후원적 행위**(supportive behavior) : 부하들의 복지에 관심을 보이고 우호적이고 유쾌한 분위기를 조성하며, 부하들의 욕구를 적극적으로 고려해 준다. 그러므로 불만족스러운 과업에 종사하는 종업원에게 효과적이다.

③ **참여적 행위**(participative behavior) : 부하들과 정보를 교환하고, 그들의 의견을 의사결정에 많이 반영시키는 이를테면 집단관리이다. 반복적이지 않는 과업에 종사하는 종업원에게 효과적이다.

④ **성취지향적 행위**(achievement oriented behavior) : 부하로 하여금 도전적인 목표를 설정하도록 하고, 자기의 잠재능력을 최대한으로 발휘하여 목표를 달성할 수 있도록 하며, 성과에 대한 책임을 질 수 있도록 하는 수준높은 리더십이다. 그러므로 복잡하고 애매하며 비반복적인 과업에 종사하는 종업원에게 효과적이다.

하우스는 이와 같은 리더의 행위유형들이 상호배타적인 것이 아니라 복합적으로 나타날 수 있다고 보았다

2) 상황요인 : 부하의 특성과 작업환경의 특성

상황요인은 ① 부하의 특성, ② 작업환경의 특성으로 구분되는데, 이들이 리더십과정에 크게 작용한다.

(a) 부하의 특성

지도자의 행동이 부하들에게 어떤 만족을 주고 있고, 앞으로 줄 것인지, 이에 대한 지각과 기대감에 따라 부하들의 행동은 형성된다. 그러므로 부하의 특성은 지도자와 부하들 사이의 상호작용에 중요한 상황요소가 되는데 다음과 같은 것들을 포함한다.

① **부하의 능력** : 부하들이 자신들의 능력을 어떻게 평가하느냐에 따라 지도자행위에 대한 태도가 달라진다. 부하들이 자신들의 능력을 높이 평가하고 과업수행에 자신감이 넘칠수록, 도구적 리더십을 거부하고 참여적 또는 성취지향적 리더십을 선호한다.

② **내재적·외재적 성향** : 당면하는 환경을 스스로 통제할 수 있다고 믿는 사람은 내재적 성향을 가졌다고 볼 수 있고, 그렇지 않고 운이나 운명 때문에 일어나는 것으로 믿는 사람은 외재적 성향을 가졌다고 볼 수 있다. 내재론자는 참여적 리더십을 선호하고, 외재론자는 지시적 리더십을 선호한다.

③ **욕구와 동기** : 부하의 지배적인 욕구가 지도자의 행동효과에 영향을 준다. 예컨대, 안전·안정의 욕구가 강한 부하는 도구적 리더십을 수용할 수 있지만, 소속·존경의 욕구가 강한 부하는 후원적 리더십을 요구할 것이다. 그리고 자율성과 책임감이 강한 부하는 참여적 리더십에 호의적인 반응을 보일 것이다.

(b) 작업환경의 특성

작업환경의 특성 역시 리더십과정에 큰 영향을 주고 있는데, 여기에는 부하의 과업, 집단의 성격 및 조직의 요인이 포함된다.

① **부하의 과업** : 부하의 과업이 구조적일수록 후원적 또는 참여적 리더십이 바람직하다. 구조적이고 일상적인 과업의 경우, 이미 목표달성의 기대감이 명백하기 때문에 도구적 리더십은 적절치 못하다. 그러나 부하의 과업이 비구조적일수록 지시적 또는 도구적 리더십이 효과적이다. 왜냐하면 과업이 모호하여 종업원들에게 긴장과 좌절이 조성될 경우, 목표를 설정해 주고 지시해 줌으로써 그들의 과업달성에 도움이 되기 때문이다. 그리고 부하들의 욕구동기와 과업내용이 잘 맞는 경우에는 성취지향적 리더십이 바람직하다.

② **집단의 성격** : 집단이 처음 형성되는 시기에는 지시적 리더십이 효과를 거두지만, 집단이 안정되고 정착된 다음에는 점차 집단 규범에 따라 후원적 또는 참여적 리더십이 바람직하다.

③ **조직의 요인** :

- 방침·규정·절차가 명백한 과업(예 : 전산실에서의 키펀치 작업)을 수행할 때는 지시적 리더십이 별 효과가 없다.
- 위급하고 긴장된 상황(예 : 병원의 응급실)에서 과업성취를 위해서는 지시적 리더십이 필요하지만 대인관계에서는 후원적 리더십이 보다 만족을 가져올 것이다.
- 불확실한 상황하에서는 지휘자가 처음에는 참여적 리더십을 발휘해야 하고, 최종결정시에는 지시적 리더십을 행사하여야 할 것이다.

〈그림 8-6〉은 리더십 유효성의 경로-목표이론을 요약한 것이다.

결국, 경로-목표이론은 부하의 특성과 작업환경의 특성 등 상황요인을 고려하여 적절한 리더십을 행사하고, 이를 통하여 부하들의 목표에 대한 기대감과 유인가에 영향을 줌으로써 노력·동기유발·만족 및 성과를 높일 수 있음을 보여주고 있다.

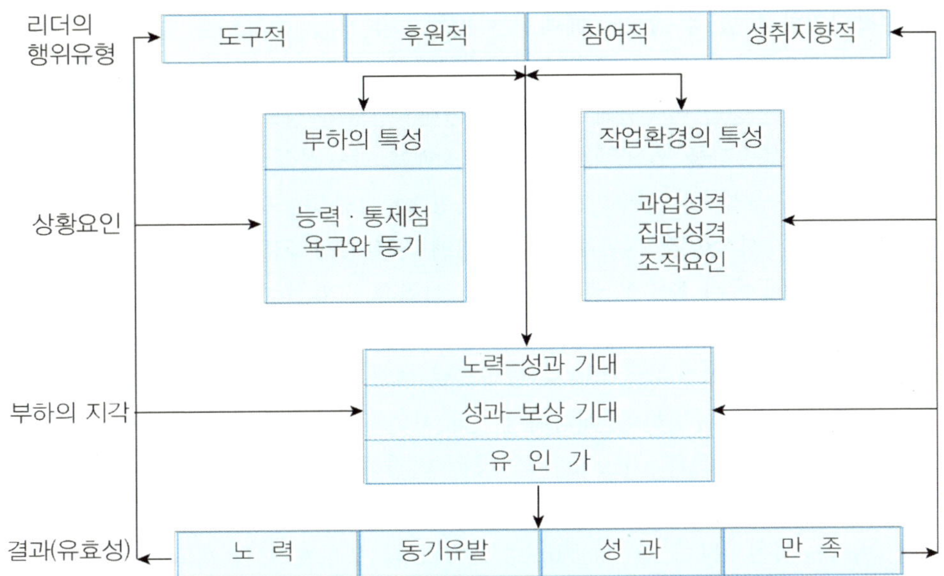

〈그림 8-6〉 리더십의 경로–목표이론 요약

기업사례

페덱스와 프레드 스미스 회장

1. C학점 논문과 페덱스

1965년, 프레드 스미스(Fred Smith)는 예일대학 졸업생으로 '인위적 위기론'이란 과목의 학기말 리포트를 썼다. 이 리포트에는 페덱스(FedEx) 설립의 아이디어가 적혀 있었다. 그러나 담당 교수는 이 리포트에 C학점을 주었다. 교수의 견해는 민간 항공국의 항공운항 규제가 엄격할 뿐만 아니라 치열한 경쟁 때문에 스미스의 아이디어는 가능성이 없다고 생각했기 때문이었다.

프레드 스미스 회장은 그때를 회고하면서 "그것은 단지 학기말 리포트였으나 나는 항공화물산업의 미래를 확신하고 있었다. 승객운송 시스템으로는 화물운송이 불가능하며, 화물운송을 위해 설계된 새로운 항공화물 시스템이 필요했었다."고 말하였다.

2. 사업확장의 국제화

1973년 4월 17일, 항공 특송산업은 페덱스(FedEx)가 처음 소화물을 운송한 날에 시작되었다고 할 수 있다. 페덱스는 멤피스 본부를 중심으로 미국 내에 항공특송화물 배달사업을 확장하였으며, 타 회사들은 페덱스를 본보기로 삼게 되었다.

페덱스는 수년 동안 미국인의 서비스를 98%나 담당할 정도로 성장하였다. 1984년 서유럽에서의 특송화물 필요성을 인식하고, 페덱스는 겔코사(Gelco Corporation)로부터 국제 운송업무를 인수받고, 이를 바탕으로 1985년 대서양을 횡단하여 직송하는 서비스를 시작하면서 국제화의 대열에 동참하게 되었다. 그리고 페덱스는 1986년에 DUDD국의 유수한 특송 및 유통 서비스 기업인 렉스 윌킨슨사를 합병하여 회사명을 페드럴 익스프레스사로 부르기 시작하였다. 또한, 페덱스는 아일랜드의 운송회사인 윌리엄스 운송그룹도 합병하여 영국을 100% 커버하게 되었으며, 캐나다의 캔시카사를 합병하여 캐나다에서의 사업도 확장하기 시작하였다. 그리고 1994년 지금의 페덱스(FedEx)로 기업명을 변경하였다.

이처럼 유연성과 신속성이 익일배달을 가능하게 하였고, 페덱스를 더욱 발전시켰다. 유통방법은 JIT(Just In Time : 적시공급 생산체계)의 재고관리 개념에서 유래된 것으로 추가비용을 감소하고, 서비스를 향상시키면서 재고비용을 최소화하는 것이다.

페덱스는 멤피스 공항에서 근무하는 직원들의 야간 근무시간이 4시간 정도밖에 안된다는 점을 분석하고, 원가절감의 하나로 전체 인력을 멤피스내의 대학생으로 충당하고 있다.

3. 미국 역사상 가장 큰 벤처기업

페덱스는 현재 120여개 국가에 사업부를 두고 있으며, 근무하는 직원은 86,000명에 이른다. 고객 최우선을 위한 특별부서를 창설하여 세계 곳곳에 산재해 있는 회사들이 요구하는 서비스에 부응하고 있다. 품질활동팀을 통하여 페덱스 직원들은 품질향상 프로젝트를 설계하여 실시하고 있다.

품질개선 과정을 통하여 페덱스에 대한 품질인식은 현재 확고하게 자리 잡아 가고 있으며, 100% 서비스의 목표 달성을 향해 달려가고 있다. 1989년은 페덱스가 세계를 향해 진일보한 해였다고 할 수 있다. 그해 2월 플라잉 타이거(Flying Tigers)사를 합병한 것을 보면 잘 알 수 있다. 플라잉 타이거사와의 합병은 항공특송업무에 첨단 전자통신기술을 도입하여 소화물의 일일 배달제도를 미국에서 최초로 가능하게 하였다.

고객이 물건을 맡기면, 그때부터 고유 넘버가 붙여지고, 그 물건이 이동할 때마다 지역번호가 입력되어, 고객이 물건 위치에 대해 확인을 요청할 때에 언제든지 파악할 수 있다.

페덱스의 직원늘을 만나면, 조그만 스캐너를 휴대하고 있는 것을 쉽게 발견할 수 있다. 이 스캐너를 이용해 물건이 이동할 때마다 컴퓨터에 정보를 입력시키는 것이다. 따라서 페덱스는 네트워크를 기업생존을 위한 첫 번째 전략으로 여기고 있는 것이다.

4. 확장에 따른 손실과 미래를 향한 도전

페덱스는 소화물을 야간에 배달한다는 한 가지 서비스에만 전력을 집중했다. 그 동안 페덱스가 노력한 덕분에 잠재고객의 기억 속에 '페덱스는 야간'이라는 단어를 심어줄 수 있었다. 그러므로 사람들은 꼭 야간에 배달해야할 물건이 있을 때마다 페덱스를 불렀다. 그러다가 페덱스는 무리한 계열 확장이라는 덫에 스스로 걸려들었다. 스스로 '야간'이라는 지위를 포기하고, 타이거 인터내셔널과 플라잉 타이거 항공화물 운송 사업을 사들이고, 세계적인 항공화물회사가 되었다.

그 결과, 21개월 동안 페덱스는 11억 달러의 손실을 입었다. 그러나 미래를 향해 끊임없이 도전하고, 새로운 아이디어를 창출하여 현실화하는 투지가 오늘날 페덱스를 만든 배경이다. "이것은 나의 일이 아니다."라는 표현은 프레드 스미스 회장이 가장 싫어하는 말이라고 한다. 페덱스는 '불가능에 도전하고 이를 극복해 낸 벤처기업'이다.

프레드 스미스 회장은 직원을 부를 때, 미스터 또는 미스라는 호칭을 전혀 사용하지 않고 반드시 풀 네임을 부른다고 한다. 페덱스는 최첨단 기술을 보유하고 있는 기업이면서도 인간존중의 경영철학이 내재되어 있는 기업이다. 이런 것들이 스미스 회장의 신임으로 이어졌다. 또한, 창의성을 발휘하는 직원들의 열의로 인해 최선두 기업으로 자리 잡게 된 것이다.

연습문제

8-1. 리더십의 상황이론을 설명하라.

8-2. 리더십의 유형을 설명하라.

8-3. 리더십 행위의 연속선을 설명하라.

8-4. 리커트의 4가지 시스템을 설명하라.

8-5. 상황적응적 리더십 모형을 설명하라.

8-6. 리더십의 경로-목표이론을 설명하라.

8-7. 프레드 스미스 회장이 대학 재학시 '인위적 위기론' 과목의 학기말 리포트에 C학점을 받은 이유를 설명하라.

Chapter 9

직원들의 동기유발

제1절 동기유발의 개념과 과정

1. 동기유발의 개념

인간의 행동과정을 살펴보면, 인간의 모든 행위는 욕구(needs)로부터 비롯된다. 즉, 충족되지 않은 욕망은 충동을 일으켜 욕구를 충족시키기 위한 어떤 행동을 취하게 한다. 그리하여 충동의 대상이 되는 목표가 행위에 의하여 달성되고, 이것은 곧 욕구를 충족시킴으로써 만족을 가져온다. 그리고 이러한 과정이 무한히 계속된다.

이와 같이 인간행위에 대한 동기유발문제는 매우 복잡한 성격을 띠고 있어 행동과학자들로부터 많은 주목을 받고 있다.

1) 동기유발의 정의

동기유발이라고 하는 영어의 'motivation'은 본시 '움직이게 한다.'라는 뜻을 가진 라틴어의 'movere'로부터 유래된 것이다. 그러나 이 정의는 그 복잡한 과정을 설명하기에 너무나 단순하고 한정되어 있다. 동기유발의 중요성과 복잡성이 명백히 주어지고 있는 한 그것을 규정하여 이해한다는 것은 환상적인 개념일 수밖에 없다.

동기유발의 이론가들은 서로 다른 개념을 강조하면서 동기유발에 관한 견해를 약간씩 다르게 피력해 왔다. 이와 같이 동기유발에 대한 학자들 사이의 서로 다른 견해는 다음과 같은 3가지 결론을 제시하기에 이르렀다.

① 동기유발의 분석은 사람의 활동을 야기시키거나 자극시키는 요인들에 초점을 맞추어야 한다.

② 동기유발은 과거지향적이므로 선택, 방향 그리고 목표에 관여한다.

③ 동기유발은 어떻게 행동이 시작되고, 유지되고, 멈추어지는지 그리고 행동이 진

행되는 동안 어떤 종류의 주관적인 반응이 그 사람에게 나타나는지에 관여한다.

이와 같은 3가지 결론들은 오늘날 3가지 동기유발이론의 토대가 되었다. 즉, 첫번째 것은 동기유발의 내용이론(content theory)으로, 두번째 것은 과정이론(process theory)으로 그리고 세번째 것은 강화이론(reinforcement theory)으로 각각 발전하였다.

2) 동기유발의 기본모형

기본적인 동기유발모형으로 욕구(needs), 충동(drives), 목표(goals) 그리고 보상(rewards)의 개념을 통합한 모형을 〈그림 9-1〉과 같이 제시할 수 있다. 기본모형을 개발하는 첫 단계는 이들 변수들을 순서적으로 진행되는 과정속에 배열하는 것이다.

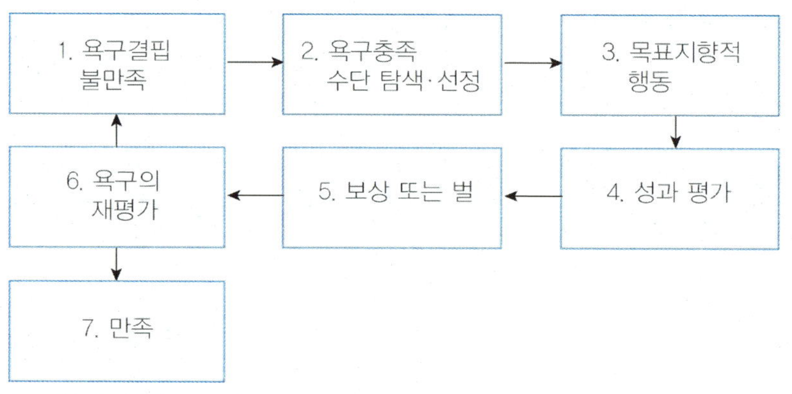

〈그림 9-1〉 동기유발의 기본모형

이 모형은 동기유발을 여러 단계의 과정으로 나타내고 있다.

① 1단계 : 욕구의 결핍은 불만, 즉 긴장상태를 야기시키고, 사람은 행동을 통하여 이를 줄이려고 애쓴다.

② 2단계 : 사람은 그 욕구를 충족시키기 위한 수단을 탐색하여 선정한다.

③ 3단계 : 사람은 선정된 전략을 설천하기 위하여 목표지향적인 행동을 하게 된다. 이때, 개인의 중요한 특성인 능력이 행동의 선택안과 실제의 행동 사이에 개입되는 것을 볼 수 있다. 이것은 사람이 어떤 선정된 목표(예컨대, 어린 나이에 대기업의 사장이 되는 것)를 달성하는 데 필요한 배경(즉, 능력, 재능, 경험, 지식 등)을 가질 수도, 또 갖지 못할 수도 있다는 것을 인식시키려는 것이다.

④ 4단계 : 성과가 성공했는지의 여부에 초점을 맞추고, 그 성과에 대한 평가가 자

기 또는 다른 사람에 의해 이루어져야 한다. 자기의 과업에서 성취감을 충족시키려는 측면에서의 성과는 대부분이 자기 자신에 의하여 평가되지만, 금전적 욕구를 충족시키고자 하는 목표지향적인 행동은 보통 다른 사람, 즉 감독자에 의하여 평가된다.

⑤ 5단계 : 보상이나 처벌은 성과에 대한 평가의 질에 따라 주어진다. 마지막으로, 각 개인은 그 행동과 보상이 원래의 욕구를 만족시킨 정도로 평가한다. 만약, 이 동기유발의 순환과정이 그 욕구를 충족시켰다면 마음의 평정상태, 즉 그 특정욕구에 대한 만족이 느껴질 것이다.

2. 동기유발요인

동기유발을 시키는 궁극적인 힘은 무엇일까? 관리자들은 이 질문에 대한 해답을 찾아야 할 것이다. 즉, 관리자들은 종업원들이 조직의 목표를 기꺼이 달성할 수 있도록 그들의 행동을 자극시키고, 촉진시킬 수 있는 이른바 동기유발요인들을 조직속에서 찾아내어 관리하는 것이 무엇보다도 중요하다.

1) 동기유발요인

동기유발요인(motivation)이란 사람이 성과를 이룩하도록 유도하는 어떤 힘을 가진 요소들을 말한다. 동기유발이 욕구를 반영시키는데 반해, 동기유발요인은 그 욕구를 충족시키려는 충동을 한층 촉진 내지 강화시키는 보상이나 자극제인 것이다.

관리자는 어떤 충동에 적합한 환경을 조성함으로써 동기유발을 촉진시킬 수 있다. 예컨대, 고급품질로 명성을 얻은 기업의 종업원들은 이 명성에 기여할 수 있게 하기 위하여 동기유발이 된다. 마찬가지로 경영성과가 효과적이고 효율적인 기업환경은 관리자들이나 종업원들에게 높은 수준의 관리에 대한 열망을 한층 배양시켜 주는데 이바지한다.

2) 당근과 채찍 : 회유와 위협

'당근과 채찍'은 본시 당나귀를 움직이게 하는 최선의 방법으로 당근을 던져주거나 또는 채찍질을 하는 옛 이야기로부터 유래된 것이다. 그러므로 이것은 '회유와 위협'으로 표현될 수 있으며, 원하는 행동을 유도하기 위하여 보상과 처벌을 이용하는 것과 관계가 있다.

근래에 각광을 받고 있는 많은 동기유발의 이론에도 불구하고 아직도 보상과 처벌은 강력한 동기유발요인으로 간주되고 있다. 어떤 종류의 '당근'(회유)은 모든 동기유발이론에서 인정되고 있는데, 그것은 보통 봉급 또는 상여금 형태로 지불되는 금전이다. 비록 금전이 유일한 동기유발의 원동력이 아닐지 모르나 그것은 지금까지 중요한 동기유발요인이 되었고, 앞으로도 계속 그렇게 될 것이다. 그런데 금전이라는 '당근'(회유)의 접근방법에 있어 곤란한 점은 대부분의 종업원들이 성과와는 관계없이 봉급인상, 정규승진 그리고 관리자의 추천과 같은 과정을 통하여 '당근'을 얻는다는 것이다.

두려움의 형태를 상징하는 채찍, 즉 실직, 수입의 상실, 상여금의 감축, 좌천 또는 그 밖의 다른 처벌 등에 대한 두려움은 지금까지 강력한 동기유발요인이었고, 앞으로도 계속될 것이다. 그렇지만 그것이 최선의 방법은 아니라는 것을 누구나 인정하고 있다. 그것은 흔히 노동조합의 결성, 저질품의 생산, 업무처리의 무관심 또는 불성실 등과 같은 방어적이거나 보복적인 행동을 야기시킨다.

제2절 동기유발의 내용이론

동기유발의 내용이론은 어떠한 요인이 사람들의 행동에 활기를 주고, 방향을 정하여 나아가도록 하며, 또 멈추게 하는가 하는데 초점을 맞추고, 사람들에게 동기부여를 하는 구체적인 욕구를 밝히려는데 목적을 두고 있다. 과학적 관리에서는 종업원들에게 동기부여를 할 수 있는 것이 금전이라고 생각했고, 인간관계론에서는 작업조건, 안전 및 민주적 리더십이 동기유발의 요인이 된다고 가정하였다. 그 후 등장한 행동과학에서는 동기유발의 복잡성을 인식하게 되면서부터 동기유발의 요인은 욕구라고 생각하고, 그 구체적인 욕구들을 파악하는데 전력하였다.

이와 같은 중요한 내용이론들로는 매슬로우의 욕구계층, 허즈버그의 2요인이론, 알더퍼의 ERG이론, 맥클랜드의 성취욕구이론 등을 들 수 있다.

1. 매슬로우의 욕구계층

1) 매슬로우의 욕구단계이론

매슬로우(Abraham Maslow)는 사람에게 동기를 부여할 수 있는 욕구가 계층을 형성하고 있는 것으로 파악하였는데, 이를 매슬로우의 욕구계층(Maslow's need hierarchy)이라고 한다.

그는 계층을 형성한 욕구들이 낮은 데서 높은 데로 순서가 정해질 수 있으며, 각 단계의 욕구가 낮은 것부터 차례로 만족됨에 따라 전 단계는 더 이상 동기유발의 역할을 수행하지 못하고, 다음 단계의 욕구가 통기유발을 시킬 수 있는 요인으로 작용하게 된다고 가정하였다.

〈그림 9-2〉에서 보는 바와 같이 매슬로우는 인간의 욕구를 그 중요도나 강도에 따라 제1단계는 생리적 욕구, 제2단계는 안전욕구, 제3단계는 소속 및 애정욕구, 제4단계는 존경욕구, 제5단계는 자아실현욕구로 나누고 있다.

① **생리적 욕구**(physiological needs) : 생리적 욕구는 삶 그 자체를 유지하기 위한 원초적인 인간의 욕구이다. 즉, 음식·의복·거처에 대한 욕구와 같은 것들이다. 이러한 기초적인 욕구들이 육체의 활동을 위해 충분히 만족될 때까지 다른 수준의 욕구들은 거의 자극을 주지 못한다.

② **안전의 욕구**(safety needs) : 일단 생리적인 욕구가 어느 정도 충족되면, 안전·안정의 욕구가 나타나게 된다. 이 욕구는 위험이나 위협 또는 박탈감에 대해 보호를 받고자 하는 욕구이다. 작업환경, 후생복지, 안정된 직장, 노조가입 등을 추구하는 행위가 해당된다.

③ **소속 및 애정의 욕구**(belongingness & love needs) : 사회적 욕구(social needs)라고 불리기도 하는데, 생리적 욕구와 안전의 욕구가 어느 정도 충족되면, 소속감·사랑·우정·친화와 같은 대인관계적 욕구들이 나타난다. 인간은 본시 사회적인 존재이므로 어디에 소속되고, 동료와 친교를 나누고 싶어하며, 이성간에 사랑을 갈구하게 된다.

④ **존경의 욕구**(esteem needs) : 사람은 어디에 속하려는 욕구가 어느 정도 만족되면, 그 집단의 단순한 구성인 이상이 되기를 원한다. 즉, 지위를 얻고 남으로부터 인정을 받고자 하는 이른바 존경에 대한 욕구를 느끼게 된다. 여기에는 자기 자신으로부터 나오는 자신감·능력·성취·지식에 대한 자부심과 아울러 다른 사람으로부터 나오는 존경심이 포함된다.

⑤ **자아실현의 욕구**(self-actualization needs) : 일단 존경의 욕구가 어느 정도 충족되면, 다음에는 자아실현의 욕구가 강력하게 나타난다. 이 욕구는 자기 자신이 가지고 있는 잠재 가능성을 실현시키고, 계속적인 자기발전을 꾀하고자 하는 욕구를 말하는 것으로, 결국 자기가 바라는 바대로 되고자 하는 욕구이다.

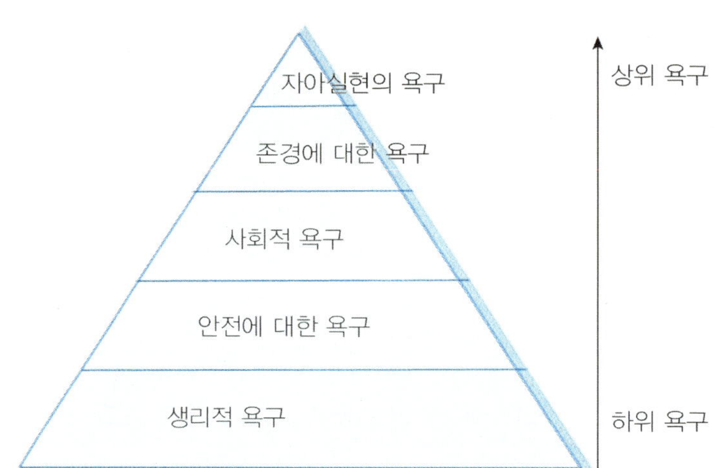

〈그림 9-2〉 매슬로우의 욕구 5단계

2) 욕구결핍에 대한 반응

관리자들이 고려해야 할 중요한 문제는 고도로 결핍된 욕구, 즉 오랫동안 충족되지 않은 욕구가 결국 좌절·갈등·긴장과 같은 행동반응을 일으킨다는 점이다. 실제로 자아실현이나 존경의 단계에 속하는 고차원적인 욕구를 모든 종업원들이 충분히 충족할 수는 없을 것이다. 이러한 욕구를 충족시키지 못함으로써 나타나는 좌절·갈등·긴장에 대한 개인의 반응은 환경적, 조직적, 개성적 요인 때문에 사람마다 다르게 나타난다. 그래서 욕구결핍에 대한 반응들은 적어도 다음과 같은 세 가지 형태의 방어적 행동을 취하게 된다.

① **공격**(aggression) : 사람이나 물건 또는 조직에 대하여 육체적이나 말로 표현하는 방어적 행동이다. 육체적 공격은 기물을 파괴한다든지 사람에게 상해를 입히는 것과 같은 형태를 취할 수 있고, 말로 하는 공격은 감독자에 대한 종업원의 감정의 폭발로 나타날 수 있다.

② **합리화**(rationalization) : 광범위하게 활용되는 형태의 방어적 행동인데, 이 행동의 목적은 적어도 부분적으로나마 다른 사람들에 의해 인정되는 방법으로, 실패 경위를 설명하는 것이다.

③ **퇴행**(regression) : 사람이 좌절할 때, 그의 행동을 바꾸는 방어적 행동이다. 사람이 좌절을 극복하기 위하여 어린아이 같은 행동으로 역행하는 수가 있다. 승진에서 누락된 사람이 지금까지는 친절하고 상냥했었는데, 갑자기 무뚝뚝하고 신경질적인 행동을 취하는 수가 있다.

이와 같은 방어적 행동들은 종업원들이 각자 중요한 욕구를 충족시킬 수 없을 때 나타난다. 그러한 행동들은 관리자들이 부하들과 함께 일할 때 흔히 직면하게 되는 현실인데, 관리자들은 그 원인을 이해하는 것이 중요하다.

2. 알더퍼의 ERG이론

알더퍼(C.P. Alderfer)는 매슬로우의 욕구단계이론에 수정을 가하여 ERG이론을 제시하였다. 그는 인간의 욕구를 ① 존재의 욕구(existence needs), ② 관계의 욕구(relatedness needs), ③ 성장의 욕구(growth needs)의 3단계로 구분했으며, ERG는 영문표기의 머리글자에서 따온 것이다.

① **존재의 욕구**(E) : 인간의 생존을 위해 필요한 기본적인 욕구로서, 음식, 의복, 주거 등을 들 수 있다. 매슬로우의 욕구단계에서 생리적 욕구와 물리적 측면의 안전의 욕구가 여기에 해당된다. 조직에 있어서는 기본급, 부가급부, 안전한 작업환경 및 직업 안정성 등을 들 수 있다.

② **관계의 욕구**(R) : 대인관계에 관한 것으로서 직장내와 직장외의 상호작용을 필요로 하는 욕구이다. 매슬로우의 대인관계 측면의 안전의 욕구, 사회적 욕구 및 다른 사람으로부터의 존경의 욕구가 여기에 해당된다.

③ **성장의 욕구**(G) : 개인적인 성장과 발전을 위한 욕구로서, 자기의 능력을 새롭게 개발하고 창의적으로 성취하고자 하는 것을 말한다. 매슬로우의 욕구단계에서 자기존중의 욕구와 자기실현의 욕구가 이에 해당된다.

〈표 9-1〉 매슬로우와 알더퍼의 욕구단계 비교

<table>
<tr><th colspan="2">매슬로우</th><th colspan="2">알더퍼</th></tr>
<tr><td>1</td><td>생리적 욕구</td><td rowspan="2">생존의 욕구
(Existence)</td><td rowspan="2">E</td></tr>
<tr><td rowspan="2">2</td><td>물리적 안전</td></tr>
<tr><td>대인관계의 안전</td><td rowspan="3">관계의 욕구
(Relatedness)</td><td rowspan="3">R</td></tr>
<tr><td>3</td><td>애정(소속감)</td></tr>
<tr><td rowspan="2">4</td><td>다른 사람으로부터 존경</td></tr>
<tr><td>자기 자신의 존경심</td><td rowspan="2">생장의 욕구
(Growth)</td><td rowspan="2">G</td></tr>
<tr><td>5</td><td>자아실현</td></tr>
</table>

〈표 9-1〉은 매슬로우의 욕구단계와 알더퍼의 ERG이론을 비교한 것이다.

알더퍼의 ERG이론이 매슬로우의 욕구단계이론과 크게 다른 점은 두 가지를 들 수 있다. 첫째, 알더퍼는 한 가지 이상의 욕구가 동시에 작용할 수 있다는 점을 주장하였다. 이것은 매슬로우의 경우처럼 한 단계의 욕구충족만을 강조하는 기계적인 사고방식이 아니고, 욕구들의 복합적 성격, 즉 총체적 욕구구성 개념에 입각한 것으로 매우 현실적인 개념으로 받아들여지고 있다.

둘째, 매슬로우는 저차원의 욕구가 만족되면 고차원의 욕구로 올라가는 이른바 만족(진행) 과정만을 주장한 데 반하여, 알더퍼는 만족(진행)과 아울러 고차원적 욕구에서 저차원적 욕구로 내려가는 이른 바 좌절(퇴행) 과정을 가미했다는 점이다.

〈그림 9-3〉은 ERG이론의 만족(진행)과 좌절(퇴행)의 관계를 나타낸 것이다. 매슬로우나 알더퍼의 욕구이론과 밀접한 관계를 가지고 있는 또 다른 동기유발에 관한 이론이 허즈버그의 2요인이론(Herzberg's two-factor theory)이다.

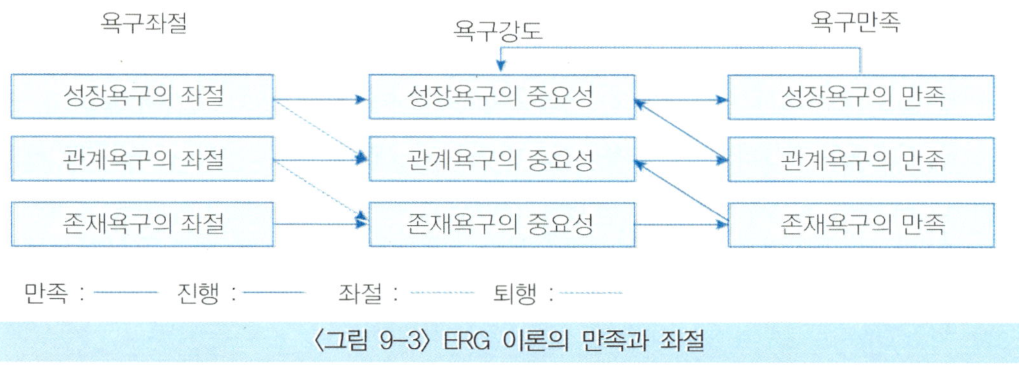

〈그림 9-3〉 ERG 이론의 만족과 좌절

3. 허즈버그의 2요인이론

허즈버그(Frederick Herzberg)는 동기유발의 2요인이론(two-factor theory)을 개발하였다. 허즈버그는 200명의 회계사와 기술자들을 선정하여 인터뷰를 실시하였으며, 다음과 같은 질문에 대한 반응을 얻은 것이었다. "당신은 당신의 직무에 대해 아주 좋게 느꼈던 경우를 구체적으로 말할 수 있습니까?" 그리고 "당신은 당신의 직무에 대해 아주 나쁘게 느꼈던 경우를 구체적으로 말할 수 있습니까?" 이 조사결과, 그는 종래 만족과 불만족을 동일선상의 양극점으로 파악하던 것과는 달리 만족과 불만족은 별개의 차원이며, 이들에게 영향을 주는 요인들도 전혀 별개의 것임을 밝혀냈다.

첫째, 불만족을 주는 요인은 직무상황과 관련된 환경적인 것들이다. 이들 외적요인들이 부족한 경우에는 종업원들 사이에 불만족이 일어나고, 이들이 있더라도 반드시 종업원들을 동기유발시키는 것은 아니다. 그래서 이들을 불만족이 없는 상태로 유지하는데 필요한 것이므로, 불만족요인(dissatisfier) 또는 위생요인(hygiene factor)이라고 하며, 주로 다음과 같은 것들이 포함된다.

① 봉급
② 인정
③ 작업환경
④ 지위
⑤ 회사방침
⑥ 감독자의 감독방식
⑦ 동료·상사·부하들과의 관계

둘째, 만족을 주는 요인들은 직무내용과 관련된 것들이다. 이들 내적요인들이 존재하면 훌륭한 직무성과를 가져올 수 있는 강력한 동기유발을 일으키고, 이들이 없더라도 그렇게 큰 불만족은 느끼지 않는다. 그래서 이들을 만족요인(satisfier) 또는 동기유발요인(motivator)이라고 하는데, 주로 다음과 같은 것들이 포함된다.

① 성취
② 인정
③ 책임
④ 발전
⑤ 직무자체
⑥ 성장가능성

이와 같이 허즈버그의 모형은 전통적인 이론과는 달리 직무만족이 1차원적 개념이 아니라 2차원적 견지에서 파악되어야 한다는 것을 기본 가정으로 하고 있다.

위생요인의 특성은 그것이 충족되면 불만족의 감소만을 가져올 뿐이지 만족에 작용하지는 않는다는 것이다. 예컨대, 우리가 생계비에도 못미치는 낮은 수준의 임금을 받게 되면, 불만족하다가 임금수준이 점점 높아짐으로써 불만족은 사라진다.

그러나 일정한 수준을 넘어서까지 계속 임금수준이 높아졌다고 하더라도 직무에 대한 만족이 증대되어 일에 대한 적극적인 태도가 생기는 것은 아니다. 〈그림 9-4〉에서 보는 바와 같이 위생요인이 충족될 경우 불만족상태(-)에서 무불만족상태(0)로 이행된다. 그러나 그 이상을 넘지 못하는 한계가 있다.

〈그림 9–4〉 전통이론과 허즈버그 이론

동기유발요인의 특성은 그 요인이 충족되지 않아도 불만은 없지만 일단 충족되기만 하면 만족에 크게 영향을 줄 수 있고, 일에 대한 적극적인 태도를 유도할 수 있다는 것이다. 〈그림 9–4〉에서 보는 바와 같이 동기유발요인이 충족될 경우, 중립적인 무만족상태(0)에서 만족상태(+)로 진행된다. 그러므로 이 요인에는 불만족상태가 없다.

이상과 같은 2요인이론에 비추어 볼 때, 관리자가 종업원들에게 동기부여를 하기 위해서는 일단 어느 정도 위생요인을 충족시켜준 후에 동기요인에 주의를 기울이는 것이 효과적일 것이라는 것을 알 수 있다.

4. 맥클랜드의 학습욕구이론

맥클랜드(D.C. McClelland)는 학습개념과 관련된 3가지 유형의 동기유발 욕구를 밝혀냄으로써 동기유발문제를 이해하는데 공헌하였다. 그는 많은 욕구들이 교양(학습)으로부터 얻어진다고 믿었는데, 그 가운데 3가지가 ① 친화욕구, ② 권력욕구, ③ 성취욕구이다. 이 3가지 욕구는 모두 조직을 잘 움직이게 하는 것과 관련이 있으므로 경영에 있어 중요하다. 어느 조직에서나 그 구성원들은 목표를 성취하기 위하여 함께 일하고 있으므로 성취욕구는 특히 중요하다.

1) 친화욕구

친화욕구(need for affiliation)는 n-Aff로 표시된다. 친화욕구가 강한 사람들은 사랑을 받음으로써 즐거움을 끌어내고, 사회집단으로부터 거부당하는 괴로움을 피하려고 한다. 그들은 개인적으로 즐거운 사회관계를 유지하는데 관심을 갖게 되고, 다른 사람들과 친교관계를 즐기려고 하며, 곤란한 사람들을 기꺼이 위로하거나 도우려고 한다.

2) 권력욕구

권력욕구(need for power)는 n-Pow로 표시된다. 권력욕구가 강한 사람들은 영향력과 통제력을 행사하는데 큰 관심을 가지고 있다. 그러한 사람들은 일반적으로 지도자의 위치를 찾는다. 즉, 그들은 가끔 논쟁을 벌이기도 하지만 흔히 말 잘하는 달변가들로서 대중연설을 즐긴다. 또, 그들은 열정적이고, 솔직하고, 완고하며, 엄격하다.

3) 성취욕구

성취욕구(need for achievement)는 n-Ach로 표시되며, 성취욕구가 강한 사람들은 성공에 대한 강렬한 열망 못지않게 실패에 대한 두려움도 가지고 있다. 그들은 도전해 보려고 하고, 적당히 어려운(그러나 불가능하지는 않은 것) 목표를 설정하며, 위험에 대해서는 현실적인 접근을 시도한다. 그들은 결코 도박사들이 아니라 오히려 문제를 분석·평가하기를 더 좋아하고, 수행한 일에 대해서는 혼자 책임을 지며, 그들이 하고 있는 일에 대해서는 즉각적이고 구체적인 피드백을 원한다. 또, 그들은 오랜 시간 일하기를 좋아하고, 실패하는 경우 그 실패에 대해 부당하게 걱정하지 않으며, 일을 혼자서 처리하고자 하는 경향이 있다.

맥클랜드는 이들 욕구 가운데 어느 것이 사람에게 강력하게 나타날 때, 그것의 효과는 그 사람을 동기유발시켜 그 욕구의 충족을 위해 행동을 하게 한다고 주장하였다. 그리고 그의 연구에 의하면, 기업가들은 아주 높은 성취욕구와 높은 권력욕구를 갖고 있으나 친화욕구는 매우 낮게 갖고 있다는 것이다. 관리자들도 일반적으로 높은 성취 및 권력욕구와 낮은 친화욕구를 보여주었으나 기업가들처럼 그렇게 높거나 낮지는 않았다.

제3절 동기유발의 과정이론

동기유발의 내용이론들은 관리자들에게 종업원들로 하여금 동기유발된 행동을 일으키도록 하는 특정 직업관련 요인들을 보다 잘 이해시켜 주었다.

그러나 이들 이론은 왜 사람들이 목표를 달성하기 위하여 특정 행동 방식을 선택하는지에 대해서는 별로 설명을 하지 않고 있다. 이러한 '선택'측면에 초점을 맞춘 것이 바로 동기유발의 과정이론이다. 즉, 내용이론이 행동을 일으키는 욕구와 충동에 초점을 맞춘 데 반해 과정이론은 어떻게 개인의 행동이 활기를 띠고 방향을 잡고 나아가며, 또 지속되고 멈추어지는가 하는 문제에 관여한다. 이러한 과정이론에는 기대이론(expectancy theory)과 공정이론(equity theory)이었다.

1. 브룸의 기대이론

1) 기대이론의 개념

그동안 개발된 동기유발의 기대이론들 가운데 브룸의 기대이론(Vroom's expectancy theory)이 가장 유명하다. 브룸(V.H. Vroom)은 사람들이 어떤 목표의 가치를 믿고, 또 그들이 하는 일이 그것을 달성하는데 도움이 될 것이라는 것을 알 수 있으면, 사람들은 동기유발이 되어 그 목표를 성취하는 일을 하게 될 것이라고 주장하였다. 그것은 이 세상에서 행해지는 모든 일은 희망(기대) 속에서 행해지는 것이라고 표현한 것과 마찬가지이다.

좀더 자세히 말하면, 브룸의 이론은 어떤 일을 하려고 하는 사람들의 동기유발은 그들이 자신들의 노력 결과에 두는 가치와 자신들의 노력이 목표를 달성하는데 도움이 될 것이라고 믿는 확신(또는 기대)의 곱으로 결정될 것이라는 것이다.

$$\text{동기유발의 힘} = \text{유인가} \times \text{기대성}$$

여기서 동기유발의 힘(force)은 사람의 동기유발의 강도이고, 유인가(valence)는 어떤 결과에 대한 개인의 선호도이며, 기대성(expectancy)은 특정행위가 원하는 결과를 가져올 가능성이다. 〈그림 9-5〉는 동기유발과정을 나타낸 브룸의 기대이론의 기본모형이다.

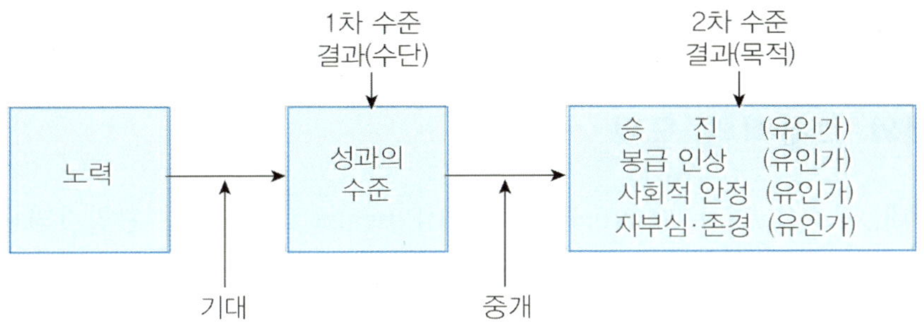

〈그림 9-5〉 기대이론의 기본모형

브룸의 이론을 구성하는 주요 변수들은 기대(expectancy), 유인가(valence), 결과(outcome), 중개(instrumentality), 능력(ability), 선택(choice) 등인데, 이들의 개념을 알아봄으로써 기대이론을 이해하는데 도움이 될 것이다.

① **기대**(expectancy) : 어떤 특정행위가 어떤 특정결과를 가져 올 수 있을 것이라고 하는 신념인데, 그 신념의 정도는 0에서(행동과 주어지는 결과 사이에 전혀 관계가 없는 것) 1까지(어떤 행동이 어떤 결과를 가져올 것이 확실한 것)의 값을 갖는다.

② **유인가**(valence) : 어떤 종업원이 어느 특정 결과를 선호하는 강도를 말한다. 기대와는 달리 유인가는 플러스(+)값이나 마이너스(−)값을 가질 수 있다. 작업상황에서 우리는 봉급인상, 승진, 상사로부터의 인정과 같은 결과가 (+) 유인가를 갖게 되기를 기대할 것이고, 동료들과의 마찰, 직무에 대한 압박감, 상사로부터의 책망과 같은 결과는 (−) 유인가를 갖게 되기를 기대할 것이다.

③ **결과 또는 보상**(outcome or rewards) : 결과나 보상은 어떤 특정행동의 최종산물인데, 1차수준 또는 2차수준의 결과로 구분될 수 있다. 1차수준 결과와 2차수준 결과가 어떻게 연결되는가를 보여주기 위하여 수단-목적(means-end)의 체계가 이용된다. 일반적으로 1차수준의 결과는 작업목표달성과 같은 성과의 측면을 지칭하는 것으로서 개인의 과업수행노력의 결과라고 볼 수 있다

④ **중개 또는 매개**(instrumentality) : 1차수준과 2차수준 결과 사이의 관계를 지칭하는 것으로서, +1.0과 −1.0 사이의 값을 가질 수 있다. 만약, 1차수준 결과(예컨대, 높은 성과)가 반드시 2차수준 결과(예컨대, 높은 봉급인상)를 초래한다면, 그 중개값은 +1.0의 값을 갖는 것으로 이해될 것이다.

⑤ **능력**(ability) : 개인의 과업수행능력을 지칭한다.

⑥ **선택**(choice) : 개인이 결정하는 특정행동양식과 관련이 있다. 개인은 각 행동의

장점과 단점을 비교·측정하여 가치있는 결과를 초래할 행동을 선택한다.

2. 포터와 로울러의 모형

1960년대, 포터(Lyman Porter)와 로울러(Edward Lawler)는 관리자의 동기유발 문제를 알아보기 위하여 동기유발의 기대모형을 개발하였다. 그러나 그들의 모형은 그 후 경영조직 내에서 관리자가 아닌 사람들의 동기유발을 설명하는 데에도 크게 성공을 거두었다. 〈그림 9-6〉은 포터와 로울러의 기본적인 모형을 예시한 것이다.

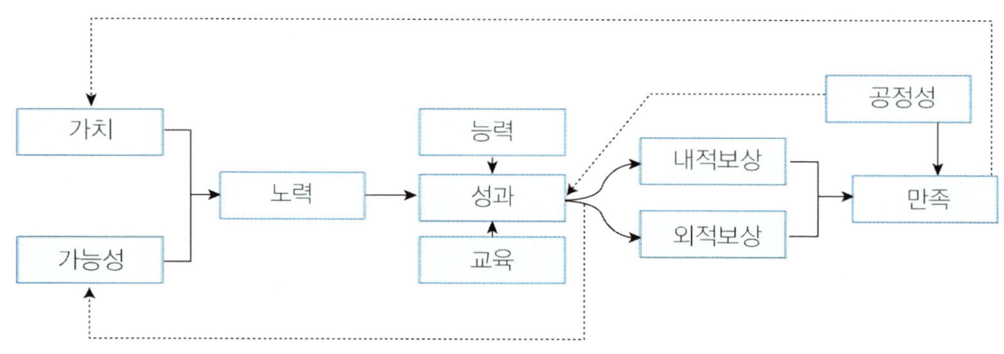

〈그림 9-6〉 포터와 로올러의 동기유발-성과-만족의 모형

이 모형의 첫째 요소는 어떤 특정의 행위와 관련된 결과에 대하여 개인적으로 판단하는 가치(브룸의 유인가와 같음)이다. 둘째 요소는 노력을 하면, 이러한 결과를 낳게 될 것이라는 가능성(브룸의 기대성과 같음)이다. 그 가치가 높으면 높을수록 그리고 그 가능성이 크면 클수록 그만큼 이바지하는 노력도 클 것이다. 즉, 동기유발시키는 힘이 강할 것이다.

그러나 노력한다고 해서 반드시 성과를 거두는 것은 아니다. 만약, 개인의 능력이나 교육이 부족하다면, 그 성과는 좋지 못할 것이다. 그리고 개인이 그 특정의 행위에 대한 보상을 받거나 혹은 받지 못할 때는 다음의 두 가지 상황이 발생한다.

① 노력이 예상한 결과를 가져올 것이라는 가능성에 대한 정확도를 확인하기 위하여 피드백 시켜본다.

② 개인은 만족을 느낄 수도 있고, 불만을 느낄 수도 있고, 혹은 아무것도 느끼지 못할 수가 있는데, 이들이 보상받게 될 가치를 변경시키게 될 것이다. 그런데 이와 같은 만족은 개인의 욕구에 의해서 뿐만 아니라, 그가 쏟은 노력에 비추어 그 보상이 얼마나 공정한가를 느끼는 정도에 따라서도 결정된다.

이와 같은 포터와 로울러의 모형이 내포하고 있는 뜻은 매우 넓어서 경영관리자에게 크게 도움이 된다. 여기서 '가치'라는 개념은 매슬로우의 욕구계층, 허즈버그의 2요인 그리고 브룸의 유인가의 개념을 모두 내포하고 있다. 그리고 '가능성'은 브룸의 기대성과 대응되는 것이고, '노력'은 브룸의 동기유발을 시키는 힘을 나타내고 있다. 그 밖에도 능력·교육 및 공정성과 같은 개념이 경영조직에 종사하는 종업원들의 생산성과 만족도에 영향을 미칠 수 있는 요인들로 도입되었다.

3. 아담스의 공정(성)이론

공정(성)이론(equity theory)은 만약 사람들이 그들이 받는 보상과 그들이 투입한 노력 사이에 차이(불공정)를 알게 되면, 그들은 그 차이를 줄이기 위하여 동기유발을 일으킨다고 말하고 있다. 더구나 그 불공정(차이)이 크면 클수록, 그만큼 더 사람들은 그것을 줄이기 위하여 동기유발을 일으킨다는 것이다.

아담스(J.S. Adams)가 이 이론을 개발하였는데, 그는 사람(장본인)이 그의 직무산출(job outcome) 대 직무투입(job input)의 비율이 다른 사람(참고인)의 산출 대 투입의 비율과 비교하여 똑같지 않다고 느낄 때는 언제나 차이, 즉 불공정이 존재하는 것으로 규정하고 있다. 참고인 또는 조회인은 조직 내에 있는 동료일 수도 있고, 조직 밖의 다른 사람들일 수도 있다.

이 공정거래에서 투입은 종업원 개인이 직무에 투입하거나 이룩하는 노력·재능·교육·과업성과와 같은 것들을 말하며, 산출은 과업 완수로부터 얻어지는 보상으로서, 가령 봉급, 승진, 인정, 성취 및 지위 등과 같은 것을 지칭한다.

아담스는 개별 종업원들이 투입과 산출을 대략 비슷한 지위의 다른 사람들과 비교할 것이라고 가정한다. 만약, 두 비율이 균형을 이루지 않으면, 그 사람은 그 불공정을 줄이기 위하여 동기유발이 된다.

〈그림 9-7〉은 어느 사람에 대한 공정 불공정(equity inequity)의 가능성을 예시한 것이다. 이 그림은 3단계의 과정을 나타내고 있다. 즉, ① 본인과 참고인 사이의 산출/투입비율의 비교, ② 결정(공정=만족, 불공정=불만족), ③ 불공정을 줄이기 위해 동기유발된 행동을 보여주고 있다.

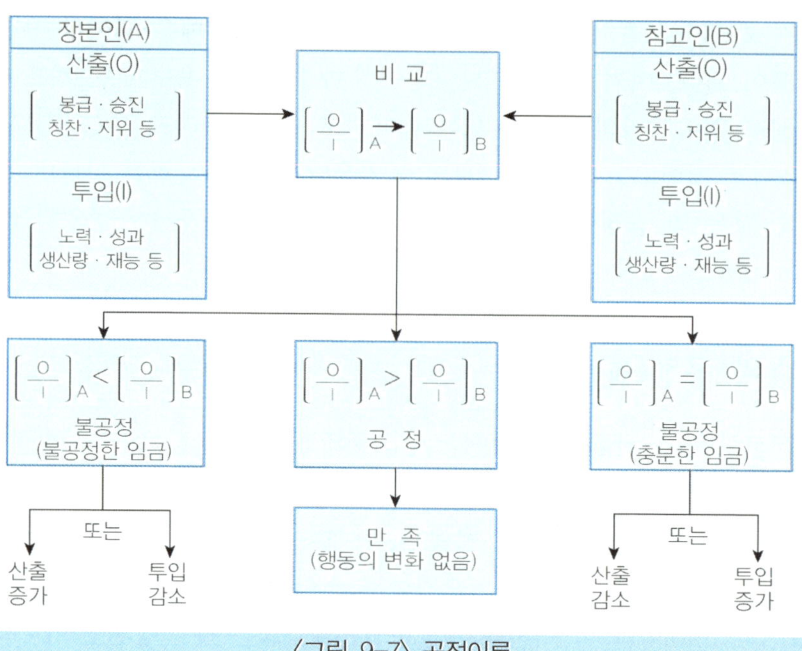

〈그림 9-7〉 공정이론

불공정한 상황을 줄이기 위하여 사람이 취할 수 있는 행동방식에는 다음과 같은 몇 가지가 있다.

① 장본인에 대한 불공정이 보다 낮은 산출/투입 비율에 의하여 야기될 때(불충분한 임금), 그 사람은 참고인과 비교하여 산출을 증진시키려고 할 것이다.

② 생산성을 줄이거나 작업시간을 끌어 늘림으로써 노력 및 재능의 투입을 감소시킬 것이다.

③ 보다 현실적인 비교를 할 수 있도록 장본인이 참고인과 직무를 바꾸어 보는 것이다. 그리고 장본인의 산출/투입비율이 참고인의 것보다 크기 때문에 불공정이 야기될 경우(아주 충분한 임금), 그 사람은 산출을 줄이거나 또는 투입을 늘림으로써 이러한 불공정을 제거하려고 동기유발이 될 것이다.

제4절 동기유발의 기법

관리자들이 이용할 수 있는 동기유발기법은 무엇인가? 동기유발 자체가 매우 복합적이고 개별적인 것이므로 한 가지 최선의 답은 있을 수 없지만, 경영학자들이나 실무자들은 꽤 많은 동기유발기법들을 제시하고 있다. 이들 동기유발기법들은 성과를 올리고 직무만족을 증대시키는데 초점을 맞추고 있으며, 특히 포터와 로울러의 모형에서 볼 수 있는 바와 같이 성과를 이룩하기 위한 외적보상과 내적보상을 마련해 주는 것들이다. 전자의 것으로는 화폐적 보상(monetary rewards)이 가장 큰 비중을 점하고 있고, 후자의 것으로는 직무적 확충(job enrichment)이 주목을 받고 있다.

1. 화폐적 보상

1) 동기유발요인으로서의 화폐

화폐는 그것이 임금, 상여금 또는 그밖의 어떤 형태로든 성과에 대한 대가로 지불될 때 중요한 동기유발요인이 된다.

테일러(F. Tailor)의 과학적 관리시대에는 유일한 동기유발요인으로서 독보적 위치를 누렸지만, 인간관계론시대에 와서는 그 위치가 크게 격하되었다. 그리고 최근에는 행동과학의 발달과 함께 그 중요성이 다시 각광을 받고 있다. 그 이유는 화폐가 많은 사물을 상징할 수 있으며, 또 많은 사물을 얻는 수단으로 사용될 수 있는 측면이 발견되었기 때문이다.

2) 동기유발요인으로서의 문제점

화폐가 훌륭한 동기유발요인임에도 불구하고, 그것이 동기유발요인으로 작용할 때, 과연 그 영향력이 모든 경우에 똑같이 발휘될 수 있을까? 하는 문제가 제기된다. 비록 화폐가 좋은 동기유발요인의 역할을 할 수 있다고 하더라도 관리자들이 이를 동기유발요인으로 이용할 때는 다음 사항을 고려해야 한다.

① 동일한 가치를 지닌 화폐일지라도 그 중요도는 사람에 따라 다르다.

② 돈을 벌고자 하는 욕망은 개인의 성격과 사회조직에 따라 다르게 나타난다. 그러므로 인간의 화폐에 대한 욕구는 개인의 개성과 그가 속해 있는 사회조직의 문화나 관습에 따라 다를 것이다.

③ 조직에서 비슷한 지위에 있는 사람들의 임금수준을 비슷하게 조정함으로써 동기유발요인으로서의 화폐는 다소 무뎌질 수 있다. 그러므로 동기유발요인으로서의 화폐는 그 자체만 가지고 고려될 수 없고, 지위 등과 같은 다른 상황요소들과 결부시켜 고려되어야 한다.

2. 직무확충

1) 직무확충에 의한 직무설계

종업원들의 직무성과를 높이기 위해서는 화폐를 중심으로 한 외적 보상도 중요하지만 직무자체와 관련된 내적보상은 더욱 중요하다. 내적보상은 직무자체가 성취·책임·인정·성장에 대한 기회를 줄 수 있는 것에서 얻어진다. 이를 위하여 조직에서는 흔히 직무확충이라고 하는 직무설계기법을 이용하고 있다.

직무확충(job enrichment)이란 종업원들이 그들의 직무를 수행함에 있어 그들로 하여금 직무의 실행뿐만 아니라 그 직무의 계획과 통제의 측면도 어느 정도 담당하도록 직무를 설계하는 것을 말한다.

이와 같은 직무확충은 곧 종업원들로 하여금 보람되고 뜻있는 직무를 수행하게끔 하려는 것인데, 그동안 직무설계가 어떻게 이루어져 왔는가를 알아봄으로써 그 의미를 보다 분명히 이해할 수 있을 것이다.

그러나 근래에 들어와서 행동과학자들에 의하여 이러한 직무설계의 원리에 대한 폐단이 지적되었다. 즉, 고도의 분업과 전문화는 필연적으로 직무권태와 직무불만족을 초래하고, 이는 다시 피로·긴장·결근·전직·이직과 같은 많은 부작용을 유발하게 되며, 결국에는 성과를 크게 떨어뜨린다는 것이다. 그리하여 행동과학자들에 의해 새로운 직무설계방식이 제시되었는데, 이를 직무확대(job enlargement)라고 한다. 즉, 직무확대란 종업원들로 하여금 그의 기본과업은 물론이고 다른 관련과업을 동시에 수행하도록 하여, 개인의 직무를 기본과업으로부터 보다 넓게 확대시키는 직무설계기법이다.

직무확충(job enrichment)은 허즈버그의 2요인이론이 바탕을 이루는데, 이는 종업원을 적극적으로 동기유발시켜 직무만족과 성과를 높이기 위해서는 직무자체가 성취·인정·책임·성장 및 발전의 기회를 제공하게끔 설계되어야 한다는 것이다. 이는 단순히 직무의 수를 양적으로 '확대하는 것'(enlargement)과 구별되어 직무의 내용을 질적으로 '충실하게 만드는 것'(enrichment)이다. 그리고 일반적으로 직무확충(직무충실)은 다음과 같은 성질을 내포하고 있다.

① 개별 종업원들에게 그들의 작업을 통제하고 기술을 개발할 수 있도록 최대한의 자유를 준다.

② 각 개인에게 의미가 있고 해볼만하며, 보람을 느낄 수 있는 과업을 제공하도록 직무를 설계한다.

③ 상급자와 하급자를 구분하는 신분의 차별을 없애고, 대신 공동목표를 추구하는 팀의 개념을 강조한다.

2) 직무확충의 한계

직무확충은 많은 기업에 적용되어 생산성이 향상되고, 결근율과 이직률이 줄어들며, 사기가 올라가는 등 좋은 성과를 거두고 있다. 그러나 이에 못지않게 적지않은 문제점들도 지적되어 비판을 받고 있다.

① 기술과 관련된 문제로서 고도의 전문화된 기계나 조립공정기법이 이용되는 상황에서 모든 직무를 의미있는 것으로 결코 만들 수 없다는 것이다. 특히, 조립라인에서 여러 사람이 팀을 구성하여 작업을 할 경우 오히려 작업진행이 느리고 비용도 많이 든다.

② 작업자들은 책임을 지기 싫어하고, 참여를 꺼려한다는 것이다. 특히, 육체노동을 하는 작업자들은 오히려 일정한 방법에 의하여 기계적으로 일하기를 바라고, 머리를 쓰면서 창의적이고 적극적인 활동을 하기를 싫어하며, 직무의 책임을 될 수 있는 대로 지지 않으려는 경향이 있다.

③ 내적보상으로 성과를 증진시키기 위해 시도되는 직무확충의 노력은 그 직무상 처음 얼마 동안은 직무의 성격 자체에 관심을 갖게 되지만, 시간이 경과함에 따라 직무 자체에는 무관심해지고, 오히려 감독의 성질, 동료와의 관계 그리고 임금 등 직무의 외적특성에 더욱 관심을 갖게 된다는 것이다.

이와 같은 비판적인 견해에 비추어 볼 때, 조직이 직무확충을 동기유발 프로그램으로 사용하고자 할 경우, 먼저 개인차를 고려하여 이를 선별적으로 적용하여야 한다.

따라서 직무확충이 모든 종업원에게 적용되어 성공을 거두기 위해서는 외적보상에 의한 불만족요인(위생요인)을 어느 정도 충족시킨 다음, 내적보상에 의한 동기유발요인을 만족시키는 방향으로 나아가야 할 것이다. 그리고 앞으로는 직무확충의 차원을 넘어서 보다 넓은 시각에서 근로생활의 질이나 작업의 인간화에 역점을 두는 직무설계 방안이 강구되어야 할 것이다.

기업사례

빌 게이츠의 경영철학

1. 빌 게이츠의 출생과 성장

1955년 10월 28일에 태어난 게이츠는 시애틀에서 두 여동생들과 자랐다. 그의 아버지 윌리엄 H. 게이츠Ⅱ는 변호사였다. 그리고 그의 양어머니 메리 게이츠는 학교 선생님이자 워싱턴 대학의 학생감(United way international의 회장)이었다.

게이츠는 공립 초등학교와 사립 레이크 사이드 학교를 다녔다. 거기서 그는 소프트웨어에 대한 관심을 갖게 되었고, 13세부터 컴퓨터 프로그래밍을 시작했다.

1973년 게이츠는 하버드 대학에 신입생으로 입학하였다. 하버드에 있는 동안 게이츠는 첫 번째 마이크로 컴퓨터인 MITS Altair의 프로그램 언어인 BASIC을 개발했다.

세계 컴퓨터산업을 이끌어 가는 기업인으로 세인의 관심을 모으고 있는 마이크로소프트사의 회장인 빌 게이츠의 신화는, 1975년 뉴멕시코주 엘버쿼크시의 다 쓰러져 가는 건물 한 구석에서 시작되었다.

그는 하버드 대학 수학과에 재학중, 대학선배 폴 앨런과 함께 대형 컴퓨터에 주로 사용되었던 프로그래밍 언어 베이직을 PC에서도 사용할 수 있게 개발하였다. 그리고 학교를 중퇴한 뒤, 1,500달러로 소프트웨어 전문회사인 마이크로소프트사를 창업하였다. 그때만 해도 소프트웨어보다는 하드웨어가 더 큰 비중으로 컴퓨터 업계를 이끌어 갔기 때문에, 마이크로소프트사는 최초의 PC용 언어였던 '베이직' 덕택으로 차곡차곡 성장의 기틀을 다질 수 있었다. 마이크로소프트사는 1979년 워싱턴주 벨뷰로 이전하면서 그 때까지와는 전혀 다른 차원의 고속성장을 이루게 되었다.

컴퓨터의 천재, 미국 제1의 갑부, 마이크로소프트사의 회장 빌 게이츠는 천재성 이외에도 철저한 검약정신, 완벽한 업무관리 등으로 세계적인 기업인이 되었다.

2. 마이크로소프트사의 신화 탄생

1981년, 빌 게이츠에게 도약의 날개를 달아준 사건이 발생하였다. 세계 최대의 컴퓨터 회사인 IBM이 그에게 손을 잡자고 제의한 것이었다. 마이크로소프트사는 IBM의 PC개발 프로젝트의 파트너로 참여하게 되면서 1981년 불후의 명작 MS-DOS를 내놓았다. MS-DOS는 발표된 지 1년만에 50여 개 소프트웨어 개발 업체들의 지원을 받는 운영체제로 자리잡게 되면서, 무려 1억 2천만 개나 판매되는 기록을 남겼다. 이 운영체제는 컴퓨터를 움직이는 기본 프로그램이다. 따라서 IBM-PC든 호환기종이든 모든 PC는 빌 게이츠가 만든 MS-DOS를 사용하게 되었다.

마이크로소프트사는 MS-DOS를 개발하고 약 10년 뒤인 1990년 3월에 또 하나의 신화를 창조한다. 이것은 새로운 운영체제인 '윈도즈' 프로그램으로 일일이 명령어를 입력하는 DOS와 달리 마우스의 간단한 조작으로 쉽게 작동할 수 있게 한 것이다. 마이크로소프트사는 이 소프트웨어의 개발과 함께 세계 컴퓨터 업계에 엄청난 반향을 일으켰고, 컴퓨터 업계의 거목으로 성장하게 되었다.

3. 빌 게이츠의 경영철학

빌 게이츠는 개인과 기업용 컴퓨터 소프트웨어, 서비스, 인터넷 기술의 세계적 선도자인 마이크로소프트사의 회장이자 수석 소프트웨어 개발자이다. 2004년 6월 말, 마이크로소프트사는 368억4천 달러의 소득을 올렸고, 85개국의 55,000명이 넘는 사람들을 고용하였다.

그리고 게이츠 개인의 재산도 가히 천문학적 수치이다. 2017년 3월, 미국 경제잡지 포브스에 의하면, 그의 재산 규모는 840억 달러(약 95조 원)으로 작년도 세계 1위의 자리에서 2위가 되었다. 그 이유는 많은 기부금으로 인한 재산 감소였다고 한다.

이렇게 빌 게이츠는 엄청난 재산을 갖고 있음에도 불구하고, 생활은 소박하고 검소하다. 지금도 매일 15시간씩 일하며 정장보다 청바지를 즐겨 입고, 비싼 고급 요리보다는 피자나 햄버거를 즐기고, 장거리 출장을 갈 때도 1등석 보다는 일반석을 즐겨 찾는다. 그의 검약성은 마이크로소프트사의 성장에 하나의 초석이 되었다는 평가를 받고 있다.

빌 게이츠 회장은 자신의 재산 중 1천만 달러만 자녀들에게 물려주고 나머지는 전부 사회에 환원하겠다고 1993년에 공식 발표하기도 하였다. 또한, 빌 게이츠는 경영에서도 탁월한 수완을 발휘하고 있다. 마이크로소프트사의 건물을 대학 캠퍼스처럼 만들어 직원들이 자유로운 직장 분위기 속에서 높은 생산성을 낼 수 있도록 하며, 경쟁회사를 설득하여 자신의 편으로 만들어 버린다.

이러한 사실은 미국 포춘(Fortune)지에서 마이크로소프트사의 성공비결을 분석한 결과에서도 확인된다. 빌 게이츠의 경영철학인 검약성, 철저한 업무관리, 무적불패 정신, 정예요원화, 신상품 분석, 천부적인 수완 등으로 인해 마이크로소프트사의 오늘이 존재한다는 분석이다.

1999년, 게이츠는 컴퓨터가 어떻게 기업의 문제를 근본적으로 새로운 방법으로 해결할 수 있는지에 대하여 『생각의 속도』를 출판하였다. 이 책은 25개 언어로 번

역되었으며, 60개가 넘는 나라에서 출판되었다. 『생각의 속도』는 큰 호평을 받았으며, 뉴욕 타임즈, USA Today, Wall Street Journal과 Amazon.com의 베스트셀러 목록에 올랐다. 그리고 게이츠의 『미래로 가는 길』(1995)은 뉴욕타임즈지의 베스트셀러 1위를 7주동안 기록하였다.

게이츠는 컴퓨터와 소프트웨어뿐만 아니라 생물공학에도 관심이 있다. 그는 단백질을 기반으로 한 그리고 작은 분자 치료의 전문기업인 ICOS의 중역이다. 그리고 그는 다른 여러 생물공학 기업들의 투자자이다. 게이츠는 또한 전 세계의 국립, 사립 전시회의 예술품, 사진 등에 대한 광범위한 디지털 기록인 영상 자료개발 기업인 Corbis를 세웠다.

자선사업 또한 게이츠에게는 매우 중요하다. 그와 그의 아내 멜린다는 국제적인 건강, 교육에 대한 자선 사업단체와 국제 건강을 위해 일하고 있는 단체에 많은 금액을 기부했다. 또한, 미국과 캐나다의 소득 수준이 낮은 지역의 도서관에 컴퓨터를 보급하고, 인터넷 연결, 교육 사업 등을 포함한 교육 기회 증진을 위해 도움을 주었다.

2017년 한 해 동안 미국에서 가장 큰 금액을 한 번에 기부한 자선가도 빌 게이츠와 멜린다 게이츠 부부로 나타났다. 빌 게이츠 부부는 자신들이 설립한 '빌 앤드 멜린다 게이츠 재단'에 마이크로소프트 주식 46억 달러(약 4조 9,000억원)어치를 기부했다. 빌 앤드 멜린다 게이츠 재단은 세계에서 가장 큰 민간 자선 재단으로 국제적 빈곤 퇴치, 보건 의료 확대, 교육 기회 제공을 위한 활동을 벌이고 있다.

연습문제

9-1. 동기유발의 개념을 설명하라.

9-2. 동기유발의 기본모형을 설명하라.

9-3. 매슬로우의 욕구단계를 설명하라.

9-4. 알더퍼의 ERG이론을 설명하라.

9-5. 매슬로우와 알더퍼의 욕구단계를 비교 설명하라.

9-6. 허즈버그의 2요인이론을 설명하라.

9-7. 맥클랜드의 학습욕구이론을 설명하라.

9-8. 브룸의 기대이론을 설명하라.

9-9. 동기유발의 기법을 설명하라.

Chapter 10

통제의 성질과 목적

제1절 통제의 의의와 유형

1. 통제의 의미

통제(control)는 조직이 목표를 달성하는 것을 확인하는 과정으로, 실적을 평가하고, 필요하다면 시정조치를 취하는 것이다. 그러므로 통제기능(controlling)은 표준을 설정하고, 실제성과를 측정하며, 그 성과가 표준으로부터 크게 벗어날 때는 시정조치를 취하는 것을 내포한다.

그리고 통제기능은 최고경영자로부터 하부감독자에 이르기까지 모든 관리계층에 존재한다. 물론 통제의 범위가 관리자들 사이에 다르지만, 모든 계층의 관리자들이 계획을 실행하여야 하므로, 통제는 모든 계층에서 꼭 필요한 관리기능이다.

2. 통제의 중요성

계획·조직·지휘의 관리기능들이 완전무결하게 수행된다면, 통제기능은 거의 필요가 없을 것이다. 그러나 이들 관리기능이 수행되는 과정에서 어떤 실수나 비효과적인 지휘방식이 나타나기 마련이고, 이로 말미암아 의도했던 목표로부터 벗어나는 불필요한 편차를 시정하지 않으면 안된다. 그러므로 통제는 필요하다.

통제기능은 계획·조직·지휘의 기능들 없이는 존재할 수 없으며, 이들 3가지 관리기능들과 밀접한 관련을 가지고 있다. 그러므로 이들이 서로 긴밀히 결합되면 될수록 그만큼 통제기능은 효과적이다. 이 가운데서도 통제기능은 계획기능과 더욱 밀접한 관계를 가지고 있다. 왜냐하면, 계획기능은 미래의 성과를 위하여 시도되는 행위의 이행을 약속하는 것이며, 통제기능은 그 약속이 실행되도록 돌보는 것이다.

따라서 통제의 실패는 계획의 실패를 의미하고, 계획의 성공은 통제의 성공을 의미한다. 그리고 통제의 목적은 어디까지나 긍정적인 것이며, 결코 부정적으로 보아서는 안 된다는 점을 유의하여야 한다.

오늘날 조직은 그 성격상 통제를 필요로 하는 요인들을 많이 가지고 있다. 그 가운데는 ① 변화하는 조직의 환경, ② 증대되는 조직의 복잡성, ③ 조직구성원들의 범실, ④ 권한위양의 필요성 등이 내포되어 있다

1) 조직환경의 변화

아무리 안정된 산업분야라 할지라도 계획기능과 통제기능이 일치할 만큼 안정적일 수는 없으며, 그러한 상황은 존재하지 않는다. 그러므로 어떤 조직환경에서든 변화는 불가피한 것이다. 즉, 시장이 변하고, 신제품이 나타나며, 새로운 소재도 발견되고, 새로운 규정도 통과된다. 통제기능을 통하여 관리자들은 그들 조직의 제품이나 용역에 영향을 미치는 변화들을 탐지하여야 한다. 그리고 그들은 이들 변화가 야기시키는 위험이나 기회에 대처해야 한다.

2) 조직의 복잡성

소규모 가족회사의 경우는 비공식적이고 무계획적인 방법으로도 통제될 수 있다. 그러나 오늘날의 방대한 조직은 보다 공식적이고 치밀한 통제를 요구하고 있다. 즉, 다양한 제품들은 그 품질과 수익성이 유지되도록 항상 주의깊게 검토되어야 하고, 소매점에서의 판매량은 정확히 기록되고 분석되어야 하며, 조직의 여러 시장(국내와 해외) 상황도 항상 철저히 조사되어야 한다.

3) 조직구성원들의 실수

관리자들이나 종업원들이 잘못을 저지르지 않는다면, 그들은 단순히 실적의 표준을 설정하여 심각하거나 예기치 않은 환경의 변화를 주시할 수 있다.

그러나 조직구성원들은 실수나 범실을 하기 마련이다. 가령, 자재나 부품을 잘못 주문한다든지, 가격결정을 잘못한다든지, 또는 문제를 잘못 이해하는 경우가 있다. 그러므로 통제시스템을 통하여 관리자들은 이러한 잘못들이 심각하게 되기 전에 그들을 탐색하고 시정할 수 있다.

4) 권한의 위양

관리자들이 권한을 부하들에게 위양하여도 관리자들 자신의 책임은 줄어들지 않는

다. 그래서 관리자들은 이를 위해 통제시스템을 이용한다. 즉, 관리자들은 부하들의 과업 달성 여부를 알 수 있는 유일한 방법이 통제시스템을 활용하는 것이라고 보고 있다. 통제시스템이 없으면, 관리자들은 부하들의 작업진척 상황을 도저히 파악할 수 없을 것이다.

3. 통제의 유형

일반적으로 통제라고 하면, 완료된 행위의 측정과 평가에 초점을 맞추는 이른바 사후통제, 즉 피드백 통제(feedback control) 만을 생각하게 된다.

그러나 활동이 진행되고 있는 동안, 그 활동을 조정하는 동시통제(concurrent control)가 있으며, 또 특정 활동이 완료되기 전에 그 활동을 미리 조정해 가는 사전조정통제, 즉 피드포워드 통제(feedforward control)가 있다. 〈그림 10-1〉은 이들 3 가지 통제를 나타낸 것이다.

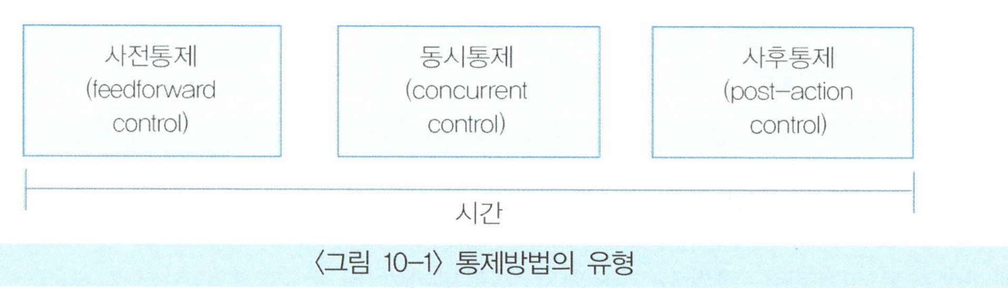

〈그림 10-1〉 통제방법의 유형

1) 피드백 통제

피드백 통제(feedback control)는 표준으로부터 벗어날 수 있는 미래의 편차를 바로잡기 위해 과거의 결과에 관한 정보를 이용하는데 초점을 맞추고 있다. 즉, 완료된 행위의 결과를 측정하고, 표준이나 계획으로부터 벗어나는 편차의 원인을 밝혀내며, 그것을 시정하게 된다. 그러므로 피드백 통제를 사후통제(post-action control)라고도 한다. 이러한 사실은 〈그림 10-2〉에 나타나 있는 경영통제의 피드백 과정을 살펴봄으로써 명확히 알 수 있다.

관리자들은 실제성과를 측정하고, 이 측정을 표준과 비교하여, 편차가 있는지를 확인하고 분석한다. 뿐만 아니라 필요한 시정조치를 취하기 위하여 그들은 시정활동의 프로그램을 개발하고, 이를 실행하여 원하는 성과에 이르도록 한다.

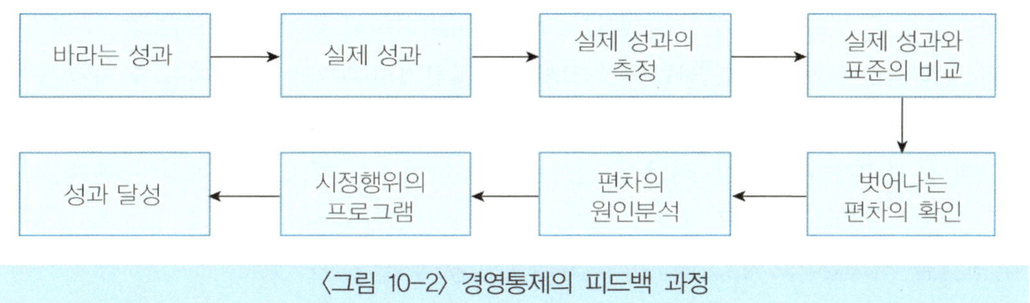

〈그림 10-2〉 경영통제의 피드백 과정

2) 동시통제

동시통제(concurrent control)는 작업이 진행되고 있는 동안 통제를 하는 것으로, 모든 운영통제시스템의 핵심을 이루고 있다. 마찬가지로 생산공장에서는 적시에 적량의 제품을 산출하는데 모든 노력이 집중된다.

오늘날 동시통제가 가능하게 된 것은 무엇보다도 방대한 자료를 신속·정확하게 수집·보관할 수 있는 컴퓨터의 활용으로 이른바 현실 정보(real time information)시스템의 개발 덕분이다. 이것이야말로 정보가 발생되고 있을 때 얻을 수 있는 생생한 현실정보인 것이다. 오늘날 여러 경영분야에서도 현실적인 자료를 여러 가지 방법으로 얻을 수 있다.

그러나 〈그림 10-2〉에 나타난 경영통제의 피드백 과정은 가장 단순한 일반적인 경우를 제외하고는 현실적인 정보가 현실적인 통제를 불가능하게 하고 있다는 점을 유의하여야 한다. 그리고 편차의 원인분석, 시정계획의 개발 그리고 그 계획의 실행은 많은 시간을 소비하는 과업이 되기 쉽다.

3) 사전조정통제

사전조정통제(steering control)는 피드포워드 통제(feedforward control)라고도 하는데, 이것은 표준이나 목표로부터 벗어나는 편차를 탐색하여 특정 행위순서가 완료되기 전에 시정조치가 취해질 수 있도록 고안된 것이다. 사전조정통제시스템은 투입요소가 계획대로 되어있는지를 확인하기 위해 진행과정의 투입요소를 점검한다. 만약, 그 투입요소가 계획대로 되어 있지 않으면, 투입요소나 진행과정은 원하는 결과를 얻기 위해 변경된다.

이 사전조정통제가 효과적이 되려면, 환경의 변화나 원하는 목표를 지향하는 과정에 대한 적절하고도 정확한 정보를 얻을 수 있어야한다.

경영통제가 효과적이 되기 위해서는 미래지향적이어야 하며, 관리자들은 미래지향적인 통제시스템을 필요로 한다. 그런데 미래지향적인 통제는 관리자들이 자료를 얻는데 어려움이 있기 때문에 실무에서 등한시되고 있다.

그러나 관리자들은 가장 최근의 정보를 이용하여 신중하고도 반복적인 예측을 하고, 원하는 수준과 그 예측을 비교하며, 또 예측이 정확히 이루어질 수 있도록 프로그램 변경을 시도함으로써, 어느 정도 효과적인 통제를 할 수 있다.

제2절 통제과정

통제시스템은 표준을 설정하고, 그 표준에 대하여 실적을 측정하며, 표준으로부터 크게 벗어나는 변동들을 시정조치하는 행위들을 내포한다. 〈그림 10-3〉에서 보는 바와 같이 이것은 곧 통제과정이 ① 표준의 설정, ② 성과의 평가, ③ 변동의 시정이라는 3가지 단계를 밟는다는 것을 의미한다.

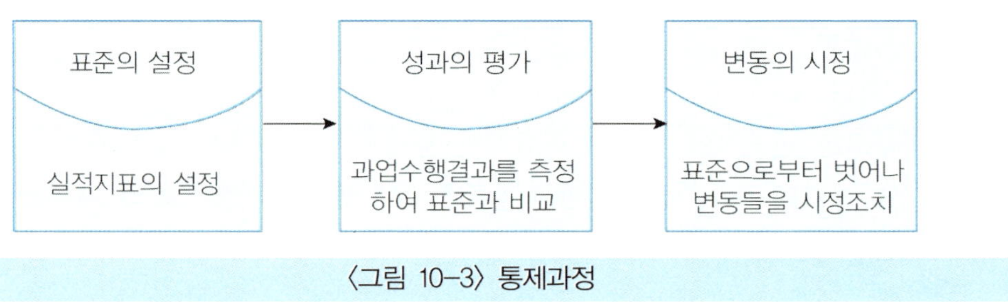

〈그림 10-3〉 통제과정

1. 표준의 설정

계획은 관리자들이 통제를 고안해 내는 기준이 되므로 통제과정의 첫 단계는 당연히 계획을 수립하는 것이어야 한다. 그런데 계획은 다양하게 변하고, 관리자들이 모든 것을 주시할 수 없으므로 특별한 표준이 설정된다. 즉, 표준은 실적의 기준이라고 간단히 정의할 수 있다.

1) 표준의 개념

표준(standard)은 기대되는 성과를 측정하는 척도이다. 그리고 표준은 관리에 통제의 융통성을 제공한다. 표준의 조정을 통하여 융통성을 부여하는 것은 통제가 융통성을 필요로 하기 때문에 매우 중요하다. 표준은 다음과 같은 2가지 목적을 가지고 있다.

① 동기부여를 할 수 있다.

② 실제성과가 비교될 수 있는 수준으로서의 역할을 한다.

분명한 것은 표준이 사람들에게 동기부여를 하여 높은 성과를 올릴 때, 통제시스템은 가장 효과적이다. 대부분의 사람들은 어떤 도전에 대응하고자 하므로, 조금 어려운 표준을 설정하는 것이 그들로 하여금 보다 성취감을 느끼게 할 것이다.

그러나 표준이 너무 높은 수준이어서 거기에 이를 수가 없다면, 오히려 사기를 저하시키는 결과를 가져올 것이다. 그러므로 너무 어려운 표준은 성과를 감소시키는 원인이 될 수 있다

2) 표준의 유형

많은 계획수립 프로그램의 모든 목표, 모든 활동, 모든 방침, 모든 절차 그리고 모든 예산 등은 성과가 측정될 수 있는 표준이 된다. 그러나 실제로 표준은 ① 물질표준, ② 원가표준, ③ 자본표준, ④ 수입표준, ⑤ 프로그램 표준, ⑥ 무형의 표준, ⑦ 표준으로서의 목표 등으로 나타난다.

(a) 물질표준

물질표준(physical standard)은 자재가 사용되고, 노동이 고용되고, 서비스가 제공되며 그리고 제품이 생산되는 조업활동에서 일반적으로 나타나는 비화폐적 척도이다. 그 표준들은 산출단위당 노동시간, 산출되는 마력당 연료의 파운드, 항공화물의 톤-마일, 기계 시간당 생산단위 또는 구리의 톤당, 철사의 피트 등과 같은 양을 반영하게 된다. 또한, 물질표준은 베어링의 견고성, 비행기의 상승속도, 직물의 내구성, 색채의 정착 또는 공차의 치밀성 등과 같은 질을 나타내기도 한다.

(b) 원가표준

원가표준(cost standard)은 화폐적 척도로서 물질표준과 마찬가지로 조업활동의 차원에서 공통으로 나타난다. 원가표준들은 화폐가치를 운영비용에 결부시키게 되며, 널리 이용되는 특정치들이다. 원가표준들을 예로 들면, 생산단위당 직접비와 간접비, 단위당 또는 시간당 노무비, 단위당 재료비, 기계-시간 비용, 판매 단위당 판매비, 석

유시추 거리(미터)당 비용 등이 있다.

(c) 자본표준

다양한 자본표준(capital standard)들이 있는데, 모두 화폐크기를 물질항목에 적용함으로써 나타난다. 자본표준들은 조업활동비보다 오히려 기업에 투자되는 자본과 관계가 있으므로, 손익계산서보다 대차대조표와 관련을 갖는다. 전반적인 통제를 위해서 뿐만 아니라 새로운 투자를 위하여 가장 폭넓게 이용되는 표준은 투자수익률일 것이다. 일반적으로 대차대조표가 유동자산과 유동부채의 비율, 고정투자와 총투자의 비율, 받을어음과 지급어음의 비율, 재고의 규모와 회전율 등과 같은 자본표준을 나타내 준다.

(d) 수입표준

수입표준(revenue standard)은 화폐가치를 판매에 결부시킴으로써 나타난다. 수입표준은 버스의 승객-거리당 수입, 고객당 평균매출액, 주어진 시장영역에서의 1인당 매출액 등과 같은 표준들을 내포한다.

(e) 프로그램 표준

관리자들은 흔히 변동예산 프로그램, 신제품 개발을 추진하기 위한 프로그램, 또는 판매원들의 자질을 향상시키기 위한 프로그램 등을 마련하는 업무를 맡게 된다. 이 경우, 프로그램 표준(program standard)은 프로그램의 성과를 추정함에 있어 주관적인 판단이 적용되는 것이 일반적이기는 하지만, 적절한 시기의 선정 및 그밖의 다른 요인들이 객관적 표준으로 이용될 수 있다.

(f) 무형의 표준

물질이나 화폐의 크기로 표시되지 않는 무형의 표준(intangible standard)은 설정하기가 어렵다. 관리자가 유능한지 어떤지, 광고 프로그램이 장·단기목표를 충족시키는지 안 시키는지, 홍보 프로그램이 성공적인지 아닌지, 또는 회사의 목적에 대하여 감독자는 얼마나 충실한지 등을 알아보기 위하여 과연 어떤 표준이 이용될 수 있겠는가? 그 표준은 명확한 양적 또는 질적 측정치로 나타날 수 없으므로 설정하기가 정말 어렵다.

(g) 표준으로서의 목표

보다 잘 관리되고 있는 기업들이 모든 경영계층에 타당한 질적이나 양적 목표의 네트워크를 설정하고 있는 오늘날의 추세에 따라 무형의 표준이 비록 중요하기는 하지만, 그것을 사용하는 빈도는 점차 줄어들고 있다. 관리자 자신들의 성과에 있어서 뿐만 아니라 복잡한 프로그램의 운영에 있어서 오늘날 관리자들은 조사와 연구를 통하여 성과표준으로서 이용될 수 있는 목표를 규정할 수 있다는 것을 발견하고 있다. 양적 목표가 위에서 설명한 표준들의 형태를 취할 수 있는데 반하여, 질적 목표는 표준의 영역에서 새로운 분야의 개발로 규정되고 있다.

2. 성과의 평가

1) 성과의 측정

성과를 표준과 대비하여 측정하는 일은 변동(편차)이 발생되기 전에 조사하여 적절한 조치에 의하여 미리 피할 수 있도록 미래지향적인 바탕에서 이루어져야 한다. 만약, 그러한 능력이 없는 경우라도 변동은 될 수 있는대로 빨리 확인되어 평가를 받아야 할 것이다.

표준이 적절히 설정되고, 부하들이 하고 있는 것을 정확히 파악할 수 있는 방법이 이용될 수 있으면, 기대되는 성과는 쉽게 평가될 수 있다.

그러나 기업경영활동에는 정확한 표준을 개발하기가 어려운 활동이 많고, 측정하기가 어려운 활동도 많이 있다. 예를 들면, 생산된 단위, 정리·보관된 서류, 분배된 표본 등과 같은 유형의 실적들에 대해서는 표준을 설정하기도 쉽고, 그 성과를 측정하기도 쉽다.

그러나 관리자의 개발, 종업원들의 개발, 효율적인 의사소통, 효과적인 구매 등과 같은 무형의 실적들에 대해서는 표준의 설정이나 성과의 평가가 한층 더 어렵다.

어쨌든 경영활동들이 조립라인, 공장 및 기계설비로부터 멀리 떨어질수록 그들을 통제하는 일은 한층 복잡해지고, 어렵게 된다. 그러므로 일반적 성과의 측정은 모두가 인정할 수 있도록 객관적이어야 하겠으나 주관적인 면을 완전히 배제할 수도 없는 것이다.

2) 표준과의 비교

성과를 측정한 다음, 그 성과를 이미 설정된 표준과 비교할 때 비로소 성과에 대한 완전한 평가가 이루어진다. 그리고 성과와 표준 사이에 어떤 차이가 발견될 때, 그 의미를 사정하기 위해 흔히 관리자의 현명한 판단이 요구된다. 표준으로부터의 비교적 작은 변동(편차) 만이 활동의 성과로서 인정될 뿐이다. 어떤 경우에는 아주 작은 편차도 큰 문제가 될 수 있다. 그러므로 통제업무를 수행하는 관리자들은 그들의 능력을 다하여 경영활동의 성과(결과)들을 분석·평가하고 판단하여야 한다.

이러한 점에서 표준을 벗어나는 편차를 정확히 측정하는 것이 크게 도움이 된다. 또한, 과업을 직접 수행한 사람들로부터 어떤 통제활동이 수행되어야 하는지를 알아보는 것도 도움이 된다. 뿐만 아니라 관련된 상황에 대한 추세적인 자료를 이용하는 것도 통제업무에 도움이 된다.

대부분의 경우, 성과를 표준과 비교하는 제단계는 될 수 있는대로 성과의 목표에 가깝도록 접근시켜야 한다. 이렇게 함으로써 통제활동이 촉진되고, 시정될 분야를 파악하게 되며, 결과적으로 최소의 손실을 초래하게 된다.

성과를 표준과 비교할 때, 관리자는 예외의 원칙을 적용하는 것이 바람직하다. 성과가 기대되는 결과와 같거나 거의 근접한 상황에 대해서는 관리자가 관여할 필요가 없다. 어떤 경영활동에서나 표준으로 부터 크게 벗어나는 심각한 변동을 보이는 항목의 수는 정상적인 것에 비해 아주 적은 것이 일반적인 상황이므로, 관리자가 이러한 예외적인 것에만 관심을 둠으로써 그의 과업은 크게 줄어들 수 있다.

3. 변동의 시정

단순히 표준을 설정하고, 성과에 대한 측정과 비교만으로 통제의 목적을 달성할 수는 없다. 표준과 성과 사이에 어떤 편차가 발생하였을 경우, 그 원인을 분석하고, 이의 시정을 위해 피드백시킴으로써 완전한 의미의 통제활동이 이루어지는 것이다. 물론 설정된 표준과의 편차가 발생하지 않는 경우에는 이 마지막 단계의 활동이 필요없게 되지만, 이 경우에도 표준이 과소하게 설정되지 않았는지 또는 측정과 비교에 잘못이 없는지를 다시 검토하지 않으면 안된다. 그리고 편차가 있을 때에는 수정활동이 행해지지 않는 한 통제의 목적은 달성될 수가 없게 된다.

편차의 수정활동은 통제가 전체 관리시스템의 한 부분이라는 것을 보여줄 수 있는 핵심적인 기능이며, 다른 관리기능과 밀접한 관계를 갖는다. 즉, 관리자들은 그들의 계획을 다시 설계하거나 목표를 수정함으로써 편차를 바로 잡을 수 있다. 또한, 그들이 임무의 명확한 규정과 재배정을 통하여 조직기능을 변경시킴으로써 편차를 수정할 수 있다. 그밖에도 그들은 직무에 대한 보다 충분한 설명과 보다 효과적인 리더십의 기법을 통해서도 수정할 수가 있다.

편차를 수정할 때, 그것이 최대의 효과를 거두기 위해서는 반드시 확고한 개인의 책임이 수반되어야 한다. 그리고 그 과업(편차를 수정하는 일)에 대한 책임을 특정 개인에게 지도록 하는 것이 목적을 달성할 수 있는 최선의 방법이다. 개인이 확고한 책임을 지는 것은 곧 그 과업을 자기 자신의 것으로 인격화하는 것이다. 만족할 만한 성과에 이르도록 필요한 행위를 취하는 것은 그의 임무이고 책임이다. 보통 이러한 수정활동은 실제성과에 대하여 권한을 행사하는 사람에 의해 실행된다. 그리고 심각한 변동이 나타나는 상황에 대해서는 어디에서나 즉각적이고도 강력한 시정행위가 전개되어야 한다. 효과적인 통제는 불필요한 지연이나 구실 또는 지나친 예외조치를 허용할 수 없다.

제3절 효과적 통제시스템의 설계 및 특성

1. 효율적 통제시스템의 설계

모든 관리자는 수행되는 활동들이 계획과 일치하는지를 확인하는데 도움이 되는 효과적인 통제시스템을 갖기 바란다. 그러나 모든 조직에 일률적으로 적용되는 통제시스템은 존재하지 않는다고 해도 지나친 말은 아니다. 가령, 판매부문에 적합한 통제도구는 생산부문의 그것과는 다르며, 같은 생산부문에서도 생산담당이사가 이용하는 통제도구와 일선감독자의 그것과는 다르다.

표준시간, 표준원가, 손익분기점, 재무비율과 같은 통제기법은 거의 모든 조직에서 이용하고 있지만, 특정조직의 욕구와 활동을 적절히 반영하는 다른 특수한 기법들을 이용하고 있는 통제시스템도 많이 있다. 이와 같은 점에서 볼 때, 통제시스템은 각 개별상황의 제약요인에 적합하도록 설계되어야 한다.

1) 계획과 장소에 맞추는 통제

모든 통제기법과 시스템은 그들이 따르도록 되어 있는 계획을 반영시켜야 한다. 모든 계획과 그 운영과정은 각기 독특한 성격을 지니고 있다. 관리자들이 필요로 하는 것은 그들이 책임지고 있는 계획이 어떻게 진행되고 있는지를 말해 줄 정보인 것이다.

통제는 직책에 맞추어 설계되어야 한다. 제조담당이사에게 요구되는 것은 분명히 일선 감독자에게 적합하지 않을 것이다. 판매부서에서의 통제는 재무부서에서의 그것과 다를 것이고, 그것은 또한 구매부서에서의 통제와도 다를 것이다. 그리고 통제의 본질은 계획의 구체적인 성격과 상황을 취급하고 반영할 수 있는 많은 통제들이 설계될수록 그만큼 그들은 효과적으로 경영의 필요성에 부응하게 될 것이다.

또한, 통제는 조직의 구조를 반영해야 한다. 조직은 기업경영에서 사람들의 역할을 명시하는 주요 수단이기 때문에 그 조직구조는 곧 계획의 집행과 그것으로부터의 변동에 대한 책임을 누가 질 것인지를 명확히 보여준다. 그러므로 통제는 조직구조를 반영하여야만 하고, 그 통제는 또한 책임소재가 분명한 조직체계를 반영시킬 수 있도록 주의깊게 설계될수록, 그만큼 그것은 관리자들로 하여금 계획으로부터 벗어난 변동을 쉽게 수정할 수 있도록 해 줄 것이다.

예산, 표준시간, 표준원가 그리고 여러 가지 재무비율과 같은 통제 기법들은 여러 상황에 보편적으로 적용될 수 있다. 그렇지만 널리 사용되는 이들 기법 가운데 어느 것도 주어진 어떤 특정 상황에서 반드시 적용될 수 있는 것은 아니다. 그러므로 관리자들은 통제를 필요로 하는 계획이나 운영과정에서 중요한 전략적인 요인들을 항상 파악하여, 그들에게 적합한 기법과 정보를 이용하여야 한다.

2) 개별관리자들에게 맞추는 통제

통제는 개별관리자들의 성향에 맞추어 설계되어야 한다. 통제시스템과 정보도 물론 개별관리자들은 그들의 통제기능을 실행하는데 도움이 되도록 설계하여야 한다. 만약, 관리자들이 통제시스템을 충분히 이해하지 못하면, 그것은 아무 소용이 없을 것이다. 사실, 사람들이 통제기법이나 통제정보를 이해할 수 있는지의 여부나 그들이 그것들 을 이해하기를 꺼려하는지의 여부가 중요한 것은 아니다. 문제는 사람들이 이해할 수 없으면 그들은 그것을 믿지 않을 것이며, 그들이 믿지 않으면 그것은 소용이 없다는데 있다.

정보를 이해할 수 있도록 설계하는 것은 곧 통제기법에도 적용된다. 비록 상당한 지식이 있는 사람들일지라도 지나치게 복잡한 전문적인 기법들에 대해서는 거부반응을 일으키게 된다.

따라서 이 분야의 전문가들은 자신들이 얼마나 숙달되어 있는가를 다른 사람들에게 보이려고 애쓰지 말고, 오히려 그들이 그것을 사용할 수 있도록 쉽게 납득할 수 있는 수준의 시스템을 설계해야 한다.

3) 전략적 요소에서 예외만을 다루는 통제

통제를 효율과 능률위주로 실행할 수 있는 중요한 방법은 통제시스템을 예외만을 지적할 수 있도록 설계하는 것이다.

그러나 단순히 예외만을 바라보는 것만으로는 충분치 않다. 표준을 벗어난 어떤 편차들 중에는 별다른 의미가 없는 것들도 있지만, 또 중대한 의미를 가진 것들도 있다.

따라서 예외원칙은 실무에서 전략요소 통제의 원칙을 수반하여야 한다. 단순히 예외를 바라보는 것만으로는 충분하지 않고, 전략요소에서의 예외를 추구하여야 한다. 그러므로 관리자들이 통제노력을 예외적인 것에만 집중시킬수록 그만큼 그들의 통제는 효과적일 수 있다.

2. 효과적 통제시스템의 특성

통제시스템은 각 개별적인 상황의 제약요인에 적합하도록 설계되어야 효율적이 되는데, 그러한 효율적인 통제시스템은 다음과 같은 기본적인 특성들을 갖는다.

1) 통제의 객관성

경영관리는 많은 주관적인 요소들을 내포하기 마련이지만, 종업원들이 과업을 잘 수행하고 있는지의 여부는 주관적으로 판단해서는 안된다. 통제활동이 주관적으로 흐르는 경우에는 관리자나 종업원들의 개성이 성과의 판단에 영향을 미치게 되고, 이로 말미암아 정확성이 결여될 수가 있다.

2) 통제의 탄력성

오늘날 모든 조직의 환경은 변화하기 때문에 통제기능 역시 거기에 적용할 수 있도록 탄력적이어야 한다. 통제는 변경되는 계획이나 예기치 않은 상황에 직면해서도 실행될 수 있어야 한다. 즉, 통제가 어떤 실패나 예기치 않은 계획의 변경에도 불구하고 효과적이려면, 그것은 탄력성을 지녀야 한다. 탄력적인 통제는 변화하는 상황에 적응하고 조직활동을 개선하는데 있어 중요하다. 그리고 통제는 그 자체가 목적이 될 수 없기 때문에 조직이 활동하고 있는 환경에 적합해야 한다.

3) 통제의 경제성

효율적인 통제시스템은 경제적이어야 하며, 통제시스템의 효과와 비용을 비교하여 평가하여야 한다. 즉, 통제의 효과는 최소한 통제의 비용을 상회하여야 한다. 이와 같은 요구조건은 단순한 것 같지만, 실제로 실무에서 성취하기는 쉽지 않다. 관리자들은 어떤 특정 통제시스템이 어느 정도의 가치가 있으며, 얼마의 비용이 소요되는지를 파악하는데 어려움을 겪는다. 그런데 이득은 활동의 중요도, 운영의 규모, 통제를 하지 않을 때 발생될 비용 그리고 그 시스템의 공헌도 등에 따라 변하게 되므로, 경제성은 어디까지나 상대적인 것이다.

4) 조직분위기에의 적합성

어떤 통제시스템이나 기법이든 그것이 효과적이 되기 위해서는 조직의 분위기에 적합하여야 한다. 예컨대, 사람들이 상당한 자유재량권을 누려오고 있는 조직에 엄격한 통제시스템이 적용될 경우, 그것은 그 기질에 맞지 않기 때문에 실패하기 마련이다. 한편, 부하들이 의사결정에 참여하는 것을 허용하지 않는 상사에 의해 관리되고 있는 경우는, 관용적이고 허용적인 통제시스템은 결코 성공을 거두기가 어렵다.

5) 시정행위의 촉진

적절한 통제시스템은 어디에서 실패가 발생하고 있으며, 누가 그것에 대한 책임을 질 것인지를 명확히 밝혀 준다. 그리고 그것은 시정행위가 반드시 취해지도록 한다. 사실, 통제는 계획으로부터 벗어나는 변동에 대하여 적절한 계획기능, 조직기능, 충원기능 및 지휘기능을 통하여 시정될 경우에만 정당화될 수 있다. 결국, 통제는 그릇된 것을 바로잡는 시정행위를 그 주요기능으로 하고 있다.

기업사례

만능밥솥 쿠쿠

1. 초라한 시작

경상남도 양산시에 자리한 쿠쿠전자, 보기에도 작은 건물이지만 전기압력밥솥 하나로 세상을 놀라게 한 쿠쿠전자의 본거지다. 한달에 출고되는 밥솥만 20만여 대, 또 다섯 개의 컨베어벨트가 전부인 이 작은 공장에서 국내제품은 물론 전세계 24개 국에 수출되는 제품까지 한달에 203억 원이 넘는 매출을 올리고 있다.

작지만 내실있는 기업의 비결은 기술개발에 대한 아낌없는 투자다. 전기보온밥솥에서 전기압력밥솥까지 현재 보유하고 있는 특허만 32개, 실용신안도 69건에 이른다. 또 일본은 물론 중국, 유럽, 호주 등에서 전기제품안전관련 인증서를 받았다. 세계가 한국의 전기압력밥솥 기술을 공식적으로 인정한 것이다. 불과 30년 전만해도 상상할 수 없는 일이었다.

1967년, 국내 시장에 처음으로 등장한 전기밥통은 70년대 초 취사기능이 추가된 전기밥솥이 등장하면서 전성기를 맞이하게 되었다. 밥솥이 인기를 끌게 되자, 대기업은 물론 20개가 넘는 중소업체들이 뛰어들면서 업체들간의 경쟁도 치열해졌다.

전기밥솥이 붐을 이루던 1978년, 쿠쿠전자의 전신인 성광전자는 대기업으로부터 주문을 받고, 대기업 이름으로 제품을 생산해 내는 OEM 업체였다. 이른바 하청업체로 직원수가 100여명에 불과하였다.

2. 자체 브랜드의 개발

자체 브랜드일 경우에는 OEM보다 두 배나 많은 수익을 남길 수 있기 때문에 더 이상 하청업체로 남아있을 수 없었다. 자체 브랜드 개발팀은 곧 신제품 개발에 돌입하였으며, 신제품 개발은 실용제품의 문제점을 파악하는 일부터 시작하였다. 기존의 전기보온밥솥은 취사버튼만 누르면, 밥을 손쉽게 지을 수 있지만 밥맛이 떨어졌다. 이 때, 연구진이 주목한 것은 가스압력밥솥이었다. 밥을 차지고 맛있게 만드는 가스압력밥솥처럼 자동으로 취사가 가능한 전기압력밥솥으로 만들어 보자는 것이었다. 전기밥솥은 최고 130도까지 온도를 올린 후 취사하고 70도 이상을 유지해 보온을 한다. 고압력을 이용하면, 온도를 155도까지 끌어올릴 수 있어 쌀이 골고루 익어 밥맛이 좋아지는 원리를 응용한 것이었다.

이 전기압력밥솥은 전기밥솥의 종주국이라 할 수 있는 일본에서도 개발된 적이 없는 새로운 제품이었다. 본격적인 연구에 돌입한 지 2년 만에 드디어 신제품이 탄생했다. 그런데 경쟁사가 먼저 전기압력밥솥을 시장에 출시하여 2년간 진행시켜온 자체브랜드의 출시 계획이 수포로 돌아갔다. 전혀 예상치 못했던 결과였다. 쿠쿠에게는 먼저 출시된 제품과는 다른 새로운 제품을 만들어내야 하는 과제가 또 다시 주어졌다.

1993년 3월, 전기압력밥솥 연구가 재개됐다. 경쟁사의 신제품이 출시된 지 5개월이 지난 시점이었다. 먼저 밥의 차진정도를 결정하는 적정한 압력 조절에 돌입했다. 최적의 압력 조절 연구는 압력밥솥에 있어서의 기본적 연구로 밥의 차진정도를 결정하는 중요한 기준이 된다. 압력밥솥의 연구가 전무한 상황이기에 모든 연구과정은 시행착오의 연속이었다.

적정한 압력을 조사하기 위해서는 압력을 달리해 밥을 지어 맛보는 방법밖에 없었다. 일단 압력을 0.5에서 1.5까지 크기를 바꿔가며 밥을 한 다음, 어떤 밥이 가장 맛있는지 일일이 확인해봤다. 50가마니에 달하는 밥을 지어 먹어보는 것을 반복하는 과정이 계속되었다. 드디어 취사시 적정압력이 0.7 ~0.9이하임을 확인했다. 전기압력밥솥 개발의 첫 단계였다.

적정압력을 알아낸 연구팀은 전기압력밥솥에 사용될 내솥 연구에 들어갔다. 전기압력밥솥의 내솥에는 높은 압력이 가해지기 때문에 일반 내솥보다 두꺼운 내솥이 필요했다. 연구팀은 곧바로 프레스 공장으로 갔다. 일반 전기밥솥 내솥 중에서 가장 두꺼운 1.8mm보다 단단한 내솥을 제작해야 했다. 우선 1.8mm보다 두꺼운 2mm의 내솥을 만들어 내압력 실험을 하였다. 그러나 실패로 끝났다. 다시 일반전기밥솥 내솥의 두 배에 해당하는 3.5mm의 내솥을 만들기로 결정했다. 워낙 내솥이 두꺼워 프레스기로 찍어내는 일조차 쉽지 않았다. 몇 번의 시도끝에 연구진은 3.5mm의 내솥을 완성해 냈다. 내압력 실험을 실시했다. 이번엔 변형이 나타나지 않았다. 성공이었다.

그러나 연구원들이 개발해낸 내솥으로 지은 밥맛이 만족스럽지 못했다. 밥의 찰기를 좌우하는 수분과 전분 함량은 기준에도 미치지 못했다. 연구가 난항에 부딪히자 연구진은 원인을 찾기 위해 밖으로 나섰다.

밥맛이 좋기로 소문난 식당을 찾아다니며 하나씩 정보를 수집해 나갔다. 하지만 쌀 자체의 조건을 비롯하여 밥물 양까지, 비결들은 모두 제각각이었다. 신제품을 완성하고 싶은 마음은 조급했지만, 연구과정은 더디기만 했다.

그러던 어느 날, 연구팀은 해답의 실마리를 발견한다. 바로 가마솥이었다. 연구진들도 여러 밥을 먹어봤지만, 가마솥밥맛을 따를 만한 것이 없었다. 가마솥밥맛의 비결은 바로 가마솥 뚜껑과 둥근 바닥에 있었다.

가마솥의 무거운 뚜껑은 적당한 압력을 유지해주고, 불길이 직접 닿는 둥근 밑바닥은 밥물이 위아래로 빠르게 순환하는 대류현상기능을 갖고 있어 쌀을 골고루 익혀준다. 연구진은 곧바로 가마솥의 원리를 전기압력밥솥에 적용시켰다.

우선, 가마솥처럼 볼록한 모양의 내솥으로 교체하였다. 기존의 전기밥솥은 바닥만 가열하던 방식이었다. 가마솥처럼 볼록한 내솥은 주변까지 온도를 높여주는 방식이라서 예상대로 열전도율이 1.5배 이상 높아졌다. 신제품의 출시여부를 결정하는 안전성 확인작업에 돌입했다. 그런데 밥솥이 폭발한 것이다. 뜨거운 밥풀에 화상을 입은 연구팀장은 3주간 병원에서 치료를 받아야 했다.

연구진에게 새로운 안전장치 개발임무가 주어졌다. 막히기 쉬운 증기배출장치의 단점을 보완하고, 기본적인 안전장치인 압력추와 자동증기배출장치가 동시에 작동하지 않을 때를 대비한 안전장치가 필요했다.

안전장치의 연구에 매달린 끝에 밥솥내부의 압력이 이상적으로 치솟을 경우, 뚜껑의 패킹이 한쪽으로 밀려나와 증기를 배출시키는 싸이드 패킹과 압력추가 작동하지 않을 때 실리콘 마개가 열리면서 증기를 배출시키는 솔레노이드 밸브를 개발하였다. 그리고 모든 안전장치를 갖춘 전기압력밥솥이 최종 테스트에 들어갔다. 이어서 연구팀은 이상과열 방지기, 잔류압력제거기 등 수평압력장치 개발에 들어갔다. 연구를 시작한 지 4년만에 이뤄낸 결과였다. 이 결과, 연구진들은 1.7기압 이상으로 밥을 짓는 전기압력밥솥을 완성하게 되었다. 보통 0.1기압이 상승할 때마다 약 40kg의 힘이 더해지게 된다. 즉, 1.7기압이면 270kg정도의 강한 힘이 작용하게 되는 것이다.

따라서 전기압력밥솥의 핵심기술은 안전장치라고 할 수 있다. 연구원들이 개발해낸 안전장치들로는, 압력추가 작동하지 않을 때 실리콘 마개가 열리면서 증기를 배출시키는 솔레노이드 밸브, 압력이 비정상적으로 치솟았을 때 작용하게 만들어진 싸이드 패킹 그리고 일정한 기압이하로 떨어지기 전에는 뚜껑이 열리지 않도록 장착된 뚜껑열림방지장치 등, 이중 삼중의 안전장치를 장착한 전기압력밥솥을 개발을 해낸 것이었다.

3. 쿠쿠의 일본시장 공략

드디어 최고의 밥맛과 안전성에 자신 있는 제품이 탄생되었다. 1997년, 외환위기에 직원들은 할 일이 없어서 마당에 풀이나 뽑을 정도였지만, 감원은 커녕 오히려 연구에 대한 투자를 늘려갔다. 하루가 멀게 대기업들의 도산 소식이 들려오는 최악의 상황 속에서 선택의 여지는 없었다. 그동안 제품을 개발해 놓고도 출시하지 못하는 성광전자의 밥솥에 마침내 '쿠쿠'라는 이름이 붙여졌다.

새로운 브랜드 출시는 곧바로 새로운 시장을 공략해야 하는 부담이 있지만, '쿠쿠'는 가장 먼저 경상권 지역에 소개되었다. 제품 인지도가 전혀 없는 상황 속에서 시장 개척과 제품을 소비자들에게 알리는 홍보에 총력을 기울였다. 당시 대기업들도 CF를 철수하는 상황에서 '쿠쿠'의 도전은 무모할 만큼 모험적인 결정이었다.

2000년, 처음으로 일본의 전기밥솥 전문업체의 문을 두드렸다. 전기밥솥 종주국인 일본에서도 전기압력밥솥은 새로운 제품이었다. 일본 수입업체의 관계자도 쿠쿠 밥솥에 관심을 표시했다.

막상 밥을 지어 시식을 하자 반응이 오히려 좋지 못했다. 일본사람들이 좋아하는 밥맛과 다르다는 것이었다. 시작부터 난관에 부딪힌 이들은 본격적인 시장조사에 나섰다. 일본의 밥은 한국의 밥과 차이가 있었다. 쌀 품종이 다르며, 밥을 먹는 식문화가 달랐다. 한국인들은 차진 밥을 즐겨먹지만, 일본인들은 초밥이나 주먹밥을 즐겨먹는다. 초밥이나 주먹밥 만들기에는 손에 들러붙는 차진 밥은 적당하지 않았다.

그리고 일본의 전기밥솥은 고기나 생선 등의 찜요리에도 사용되고 있었다. 일본인들의 식생활에 대해 조사한 후, 단순한 취사기의 기능만을 가진 밥솥이 아닌 다양한 요리가 가능한 조리기 밥솥으로 제품 방향이 바뀌었다.

2000년 9월, 본격적으로 일본수출용 제품이 기획되었다. 가장 중요한 것은 일본인이 좋아하는 메뉴를 조리할 수 있는 제품을 개발하는 것이었다. 일본인들이 가스압력밥솥에 즐겨 해먹는 요리부터 시도해보았다. 전기압력밥솥에 맞는 조리방법을 찾아내기 위해 일일이 만들어 봐야 했다.

일본인의 기호를 고려하여 취사 기능도 새롭게 추가하였다. 초밥과 주먹밥을 만들기에 적당하게 물의 양을 100cc정도 줄인 제품도 만들었다. 그러나 한국인이 일본인의 기호를 맞추는 것은 쉽지 않은 일이었다. 시행착오를 거듭할 수밖에 없었다. 100여 가지가 넘는 요리를 반복하여 만들어 본 기간이 6개월, 일본 소비자를 겨냥한 디자인은 물론이고 20가지 요리기능 추가 등, 일본인의 밥맛 기호에 맞는 취사와 압력기능 그리고 요리 종류에 따른 시간과 압력기능까지 기존의 밥솥과는 전혀 다른 밥솥이 완성되었다.

그리하여 만능밥솥 쿠쿠는 일본시장 진출에 성공할 수 있었다.

연습문제

10-1. 통제의 중요성을 설명하라.

10-2. 통제의 유형을 설명하라.

10-3. 통제과정을 설명하라.

10-4. 효과적 통제시스템의 설계를 설명하라.

10-5. 효과적 통제시스템의 특성을 설명하라.

10-6. 쿠쿠의 개발과정을 설명하라.

10-7. 쿠쿠의 일본시장 공략전략을 설명하라.

PART 03

경영활동과 관리

Chapter 11

경영계획의 본질과 목적

제1절 계획의 의미

1. 계획의 정의

조직은 구성원들의 일이 공통의 목표를 지향하도록 의도적으로 조정되는 집단이다. 그리고 관리자의 가장 중요한 과업은 조직의 목적과 그것을 달성하는 방법을 모든 구성원들이 이해하도록 하는 것이다. 집단의 노력이 효과적으로 나타나려면, 구성원들은 그들이 달성할 것으로 기대되는 것을 알아야 하는데, 이것이 곧 계획기능이다. 계획기능은 관리자가 조직의 목표를 향해 집단의 노력을 조정하는 모든 관리활동 가운데 첫번째로 수행되는 가장 기본적인 관리능력이다.

2. 계획의 본질

계획의 본질은 ① 목적공헌의 원칙, ② 계획우선의 원칙, ③ 계획보편의 원칙, ④ 계획효율의 원칙, ⑤ 계획탄력의 원칙 등과 같은 중요한 계획수립의 원칙을 제시함으로써 설명될 수 있다.

1) 목적공헌의 원칙

계획수립은 조직목표를 설정하고 달성하는데 초점을 맞춘다. 크고 작은 모든 계획의 목적은 조직(기업)의 목적(목표)을 달성하는데 기여한다.

2) 계획우선의 원칙

목표를 설정하고 그것을 달성하는 방법에 초점을 맞춘 계획기능은 다른 어떤 관리기능보다도 우선하여 수행된다. 〈그림 11-1〉과 같이 조직화, 지휘화, 통제화하는 관리활동이 조직의 목표 달성을 지원하도록 계획되어 있으므로, 계획기능은 논리적으로 다른 모든 관리기능에 앞서서 수행되어야 한다.

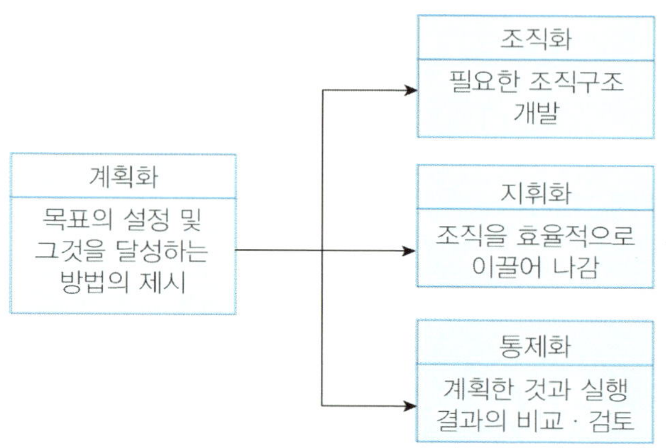

〈그림 11-1〉 관리의 토대로서의 계획

3) 계획보편의 원칙

계획수립은 모든 관리자의 기능이다. 비록 계획수립의 폭이나 질이 각 관리자의 권한과 정책의 성격에 따라 다를지라도 모든 관리자는 어떤 계획수립의 책임을 지고 있다. 관리자들로 하여금 자유재량권을 전혀 행사할 수 없도록 그들의 임무를 제한하는 것은 실제로 불가능하며, 그들이 어떤 계획수립의 책임을 지고 있지 않으면 그들은 진정한 관리자들이 아니다. 물론 이때 요구되는 계획수립의 정도는 관리자의 지위에 따라 달라진다.

4) 계획효율의 원칙

계획은 효율적으로 그리고 경제적으로 수립되어야 한다. 계획의 효율은 조직목적의 기여도와 그것을 수립하여 운영하는데 요구되는 비용에 의하여 측정된다. 계획은 많은 비용을 들이지 않고, 결과적으로 나타날 잠재적인 이득과 발생될 비용을 고려하여 수립되어야 한다.

물론, 이때 비용은 시간이나 화폐 또는 생산에 의해서 뿐만 아니라 개인이나 집단의 만족 정도에 의해서도 측정될 수 있다.

5) 계획탄력의 원칙

계획수립은 경영에 영향을 미치기 쉬운 경제적·기술적 변화에 대한 정확한 예측을 필요로 한다. 부정확하고 불완전한 예측은 사용자에게 수락되지 않거나 또는 쓸모없는 계획을 초래할 수 있다. 그러나 미래는 정확하게 포착될 수 없으므로 계획 역시 예상대로 정확하게 실행될 수 없고 시시각각으로 수정을 받아야 한다.

제2절 계획의 유형

계획의 유형은 ① 계획의 기본유형, ② 계획기간별 유형, ③ 계획계층별 유형으로 나눌 수 있다. 그리고 계획의 기본유형은 계획의 사용목적의 빈도에 따라 ① 상용계획, ② 단순계획으로 분류하고, 설계기간별 유형은 계획기간의 장단에 따라 ① 장기계획, ② 중기계획, ③ 단기계획으로 분류하며, 계획수립계층 유형은 계획수립계층에 따라 ① 전략적 유형, ② 전술적 유형, ③ 운영적 유형으로 분류할 수 있다.

〈표 11-1〉 계획의 유형

계획의 유형	계획의 기본유형	① 상용계획, ② 단순계획
	계획기간별 유형	① 장기계획, ② 중기계획, ③ 단기계획
	계획계층별 유형	① 전략적 유형, ② 전술적 유형, ③ 운영적 유형

1. 계획의 기본유형

계획의 기본유형은 한 번 수립되면 계속적으로 폭넓게 사용할 수 있는 상용계획(standing plan)과 특정목적을 위해 한 번만 사용할 수 있는 단순계획(single use plan)으로 분류할 수 있다.

따라서 상용계획은 조직의 목적을 성취하기 위하여 전략·방침·절차 및 규정 등과 같은 미래의 행동과정을 개발하는 것이고, 단순계획은 프로그램·프로젝트 및 예산과 같은 미래의 행동과정을 낳게 된다. 결국 계획은 미래의 모든 행동과정을 포함하게 되며, 이들은 〈그림 11-2〉와 같이 계층을 이루게 된다.

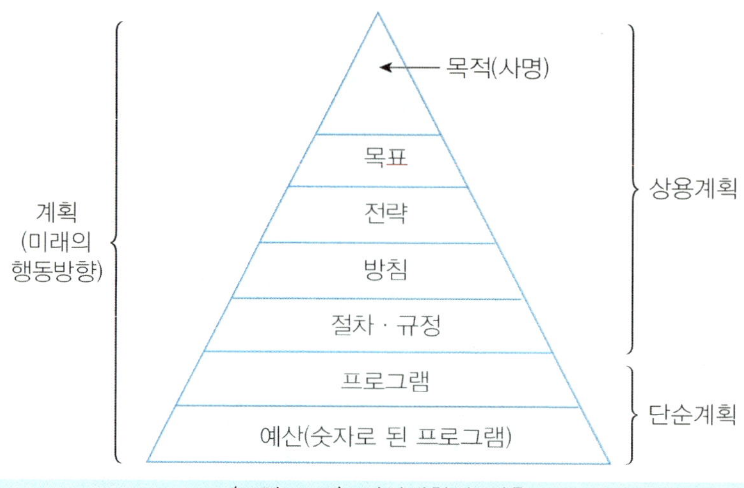

〈그림 11-2〉 경영계획의 계층

1) 상용계획

상용계획(standing plan)은 일상적으로 계속 사용되는 것으로, 목적을 완수하고, 목표를 달성하기 위한 전략·방침·절차·규정 등을 포함한다.

① **목적** : 모든 사회시스템에서 기업은 사회로부터 부여받은 기본적인 기능과 임무를 가지고 있다. 그리고 기업의 목적은 경제적인 재화나 용역을 생산하여 분배하는 것이다.

② **목표** : 행동이 의도적으로 지향하는 종착역이다. 그것은 계획과정의 종점일 뿐만 아니라 조직·지휘 및 통제 등 모든 관리과정의 종점이기도 하다.

③ **전략** : 기업의 기본적이고 장기적인 목표를 세우고, 이를 성취하는데 필요한 행동방향을 채택하고 자원을 할당하는 것이다.

④ **방침** : 목표달성을 용이하게 하는 행동이나 의사결정을 위한 폭넓은 지침들이다.

⑤ **절차** : 방침보다 한층 좁고 구체적인 행동지침으로서, 어떤 과업을 성취하는데 필요한 정확한 방법을 명시한다.

⑥ **규정** : 해야 할 것과 하지 않아야 할 것을 명백하게 제시하는 것으로 재량권이 전혀 허용되지 않는다. 관리자에게 주어지는 유일한 재량권은 그 규정을 적용하느냐 하지 않느냐는 것뿐이다.

2) 단순계획

단순계획(single use plan)은 비교적 짧은 기간 안에 특정목적을 달성하도록 설계된 것으로서 프로그램이나 프로젝트, 예산 등이 이 계획의 예가 된다.

① **프로그램·프로젝트** : 목표·방침·절차·규정·과업배정·수행단계·사용될 자원 그리고 주어진 행동과정을 실행하는데 필요한 요소들의 복합체로서, 보통 필요한 예산의 뒷받침을 받는다.

② **예산** : 계량적으로 표시된 목적을 달성하기 위하여 자원의 할당을 계량적으로 나타내는 기법이다.

2. 계획기간별 유형

계획은 시간적인 차원에서 장기계획과 단기계획으로 구분된다. 어떤 경우에는 1주일 정도만 앞서 계획을 수립하여도 충분할 수 있다. 또, 어떤 경우에는 바람직한 계획기간이 수년이 될 수도 있다. 심지어 같은 시기의 같은 회사에서도 여러 가지 문제를 위한 여러 가지 계획기간이 존재할 수 있다. 그러므로 장·단기의 구분은 어떤 통일된 기준에 의해서 결정되는 것이 아니라 기업의 사정에 따라 다르다.

1) 장기계획

장기계획(long range plan)은 그 기간이 보통 1년 이상 되는 것으로서 주로 기업의 전반적인 경영활동을 대상으로 하는 전체계획(기본 계획)과 관련을 갖는다.

그러므로 장기계획은 모든 경영활동의 수익과 비용을 예측·비교하여 기업 전체의 관점에서 가장 유리한 것을 선택·결정하는 전체(기본) 계획의 성격을 띠게 된다.

2) 단기계획

단기계획(short-range plan)은 그 기간이 보통 1년 이내로서 주로 기업의 각 부문활동을 대상으로 하는 부문계획(실시계획)과 관련이 있다. 그러므로 단기계획은 실시계획의 성격을 띠게 된다. 즉, 그것은 기업의 업무기능을 수평적으로 분화시킴에 따른 생산·판매·재무·인사 등 각 부문별 경영활동 대상으로 수립되는 계획이다.

3) 장·단기계획의 조정

어떤 경우에는 계획기간이 일주일 정도로 아주 짧을 수 있는가 하면, 어떤 경우에는 몇 년 정도로 아주 길 수도 있다. 그런데 기업이 계획을 수행해야 하거나 또는 어떤 프로그램이나 프로젝트가 계획되어야 하는 기간은 획일적으로 정해지는 것도 아니고,

그렇다고 임의적으로 정하는 것도 아니다. 다만, 경영활동이 전개되는 과정에 따라 효율적으로 정해질 뿐이다.

3. 계획수립계층별 유형

조직 내에서의 계획수립계층은 경영조직계층을 지칭하는데, 계획은 이들 계층에 따라 ① 전략적 계획, ② 전술적 계획, ③ 운영적 계획으로 구분된다.

일반적으로 최고경영층은 전략적 계획수립(strategic planning)에 관여하는데 반하여, 전술적(tactical) 및 운영적(operational) 계획수립은 중간 내지 하부관리층에 각기 맡겨질 수 있다. 관리자들에게 제공되는 계획수립 정보의 유형은 조직계층에서의 관리자 지위와 그 정보가 관여하는 활동의 함수이다.

1) 전략적 계획

전략적 계획(strategic planning)은 최고경영층에 의하여 수립되며, 일반적으로 1년에서 5년 때로는 그 이상의 장기간에 걸친 매우 폭넓은 정보를 다룬다. 그러므로 전략적 계획은 우선순위를 설정한다든지, 전략을 개발한다든지 또는 조직목표를 성취할 수 있도록 기업의 자원을 조달·활용·처분하는 방침을 설정하는 것과 같은 일에 관여한다.

2) 전술적 계획

전술적 계획(tactical planning)은 주로 중간관리층에 의해 비교적 짧은 기간(12개월 이내)을 내다보고 수립된다. 그 기능은 기업의 전반 적인 전략적 계획과 기업의 각 특정부문의 구체적인 자원배분을 뒷받침하고 지원하는 것이다. 전술적 계획은 여러 대안의 목표와 전략의 건전성을 검토하고, 고려할 대안을 제시하며, 전략과 일치되도록 구체적인 자원배분을 평가하는 등의 일에 관여한다.

3) 운영적 계획

운영적 계획(operational planning)은 주로 하부관리층에 의하여 수립되며, 구체적으로 측정할 수 있는 체계적이고 반복적인 활동이다. 그러므로 운영적 계획은 가장 낮은 계획으로 각 부서의 책임자나 작업반장과 같은 일선 관리자들이 매주·매일 또는 매 시간의 업무를 계획하는데 초점을 맞춘다.

〈표 11-2〉는 지금까지 살펴본 전략적 계획적 계획, 전술적 계획, 운영적 계획을 기능별로 예를 들어 설명한 것이다.

〈표 11-2〉 전략적, 전술적, 운영적 계획의 기능

계획 / 분야	전략적 계획	전술적 계획	운영적 계획
마케팅	신제품과 용역을 예측하고, 새로운 시장과의 관계를 평가	구체적인 예측기법을 이용하여 현재의 시장을 예측	현재의 수요 충족을 위해 완제품과 재고품의 적절한 계획
연구·개발	잠재성 있는 신제품개발을 위해 기초 및 응용과학의 장기적 연구	진행중인 응용연구 개발 프로젝트의 정기적 평가	일정에 뒤떨어진 응용연구 프로젝트의 촉진을 위한 방법의 결정
제 조	미래 공장의 요구도를 감안하고, 현재 설비의 규모를 적절히 할당	시장 예측을 근거로 기계와 설비의 적정 작업량 결정	작업장의 유휴 및 지연을 줄이기 위한 OR기법의 활용
분 배	공장으로부터 고객까지 효율적인 수송방법의 개발	공장과 창고 사이에 운반되는 완제품의 적정한 선적	OR기법을 적용하여 매일의 적정 선적스케줄 결정
재 무	기업 외부로부터 비롯되는 장기 투자안 평가	단기 수익을 위한 투자 대안의 평가	여유자금은 투자하고 부족한 것은 조달하기 위하여 매일의 현금상태를 점검
인 사	사회 정책적 차원에서 장기적으로 노사문제 연구	노동조합과 담판할 협상 대안개발	현재 진행중인 노사협의를 위한 협상전략 개발

제3절 계획수립과정

1. 계획수립의 단계

계획수립은 경영과업의 가장 중요한 부분이다. 계획수립을 위하여 수행되어야 할 과정은 상호관련된 7가지의 단계로 이루어진다. 〈그림 11-3〉과 같이, 이들은 ① 사명(목적)의 선정, ② 조직의 분석, ③ 환경의 분석, ④ 목표의 설정, ⑤ 지원 계획의 개발, ⑥ 계획의 실행, ⑦ 계획의 통제 등으로 구성되어 있다.

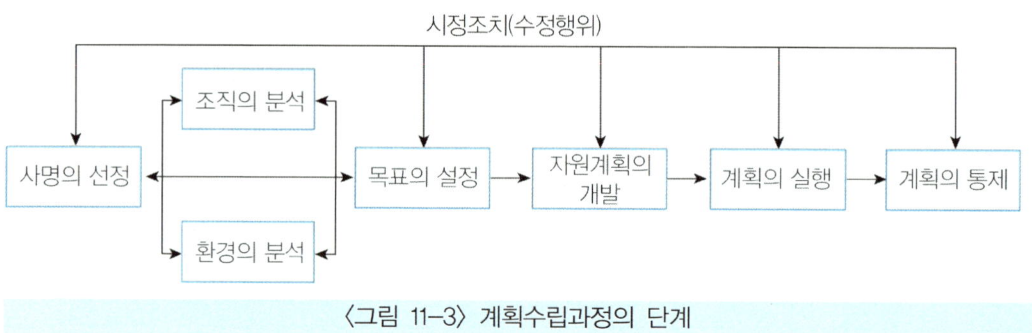

〈그림 11-3〉 계획수립과정의 단계

1) 사명(목적)의 선정

사명을 선정하거나 목적을 규정하는 것은 계획수립의 출발점이 된다. 그 사명은 곧 조직의 존재 이유라든가 앞으로 계속 수립되는 모든 계획이나 기타 의사결정의 기초가 된다. 어떤 행동과정(방침)이 사명 완수에 기여하게 될 것인지의 여부가 바로 경영의사결정이 수행되는 기준이다.

그러나 비록 사명이 조직구성원들에게 공동의 목표를 제공한다는 이유로 사명의 선정이 계획수립의 출발점이 된다고 할지라도, 경영자는 적합한 목적의 명시를 제시할 수 있도록 먼저 조직의 능력과 환경을 분석해야 한다.

2) 조직 및 환경의 분석

(a) 조직의 분석 : 내적능력

조직이 그 목표를 성공적으로 달성할 수 있도록 계획을 수립하기 위해서는 먼저 조직의 강점과 약점을 객관적으로 철저히 분석하여야 한다. 그 목적은 "우리가 지금 어디에 있는가?"라는 기본적인 질문에 대답하기 위한 것이다. 이와 같은 분석은 조직의 여러 측면에서 야기되는 많은 질문에 정직하게 답하는 것과 관련된다.

① **인적자원** : 계획수립자는 먼저 인적자원문제에 초점을 맞추고 여기서 야기되는 질문에 대답해야 한다. 우리 조직의 구성원들은 어떤 재능을 가지고 있는가? 그들은 현재 조직에 어떤 기여를 하고 있는가? 그들은 어느 정도 동기유발이 되어 있고 만족을 느끼고 있는가?

② **물적자원** : 물질적 및 재정적 자원이 검토되어야 한다. 조직에 필요한 설비 및

지리적 위치의 유리한 점과 불리한 점은 무엇인가? 현재, 이용할 수 있는 현금은 얼마나 되며, 앞으로 이용할 수 있는 자금은 얼마나 되겠는가? 생산비는 너무 높지 않은가? 품질은 적합한가? 제품과 용역은 효과적으로 판매·분배되고 있는가?

(b) 환경의 분석 : 외부의 기회와 위험

조직은 환경과 여러 가지 방법으로 활발하게 상호작용하므로, 계획을 수립할 때는 반드시 환경의 위험과 기회를 분석하여야 한다. 이것은 경쟁·고객·기술·정치·경제 상황 및 사회문화적 가치 등을 포함한다.

그리고 조직에 영향을 미치는 여러 가지 요인들의 변화하는 속도 또한 고려되어야 한다. 그러므로 이 단계는 환경의 예측을 요구하며, 예측은 곧 계획수립의 전제가 된다. 환경이 일단 평가되면 조직은 계획수립의 전제, 즉 어떤 가정을 세울 수 있으며, 그것은 계획이 실행될 환경에 대한 가정이다. 이 가정에서는 현재의 환경을 평가하여 발견된 사실들이 미래에 어떻게 변할 것인지를 자세히 설명하여야 한다.

3) 목표의 설정

조직의 내적능력과 외부환경의 평가를 토대로 마련된 계획수립의 전제조건 아래, 조직이 지향할 목표를 설정한다. 목표설정 단계에서는 먼저 조직 전체를 위한 장기목표를 세우고, 그 다음으로 조직전체와 각 부서를 위한 중기 내지 단기목표를 세운다. 이때, 부서의 중기목표나 단기목표들은 조직전체의 장기목표와 일치되어야 하고, 그것이 결과에 기여하여야 한다.

4) 지원계획의 개발

조직의 기본계획인 목표를 보다 쉽게, 보다 효율적으로 달성하기 위해 관리자의 행동과 의사결정에 지침이 될 수 있는 일련의 지원계획을 네트워크로 형성할 필요가 있다. 이를 뒷받침하는 지원계획들은 전략·방침·절차·규정·예산 등을 포함한다. 이들은 목적의 통일성을 증진시키고, 미래의 결정사항을 조직목표에 기여하는 대안으로 한정시킴으로써 목표달성을 용이하게 한다.

5) 계획의 실행

계획은 실행되어야 진정한 의미가 있으며, 계획을 행동으로 전환시키는 일은 조직화나 지휘화 등의 관리과정을 통하여 이룩될 수 있다. 특히, 조직구성인의 동기유발, 정보전달 및 리더십 등은 계획의 효과적인 실행을 위한 매우 중요한 관리과제들 이다.

6) 계획의 통제

계획수립과정의 마지막 단계는 계획의 통제로서, 수립된 계획이 실제로 어느 정도 실행되었는가를 알아보는 것이다. 결국, 조직이 성공적이면, 통제과정은 조직이 목표를 곧 달성할 것이라는 것을 관리자로 하여금 깨닫도록 해 줄 것이다. 그러면 관리자는 새롭고 보다 도전적인 목표를 다시 설정함으로써 조직을 유지·발전시킬 수 있다.

2. 계획수립의 합리적 접근방법

계획수립단계에서 볼 수 있는 바와 같이, 계획수립은 목표달성을 위한 합리적인 접근방법이다.

그 과정은 〈그림 11-4〉에서 보여주는 바와 같이 예시될 수 있다. 그림에서 목표달성의 진척(보다 많은 판매, 보다 많은 이익, 보다 적은 비용 등)은 수직축에 표시하고, 시간은 수평축에 표시되어 있다. 여기서 x는 현재의 위치(t_n, 즉 시간이 0)를 표시하고, y는 가고자 하는 위치(t_n, 즉 미래의 시간)를 표시한다. 예컨대, 우리는 현재 x에서 y로 가고자 한다. 일반적으로 우리는 모든 자료를 다 가지고 있는 것은 아니지만 어쨌든 계획수립에 착수하게 된다. 경우에 따라서는 계획수립 준비를 $x_1(t_{-n})$에서 시작해야 할지도 모른다. 직선 xy는 의사결정경로이다. 만약, 미래가 완전히 확실하다면, 직선 xy는 그리기(계획수립)가 비교적 쉬울 것이다.

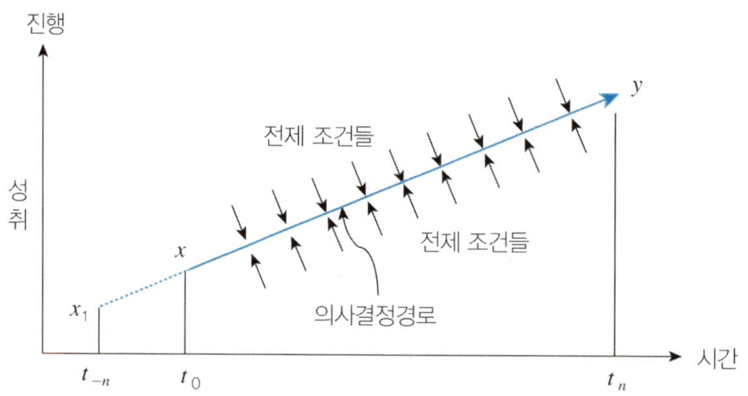

〈그림 11-4〉 계약수립의 시간, 제약조건, 진척상황

그러나 실제로 무수한 요인들이 우리가 바라는 목표로부터 벗어나게 할 것이다. 즉, 이것들이 계획수립에 중대한 영향을 미치는 제약요소(즉, 저해요인)들이다. 앞에서 언급한 바와 같이 우리가 모든 것을 다 예측하고 고려할 수는 없으므로, 우리는 가장 중대한 제약조건들만 고려하여 x로부터 y까지 이르는 경로를 개발하려고 노력한다.

이와 같은 계획수립의 논리는 t_0와 t_n 사이의 시간간격에 관계 적용된다. 그러나 제약조건의 명확성, 목표의 달성가능성 및 계획의 단순성 등은 시간과 역의 관계에 있다. 즉, 기간이 길면 제약조건들은 불분명하고, 목표는 달성하기가 어려우며, 기타 계획수립의 복잡성이 커지기 마련이다.

의사결정은 비록 그것이 많은 기법과 재능을 요구할지라도 계획수립의 가장 쉬운 부분이다. 진정한 어려움은 목표와 전제(조건)에 의미를 부여하며, 대안의 강점과 약점을 분석하여 이들의 관계를 파악하고, 조직의 모든 계획수립자들에게 목표와 전제조건들을 전달하는 것으로부터 야기된다.

기업사례

비표준화에 의한 실패사례

세계무역기구(WTO)의 출범으로 무한경쟁시대에 접어들면서 기업의 표준화는 선택의 문제가 아니라 필수적인 생존전략 차원의 문제가 되고 있다. 세계경제를 주도하고 있는 미국의 경우, 우수 의약품이나 식품 생산규격인 GMP를 ISO규격과 통일시키고, 미 국방성의 경우에는 ISO인증을 받은 업체에게만 납품자격을 주고 있으며, 유럽 국가연합은 ISO인증 자체를 수입의 필수조건으로 하는 추세이다. 이런 세계적 움직임에 비해서 우리 기업들의 대응은 상대적으로 느리다.

냉엄한 국제경제 현실에서 표준화는 편익을 위한 선택이 아니라 생존 그 자체이다. 그러므로 표준화가 갖는 경제적·사회적 의의를 실감하기 위해서 국외의 실패사례를 통해서 표준화에 실패했을 때 어떤 불이익이 오는지 살펴보기로 한다.

1. 볼티모어의 대화재와 소방 호스

1904년 2월 7일, 평화로운 일요일 오전 10시48분께, 미국의 메릴랜드주 볼티모어 서쪽의 시내 중심가 존 허스트 앤 컴퍼니 빌딩의 화재 경보기가 울렸다. 경보를 포착한 소방차들이 현장에 도착했을 때 빌딩은 이미 불길에 휩싸여 있었고, 곧 큰 폭발이 일어나면서 불은 순식간에 근처 건물로 퍼졌다. 때마침 불어온 남서풍을 탄 불길은 폭이 불과 15m 가량밖에 되지 않는 볼티모어 중심가의 좁은 도로를 건너뛰며 건물에서 건물로 번져나갔다. 볼티모어가 갖고 있는 460명의 소방관과 24대의 소방차만으로는 부족하다고 판단한 시 소방 당국은 워싱턴 DC 등 인근 지역 소방서에 긴급 지원 요청을 보냈다.

이 시는 미국 동부의 교통 요충지이기 때문에 인근의 워싱턴과 필라델피아 지역에서 소방차가 달려오는데 시간이 많이 소요되지 않았음에도 불구하고, 타 도시에서 가져온 소방차의 호스와 볼티모어의 소화전간에 연결부위의 규격이 서로 달라 사용이 불가능하였다.

따라서 초기 진화가 가능할 수도 있었던 불길이 대화재로 번져 70개 블록의 1,526동에 이르는 건물이 소실되는 등, 수많은 인명 피해와 재산 피해가 있었으며, 많은 사람들이 표준화의 중요성을 깨닫는 계기가 되었다.

1872년, 보스턴 대화재 때도 화재를 진화하는 소화용수의 공급을 제대로 못하여 대형 참사를 가져온 동일한 사건이 발생되었지만 개선되지 않았다. 즉, 각 주마다 소방 호스와 방화수 밸브에 대한 표준이 마련되지 못하여 되풀이 되는 불행한 결과를 초래한 것이었다.

2. 유러터널의 개통과 안전사고

도버해협을 관통해서 영국과 프랑스를 연결하는 유러터널이 개통되었지만, 영국과 프랑스의 교통사고 위험을 경고하는 소리가 높다. 왜냐하면 프랑스에서는 차가 오른쪽이고 사람이 왼쪽인데 반해서, 영국에서는 차가 왼쪽이고 사람이 오른쪽이라서 한적한 길에서는 착각을 일으켜서 반대편 차선으로 주행하는 일이 있기 때문이다.

그동안 영국인과 프랑스인은 카페리를 이용하여 자가용을 타고 두 나라를 여행할 때, 영국인은 프랑스에서, 프랑스인은 영국에서 교통사고를 일으키는 일이 많았다고 한다. 유러터널의 개통에 따라 자가용을 이용하는 사람이 급증하게 되었고, 위와 같은 교통사고의 증대는 피할 수 없게 되었다.

3. 첨단 기술의 실패

표준을 지배하는 나라가 세계를 지배하며, 표준은 첨단기술까지 초월한다고 한다. 이것을 가장 실감나게 하는 기업간의 경쟁은 일본 소니의 베타맥스 방식과 마츠시타의 VHS 방식의 경쟁이었고, 결국 마츠시타의 승리로 끝났다. 즉, 기술적으로는 우세한 소니가 마츠시타에게 굴복한 것이었다.

소니는 초기 VTR이 개발된 당시, 기술력을 바탕으로 세계 시장을 석권하는 것처럼 보였다. 후발업체인 마츠시타는 기술의 열세를 호환성으로 맞서겠다는 각오로, 전 세계의 모든 국가에 기술을 제공하여 호환성을 높이고 영화 제작자들에게 자사 방식에 의한 테이프를 공급함으로써 기술적 열세를 딛고 승리하게 되었다.

일본이 고밀도 텔레비전을 아날로그 방식으로 개발 완료한 상태에서 미국이 이를 표준으로 인정하지 않음으로써 완전히 무산된 것처럼, 수많은 첨단기술이 세계 표준으로 인준 받지 못하면 결국 무용지물이 되어 버릴 것이다.

연습문제

11-1. 계획의 본질을 설명하라.

11-2. 계획의 기본유형을 설명하라.

11-3. 계획의 계획기간별 유형을 설명하라.

11-4. 계획의 계획수립계층별 유형을 설명하라.

11-5. 계획수립의 단계를 설명하라.

11-6. 계획수립의 합리적 접근방법을 설명하라.

11-7. 볼티모어의 화재를 초기에 진화하지 못한 이유를 설명하라.

11-8. 마츠시타의 VHS 방식이 소니의 베타맥스 방식을 굴복시킨 배경을 설명하라.

Chapter 12

조직의 구조와 설계

제1절 기업의 조직

1. 조직이란?

조직이란 일정한 목표를 가장 효과적으로 달성하기 위해서 지위와 역할 그리고 그것에 따른 책임을 분명히 받는 사람들의 활동하는 집합체이며, 또 그것을 구성한다. 그리고 기업의 조직에서 각 개인이 맡은 일이나 임무를 직무라고 하며, 그 조직상의 지위나 부서를 직위라고 한다. 또, 그 직위에 할당하는 책임을 직책이라고 한다.

기업의 운영은 그 규모가 작을 때는 기업주가 중심이 되어 직접 할 수 있지만, 기업 규모가 커지고 그 내용도 복잡하게 되면, 기업주가 기업의 모든 것을 운영하기는 어렵기 때문에, 조직을 만들어 직무에 책임과 권한을 부여해야 한다.

기업 규모가 거대화하면, 조직은 복잡화하고 입체적인 구조가 되어 인간의 경험이나 직감 혹은 능력만으로는 미흡하게 된다. 그러므로 거대 기업은 사업부제를 채용하거나 컴퓨터를 이용하여 정보의 수집과 판단에 의지할 필요가 있다.

2. 조직의 원칙

조직을 유효·적절하게 편성하고 이를 합리적으로 운용하려면, 조직에 원칙을 적용할 필요가 있다. 그 주요한 내용을 살펴보면, 다음과 같다.

(a) 명령의 통일

명령은 최고경영자부터 말단 직원에 이르기까지 일관된 계통을 가지고, 같은 직무에서, 1명의 종업원에게, 원칙적으로 2명 이상의 명령자가 존재하여서는 안 된다.

(b) 분업과 협업

일의 복잡화에 부응하여 그 활동을 나누는 것을 분업이라고 한다. 분업화로 편성되던 부(部), 계(係), 과(課)는 세로 계열로 구성되어 있으므로, 조직 전체를 통솔하기 위하여 관계하는 부(部), 계(係), 과(課)의 부문과 업무 협조를 도모하지 않으면 안 된다.

(c) 직책과 권한

각 직위에 대해서 맡은 직무의 내용을 밝히고, 그 직무에 대응하는 직책을 가지고, 직무 수행에 필요한 권한을 주는 것이다. 직책과 권한을 밝히는 것은, 권한 다툼과 같은 혼란을 제거하고, 상위자가 하위자에게 직책을 다하기 위한 상호 관계를 위해서도 필요하다.

(d) 권한의 위임

조직의 규모가 커져 상위자의 업무량이 늘어난 경우, 상위자는 일상 반복적으로 발생하는 직무를 표준화하여 이를 하위자에게 맡기고, 상위자는 새로운 계획과 조정을 필요로 하는 다른 일을 수행할 수 있다. 이 경우, 상위자가 하위자에게 권한을 맡겨도 감독 책임은 계속 가져야 한다.

(e) 조정의 책임

권한 위임이 이뤄지면 이루어질수록, 위임을 받은 각 종업원의 상호 관계가 복잡하고, 이해의 충돌 등이 일어날 수 있다. 이 경우, 위임한 상위자는 각 종업원의 직무를 조정할 책임이 있으나 이 조정의 권리를 하위자에게 위임할 수는 없다.

(f) 관리의 한계

한 관리자가 관리 감독할 수 있는 종업원 수를 관리의 한계라고 한다. 관리의 한계는 관리자가 가진 전문 지식, 직무를 맡은 시간, 소재하는 종업원과의 거리 등 각종 영향에 의해서 생겨난다. 그러므로 직접 감독할 수 있는 종업원의 수는 관리한계 이하로 정해야 하며, 일반적으로 관리효과가 있는 인원은 3~7명으로 알려져 있다.

제2절 공장관리조직

공장관리조직은 공장의 종류, 규모의 대소, 작업 조건 등으로 다양하게 생각할 수 있지만, 조직 편성에 있어서는 조직의 원칙에 따라 행하는 것이 중요하다. 조직의 종류를 설명하기 전에, 라인과 스탭에 대하여 알아보도록 하자.

1. 라인과 스탭의 개념

라인과 스탭은 조직에서 다음과 같은 의미를 가지고 있다. 라인(line)이란 구매, 제조, 운반, 판매 등 기업의 기본이 되는 부문을 말하며, 그 기업의 주류로, 생산작업을 일정한 책임과 권한을 가지고 실행한다. 그리고 스탭(staff)은 경영자나 라인 부문의 활동이 충분히 수행될 수 있도록 조언·권고·입안 등을 측면에서 지원하는 사람 또는 부문을 말한다. 즉, 스탭은 기업 조직이 커지고 경영 활동이 복잡해지면서 생긴 것으로, 경리, 감사, 기술, 기획, 조사 등이 이에 해당한다.

2. 조직의 종류

1) 라인조직

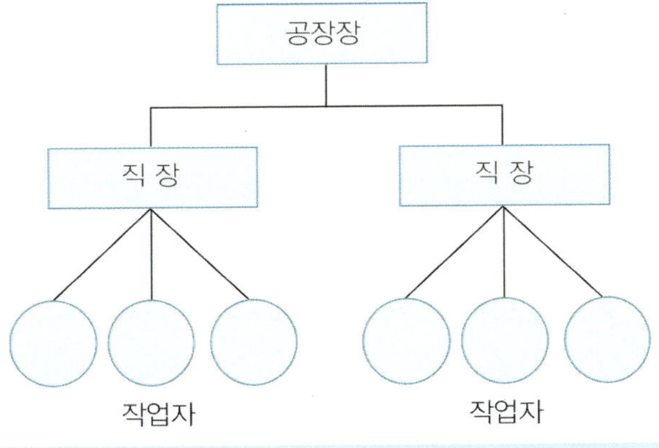

〈그림 12-1〉 라인조직의 예

〈그림 12-1〉과 같이 공장장, 직장, 작업자의 순서에, 상위에서 하위 계층까지 명령과 권한이 선으로 연결되는 조직을 '라인조직'(line organization) 또는 '직계조직'이

라고 한다. 군대의 편성 조직에 닮은 점에서, '군대조직'으로 불리기도 한다.

라인조직의 장단점을 나타내면, 다음과 같다.

[장점]

① 명령 계통이 단순하고 알기 쉬우므로, 명령이나 지시가 철저하다.

② 지휘 권한이 잘 관철되고, 일의 조정이 쉽다.

③ 교육과 훈련이 자상하고, 직장 규율을 제대로 유지할 수 있다.

[단점]

① 가로 방향 계열간의 연락 및 협조가 어렵고, 일이 독선적이다.

② 기업 규모가 커지고 일이 복잡화하면, 상위자는 일의 기획·지도의 전부를 맡기 때문에 부담이 커진다.

③ 기술이 고도화·복잡화 할수록, 감독자에게는 관리 능력 이외에 광범위한 전문지식이 요구되므로, 이러한 만능의 감독자를 양성하는 것이 어려워진다.

라인조직은 이상의 특징으로, 특히 소규모 기업이나 다른 조직과 병용할 때 적용된다.

2) 기능조직

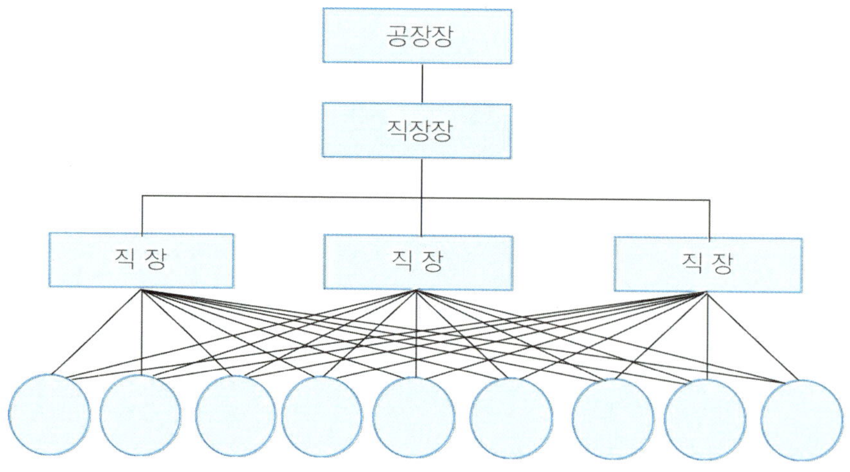

〈그림 12-2〉 기능조직의 예

기능조직(functional organization)은 라인조직의 단점을 배제하고, 관리의 직무를 복수의 전문분야로 나누어 각각에 전문지식과 경험을 가진 직장(職長)을 배치하고, 작업자들을 지휘 감독하도록 구성된 조직으로, '기능적 조직' 또는 '직능조직'이라고도 한다.

이 조직은 미국의 테일러에 의해서, 기업화, 복잡화에 대처하기 위해서 창안된 것이다. 아래의 〈그림 12-2〉는 기능조직의 한 예를 나타낸 것으로, 각 작업자는 하나의 작업에 대해서 여러 직장(職長)의 지도·감독을 받게 된다.

기능조직의 장단점을 설명하면, 다음과 같다.

[장점]

① 작업원의 전문 기능이 향상된다.
② 직장의 부담을 덜어주어, 고도의 전문 능력을 살릴 수 있다.

[단점]

① 각 작업자는 복수의 직장(職長)으로부터 지휘·감독을 받아, 혼란이 생길 수도 있다.
② 직장(職長)이 부재 시, 대신 맡을 사람이 없다.
③ 직장의 맡은 직무가 분업화되어, 후계자 육성이 어렵다.
④ 각 직장의 담당 직무를 명확히 정하지 않으면, 권한이 중복되어 직장(職長) 사이에 마찰이 생겨난다.

이와 같이 테일러의 기능조직은 한 작업자에 대해서 여러 직장(職長)들이 지휘·감독하는 것은, 조직의 원칙에도 어긋나고 치명적인 단점이 되어 조직의 형태로는 이용되지 않지만, 다른 조직과 병용하거나 혹은 기업 전체 관리조직으로서, 〈그림 12-3〉과 같은 기능부문별 조직의 형태로 응용되기도 한다.

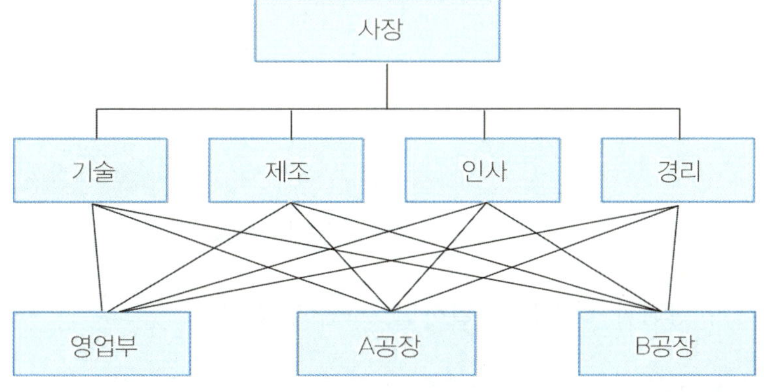

〈그림 12-3〉 기능부문별 조직의 예

3) 라인스탭조직

라인조직에 기능조직의 전문 집단이 스탭으로 지원하는 조직을 '라인스탭조직'(line staff organization)이라고 한다.

라인조직은 지휘·명령을 통하여 조직의 규율과 안정을 도모하며, 스탭은 기획, 연구, 조사, 조정 등 전문적인 기술 정보의 제공이나 조언을 맡고 있다. 그러므로 라인조직의 장점을 살리고, 그 단점을 스탭의 채용에 의해서 보완한 관리조직이다. 즉, 명령과 권한의 위임 등 조직의 원칙을 효과적으로 도입한 것으로, 현재 많은 기업들이 채용하고 있다. 아래의 〈그림 12-4〉는 라인스탭조직의 예를 든 것이다.

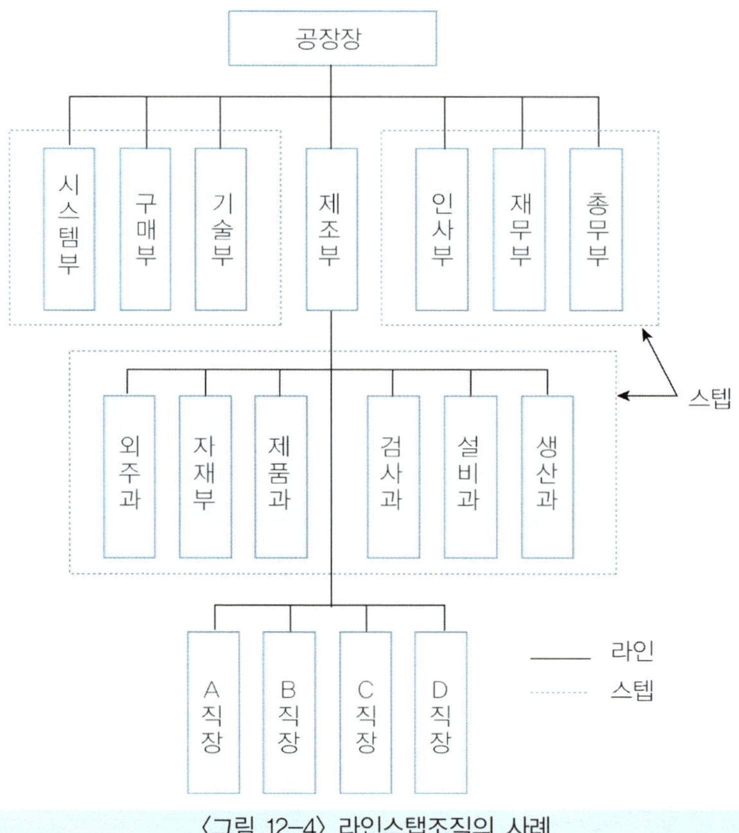

〈그림 12-4〉 라인스탭조직의 사례

라인스탭조직의 장점과 단점을 나열하면, 다음과 같다.

[장점]

① 기업의 능률이 안정적으로 상승한다.

② 라인 담당자는 관리 업무에 전념할 수 있다.
③ 숙달된 전문가의 지식을 크게 이용할 수 있다.
④ 직책과 권한을 분산시키지 않고, 전문화된 조직을 얻을 수 있다.

[단점]
① 직무와 책임이 분명히 규정되지 않으면, 라인 사이에 마찰이 생기고 혼란을 일으킬 수 있다.
② 라인의 작업자들이 스탭의 조언을 이해하는 능력이 결여되어 있으면, 라인과 스탭 간에 마찰이 생기거나 작업자에 대한 잘못된 지시가 있을 수 있다.
③ 스탭의 조사·연구가 한쪽으로 치우치거나 그 기능을 수행할 권한이 결여되어 있으면, 충분한 효과가 오르지 않는다.

4) 사업부제조직

대기업에서 2종류 이상의 제품을 대량 생산하는 경우, 각 제품마다 하나의 사업부를 만들어 생산부터 판매까지 관리의 책임과 권한을 가진 독립 부문조직을 '사업부제조직'이라고 한다. 즉, 사업부제조직은 전통적인 기능적·집권적 조직형태와는 달리 단위적 분화의 원리에 따라 사업부 단위를 편성하고, 각 단위에 대하여 독자적인 생산,

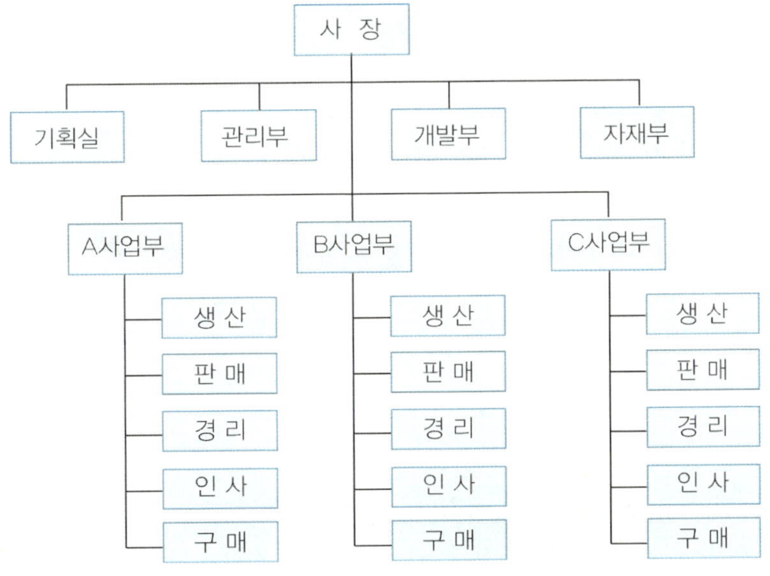

〈그림 12-5〉 사업부제조직의 사례

마케팅, 관리권한 등을 부여함으로써 제품별·시장별·지역별로 이익중심점을 설정하여 독립채산제를 실시할 수 있도록 분권적 조직의 원리를 이용한다.

그러므로 사업부제조직은 제품별, 시장별, 지역별로 각각의 사업부에 따라 스스로 생산계획을 세우고, 원가를 낮추거나 매출 증진을 도모하며, 이익에 대한 책임을 진다.

다음 〈그림 12-5〉는 사업부제조직의 사례를 든 것이다.

그리고 사업부제조직의 장점과 단점을 나열하면, 다음과 같다.

[장점]

① 관리에 대한 의욕을 향상시키고, 책임감이 왕성하다.
② 최고경영자의 부담을 덜어주며, 경영관리에 유능한 간부 육성이 가능하다.
③ 권한이 하부에 위임되어 있기 때문에, 업무상의 결정이나 처리가 빨라져서 각종 변화에 신속히 대처할 수 있다.

[단점]

① 사업부의 부장을 양성하지 않으면, 인재 부족으로 운영에 어려움을 겪을 수 있다.
② 각 사업부만의 이익을 추구하게 되어, 회사 전체의 이익에 대한 배려가 없을 수 있다.
③ 사업부 의식이 너무 강해져서, 사업부간의 경쟁의식이 너무 크게 되어 회사 전체의 협조성이 상실될 수 있다.

5) 소집단 조직

기업이 확대되어 조직이 복잡화하면 각 부문의 연대감과 책임감이 감소한 의견이나 해석 차이와 연락 미달로 마찰이 생기거나 개인의 창조적 의욕이 상실되는 경향이 생겨난다. 그러므로 이들에 대해서, 다음과 같은 소집단을 두고, 부문 간 조정 및 활력 향상을 꾀하고 있다.

(a) 위원회 조직

라인이나 스탭 등 각 부문의 대표가 모여 제안된 문제들에 대한 정보와 의견을 교환하고, 최선의 해답을 구하기 위해, 회의를 행하는 조직을 '위원회 조직'이라고 하며, 회의 결과는 여러 문제에 대한 조정과 권고 등으로 진행된다.

[장점]

① 여러 관계 부문의 전문가들로 이루어져 중요한 계획과 실행의 과제에 대한 조율이 잘 된다.

② 많은 사람들의 다른 경험과 지식을 모으는 것으로, 시야가 넓은 결과를 도출할 수 있다.

③ 문제 해결을 위한 중요한 상담에 참여함으로써 협력의 의욕을 높인다.

④ 위원회 참여에 의해서 기업 전체의 활동이 나타나므로, 관리자의 양성에 도움이 된다.

[단점]

① 집단에서 이루어지므로, 회의 방식이 나쁘면 시간 낭비가 된다.

② 많은 위원들이 운영하므로 책임과 권한을 명확히 해놓지 않으면, 책임 회피의 터전이 된다.

③ 회의를 위한 준비와 출석 등 라인스탭조직에 비해서 많은 시간과 비용의 희생을 치르게 된다.

(b) 프로젝트 조직

연구 개발이나 생산 등 관리 활동의 새로운 특별한 계획이나 과제를 '프로젝트'(project)라고 하며, 이 프로젝트를 효과적으로 해결하기 위해서 문제 해결에 적합한 능력을 지닌 인재들을 각 전문 분야로부터 차출하여 팀을 만들고, 문제가 해결되면 해산한다. 이러한 일시적인 조직을 '프로젝트 조직'이라고 한다.

프로젝트 조직은 ① 신기술 및 신제품 연구개발, ② 신제품의 양산 개시까지 준비와 작업, ③ 전체 기업에 걸친 조직과 제도의 개혁, ④ 새로운 정보 시스템의 도입, ⑤ 건물, 시설, 도로, 철도 등의 건설공사 등에 적용된다.

프로젝트 조직이 갖추어야 할 조건은 다음과 같다.

① 명쾌하고 간결한 구조

② 의사결정의 계층화

③ 관리업무의 간략화

④ 책임분담의 명확화

⑤ 협력체제의 확립

⑥ 작업의 권한과 책임

⑦ 작업간 인터페이스의 명확화

[장점]

① 전문가 풀(pool)에 의해 전문성과 전문가 활용의 유용성이 높다.

② 기업의 조직체계는 변경이 없다.

③ 부서내에 명확하게 정의된 책임과 역할이 있다.

[단점]

① 부서간 책임분산으로 통합 기능의 부재와 갈등이 발생할 가능성이 있다.

② 부서관점의 편협된 의사결정을 할 수 있다.

③ 동기부여가 부족하다.

④ 요구사항에 대한 대응이 느리다.

(c) ZD 운동

ZD 운동은 무결점(Zero Defects)운동으로, 일종의 품질관리의 행동과학적 접근방법이다. 사실, 무결점운동이라고 하여 결점이 하나도 없는 재화나 용역을 산출한다는 것은 아니다. 왜냐하면, 기업경영의 경제적 측면에서 그렇게 한다는 것은 비효율적이기 때문이다. ZD 운동은 오히려 제품을 생산하는데 이바지하는 개개인의 기여도가 매우 크고, 중요하다는 사실을 종업원들에게 일깨워 주려는 의도하에 그 사실이 종업원들에게 널리 전파되도록 하는데 목적을 두고 있다.

따라서 종업원들은 될 수 있는 대로 자기의 최선을 다하여야 하겠다는 사명감을 느끼게 되고, 결국 그들이 만드는 최종제품은 결점이 거의 없는 우수한 품질이 될 수 있다는 것이다. 그러므로 이 ZD 운동은 곧 작업환경 속에서 성취감을 달성할 수 있고, 인정을 받을 수 있는 직무를 누구나 원하고 있다는 사실, 즉 매슬로우(Abraham Maslow)의 높은 수준의 욕구와 허즈버그(F. Herzberg)의 동기유발 이론을 적용시킨 것이다.

ZD 운동을 운영하기 위한 기본적인 조직으로는 경영층, 관리자, 직원들이 참여하는 추진 위원회, 관리 위원회, ZD 그룹의 조직 조정 또는 문제 해결을 도모하는 조정 위원회 등이 있다.

ZD 운동 추진의 요점을 나열하면, 다음과 같다.

① **작업의 의미를 이해** : 언제나 정확하고 만족스런 작업을 하도록 표준화를 마련하고, 교육·훈련·지도가 효율적으로 추진되도록 한다.

② **직원의 품질의식과 도덕성 강화** : 결점의 원인을 제거하기 위하여 직원에게서 개선 안을 제안하도록 유도한다.

③ **제품에 대한 인식을 높이기** : 특히 최종 작업을 담당하는 직원에 대하여, 해당 업무와 최종 제품 간의 관계를 설명한다.
④ **그룹의 목표 설정 및 달성** : 최종 목표는 결점을 영(zero)으로 하는 것이며, 단계적인 목표를 설정하고, 일정 기간 내에 달성하기 위하여 협력한다.
⑤ **활동 실적의 평가와 시상** : 우수한 실적의 개인 및 그룹에게 표창하여 사기를 진작시킨다.

(d) QC 서클

QC 서클(Quality Control Circle)은 품질관리 분임조를 지칭하는 것으로, 이 활동 역시 ZD 운동과 마찬가지로 품질관리의 행동과학적 접근방법에 토대를 두고 있다. QC 서클의 기본개념은 기업내 각 작업장 단위로 5인 내지 20인의 자치적 집단을 구성하여, 상부 관리자들의 통제나 간섭없이 자체 내에서 분임조장을 중심으로 작업 후나 점심시간에 모여 자기 부서에서 해야 할 일 등을 규정하고, 여기서 해결할 문제들을 찾고, 그 원인을 분석하고, 대책을 마련하여, 이를 실천에 옮길 방법을 분담처리하는, 일련의 문제해결 및 의사결정기능을 자치적으로 수행하는 것이다. 즉, 이 작은 그룹은 기업 협력에 대한 QC 활동의 일환으로, 자기 계발, 상호 계발을 지휘하고, QC에 대한 다양한 방법을 활용하여, 회사의 관리, 개선을 기업의 전 부서가 참여하여 지속적으로 시행하는 것이다.

QC 서클 활동의 기본적인 아이디어는 다음과 같은 장점이 있다.
① 기업의 체질 개선과 발전에 기여한다.
② 인간성을 존중하고, 명랑하고, 밝은 직장을 만든다.
③ 인간 능력을 발휘하고, 무한한 가능성을 갖는다.

QC 서클 그룹 활동의 특징 중 하나는, 활동 결과보고로 'QC 스토리'라는 표제가 붙은 개선 활동의 과정에 대한 발표를 하는 것으로, 소그룹의 대표가 회의 형식으로 진행한다.

ZD 운동이나 QC 서클의 기본철학은 동일하다. 다만, ZD 운동은 미국에서 생성되었는데 그 뿌리를 내리지 못했으나, QC 서클은 1960년대 일본에서 생성되어 크게 발전하였으며, 우리나라에서도 그 활동이 활발하게 전개되고 있다.

기업사례

유로디즈니의 사전마케팅과 사후마케팅 전략

1. 사전마케팅 전략

1980년대에 유로디즈니가 기획될 때만 해도, 이 사업은 거의 보증수표처럼 보였다. 경제호황을 누리고 있는 유럽인들은 여가활용에 돈을 많이 쓰고 있었고, 유럽에는 디즈니 정도의 큰 테마공원이 아직 없었다. 게다가 디즈니라는 상표가 유럽의 구석구석까지 잘 알려진 것은 말할 것도 없었기 때문이었다.

월트디즈니센터는 유럽의 200개 이상의 장소를 검토한 뒤, 파리의 동쪽 약 30km거리에 위치한 마르느라발레라는 곳에 대규모의 테마공원을 건설하기로 결정하고, 이것을 관리할 유로디즈니라는 회사를 1985년에 설립한다. 엄청난 자금이 투입되는 큰 사업이니만큼 회사로서는 철저한 사전마케팅을 통해 실패 확률을 최대한으로 줄일 필요가 있었다. 그래서 유로디즈니는 면밀한 사전마케팅 계획을 세웠다.

1) 유로디즈니의 사전마케팅 계획

유로디즈니를 개장함에 있어서 회사측이 사전마케팅을 통해 이루고자 했던 목표는 다음과 같았다.

① 유럽에 새로운 테마공원이 생기는 것을 널리 알린다.
② 되도록이면 많은 사람들에게 유로디즈니를 방문하고 싶은 생각을 갖게 한다.
③ 유로디즈니를 아주 매력적인 직장으로 부각시킨다.

이 사전마케팅 목표를 달성하기 위해 회사는 다음과 같은 전략을 취하기로 하였다.

① 공원을 개장하기 일년 전부터 사전마케팅을 시작한다. 이 단계에서는 의도적으로 공원의 성립과정을 마케팅 프로그램 내용에 포함시킨다.
② 유로디즈니의 개장을 사회적인 큰 행사로 부각시켜 유럽에 대규모의 테마공원이 조성된다는 것을 사람들이 자연스럽게 받아들일 수 있도록 한다.
③ 사실상 공동 마케팅의 파트너라고 할 수 있는 스폰서들과 파트너관계를 맺고 언론매체와 좋은 관계를 유지한다.
④ 유로디즈니의 광고를 통하여 거둘 수 있는 시너지 효과(synergy effect : 상승효과)를 극대화한다.

회사는 400억 원 이상을 사전마케팅 예산으로 책정하였는데, 그 중 약 100억

원을 광고에 투입할 예정이었다. 대부분의 예산을 PR, 판매촉진, 이벤트 등으로 돌리고 이것들을 잘 통합하여 큰 효과를 올리려고 하였다. 또한, 개장 후에는 광고비에만 약 500억 원을 쓸 예정이었다. 유로디즈니의 사전마케팅 계획은 20명으로 이루어진 내부 특별팀에서 준비되었다.

2) 사전마케팅의 시행

유로디즈니의 사전마케팅은 1991년 초부터 개장일인 4월 12일까지 약 1년에 걸쳐 집중적으로 행해졌다. 모든 유럽인들을 대상으로 하였지만, 그 중에서도 특히 가족시장에 중점을 두었다. 유럽에서도 아이들의 부모에게 유로디즈니의 방문을 설득할 수 있을 만큼 영향력이 있다고 생각하였다. 회사는 유로디즈니가 개장할 때까지 유럽 각국의 13개 TV채널을 통해 매주 '디즈니 클럽'이라는 30분 어린이 프로그램을 방영하였다.

유로디즈니는 또한 코닥, 네슬레, 코카콜라, 필립스 등의 유명회사들에게 유럽 내에서 디즈니의 로고 및 상징인물들을 사용할 수 있는 권리를 부여하였다. 그 대신 이 회사들은 매년 상당액의 사용료를 유로디즈니에게 지불하고, 광고를 할 때나 제품의 겉포장에 '유로디즈니'라는 이름을 명기하는 조건이었다. 이런 일종의 공동마케팅이 양쪽에게 모두 도움이 되었다고 할 수 있다.

유로디즈니는 각 나라에 프로모션 사무실을 열었고, 일부구간의 공사가 끝날 때마다, 언론계 인사들을 대거 초청하여 언론과의 관계를 돈독히 하였다. 그리고 정보센터는 160명의 저널리스트들이 보는 앞에서 개장하였으며, 1991년 4월에는 1,600명의 저널리스트와 26개 TV방송국 대표들을 불러놓고, 공식적으로 개장행사를 가졌다.

홍보활동은 이른바 '목표시장 순회활동'으로 절정에 이르고, 1992년 1월부터 4월까지의 개장에도 계속되었다. 이것은 40명의 디즈니직원과 6개의 보급텐트로 이루어진 디즈니일행이 유럽의 16개 도시를 돌면서, 각 도시의 중심광장에 축소시킨 디즈니성을 설치하고 홍보활동을 하는 것이었다. 디즈니일행이 가는 곳마다 매일 10,000~25,000명의 방문객이 행사장을 찾았으며, 현지 언론도 대대적으로 디즈니의 특이한 행사를 보도하였다.

1991년 7월, 유로디즈니는 유럽에서 500명 이상의 종업원을 고용하고 있는 모든 기업에게 편지를 보내 요술왕국클럽(Magic Kingdom Club)의 회원 가입을 추천하였다. 기업이 이 클럽에 가입하면 종업원들에게 회원카드를 나누어주고 유로디즈니의 입장요금을 대폭 할인해 주었다. 그 결과로 각 직장에서 유로디즈니가 화젯거리가 되었고, 또한 기업들이 유로디즈니를 단체관광의 목적지로 선택할 것이라고 기대하였다.

유로디즈니는 또 개장 9주 전에 약 100억 원의 돈을 들여 개장이 임박하였다는 것을 알리는 광고를 유럽 전역에 보내기 시작하였다. 광고를 보고 문의를 해온 약 120만 명의 고객들에게는 디즈니 소개책자를 발송하였으며, 고객들의 주소를 훗날 데이터베이스 마케팅에 활용할 수 있도록 저장하였다.

개장 전날에는 3,500명의 저널리스트를 포함하여 약 15,000명의 고객이 참가한 가운데 전야제가 화려하게 거행되었다. 이 행사는 영국, 독일, 프랑스, 이태리, 스페인 그리고 미국의 TV방송국에서 생중계되었으며, 시청률은 상당히 높았다고 한다. 이렇게 유로디즈니의 사전마케팅은 철저한 분석과 계획에 의하여 치밀하게 이루어졌음을 알 수 있다.

2. 유로디즈니 개장 1년 후

1) 고전하는 유로디즈니

유로디즈니는 개장 후 일년 동안, 목표 방문객수 1천 1백만 명을 우회하였음에도 불구하고 1994년에는 3억 2천만 달러의 손실이 발생하였다. 방문객수는 1993년에 비해 10%나 줄었고, 주가는 곤두박질쳤다. 따라서 월드디즈니센터는 채권은행단의 지원 외에도 경영진을 유럽인으로 교체하고, 원가절감 조치 및 마케팅 부문을 과감하게 개선하였다. 그 결과, 1995년에 처음으로 약 2천만 달러의 이익을 얻어 사정은 조금 나아지게 되었다.

유로디즈니의 고전을 경영개선 성과측면에서 보면, 유럽에서 대규모의 테마공원을 운영한다는 아이디어의 문제가 아니고, 그것을 실행에 옮기는 과정에 문제가 있었다고 할 수 있다.

월트디즈니센터의 가장 큰 실수는, 유로디즈니를 직접 소유하고 경영하며, 주변의 넓은 땅을 사들여 그것을 대대적으로 개발하려고 한 것이다. 디즈니가 그러한 계획을 세운 것은 일본에서의 뼈아픈 경험 때문이었다. 동경 디즈니랜드가 엄청난 돈을 벌어들임에도 불구하고, 일본투자가들의 소유이기 때문에 디즈니는 약간의 로열티만 받고 있는 것이다. 그래서 이번에는 영업이익을 직접 챙기겠다는 생각이었다. 디즈니 사업이 잘되면 주변의 부동산값이 오르기 마련이므로 미리 땅을 확보하고 호텔과 상가 등을 세워 비싼 값으로 매도할 계획이었다.

걸프전이 관광산업과 부동산시장에 영향을 미치기 시작하자, 디즈니는 일단 개발계획을 축소하지 않을 수 없었다. 방문객들은 공원 안에서 돈을 적게 썼다. 그들은 비싼 음식보다는 패스트푸드를 즐겼으며, 기념품도 많이 사지 않았다. 게다가 2~3일 동안 머물며 구경하는 사람들이 적었기 때문에 호텔 방은 언제나 남아돌았다. 하루의 내방객수가 성수기에는 9만 명에 이르고, 겨울에는 1만 명밖에 되지 않아 계절간의 차이도 예상보다 훨씬 컸다.

2) 부르기뇽 사장의 경영전략

이런 문제들을 해결하는 것이 1993년에 유로디즈니 사장으로 부임한 프랑스인 필립 부르기뇽(Phillippe Bourguignon)의 과제였다. 부르기뇽 사장은 채권은행단과 본사와의 지루한 협상 끝에, 이자 및 로열티의 지불을 얼마간 유예시키는데 성공했다.

그 다음, 부르기뇽 사장은 곧 마케팅에 나섰다. 유로디즈니는 처음에 유럽을 하나의 나라로 취급하고, 미국에서 성공한 마케팅기법을 유럽 전체에 그대로 적용한 것이었다. 그러나 이 회사는 관광객들의 취향이 미국과 다르고, 또 유럽 내에서도 각 나라마다 서로 크게 다르다는 것을 곧 알게 되었다. 그리고 최대 고객집단인 프랑스인들에게 입장료가 너무 비싸다는 것도 깨닫게 되었다.

그래서 사장은 우선 광고부터 유럽인들에게 맞게 바꾸었다. 원래 유로디즈니의 광고캠페인은 어린이들을 대상으로 하였으며, 미국에서 했던 대로 미키나 플루토가 공원에서 하는 퍼레이드나 놀이기구를 소개하는 내용이었다. 부르기뇽 사장은 어른들이 자녀들의 간청을 외면할 수 없게 만드는 광고로 바꾸었다. 유로디즈니는 또 각 나라의 특성에 맞게 마케팅활동을 펴기 위하여 런던, 프랑크푸르트, 밀라노, 브뤼셀, 암스테르담, 마드리드에 마케팅 사무소를 열었다.

사장이 내린 가장 과감한 결정은 성수기 때의 어른입장료 250프랑을 195프랑으로 20% 이상 내리고, 제일 싼 호텔방의 숙박비를 1/3 이상 낮춘 것이었다. 뿐만 아니라 그는 겨울에 고객들을 끌기 위한 갖가지 방안을 적극적으로 시행하였다. 디즈니는 조사결과, 일단 유로디즈니랜드에 한번 왔던 사람들은 다시 올 확률이 높다는 것과 한 명의 방문객이 평균 18명에게 디즈니랜드를 추천한다는 것을 알게 되었다.

디즈니랜드처럼 고정비가 큰 서비스산업에서는 방문객 수가 사업의 성패를 결정하는 것이다. 유로디즈니가 황금알을 낳는 거위가 될 가능성은 거의 없으며, 애초에 월드디즈니센터가 가졌던 계획은 꿈에 불과하였다.

그러나 1995년도의 내방객수가 1,070만 명에 이르고 호텔의 숙박율이 1993년의 51%에서 1995년에는 68%로 오르는 등, 경영성과는 뚜렷하게 나아졌다. 생산성의 향상으로 방문객 한 사람당 부담비용이 거의 20%나 떨어졌다고 한다.

사장은 2년에 걸쳐 일주일에 두 번씩 종업원들과 같이 아침식사를 하면서 그들의 이야기를 들었다. 이러한 과정을 통해 그는 종업원들의 사기를 높였을 뿐만 아니라 그들로부터 디즈니랜드를 개선할 수 있는 뛰어난 아이디어를 많이 얻을 수 있었다.

디즈니의 가장 훌륭한 업적은 사장이 종업원들을 늘 웃게 만든 것이었으며, 손님들이 얻는 것은 어떤 물질이 아니고 즐거움과 재미 그 자체였다.

연습문제

12-1. 조직의 원칙을 설명하라.

12-2. 조직의 종류를 설명하라.

12-3. 라인스탭조직의 장단점을 설명하라.

12-4. QC 서클을 설명하라.

12-5. ZD 운동을 설명하라.

12-6. 유로디즈니의 사전마케팅 전략을 설명하라.

12-7. 유로디즈니의 사후마케팅 전략을 설명하라.

Chapter 13

인적자원의 충원

제1절 충원계획

1. 충원업무

1) 충원기능

충원(staffing)이란 조직구성원의 선발·배치·훈련 및 개발문제를 다루는 관리기능이다. 즉, 조직은 그들이 필요로 하는 인적자원을 어떻게 결정하고, 관리자들은 각 직위에 적합한 사람들을 어떻게 선발하며, 그들이 효과적으로 직무를 수행할 수 있도록 어떻게 훈련을 시킬 것인가 하는 문제를 다룬다.

이와 같은 점에서 충원기능은 역할과 직위의 의도적인 구조를 선정하는 이른바 조직기능과 밀접한 관계가 있다.

그런데 조직내의 노동력의 구성은 계속 변동되기 마련이며, 관리자들이나 종업원들은 영구히 한 자리에 머물러 있지 않는다. 성공적인 관리자들은 대개 승진하며, 승진하지 못한 사람들은 어디선가 보다 나은 직무를 찾기도 한다. 그러므로 조직은 항상 구성원의 변동에 순응해야만 한다.

충원기능은 조직에서 이와 같은 인적자원의 투입과 산출을 다루는 이른바 인적자원 관리시스템을 향상시키는데 꼭 필요한 것이다.

2) 충원절차

충원절차는 적합한 시기에, 적합한 장소에, 적합한 인물을, 조직에 공급할 수 있도록 한 단계씩 추구하는 과정이라고 볼 수 있다. 이러한 과정의 절차는 다음과 같다.

(a) 인적자원계획수립

인적자원계획수립(human resource planning)은 조직이 필요로 하는 인력을 적절히 충족시킬 수 있도록 설계하는 것을 말한다. 그러한 계획수립은 ① 현재 또는 미래에 예상되는 인력의 요구도, 공석 또는 결원 그리고 부서의 확장이나 감축 등과 같은 내적 요인의 분석을 통해서, ② 노동시장과 같은 외부환경 요인의 분석을 통해서 이행될 수 있다. 이들의 분석을 토대로 충원과정의 주요 단계들을 추구할 수 있는 계획이 설정될 수 있다.

(b) 모집

모집(recruitment)은 인적자원계획에 맞추어 요구되는 직무에 적합한 후보자들을 널리 찾는 것을 말한다. 기업에서는 대개 신문이나 전문잡지의 광고를 통해서, 직업훈련기관을 통해서, 구두로, 또는 대학 캠퍼스를 방문하여 후보자들을 찾을 수 있다.

(c) 선발

선발(selection)은 지원자들을 평가하여 채용하는 것을 말한다. 지원서, 이력서, 면접, 적성검사 및 추천서 등이 선발과정에서 가장 흔하게 이용되는 보조물들이다.

(d) 오리엔테이션

오리엔테이션(orientation)은 선발된 사람들이 조직 속에 순조롭게 적응할 수 있도록 하기 위한 일종의 예비교육의 성격을 가지며, 환경에의 적응지도를 말한다. 신입종업원들은 그들의 동료에게 소개되고, 그들의 임무를 알도록 하며, 조직의 방침과 목표에 대한 지식을 갖도록 한다.

(e) 훈련 및 개발

훈련 및 개발(training & development)과정은 개인이나 집단의 능력을 증진시켜 조직의 효율을 높이는데 기여하도록 하려는 것이다. 훈련은 현재의 직무수행 능력을 향상시키기 위한 것이다. 예를 들면, 종업원들에게 새로운 의사결정 기법이나 자료처리시스템의 활용방법을 습득하도록 하는 것이다. 개발프로그램은 종업원들이 승진하여 그들의 안목을 넓힐 수 있도록 현재 직책의 자격요건 범위를 넘어서 그들을 교육시키기 위한 것이다.

(f) 업적평가

업적평가(performance appraisal)는 각 개인이 수행한 직무성과를 그들의 직책상 목표나 표준과 비교하는 것을 말한다. 그러므로 업적이 높이 평가되면 그들은 보상을 받게 될 것이며, 반대로 성과가 좋지 않으면 어떤 시정조치(추가교육 내지 훈련과 같은 조치)가 마련되어 그것을 원하는 수준까지 올려놓아야 할 것이다.

(g) 전환(이동)

전환(transfer)은 어떤 직무에 배치되어 있는 사람을 어떤 사정으로 말미암아 다른 직무로 재배치하는 이른바 인사이동을 말하며, 3가지 유형이 있다.

① **승진**(promotion) : 조직계층에서 보다 높은 직위로 옮겨가는 것
② **전임**(lateral move) : 같은 계층의 다른 직위로 수평이동하는 것
③ **강등**(demotion) : 보다 낮은 계층의 직위로 이동하는 것

(h) 이직

이직(separation)은 사퇴, 해고, 일시해고 또는 퇴임 등을 말한다. 이직자의 수와 유형을 분석해 보면, 조직관리의 효과를 알아볼 수 있다. 예컨대, 사퇴하는 사람들이 너무 많으면 봉급수준이 적절치 못하다는 것을 의미하고, 일시해고하는 사태가 빈번히 발생하면, 그것은 생산과 시장의 수요를 적절히 조정하지 못하기 때문이다. 그리고 해고를 당하는 사람들이 너무 많으면, 그것은 선발이나 훈련과정의 잘못을 나타낸다.

〈그림 13-1〉은 이상과 같은 인적자원의 충원과정을 보여주고 있다. 인적자원의 충원과정은 인적자원계획으로부터 비롯된다. 그러므로 인적자원계획 수립부터 살펴보기로 한다.

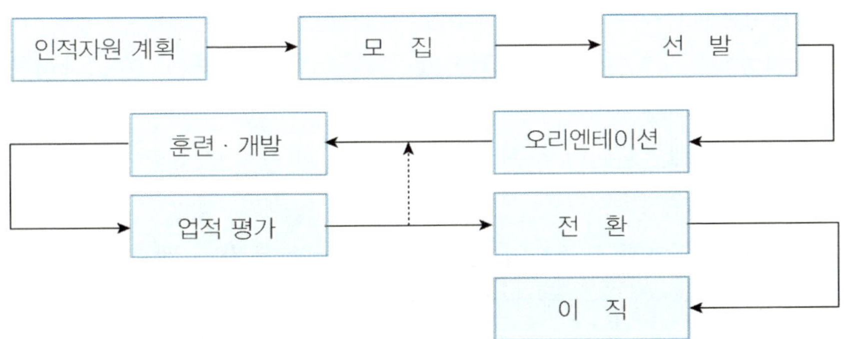

〈그림 13-1〉 인적지원의 충원과정

2. 인적자원계획의 수립

1) 인적자원계획 수립의 필요성

인적자원계획 수립의 필요성은 그렇게 절실하게 느껴지지 않을 수 있다. 만약, 조직이 새로운 직원들을 필요로 한다면, 그들을 고용하면 되지 않는가? 라는 식으로 많은 사람들은 간단히 생각한다.

그러나 조직에서의 인적자원의 요구는 이 질문이 뜻하는 바와 같이 그렇게 신속하게 충족될 수 없다. 왜냐하면, 인적자원에 대한 계획을 수립하지 않는 조직은 흔히 인력 요구조건이나 전반적인 목표를 효과적으로 충족시키지 못하고 있기 때문이다. 그리고 경영활동은 인적요소와 물적요소의 상호결합에 의해 수행되므로 기업에서 이들 두 요소는 적합한 비율로 결합되어야 한다. 어느 한 가지 요소가 과다하거나 혹은 과소하다면 경영의 성과는 제대로 나타날 수 없다.

그런데 조직은 퇴직·해고·감원·사고·기업의 확장 등 여러 가지 이유로, 그 인적자원의 수가 항상 변동되기 마련이다. 그러므로 조직이 각기 설정에 맞는 소요인원을 계속적으로 유지하기 위해서는 인적자원계획을 장기적 안목에서 합리적으로 수립·조정하지 않으면 안된다.

2) 인적자원계획 수립과정

조직이 필요로 하는 인력을 지속적으로 유지하기 위해서는 조직전체의 인사정책적 차원에서 인적자원에 대한 장기계획을 수립해야 한다. 이러한 인적자원계획 수립과정에는 다음과 같은 4가지 단계가 있다.

① **앞으로 필요한 인원계획의 수립** : 조직은 앞으로의 운영을 지속하기 위해, 어떤 능력을 가진, 얼마의 사람을 필요로 하는가?

② **앞으로 증감될 인원계획의 수립** : 현재 고용된 사람들이 얼마나 계속 남아 있을 것으로 예상되는가? 이 숫자와 조직이 앞으로 필요로 하는 숫자 사이의 차이가 다음 단계의 계획을 수립케 한다.

③ **모집·선발·일시해고계획의 수립** : 조직은 그들이 필요로 하는 인원을 어떻게 받아들일 수 있는가?

④ **훈련·개발계획의 수립** : 조직이 경험있고 유능한 직원을 계속적으로 확보할 수 있도록 하기 위해 조직 내에서 각 개인의 훈련과 이동은 어떻게 관리되어야 하는가?

이와 같은 과정을 실행하기 위해 인적자원계획 프로그램을 담당한 관리자는 몇 가지 요인을 고려해야 한다. 그 가운데 가장 중요한 요인은 조직의 전략적 계획이다. 조직의 기본전략과 그 전략을 실현시키기 위한 구체적인 목표와 전술이 조직의 소요인력을 규정해 줄 것이다. 예를 들면, 내부성장을 위한 전략은 추가인원이 고용되어야 하는 것을 의미하는 것이고, 다른 기업의 취득을 위한 전략은 취득되는 유형의 기업과 관련하여 경험이 있는 관리자들을 고용해야 한다는 것을 의미한다.

관리자들이 고려해야 할 또 다른 요인은 조직의 외부환경의 변화이다. 이것은 곧 시장·금융 및 노동력의 변동을 의미한다. 예를 들면, 경기가 호황일 때 기업은 확장되고 소요인원은 증가될 것이다. 그러나 한편으로 실업률이 낮아지므로 구직자는 줄어들 것이다. 불황기에는 대부분의 조직이 종업원들을 감원시킬 것이다. 이밖에도 충원기능에 영향을 미칠 수 있는 다른 외적 변동요인들이 많이 있다. 이를테면, 기술의 변화는 많은 전문인력을 요구하게 될 것이다. 그리고 노사 관계나 정부규제의 변화는 모집·선발·해고와 같은 여러 가지 인사정책에 영향을 미칠 것이다. 예컨대, 조직의 내적환경과 외적환경은 인적 자원계획이 실행되어야 하는 한계를 관리자들에게 명시해 주고 있다.

이러한 한계가 일단 설정되면, 관리자들은 그들이 추구해야 할 어떤 모집·훈련 및 개발과정을 수행하기 위해 현재의 인력상황이 앞으로 필요한 인력을 대비시켜 결정할 수 있다. 조직의 내적 및 외적환경이 변하기 때문에 관리자들은 그들의 인적자원계획을 항상 현시점까지 유지할 수 있도록 이들 환경을 계속 관찰하고 검토해야 한다.

3) 인적자원의 예측 및 감사

인적자원계획 수립에 있어서 중요한 요소는 인적자원에 대한 예측과 감사이다. 예측은 조직에서 앞으로 필요로 하는 인력을 평가하는 것이고, 인적자원의 감사는 조직의 현재 인력을 평가하는 것이다. 이 2가지 요소는 모집·훈련과 같은 충원과정을 계획하는데 필요한 정보를 관리자에게 제공한다.

(a) 인적자원의 예측

인적자원의 예측은 조직이 그것의 성장을 도모하고, 미래의 기회를 개발하는데 필요한 어떤 인력을 결정하려는 것이다. 그러므로 예측자들은 충족되어야 할 임무의 범위를 규정하고, 조직구성원들이 어떤 재능과 지식을 필요로 하는지를 설정한다.

전산화된 의사결정지원시스템의 사용은 인적자원의 계획수립과 예측을 용이하게 할 뿐만 아니라 한층 더 정확한 추정을 할 수 있게 한다. 이밖에도 인적자원의 퇴직·이동 등에 대한 예측도 이러한 전산시스템을 사용함으로써 쉽게 할 수 있다.

(b) 인적자원의 감사

일단 예측이 끝나면, 다음 단계는 조직의 현재의 인력에 대한 정보를 얻는 것으로, 2가지 종류의 정보가 필요하다. 조직구성원들이 그들의 직무에 대하여 적합한 재능을 가지고 있는가? 그들은 효과적으로 업무를 수행하고 있는가? 이러한 질문에 대한 대답이 곧 관리자들로 하여금 앞으로의 인적자원의 요구에 대비하여 조직구성원들의 강점과 약점을 파악할 수 있게 한다. 특히, 조직 내에서 잠재력이 있는 인물을 찾는데 역점을 두어야 한다. 왜냐하면 내부에서 유능한 인재를 찾아 승진시키는 것이 외부로부터 인사를 선발·채용하여 훈련시키는 것보다 훨씬 경제적이기 때문이다.

인적자원의 감사는 곧 조직에서 각 개인의 재능과 업적을 평가하는 것이다. 각 개인은 그들의 부서별로 업무수행의 성과에 따라 서열이 매겨진다. 이렇게 얻어진 정보는 상급관리자들에게 각 부서에서 실제로 활용할 수 있는 인원을 파악할 수 있게 해 준다. 보다 자세한 사정은 업적평가뿐만 아니라 각 개인의 연령·교육·승진여부·추가교육문제 등을 고려할 수 있다.

제2절 모집 및 선발

1. 모집

모집(recruitment)은 조직이 필요로 하는 자질있는 종업원들을 선발할 수 있을 만큼의 충분한 숫자의 지원자들을 모으는데 그 목적이 있다. 일반모집(general recruiting)은 일반 종업원들의 선발에 적합한 것인데, 조직이 어떤 종류의 종업원들을 필요로 할 때 시행된다. 그러므로 모집방법은 비교적 단순하고 표준화된 절차를 밟게 된다.

그리고 특수모집(specialized recruiting)은 주로 높은 계층의 관리자나 전문가들의 선발을 위해 이용되는데, 조직이 어떤 특정한 인물을 원할 때 시행된다. 그러므로 그 대상이 되는 후보자들은 어느 정도의 기간에 걸쳐 면밀한 주의와 관찰을 받게 된다.

1) 직무 및 직책의 기술

모집과정의 중요한 부분은 조직구조상에 나타난 각 직무의 내용과 위치를 기술하는 이른바 직무 및 직책 명세서의 작성이다. 종업원의 수준에서는 이 명세서가 직무기술(job description)이라고 일컬어지고, 관리자의 수준에서는 그것이 직책기술(position description)이라고 일컬어진다. 이들은 결국 직무나 직책의 요구조건을 나타낸다고 볼 수 있다. 그러므로 조직도표에서의 각 칸은 그 직책의 명칭·임무·책임 등을 규정하는 것과 관련이 있다.

직책기술이 일단 완료되면, 이에 따른 고용규정이 개발되어야 한다. 고용규정(hiring specification)은 개인이 그 직에서 업무를 효과적으로 수행하기 위해 갖추어야 할 학력·경험·성품 등을 규정한다.

2) 모집방법

조직의 직무 및 직책기술에 의해 조직이 어떤 자격요건을 구비한 사람들을 채용하여야 할 것인지가 대체로 밝혀진다. 그러면 조직은 그 직무나 직책에 적합한 사람들을 찾기 위한 모집대상 및 방법을 결정해야한다.

조직이 모집대상과 방법을 어떻게 결정하느냐 하는 문제는 충원되어야 할 직무나 직책의 성격뿐만 아니라 노동시장에서 적합한 사람들의 이용가능성에 달려있다. 즉, 조직이 종업원들을 모집할 수 있는 힘은 보통 매력있는 직무의 제공에도 의존하지만, 조직의 명성이나 지리적 위치에도 크게 좌우된다.

그리고 조직의 직무나 직책에 적합한 사람들을 조직내부에서 찾느냐 아니면 조직외부에서 찾느냐 하는 문제로 귀결시켜, 그 모집방법을 사내모집과 사외모집으로 구분할 수 있다.

(a) 사내모집

많은 기업이 아주 예외적인 경우를 제외하고는 조직내부로부터 사람들을 모집하거나 승진시키는 방침을 취하고 있다. 이와 같은 방침에는 다음과 같은 3가지 장점이 있다.

① 사내로부터 모집된 지원자들은 이미 조직에 익숙해 있으므로 그들은 그 조직과 구성원들의 힘을 입고 그들의 직무를 성공적으로 계승해 나갈 수 있다.

② 내부 기용 및 내부 승진방침은 조직구성원들의 충성심을 고취시키고, 사기를 진작시키는 데 도움이 된다.

③ 내부로부터의 모집이나 승진이 외부로부터의 고용보다 비용면에서 훨씬 유리하다.

한편, 이러한 방침의 단점은 다음과 같다.

① 널리 유능한 인재를 구하는데 한계가 있다.

② 조직에 참신한 견해나 풍토가 조성될 가능성이 적어진다.

③ 연공서열에 따라 승진이 보장된다는 자만심에 빠지기 쉽다.

(b) 사외모집

오늘날 우리는 신문·잡지·TV 등 각종 매스컴을 이용한 구인광고를 통해 많은 기업체들이 공개모집을 하고 있음을 본다. 이러한 공개 채용광고는 특히 많은 신입사원을 모집할 때 이용되는 중요한 모집방법이다.

유망한 종업원들을 찾아내는 또 다른 방법으로서 흔히 이용되는 것이 구두(word of mouth)에 의한 방법이다. 즉, 친구나 친지들을 통하여 조직의 각 계층에서 필요로 하는 종업원 내지 관리자들이 소개되고 추천된다. 한편, 대부분의 조직이 인력구조를 합리적으로 체계화 할 목적으로 대학 4학년들을 대상으로 정기적으로 모집하는 것이 관례로 되어 있다. 더욱이 각 기업체는 우수한 자질을 가진 신입사원을 받아들이기 위해 적극적인 모집 활동을 하게 된다.

2. 선발

모집과정이 끝나면, 응모한 지원자들 중에서 조직이 필요로 하는 각 직무의 적격자를 선발하는 과정으로 들어간다. 이러한 선발(selection) 과정은 쌍방의 의사결정과정을 내포하게 된다. 즉, 조직은 일자리의 제공여부를 결정하고, 지원자들은 조직과 그 일자리가 그들의 욕구에 적합한지를 결정한다.

그러나 일자리 얻기가 아주 어려울 때는 선발과정이 일방적으로 결정될 수 있다. 각 직무나 직책에 여러 사람이 지원할 때, 조직은 일련의 전형과정(면접·시험·적성검사 등)을 통하여 가장 적합하다고 판단되는 지원자를 채용한다.

1) 선발과정

일반적으로 널리 이용되고 있는 표준적인 선발과정은 7단계의 과정을 거치게 된다. 그러나 실제의 선발과정은 조직에 따라 다르며, 같은 조직 내에서도 계층에 따라 다르다. 예컨대, 일반종업원들에 대한 면접은 극히 간단하고 피상적일 수 있고, 오히려 서류전형이나 필기시험에 역점을 두게 된다. 반면에 중간 내지 최고관리자들을 선발할 경우에는 면접이 아주 비중있게 중요시되고, 형식적인 시험은 치르지 않을 것이다.

또, 조직에 따라서는 지원자들이 지원서를 쓰지 않고 이력서만을 제출할 수도 있으며, 신체검사의 과정은 생략되기도 한다.

〈그림 13-2〉는 일반적으로 이용되는 표준적인 선발과정의 7단계를 나타낸 것이다.

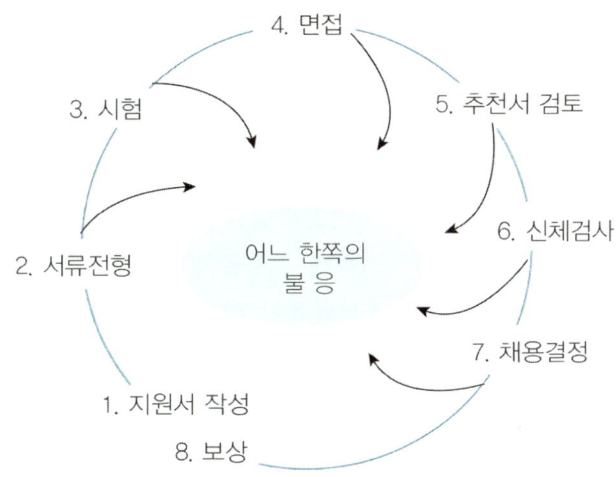

〈그림 13-2〉 표준적인 선발과정 7단계

① **지원서류 작성 제출** : 일정한 양식의 지원서는 첫째 지원자가 어떤 직책을 원하는지를 밝혀주고, 둘째 면접자에게 면접자료를 제공해 주며, 셋째 그 지원자가 채용될 경우 직원들의 인사정보의 한 부분이 되는 등의 구실을 하게 된다.

② **서류심사** : 서류심사로서 채용시험을 대신하는 경우에는 이력서·지원서·신원증명서·호적등(초)본·사진·졸업증명서·성적증명서·추천서 등이 사용되는데, 이들을 근거로 특정직무에 대한 지원자의 적격여부를 판단한다. 그러나 현재 많은 기업에서 필기시험이나 면접시험을 보기 전에 일종의 예비전형의 형식으로 서류심사에 의해 필기고사나 면접시험에 응시할 지원자들을 선정하고 있다.

③ **필기시험** : 조직(기업)은 필기시험을 통해 지원자들의 직무에 대한 재능과 능력을 측정하려고 한다. 필기시험의 방법에는 주관식방법과 객관식방법이 있는데, 최근에는 각 기업에서 컴퓨터를 이용하여 채점의 공정을 기할 수 있도록 객관식 출제방법이 많이 이용되고 있다.

④ **면접시험** : 면접시험의 방법에는 개별면접법과 집단면접법이 있다. 개별면접의 경우에는 면접에 필요한 서류에 의거하여 면접을 하는데, 이때 사용되는 서류로는 수험표·신체검사표·적성검사표·채용시험검사표·인물관찰표 등이 있다. 집단면접의 경우에는 지원자들을 집단(예 ; 7~8명씩)으로 나누어 어떤 문제에 대

하여 토론을 시키고, 시험관이 그것을 방청하면서 각 지원자의 성격·이해력·표현력·태도·지도력·협동심 등을 관찰 평가한다.

⑤ **신원검토** : 지원자의 성품·사상·경력 등 신원의 배경을 신원조사서나 추천서 등을 통하여 보다 깊이 알아보는 것이 중요하다.

⑥ **신체검사** : 신체검사는 직무가 심한 육체적 노동과 관련이 없으면, 선발과정에서 대체로 마지막 단계가 된다. 신체검사는 보통 지원자가 지망한 직책에서 업무를 효과적으로 수행할 수 있도록 하고, 종업원들을 전염병으로부터 감염되지 않도록 하며, 지원자의 건강기록을 작성하도록 하는 등의 목적으로 실시된다.

⑦ **채용결정** : 지원자가 이상과 같은 선발과정을 성공적으로 통과하고 계속 고용되기를 원하면 채용이 결정된다. 그런데 채용결정이 내려지더라도 마지막으로 직무수행의 대가, 즉 보상문제가 결정되어야 한다. 보상에는 여러 가지 유형이 있겠으나 가장 관심이 큰 것은 역시 봉급수준일 것이다. 이 봉급수준에 따라 지 원자는 근무할 수도 또는 하지 않을 수도 있다.

2) 면접

선발과정에서 가장 중요한 단계가 면접시험이다. 특히, 면접(interview)은 경영관리분야의 지원자들을 선발하는데 중요한 구실을 하게 되므로 깊이있게 신중히 진행되어야 한다. 지원자들의 궁극적인 잠재 능력을 잘 예측할 수 있는 가장 효과적인 면접은 신중히 계획되어서 똑같은 질문이 같은 직책에 지원한 모든 지원자들에게 던져지도록 하는 것이다.

그러나 대부분의 면접과정이 치밀하게 짜여지지 못하고 선중하지 못한 경향을 띠고 있다. 적절하지 못한 면접은 잘못된 채용결정을 내릴 수 있게 한다. 지원자들에 대한 부정확한 정보를 얻어내는 잘못된 면접에는 3가지 공통된 결함이 있는데, 그것들은 다음과 같다.

① 면접상황에서의 '힘의 불균형'(imbalance of power)이다. 면접을 하는 사람은 이미 경험이 있어 편안하고 자유스러울 수 있는 반면에, 면접을 받는 사람은 면접상황에 익숙치 못한데다가 그 직업이 생계·경력 및 인생의 중요한 면을 나타낼 수 있으므로 불안을 느끼기 쉽다. 그러므로 그는 평소의 자신답지 않게 몹시 긴장된 모습으로 행동할 수 있다.

② 면접이 지원자들로 하여금 '가짜 행동'(phony behavior)을 취하도록 한다는 것이다. 지원자는 면접자에게 인정을 받을 수 있을 것이라고 생각되는 모습을 투영시키려고 애쓰게 된다. 때로는 능숙한 지원자에 의한 그러한 행위는 분명히

거짓일 수 있거나 조직의 방식과는 모순된 인상을 풍기게 될 것이다. 이러한 경우에는 오히려 진실한 모습을 보여주는 미숙한 지원자에게 높은 점수를 줘야할 것이다.

③ '당신 자신에 대하여 말해 보아라.' 또는 '당신의 가장 큰 약점은 무엇이라고 말하겠는가?'와 같은 쓸데없는 질문을 면접관이 묻는 경우를 들 수 있다. 지원자들은 그렇게 막연한 질문을 하는 면접관의 기교부족을 재빨리 알아차리고, 피상적인 대답을 하거나 옆으로 빗나가는 장광설을 늘어놓을지 모른다.

3) 관리자 선발

조직에서 이루어지는 가장 중요한 채용결정은 관리자들을 선발하는 것이다. 왜냐하면, 그들은 조직의 성패에 중요한 역할을 하기 때문이다. 그러나 관리자들을 선정하는 일은 직무의 복잡성 때문에 그렇게 쉽지가 않다. 즉, 관리자들은 폭넓은 재능과 능력이 요구되므로, 그들의 선발과정은 지원자들의 명시적 또는 잠재적 재능과 능력을 정확하게 파악하는 절차를 거쳐야 한다.

(a) 경험있는 관리자의 선발

조직은 경험있는 관리자들을 선발해야 하는 경우가 있다. 가령, 새로 개발된 직책에 관리자가 요구되는데 조직 내에서는 그 직책의 경험을 가진 사람이 없다든지, 또는 어떤 관리직을 맡을 만한 능력을 갖춘 사람이 조직 내에 없다든지, 또는 중요한 관리직에 갑자기 결원이 생겼는데 미처 후임자를 훈련시킬 시간이 없다든지, 또는 조직의 관리를 개선하기 위해 유능한 인물을 영입하여 온다든지 하는 경우이다.

(b) 잠재력있는 관리자의 선발

잠재력있는 관리자들은 보통 대학 졸업후에 조직에 들어와서 초보 단계의 직책을 맡게 된다. 그들이 초보단계에서 수행한 업적이 앞으로 맡게 될 관리직의 유형에 큰 영향을 미친다.

관리직에 대한 개인의 잠재력을 평가하는 것도 미래의 관리자가 현재 수행하지 않은 것을 근거로 판단되어야 하므로 쉽지가 않다. 그렇지만 잠재력있는 관리자가 조직의 성공을 결정하게 되므로, 그러한 사정은 극히 중요하다.

잠재력있는 관리자를 평가하는 일반적인 방법은 보통 학교성적을 검토하는 것으로부터 시작한다. 그러나 전문기술적인 직책을 제외하고는 학교성적이 관리업무의 수행과 밀접한 관련은 없는 것으로 흔히 보고 있다. 오히려 학교생활의 다른 측면(대인관계의 기교, 리더십의 자질 및 책임감과 같은 비학문적인 능력)으로부터 앞으로 유망한 관리자의 소질을 엿볼 수 있다.

제3절 훈련 및 개발

1. 훈련 및 개발의 중요성

훈련프로그램(training program)은 현재의 직무성과를 유지 및 향상시키려는 것인데 반하여, 개발프로그램(development program)은 미래의 직무를 위한 재능을 개발하기 위한 것이다. 관리자들이나 종업원들 모두가 훈련 및 개발프로그램으로부터 도움을 받게 되지만 그 양상은 좀 다르다. 종업원들은 주로 현재의 직무에 요구되는 기술적인 재능을 연마하는 훈련을 받게 되는데 반하여, 관리자들은 주로 미래의 직무에 요구되는 인간적 및 개념적인 재능을 개발하는데 필요한 도움을 받게 된다.

대부분의 조직은 항상 변하는 환경에 직면하고, 그 구성원들은 봉급보다도 그들의 직무로부터 더 많은 보람을 추구하고 있다. 그러므로 조직은 이러한 환경의 변화를 그 구성원들의 훈련으로 끊임없이 전환시켜서 그들이 시대에 뒤떨어진 낡은 직무로부터 참신한 새로운 직무로 옮겨갈 수 있도록 해야 한다.

이와 같은 전략이 주는 이득은 실로 크다. 즉, 이들 종업원들은 그 조직에 익숙해 있고, 잘 적응하고 있으며, 그들의 충성심 또한 값진 것이다. 그러므로 이들을 위해 해야 할 일은 오직 교육과 훈련을 시켜 계속 봉사토록 하는 것이다.

2. 훈련프로그램

교육과 훈련은 신규 종업원이나 현직 종업원 모두에게 필요하다. 신규 종업원의 훈련은 새로운 직무에 대한 기술을 익히기 위한 것이다. 그들의 동기유발은 매우 높으므로, 그들은 새로운 직무와 직책에서 기대되는 기술과 행위에 쉽게 친숙할 수 있고 숙달할 수 있다. 한편, 현직 종업원의 훈련은 그들의 자질을 높임으로써 작업능률을 올릴 수 있으며, 종업원 상호간의 직무수행능력을 양성하여 미리 직무수행 대행자를 준비하는데 필요하다.

종업원들에 대한 교육·훈련의 필요성이 확인되면, 관리자들은 적절한 훈련계획을 세워서 추진해야 한다. 관리자들이 이용할 수 있는 훈련방법에도 여러 가지가 있는데 가장 보편적인 방법이 직장내훈련(on the job training)과 직장외훈련(off the job training)이다.

1) 직장내훈련

감독자가 현장의 작업과정에서 종업원들을 개별적으로 실무 또는 기능에 관하여 훈련시키는 것이다. 여기에는 ① 종업원들이 어느 기간에 걸쳐 일련의 직무를 번갈아 가며 수행함으로써 광범위하고 다양한 기술을 배우게 되는 직무교대(job rotation), ② 직무훈련이 관련 교실교육과 연결되는 연수교육(internship), ③ 종업원들이 고도로 숙련된 동료작업자의 지도 밑에 훈련받는 도제교육(apprenticeship)이 포함된다.

직장내훈련의 장점은 다음과 같다.

① 교육방식이 실제적이고, 현실적이다.

② 교육과 생산이 직결되어 경제적이다.

③ 교실로 이동할 필요가 없다.

그리고 단점은 다음과 같다

① 지도자나 환경이 반드시 교육·훈련에 적합할 수 없다.

② 작업수행에 지장을 준다.

③ 재료의 낭비를 가져온다.

2) 직장외훈련

이것은 현장의 실무나 작업을 떠나서 전문적으로 실시되는 교육·훈련으로서 집단교육의 성격을 띤다. 이러한 유형의 훈련에는 종업원들이 평소 일하고 있는 장소와 다른 장소에서 실제의 장비와 실제의 도구를 가지고 일하도록 하는 '실습장훈련'이 있는데, 그 목적은 학습과정을 방해하는 직장(현장)의 압박감을 피하기 위한 것이다. 그밖의 직장외훈련방법들로는 강의실 교육에 초점을 맞추어 세미나·강의·영화관람 등의 방식으로 실시된다. 최근에는 컴퓨터에 의한 교육방식이 보편화되고 있는데, 훈련에 필요한 시간을 줄이면서 더 많은 효과를 거둘 수 있다.

직장외훈련의 장점은 다음과 같다.

① 다수의 종업원들에게 통일적인 교육을 실시할 수 있다.

② 전문적인 지도자로부터 훈련을 받을 수 있다.
③ 참가자들이 경쟁의식을 가짐으로써 훈련효과가 높아진다.

3. 경영개발 프로그램

경영개발은 현직 관리자들의 전반적인 관리능력을 향상시키고, 그들이 승진하게 되면 그들에게 보다 큰 책임을 지울 수 있도록 하기 위해 고안된 것이다. 경영개발 프로그램(management development program)은 관리자들에게 보다 복잡한 업무가 요구되며, 독자적인 경험에 의한 훈련만으로는 실질적인 효과를 거둘 수 없기 때문에 유행하고 있다. 그러므로 각 기업의 경영개발 프로그램에 대한 투자도 점차 그 액수가 커지고 있다. 초기의 경영개발활동은 프로그램 중심적(program centered)이었다. 즉, 개별 관리자들의 차이점을 고려하지 않은 채 그들에게 공통된 프로그램이 설계되고 시행되었다.

그러나 점차 관리자들이 개성·능력·경험 등에 있어서 서로 차이가 있다는 것을 알게 되었다. 그러므로 경영개발 프로그램은 각 관리자들의 독특한 요구조건에 적합하도록 짜여지는 관리자 중심적으로 지향하게 되었다.

다른 훈련 프로그램과 마찬가지로 직장내 경영개발 방법과 직장외 경영개발 방법이 있다.

1) 직장내 경영개발 방법

일반적으로 직장내 경영개발 프로그램이 선호되고 있다. 그 이유는 그것이 직장외 훈련보다 훨씬 더 개별적인 직무와 관련된 훈련을 마련할 수 있기 때문이다.

모형설정(modeling)이나 모방이 모든 행동학습의 핵심으로서 비공식적이지만 중요한 직장학습 방식이 되고 있다. 훌륭한 관리자의 행동을 모방하는 것은 좋은 관리습관을 배우는 가장 쉬운 방법이다. 반면에 나쁜 관리자를 지켜봄으로써 하지 말아야 할 것들을 깨우쳐 줄 수 있다. 특히, 훌륭한 관리자가 단순한 표본으로서 행동하는 것 이상을 보여 주면서 적극적으로 종업원들을 개발에 참여시킬 경우에 그 훈련이 한층 더 효과적일 수 있다. 직장(내)경영개발 방법에는 다음과 같은 4가지 중요한 공식적인 방법들이 있다.

(a) 감독자의 지도

감독자의 지도(coaching)에 의한 부하 훈련은 가장 효과적인 경영 개발기법이라고 할 수 있다. 불행히도, 많은 관리자들이 그들의 부하들을 지도할 능력이 없거나 지도하기를 꺼려하고 있다. 직장의 감독자 지도가 실효를 거두기 위해서는 지도자의 사려 깊은 자제력에 의해 분위기가 부드러워져야 한다.

(b) 직무교대

직무교대(job rotation) 방법은 관리자들의 직무담당을 순차적으로 교체함으로써 그들이 조직전반에 걸친 업무를 이해하고, 폭넓은 지식과 경험을 쌓을 수 있도록 하는 것이다. 이와 같은 훈련은 관리자 및 경영자에게 꼭 필요한 것으로서 그들이 언제나 새로운 안목으로 그들 직무의 관리개선에 노력하게 되므로 능률향상을 가져올 수 있다.

(c) 직책훈련

피교육자들에게 흔히 '보좌역'이라는 명칭을 갖고 직속상사 밑에 참모직위를 부여하는 방법이 직책훈련(training positions)이다. 이러한 임무부여는 피훈련자들에게 훌륭한 관리자들과 함께 일할 수 있는 기회는 물론이고, 그들을 모델로 하여 그들을 따라 일할 수 있는 기회를 제공하게 된다.

따라서 피훈련자는 상급자의 위치에 서서 스스로 판단할 수 있는 기회를 갖게 되고, 자기개발을 통해 성장·발전할 수 있게 된다.

(d) 계획된 작업활동

치밀하게 계획된 작업활동(planned work activities)은 피훈련자들에게 그들의 경험과 능력을 신장시킬 수 있는 중요한 과업을 부과하게 된다. 피교육자들은 때때로 테스크 포스(task force)를 이끌어 가도록 또는 중요한 위원회의 회합에 참여하도록 요청받을 수 있다. 그러한 경험은 그들로 하여금 조직이 어떻게 운영되고 있는가를 인식할 수 있게 할 뿐만 아니라 그들의 인간관계를 개선시키는 데에도 도움을 주고 있다. 이와 같이 계획적인 활동을 통하여 그들은 관리자로서의 자질을 닦아 나아갈 수 있을 것이다.

2) 직장외 경영개발방법

직장외에서의 개발기법들은 작업장의 일상적인 긴장과 억압으로부터 종업원들을 벗어나게 하여 그들로 하여금 전적으로 학습훈련에만 전념케 할 수 있다. 뿐만 아니라 이 기법들은 다른 부서나 조직으로 부터 참가하는 사람들을 만날 수 있는 기회를 제공함으로써 피교육자들은 새로운 아이디어와 폭넓은 경험과 지식에 접할 수 있게 된다.

가장 보편적인 직장외 개발방법으로는 강의실 교육과 대학이나 기타 조직에서 주관하는 경영개발 프로그램이 있다.

제4절 업적평가

1. 공식·비공식 평가

업적평가는 종업원들이 조직을 위해 그들의 직무를 얼마나 잘 수행하고 있는가에 대한 정보를 상사가 부하들을 대상으로 수집하는 것으로, 이러한 과정은 비공식적 그리고 체계적으로 발생한다.

1) 비공식적 평가

비공식적 평가(informal appraisal)는 종업원들이 매일매일 수행하는 업무의 성과를 근거로 평가가 이루어지는 것을 말한다. 즉, 관리자는 어느 특정과업의 일부가 잘 수행되었다거나 잘못 수행되었다고 자발적으로 부하들에게 말해 준다든지, 또는 부하가 관리자의 사무실에 아무 때나 들러 어느 특정과업이 어떻게 받아들여지고 있는지를 알아보는 것과 같은 것을 말한다.

2) 체계적 평가

체계적 평가(systematic appraisal)는 공식화된 토대 위에서 연 1회 내지 2회씩 정기적으로 이루어지는 평가방식이다. 이러한 평가는 다음의 4가지 주요 목적을 가지고 있다.

① 부하들로 하여금 그들의 현재 업적이 어느 정도 평가를 받고 있는지를 알도록 한다.
② 훌륭한 성과를 거둔 부하들을 찾아 상을 내리려는 것이다.
③ 별도의 추가교육·훈련을 필요로 하는 부하들도 아울러 찾아보려는 것이다.
④ 승진할 후보자가 누구인지를 밝혀내는데 중요한 역할을 한다.

2. 공식평가방법

누가 공식적인 업적평가를 실시하는가? 이 질문에 대한 대답으로 기본적인 4가지 평가방법이 조직에서 대두되고 있다. 즉, 업무 평가를 실행하는 주체에 따라 다음 4가지 방법으로 분류되고 있다.

1) 한 사람의 상사가 부하들을 평가하는 방법

가장 보편적인 접근방법이지만, 단 한 사람이 여러 사람을 평가한다는 것은 자칫하면 공정성과 객관성이 보장되기 어렵다는 폐단이 있다. 그러므로 이 방법은 보완을 하여 사용되어야 한다.

2) 한 집단의 상사들이 부하 직원들을 평가하는 방법

이 방법도 흔히 이용되는 접근방법인데, 직원들이 관리위원회나 일련의 관리자들에 의해 평가를 받는다. 이때, 평가자들이 각기 채점한 것을 집계하여 평가하는 방식을 취한다. 이러한 접근방법은 여러 사람의 견해에 의해 평가되므로 한 사람의 상사에 의한 평가보다 훨씬 효과적일 수 있다.

그러나 이 방법은 시간낭비가 될 수 있고, 또 직원들의 직속상관에 대한 책임감을 약화시킬 수 있다.

3) 한 집단의 동료들이 동료를 평가하는 방법

이 방법은 개인이 같은 조직계층의 동료들에 의해 개별적으로 또는 서면으로 평가를 받는 것이다. 이 접근방법은 봉급인상이나 승진을 좌우하는 업적평가를 동료 직원들에게 실시하도록 한다는데 어려움이 있으므로, 기업체에서는 잘 이용되지 않는 것이다. 다만, 사관학교 같은 곳에서 리더십의 자질을 알아보기 위해 주로 이용되고 있다.

4) 부하의 상사에 대한 평가 방법

이 방법은 부하들이 그들의 상사의 업적을 평가하는 것인데, 오늘날 대학에서 학생들이 교수를 평가하는 데서도 비슷한 것을 볼 수 있다. 이 방법이 아직 기업체에서는 널리 이용되고 있지 않지만, 앞으로 관리자들이 그들의 업무성과를 높이는데 도움이 될 수 있는 평가방법으로 사료된다.

전통적으로 업적평가는 주로 이해력·판단력·창의력 및 협동심과 같은 개인의 특성에 초점을 맞추었다. 그러나 오늘날 평가는 점차 개인의 업적을 근거로 이루어지고 있다. 〈표 13-1〉은 현재 많이 이용되고 있는 업적평가의 주요 접근방법들을 열거하고, 간단히 정의한 것이다.

〈표 13-1〉 업적평가의 접근방법

접근방법	내 용
도표측정(graphic rating)	직무에 대한 개인의 특성과 능력을 도표로 나타내어 업적을 평가한다.
행동측정(behavioral rating)	작업자의 행동을 구체적으로 기술하여 업적을 평가한다.
작업표준법(work standard approach)	실제 이룩한 실적과 기대한 성과의 수준을 비교한다.
논평(essay)	개인의 장점과 단점 등을 비판하고 논의한다.
MBO법(management by objectives approach)	부하와 감독자가 미래의 목표와 실행계획을 설정한 다음, 그 목표에 대하여 실제결과를 측정한다.
강제할당법(forced distribution system)	사전에 일정한 평가의 범위와 수를 정해 놓고 종업원들을 비율에 따라 강제로 할당하는 것으로, 일종의 상대평가라고 할 수 있다.

3. 평가의 문제점

관리자들에 의한 공식적인 평가가 부하들의 업무수행의 성과를 증진시키는데 있어 흔히 비효과적이라고 하는 지적이 있다. 1년에 한번 내지 두번씩 그들의 업적에 대하여 비판을 받은 종업원들은 대개 분개하게 되고, 자기방어적이 된다는 것이다. 즉, 평가를 받고 난 다음, 그들의 업무수행성과는 감소되는 경향을 나타낸다는 것이다.

그러므로 평가의 목표는 부하들의 업무수행 성과를 높일 수 있는 것이어야 하는데, 이 목표는 관리자들이 전통적인 방식으로 부하들을 평가한다면 달성되기 어려울 것이다. 그 대신 관리자와 부하가 함께 실행 목표를 설정한 다음, 그 목표의 달성과정을 평가해야 한다. 이와 같은 참여적 평가방법이 직무에 대하여 보다 큰 만족과 보다 높은 성과를 가져온다. 그리고 평가과정도 계속적이어야 한다.

기업사례

불황을 모르는 이상한 회사 메이난 제작소

1. 하세가와 사장의 어린 시절과 메이난 제작소의 탄생

1) 어린 시절

메이난 제작소의 하세가와 사장은 1927년 2월 2일, 가난한 가정의 둘째로 태어났다. 하세가와 소년은 15세에 고등소학교를 졸업하고, 목공 합판 기계제작소에 취직하였다. 동시에 시립 공예학교에 입학하였다. 4년 뒤, 학교를 졸업하고, '나고야탄코'라는 비행기 부품공장에 취직하였지만, 회사가 문을 닫는 바람에 여러 공장을 전전하게 되었다. 문을 닫았던 나고야탄코 공장이 축음기 부품회사로 재기되어 하세가와는 다시 취직하게 된다.

2) 경영이념의 구축과 자신감

혈기왕성한 청년 하세가와는 노조를 결성하고 노조위원장으로 활동하였지만, 경영자의 방만한 회사운영으로 나고야탄코는 다시 폐업되어 하세가와도 거리로 내몰렸다.

이 경험을 통해 좋은 의도에서 노조를 설립하고 투쟁하여도 회사가 망해버리면 이자는 커녕 본전도 못 챙긴다는 것을 하세가와는 뼈저리게 깨우치게 된다. 훗날 하세가와가 경영자가 되었을 때, 이 경험이 자신의 경영이념을 구축하는 기반이 되었다고 고백했다.

한때, 하세가와는 사장 혼자 설계부터 영업까지 모두 책임지는, 소규모 철공회사에서 일하게 되었다. 다행히 하세가와가 개발한 특수 대패판이 성공하여, 50~60대만 팔려도 대성공이라고 여겼는데, 무려 10만 대가 넘게 팔렸다. 그러나 사장의 경영방식에 회의를 느끼고 스스로 회사를 만들기로 결심하게 된다.

개발한 특수 대패판은 수요자가 이런 제품을 원할 수밖에 없다고 생각하고 하세가와가 만든 것이었으며, 무엇보다 할 수 있다는 자신감을 얻은 것이 큰 수확이었다.

3) 메이난 제작소의 탄생

1953년, '메이난 기계연구소'라는 간판을 걸고 독립하였다. 처음 반년은 혼자 일하였고, 반년 후에 '메이난 제작소'로 상호를 바꾸고 직원 5명의 회사로 출발하였다.

처음에는 숙부가 경영하던 '메이난 산업'에서 하세가와는 사무실에 책상 하나를 빌려 사업을 시작하였다. 시간이 갈수록 숙부의 사업은 되지 않고, 하세가와의 사업은 성장을 거듭하였다. 결국 숙부의 회사를 매입하면서 숙부를 비롯한 메이난 산업의 직원들을 모두 받아들였다.

5년차에 직원이 25명으로 늘어났으나 여전히 영세공장에 불과하였다. 회사가 발전하기 위해서는 기술적인 인재가 필요하다고 생각하여 나고야 대학과 나고야 공과대학에 인재추천을 부탁하였으나 거절당하였다. 그래서 하세가와는 "내가 직업교육을 시키겠다. 그 전에 나부터 교육을 받겠다." 이것이 메이난 제작소의 신화가 탄생하게 된 배경이다.

4) 10주년의 메이난 제작소

10주년을 맞아 하세가와 사장은 반성하게 되고, 메이난의 이상이 구체화되었다. "10주년을 맞아 우리 회사는 종업원 56명, 연간 매출 2억7천만 엔의 벨트샌드 전문 제조업체로 성장했습니다. 우리가 성장할수록 다른 회사들과 비슷해졌고, 나는 그것이 두려워졌습니다. 과연 우리가 일하는 일터에서 직원들은 삶의 보람을 느끼고 있을까? 그렇지 못하다면 우리의 체제가 어떻게 바뀌어야 되는가? 이제 전 사원을 대상으로 교육에 착수할까 합니다."

이렇게 하여 전 직원에게 사내 교육을 실시하고 있다. 사장의 꿈은 종합적인 능력을 갖춘 능력을 갖춘 인재, 스스로 설비하고 제작하는 엔지니어의 육성 때문이다.

2. 메이난 제작소의 신사옥

언덕 위에 서 있는 신사옥은 대학원이나 연구소의 분위기를 준다. 더욱 놀라운 것은 건물 입구 벽면에 커다랗게 새겨진 뉴턴의 '운동 제2법칙'인 'F=ma'라는 표어이다.

1) 누구나 이용할 수 있는 사장실

그동안 사장실이 없었던 메이난 제작소의 신사옥에 사장실을 만들었다. 그것은 '우리 회사에는 사장실이 없다'라는 특색에 구애받기 싫어서 일부러 만들어 직원들의 회의실로 사용하고 있다고 한다.

사장은 쉬거나 출장 간 직원의 빈자리에 앉아 하루를 보낸다. 그러므로 사장이 있는 곳이 곧 사장실이 되었다. 이렇게 함으로서 사장이 일일이 회사를 돌아다니며 업무의 진행 상황을 확인할 필요가 없어서 좋다고 한다.

현재, 사장은 공장과 본관을 연결하는 계단 복도에 책상을 하나 마련하고 직원들이 오르내리는 계단 복도에 앉아 있어 언제든지 자기를 찾아올 수 있게 하였다.

2) 옥상의 사우나

옥상에 사우나 시설이 구비되어 있다. 하루 일과를 마친 직원들은 사우나에서 땀을 흘리고 전망대를 겸한 호화로운 휴게실에서 휴식을 취한다. 여기에 술까지 제공되고 있다.

3) 협력업체와 함께하는 송년회

메이난의 송년회는 직원 친목회인 동시에 협력업체까지 함께하는 가족 모임이다. 사장의 짧은 인사말이 끝나자 파티가 시작되었다. 직원들이 직접 떡을 만들고 가족들과 야유회를 온 것처럼 편안하게 즐기는 축제이다.

3. 메이난 제작소의 경영 방침

1) 평생 잃어버릴 걱정 없는 선물을 준다

창립 10년인 메이난 제작소의 신입사원은 중학교를 갓 졸업한 십대 중반의 사람들이 대부분이었다. 주문생산이 거의 없으며, 메이난이 직접 개발한 제품을 판매하였다. 사장은 기술력을 높이기 위해 중졸의 십대를 채용하기 전에, 낮에는 회사에서 일하고 밤에는 야간고등학교에 다녀야 한다는 조건을 내세웠다. 그리고 공부란 자신을 위한 것이므로 회사는 수업료를 지원할 수 없다고 하였다.

다른 회사의 직원들은 회사로부터 온갖 지원을 받고 있었으므로 직원들의 불만은 엄청났다. 그러나 사장은 자신의 힘으로 졸업하게 된 직원들에게 다음과 같이 말했다. "자네들 힘으로 완성시킨 이 졸업이 얼마나 무서운지, 그 효과가 얼마나 대단한지 놀라게 될 때가 올 것이다. 나한테 고맙다는 말은 그때 가서 하도록 하시오". "만일 학비를 부담한 것에 불만이 있는 사람은 경리부에 말해두었으니 3년치 학비를 가져가게. 회사가 돈을 내어준 이상 배움이라는 자네들의 영혼은 회사의 것이 되는 거니까."

그러나 지난 수십 년간 야간 고등학교를 졸업한 직원이 경리부에서 학비를 받으러 간 적은 없었다.

야간 고등학교를 졸업한 직원들은 이에 만족하지 않고 야간대학에 진학한다. 그러나 사장은 그것도 부족하여 전 직원에게 사내 교육을 실시하고 있다. 사장의 꿈은 종합적인 능력을 갖춘 인재, 스스로 설비하고 제작하는 엔지니어의 육성이기 때문이었다. 사장은 기계를 제작하기 위해 자연과학의 기본이라고 할 수 있는 물리에 밝아야 한다고 생각하여 사내 교육 과제로 물리 한 과목만을 택하였다.

일주일의 시작인 월요일 아침 8시부터 12시까지 전 직원이 일을 중단하고 식당에 모여 물리 공부를 하였다. 거래처 사이에서는 하세가와 사장이 미쳤다는 소문이 돌기 시작하였다.

처음에는 별도의 교재 없이 사장이 그동안의 경험과 지식을 전달하는 수준이었다. 첫 번째 교재는 노벨상 수상자인 도모나가 신이치로 박사의 『최신 물리학 독본』, 그 다음에는 도쿄대학 교수가 쓴 『알기 쉬운 물리학』 그리고 3번째 교재는 『신물리연구』였다.

메이난 제작소의 물리학습회는 몇 개의 학습반으로 직원을 나누어 진행한다. 각 그룹은 멤버끼리 상의하여 주제를 정하고 매주 한 그룹씩 공부한 내용을 발표한다. 발표가 끝나면 다른 그룹들의 질문이 쏟아진다.

직원들의 학력은 대부분 중졸이지만, 공과대학 학생도 상대가 안 될 질문과 답변이 수없이 오고 간다.

놀랍게도 메이난의 물리학습회에는 직원뿐만 아니라 인근 대학교의 공과대학생들도 참여하고 있으며, 협력업체와 거래은행 직원까지도 참여하고 있다.

서로 자극을 주고받으며 성장한 뉴턴동호회는 매사추세츠공과대학의 정식 교과서를 교재로 택하였으며, 이 내용이 주간지에도 소개되었다.

2) 대기업도 포기한 제품을 집념으로 붙들다

경제가 성장하면서 일손이 부족해지고 인건비도 늘었다. 제일 먼저 타격을 받은 곳은 생산현장으로, 베니어판 시장도 마찬가지였으며, 이를 타개할 방법은 기계화였다.

다른 시장과 달리 목재 시장은 기계화로의 변화가 가장 절실하면서도 그 과정이 매우 더디었다. 왜냐하면 대상이 살아있는 나무였기 때문이었다.

하세가와 사장과 동생인 노부히코는 지금까지 유명 제조사나 라이벌 회사가 실패한 사례들을 모으고, 실패 원인을 분석하여 보았다. 얇게 벗긴 나뭇조각을 평면인 2차원으로 바라보는 것이 문제였다는 의견이 나왔고, 곧바로 3차원적인 부분까지 제어할 수 있는 기계라면 가능할 것이라는 해답을 도출하기에 이르렀다.

노부히코는 사원들 중에 기계 설비에 관심이 많은 멤버를 취합하여 프로젝트 팀을 만들어 열악한 제작 여건에서 대기업도 포기한 신제품 개발에 성공하게 되었다.

훗날 메이난 제작소를 돈방석에 올려놓은 '콤포저 1호기'가 완성되기까지 3년이 걸렸다. 그러는 동안 프로젝트 팀은 지도적인 위치에 올라섰고, 이들은 다른 직원들을 지도적인 위치로서 교육시켰다. 모든 것이 전에 없던 방식의 창조였다. 나사 하나, 체인 하나도 특허 신청의 대상이 되었다.

신제품 출시 5년 만에 콤포저 매출이 전체 매출의 85%를 차지하였으며, 이 기계 하나로 벌어들인 순이익만 1년에 28억 엔이었다.

성공에 만족하지 않고, 메이난은 제품의 변혁에도 열정적으로 뛰어들었다. 소비자가 원하지 않더라도 개선 사항을 내놓고 문세점을 공개하였다. 그러자 소비자들도 바뀌었다. 이 정도로 정밀한 목공기계라면 철강이나 플라스틱에도 적용할 수 있지 않겠느냐고 아이디어를 제공하였다. 당연히 메이난은 철강, 금속, 플라스틱용 샌더와 콤포저를 출시하였고, 엄청난 성공을 이룩하였다.

3) 사장의 운명이 달린 주주총회의 신임투표

경영 방침과 정책을 정하는 최고기관은 주주총회이다. 메이난의 주식은 거의 대부분 사장을 비롯한 직원들이 보유하고 있다.

임시주총은 회사에서 간략하게 치르지만, 결산을 끝낸 8월의 정례주총은 전국의 유명한 온천에서 직원들이 참석하여 성대하게 치른다.

정례주총의 하이라이트인 결산 보고, 이익 처분은 고작 5분 만에 끝나고, 주된 의제는 경영분석, 문제 해결, 장래의 전망 등, 메이난의 미래에 대한 대토론회가 하루 종일 이어진다.

메이난 제작소는 상법과 주식회사법에 저촉될 수도 있지만, 주총에서는 1인 1표가 기본이다. 그리고 메이난 제작소에는 사장 외에 6명의 이사가 있고 신임투표의 결과에 따라 그들의 생사가 달려있다. 사장의 친척이 낙선되는 경우도 있었고, 20대 중반의 임원이 탄생하는 경우도 있었다.

4) 메이난 제작소는 '21세기의 대장간'

4층 대형 홀에 있는 큰 칠판에 사장이 직접 써놓은 '구애받지 않는 마음 - 구애받는 마음 = ?' 이라는 표어가 있다. 무엇인가에 구애받기 시작하면, 그것이 매너리즘이 되고 정체된다는 뜻이다. 따라서 구애받지 않는 마음이 메이난을 성장시키는 원동력이라고 사장을 믿고 있다.

대장간이라는 말은 사장이 가장 좋아하는 말이다. 회사의 곳곳에 '메이난은 21세기의 대장간'이라는 표어가 붙어 있다. 메이난 제작소는 옛 장인의 전통을 이어받음과 동시에 21세기를 개척하는 독창적인 기계를 만들겠다는 목표를 상징하고 있다.

메이난의 작업시스템은 개인이 90%를 책임지며, 나머지 10%는 협업으로 이루어진다. 10%의 협업은 사장을 비롯한 선배들의 충고를 받아들여 개선해 나간다. 메이난 제작소는 18세 청년에게 3천만 엔짜리 플랜트 설계가 맡겨졌고, 그 청년은 실수는 많았지만 실수를 자각하면서 크게 성장하였다. 대기업에서는 생각도 못하는 인간 성장이다.

현재 메이난에는 9개의 개발팀이 있으며, 사장도 1개의 개발팀을 이끄는 그룹원이다. 세계적 불황으로 설비투자가 둔화되어 작업량이 현저히 줄었지만 여유가 넘친다. 그 이유는 지금이 개발하기 좋은 기회라고 생각하기 때문이다.

사장의 개발 진행과정과 기술을 흡수하는 것이 다른 사원들의 의무이다. 사원들은 진지하게 하세가와 사장의 살아가는 방법을 뜨거운 시선으로 배우고 있다.

4. 메이난 제작소의 현주소

메이난 제작소는 전국 각지에서 흔하게 볼 수 있는 소규모 기계공장에 불과하다. 작은 기업규모이지만, 50년간 연속적인 흑자로 일본 사회를 놀라게 하였다.

메이난 제작소의 연간 매출액은 무려 22억 엔, 직원 1인당 매출액은 2,700만 엔, 경상이익 8억 엔, 사내 유보금 15억 엔, 은행 또는 개인 부채 0엔이고 주주 배당은 최소 30%, 평균 50%, 최대 100%를 기록하였고 그것도 여러 번이었다. 그야말로 엄청난 성과였다.

그리고 2013년 현재 자본금 9천만 엔, 종업원 114명, 연간 매출 62억 엔, 여전히 차입금 0엔, 주주 배당금은 45%로 증가하였다. 또한, 최근 지은 최신식 신사옥은 메이난이 보유하고 있던 여유자금으로 건축하였다.

연습문제

13-1. 충원계획의 절차를 설명하라.

13-2. 인적자원계획 수립의 필요성을 설명하라.

13-3. 모집방법을 설명하라.

13-4. 선발과정을 설명하라.

13-5. 훈련프로그램에 대하여 설명하라.

13-6. 업적평가에 대하여 설명하라.

13-7. 업적평가의 접근방법에 대하여 설명하라.

13-8. 메이난 제작소가 다른 기업과의 차이점을 설명하라.

Chapter 14

운영적 통제

제1절 시간의 통제

1. 간트도표

1910년경, 간트(H.L. Gantt)에 의하여 개발된 간트도표(Gantt chart)는 지금까지도 비반복적인 업무를 위한 계획 및 통계기법으로 널리 이용되고 있다. 간트도표는 계획된 작업과 그 성과를 같은 시간축에 횡선으로 표시하여 계획과 통제기능을 아울러 수행할 수 있도록 마련된 일종의 막대도표(bar chart)이다. 각 작업들은 실행가능하게 배열되어 있고, 실제의 작업진행정도가 같은 도표에 기록되므로 계획과의 차이를 읽을

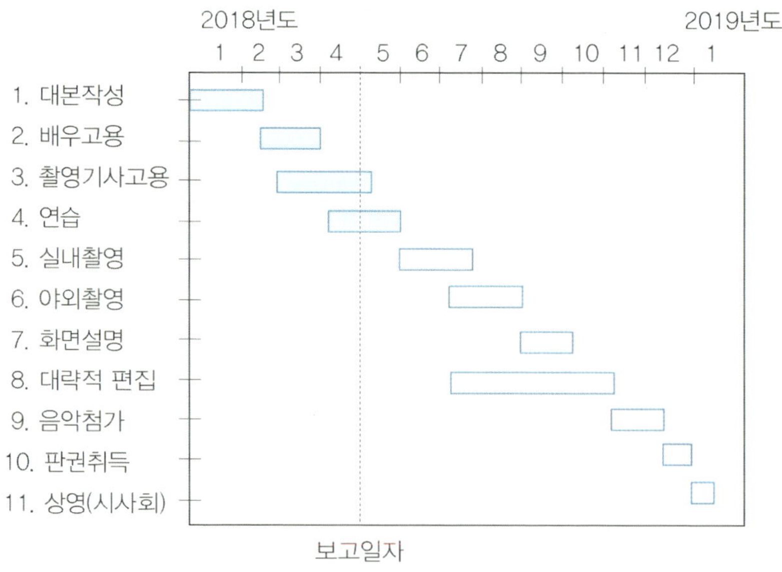

〈그림 14-1〉 영화제작을 위한 간단한 간트도표

수 있으며, 설비(시설)의 현재 상황을 알 수 있다. 이러한 간트도표는 대개 시간관련활동을 위해 이용될 수 있으며, 기계 공장, 단속생산, 건설분야 등에서 많이 이용된다.

〈그림 14-1〉은 전형적인 간트도표를 나타낸 것으로, 시간이 위쪽 수평축에 표시되어 있고, 수행되어야 할 일련의 업무가 수직축에 열거되어 있다. 그리고 막대에 적절히 표시함으로써 어느 정도 진척이 이루어졌는가를 알 수 있다. 예컨대, 4번째 '연습' 활동은 4월부터 5월까지 계속 진행하는 것으로 계획되어 있어 4월말까지 약 50%의 완료를 보여야 하는데 계획보다 1주일 정도 늦었으며, 3번째 '촬영기사고용'활동은 오히려 1주일 정도 앞당겨졌음을 나타낸다.

간트도표의 장점과 단점을 살펴보면, 다음과 같다.

1) 장점

① 간트도표는 계획된 활동과 그 시간요구를 시각적으로 알아보기 쉽게 표시해 준다.
② 각 직무에 요구되는 사람-시간(man-hour)을 적어 넣게 되면, 인력계획수립에도 이용될 수 있다.
③ 실제 완료된 작업을 나타내는 시간을 표시해 줌으로써 통제를 위하여 이용될 수 있고, 이것은 계획된 시간과 실제의 성과 사이에 변동이 있는지를 관리자로 하여금 쉽게 파악할 수 있게 한다.

2) 단점

① 오랜 기간에 걸쳐 일어나는 매우 세부적인 활동들을 수용할 수 없다.
② 완성된 작업이 질적·양적 표준을 충족시켰다고 할지라도 이들 요인인 간트도표에 의하여 명시적으로 고려되는 것은 아니다
③ 수평축 위에 열거되는 활동들 사이에 상호의존관계를 지적해 주지 못하고 있다.
④ 간트도표는 비용을 완전히 무시하고 있다.

2. 시간-활동 네트워크모형 : PERT/CPM

간트도표는 각기 분리된 수직선 위에 주요 활동들을 나타낸다. 이것은 곧 이들 활동들 사이의 순서나 상호관계를 파악하는데 어려움을 주고 있다. 즉, 간트도표는 각 부분작업간의 연결성을 나타낼 수 없고, 계획의 변동이나 상황피 변화에 신축성이 없으며, 완료시간의 단축을 위한 문제점을 찾아내기가 어렵다. 이와 같은 한계점을 개선하

기 위하여 시간-활동네트워크라고 일컬어지는 몇 가지 계획 및 통계기법들이 개발되었다. 그 가운데 대표적인 것이 PERT와 CPM이다.

1) PERT/CPM의 의의

PERT(Program Evaluation & Review Technique)는 미해군의 폴라리스 무기시스템의 종합계획관리를 목적으로 개발되었다. 이 기법은 프로젝트 내 각 활동들의 시간추정에 확률적 모형을 사용하였으며, 단계중심의 시스템을 채택하였다. 그리고 1958년 9월 발사된 폴라리스 유도탄개발에 적용시킨 결과, 그 가치를 인정받게 되었다.

CPM(Critical Path method)은 1957년 미국 Dupont회사의 워커(M. R. Walker)와 랜드 유니백 사업부(the UNIVAC division of Remington Rand)의 켈리(J. E. Kelly)가 중심이 되어 공장건설 및 설비보전에 소요되는 자원의 효율을 향상하는데 주안점을 두고 개발한 기법이다. 이 기법은 시간추정에 있어 확정적인 모형을 사용하고 있고, 단계보다 활동중심의 시스템으로 목표기일의 단축과 비용의 최소화라는 두 가지 목적을 위하여 이용되었다.

이 두 기법은 처음에는 각기 다른 목적으로 개발되었으나 서로의 장점을 포함시키도록 발전함에 따라, 최근에는 이들의 구분이 의미가 없게 되어 PERT/CPM 또는 PERT라고 부른다.

우리나라에서는 1966년부터 최초로 PERT/CPM기법이 소개되었으며, 광주비행장 활주로공사, 조선호텔 건설공사 및 경부고속도로 건설사업 등에 적용되었다. 최근에는 우리나라에서도 거의 모든 대형공사에는 PERT/CPM의 분석을 적용하고 있다.

어느 의미에서 PERT/CPM은 이정표시 도표를 정교하게 변화시킨 것이다, 즉, 그것은 시간-활동단계 네트워크이다. 〈그림 14-2〉는 간단한 PERT/CPM 네트워크를 나타낸 것인데, 보는 바와 같이 동그라미(원)와 화살표로 구성되어 있다.

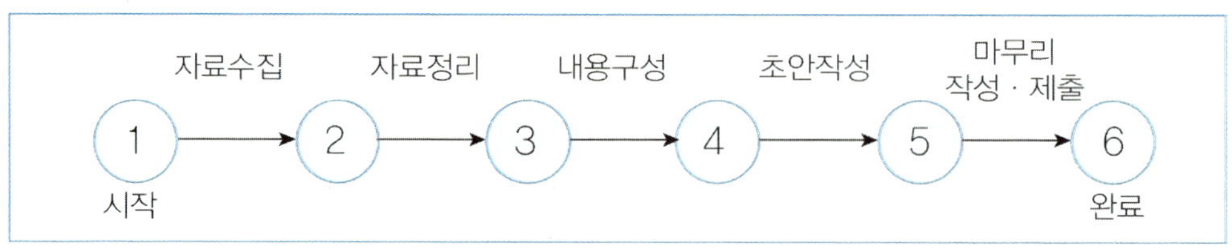

〈그림 14-2〉 리포트 작성의 PERT 네트워크 예

각 동그라미(○)는 완료된 활동결과(event)를 나타내며, 주어진 시간으로 측정될 수 있다. 이것은 단계(node)라고도 불리며, 활동결과들이 일어나는 순서대로 번호가 매겨진다. 그리고 각 화살표(→)는 완료된 활동결과를 낳기 위해 수행되어야 하는 활동(activity)들을 나타낸다. 예컨대, '경영학원론의 이수'는 동그라미가 될 것이고, 그 교과목을 이수하기 위하여 수행되어야 하는 모든 활동들(책을 읽고, 시험을 치르고, 리포트를 작성하며, 과제를 발표하는 것 등)은 그 동그라미에 연결되는 화살표가 된다.

각 활동의 완료는 활동결과, 즉 단계(event)로 간주될 수 있다. 예컨대, '기말리포트 작성'은 그 교과목을 이수하게 될 하나의 활동(activity)이다. 그러나 '기말리포트의 완료'는 그 과목을 이수하는 과정의 한 단계(event)이며, 그 단계의 앞에는 몇 가지 관련 활동들과 단계들이 있을 것이다. 〈그림 14-2〉에 있는 활동들과 단계들은 자료수집·자료정리·내용구성·초안작성·마무리작성·제출 등을 포함한다. 만약, 학생이 각 활동에 소요되는 시간을 추정할 수 있다면, 기말 리포트작성과정은 그 일정이 체계적으로 짜여질 수 있을 것이다.

2) PERT/CPM 네트워크의 작성과정

다음 예를 이용하여 PERT/CPM 네트워크의 작성과정을 살펴보도록 하자.

K기업의 신제품 개발계획은 다음과 같은 작업활동 절차에 의하여 이루어진다고 가정할 때, PERT/CPM기법에 의하여 주공정로를 결정하라.

작업활동	기 간(주)	내 용	활동 순서
A	6	생산설계	A → C → D
B	4	광고분석	B → F → G
C	12	모의실험	C → E → H
D	9	견본생산	D → I
E	6	생산가동준비	D → G
F	10	판매운동계획	
G	15	판매운동	
H	6	생 산	
I	12	포장설계	

(a) PERT/CPM 네트워크를 그린다.

① 작업활동(activity) 순으로 나열한다.

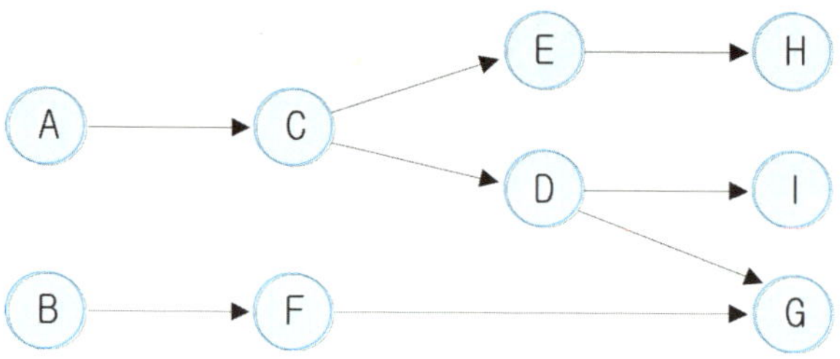

② 시작점(source)과 종료점(sink)을 만들고, 시작점과 종료점을 단계 1의 네트워크와 연결한 다음, 각 단계(event)의 영문자를 앞의 활동으로 이동시킨다.

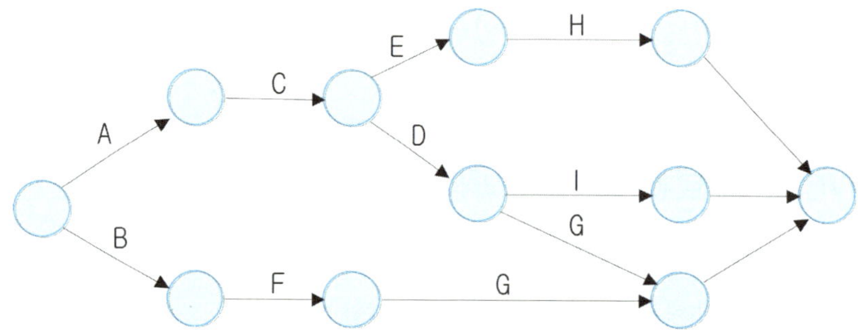

③ 필요없는 단계와 활동들을 없애고, 편리하게끔 번호를 붙인다. 그리고 영문자 대신 실제 작업기간을 기록한다.

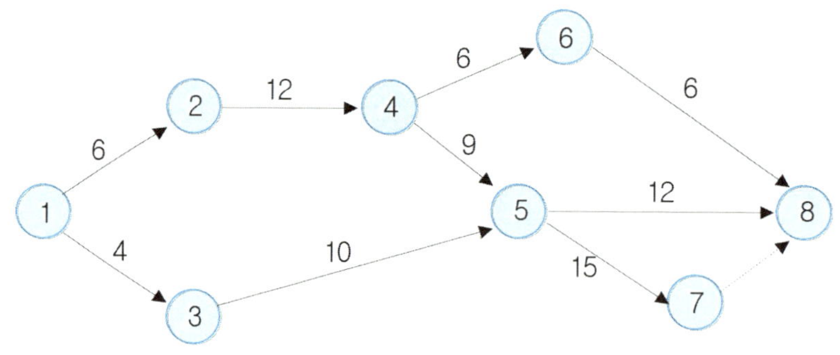

(b) 작업 시작시간의 계산

빠른 작업 시작시간(TE : earliest start time)의 계산은 활동별로 선행활동에 해당 활동의 작업시간을 더하여 다음 활동의 작업 시작시간으로 표시한다. 단, 활동 ⑤ → ⑦의 경우, 경로 ① → ② → ④ → ⑤와 경로 ① → ③ → ⑤의 작업이 모두 끝난 다음에 시작되므로, 두 경로상에서 작업시간이 긴 ① → ② → ④ → ⑤ 경로의 27주(6

주 + 12주 + 9주)를 작업 시작시간으로 한다.

활동별 늦은 작업 시작시간(TL : latest start time)의 계산은 작업종료인 42주부터 시작하여 바로 앞의 활동별 작업시간을 빼줌으로서 결정된다. 단, 활동 ④ → ⑤의 경우, 후행활동인 경로 ⑤ → ⑧과 경로 ⑤ → ⑦ 가운데 늦은 작업 시작시간(TL)이 적은 값을 선택하여, 그 값에서 활동시간을 제한다.

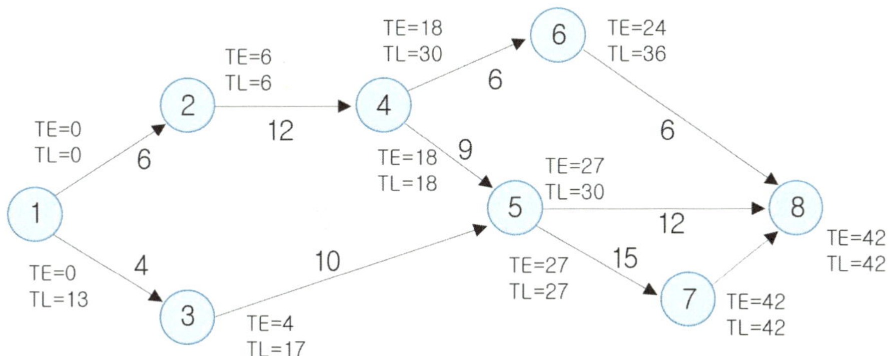

(c) 여유시간의 계산

여유시간(ST : slack time)의 계산은 활동별로 TE(earliest start time)와 TL (latest start time)을 이용하며, TE와 TL의 차이값을 계산하여 나타낸다.

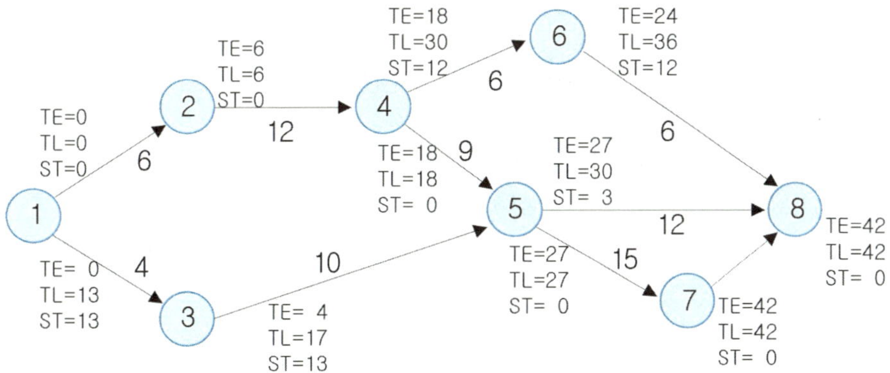

(d) 주공정로의 결정

여유시간이 0인 공정만을 연결하여 주공정로(critical path)를 찾는다.

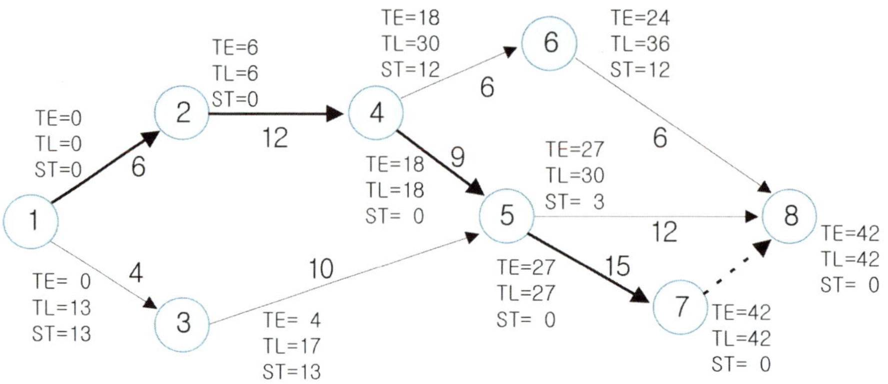

따라서 주공정로는 ① → ② → ④ → ⑤ → ⑦ → ⑧이 되며, 신제품 생산계획에 소요되는 기간은 42주가 된다.

3) PERT/CPM의 장점과 단점

PERT와 CPM은 다음과 같은 장점과 단점이 있다.

(a) 장점

① PERT나 CPM과 같은 네트워크모형이 안고 있는 광범위한 포괄성의 덕택으로 관리자가 업무를 아주 치밀하게 계획할 수 있다.

② 주요활동들 사이의 시간관계를 명확히 나타냄으로써 경제적이고 효율적인 통제를 한층 용이하게 실시할 수 있다.

③ PERT는 시간과 비용이 불확실한 비반복적인 업무에 가장 잘 이용될 수 있고, CPM은 소요시간이 비교적 확실하게 알려질 때 이용될 수 있다,

④ 만약, 업무가 그렇게 복잡하지 않다면, PERT도표는 손으로 작성될 수 있으므로 비용도 많이 들지 않는다.

(b) 단점

① 비용요소를 직접 포함하지 않고 있다. 그러나 PERT/cost로 알려진 수정된 모형은 이러한 결함을 어느 정도 배제할 수 있다.

② 복잡한 PERT도표에는 비용과 인력에 관한 자료를 나타낼 수 없다.

제3절 양의 통제 : 재고관리

1. 재고의 의미

재고란 경제적 가치를 지닌 유휴자원(idle resource)이다. 재고품은 보통 원자재나 생산공정에서 이용되는 부(분)품이나 또는 소비자에게 인도될 완제품 등의 형태로 되어 있고, 주로 제조 및 분배활동과 관련을 맺고 있다.

서비스산업에서도 제조업분야에서와 같이 비록 원자재나 소모품 등을 관리하여야 되지만, 그들의 최종제품(시간 의존적인 서비스의 수요량)을 적재할 수가 없다. 예를 들면, 항공회사가 운송서비스를 제공하는 좌석은 보유할 수 있지만, 운송서비스의 최종제품인 서비스 수요만은 보관할 수가 없다.

적절한 재고는 생산활동을 용이하게 하고 고객에게 양질의 서비스를 제공하게 한다. 반면에 재고품을 쌓아두는 것은 곧 수익성이 없이 운전자금을 묶어두는 것이 된다.

따라서 재고관리는 재고품을 갖는 이득(즉, 적정재고량을 갖지 않음으로써 발생되는 손실)과 이들을 보유하는데 따른 비용 사이의 최적 균형을 유지하도록 노력하는 것이다.

조직에서 활용할 수 있는 자원은 한정되어 있다. 그리고 어느 특정 자원의 재고는 다른 자원의 재고에 영향을 미치기 마련이다. 그러므로 재고가 일정수준의 서비스를 제공하려면, 그것이 조직 전체의 목적과 방침을 고려하는 시스템적 관점에서 관리되어야 한다.

2. 조달기간과 재고관련 비용

조달기간(lead time)은 발주에서 주문량이 도착하기까지의 시간을 말한다. 그러므로 조달기간이 길고 불확실성이 클수록 높은 수준의 재고가 필요하게 되며, 안전재고에 조달기간의 사용량을 더한 수준에서 재발주점이 결정되기 때문에 조달기간의 크기는 재발주점에 직접적인 영향을 미친다.

그리고 재고와 관련된 비용은 다음과 같다.

① **재고유지비용** : 재고를 실제로 유지시키고 보관하는데 드는 모든 비용을 말한다.

② **품질비용** : 재고가 부족하여 수요를 만족시키지 못하기 때문에 발생하는 비용을 말한다.

③ **생산비용** : 생산에 필요한 직접비용으로 부품, 원료, 노동력 등이 이에 속한다.
④ **발주비용** : 재료나 상품구입에 필요한 사무관련 비용 및 생산시스템의 경우, 설비가동에 필요한 비용과 같은 고정비를 말한다.

3. 재고관리모형 : EOQ모형

EOQ(Economic Ordering Quantity : 경제적 발주량)란 일정기간의 재고보관비용과 발주비용과의 합을 최소화하는 1회당 발주량으로, 재고문제의 유형에 따라 여러 가지가 있는데, 그 가운데 가장 기본적인 것이 확정적 모형으로 다음의 가정이 필요하다.

① 수요가 일정하여 확정적이어야 한다.
② 주문품의 도착시간이 고정되어 있어야 한다.
③ 주문품이 끊이지 않고, 계속 공급받을 수 있어야 한다.

재고시스템은 발주량(Q)과 발주점(R)에 의하여 결정되며, 발주량(Q)은 조달기간(LT : lead time)이 끝나면 공급자로부터 받게 되고, 쌓인 재고품은 일정하게 소모되면서 재주문점의 수준에 이르게 된다. 여기서 조달기간이 끝날 때, 발주량이 도착될 것을 예상하고 발주량 Q를 주문한다.

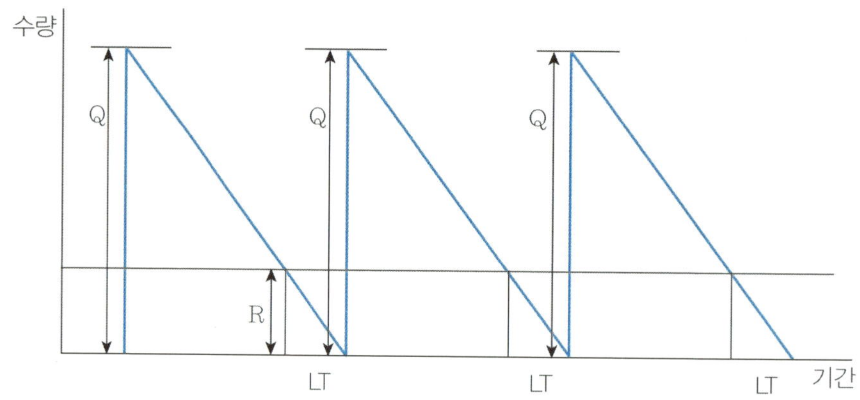

〈그림 14-3〉 경제적 발주량 Q

다음 그림에서 재고유지비용, 즉 보관비는 발주량이 늘어남에 따라 비례적으로 늘어나고, 발주비용은 반대로 줄어들게 된다. 이러한 현상은 발주량이 늘어날 때 일정기간 동안은 톱니 수가 줄어들게 된다. 톱니 수가 줄어든다는 것은 곧 발주 횟수가 줄어들고, 결국 발주비용이 감소하게 된다. 한편, 톱니수가 줄어들면 톱니의 면적은 커지게 되고, 이는 곧 평균재고보유량이 늘어나게 됨을 의미하며 재고유지비용은 커지게 된다.

총비용과 관련된 내용을 그림으로 나타내면, 다음과 같다.

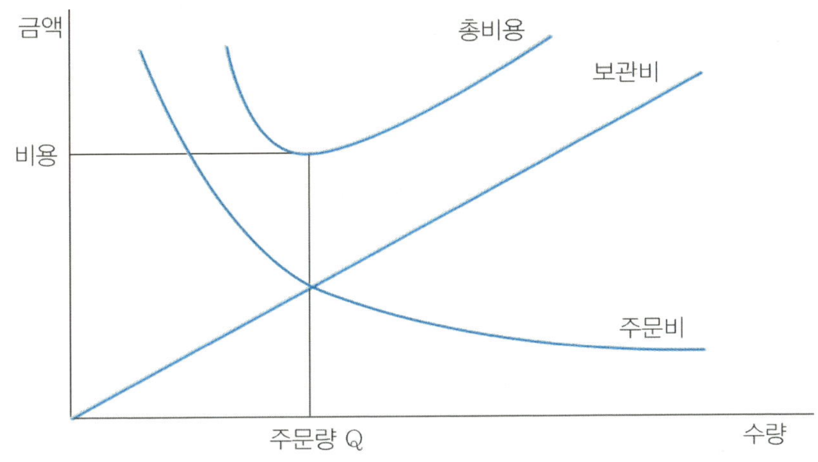

〈그림 14-4〉 발주량과 총비용의 관계

따라서 기업의 입장에서 재고로 인해 발생되는 총비용은 이들 두 비용을 합한 것이 되며, 총재고비용이 최소가 되는 발주량은 보관비용과 발주비용이 같아지는 점이 된다.

따라서 총비용 TC는 다음과 같은 수식으로 나타낼 수 있다.

$$TC = C_P \times \frac{D}{Q} + C_h \times \frac{Q}{2}$$

여기서, 년간수요량 : D

1회 발주비 : C_P

단위당 보관비 : C_h

경제적 발주량 : Q

평균재고량 : $\frac{Q}{2}$

경제적 발주량을 찾는 일반적인 방법으로는 미분을 이용하여 풀이하는 방법으로, 재고관련 비용을 최소화하는 Q값을 찾는 것이다.

$$\text{따라서 } Q = \sqrt{\frac{2D \times C_P}{C_h}}$$

예제 14-1

K자동차사는 어떤 조립부품을 매년 1,000단위씩 사용하며, 단위당 3만원에 구입한다. 이 부품을 한번 발주하는데 2만원의 비용이 들고, 재고품은 연간 한 단위에 4,000원씩 비용을 들여 보관한다. 조립품을 한 번에 몇 단위씩 발주하여야 하며, 또 연간 몇 번이나 발주하여야 하겠는가?

풀이

$$\text{경제적 발주량} = \sqrt{\frac{2D\times C_p}{C_h}} = \sqrt{\frac{2(1,000)(20,000)}{4,000}} = 100\text{개}$$

$$\text{적정 발주횟수} = \frac{D}{Q} = \frac{1,000}{100} = 10\text{번}$$

제4절 질의 통제 : 품질관리

1. 품질의 계획 및 통제

품질(quality)은 제품(또는 서비스)의 규모·모양 또는 구성과 같은 특성을 지칭한다. 즉, 품질은 시장에서 그것의 가치가 어느 정도 나가며, 그것이 설계된 대로 얼마나 기능이 잘 발휘되는가를 결정짓는 특성이다. 이러한 제품의 품질은 어떤 표준으로 표현되며, 특정제품의 품질은 그 표준과의 적합정도에 따라서 측정된다.

이와 같은 품질의 산출을 계획하고 통제하기 위해서는 보통 ① 품질의 방침설정, ② 품질의 설계, ③ 품질의 제조·통제의 3단계를 밟는다.

1) 품질의 방침설정

첫째 단계는 최고경영층에서 제조할 품질에 대한 방침을 설정하는 것이다. 이를 결정하기 위하여 관리자는 고객의 욕구, 경쟁제품의 품질수준 그리고 품질의 차이가 수익성에 미치는 영향 등에 관한 정보를 필요로 한다. 고객들이 어떤 수준의 품질을 원하고 있는지 파악하는 것은 매우 중요하다. 왜냐하면 너무나 지나치게 좋은 품질은 나쁜 품질과 마찬가지로 수익과 판매에 영향을 미칠 수 있기 때문이다. 그러므로 관리자들은 품질투자에 만족할 만한 보상을 얻을 수 있도록 품질의 비용 및 가치분석을 통하여 고객이 원하는 적합한 품질수준을 선정하여야 한다.

2) 품질의 설계

다음 단계는 최고경영층에서 설정한 방침을 토대로 거기에 맞추어 제품을 설계하는 것이다. 설계책임자는 전반적인 품질에 대한 설계명세서를 자재 및 부품의 명세와 함께 작성한다. 예컨대, 학교건물의 신축은 태풍에 견디어 낼 수 있어야 하고, 여러 해 유지될 수 있어야 하며, 화재발생의 위험도 없어야 한다.

따라서 그 설계자는 요구되는 강철의 최소의 양과 질 그리고 사용될 콘크리트의 배합 등을 규정하여야 한다. 일반적으로 품질을 향상시키는 것은 곧 비용의 증대를 의미한다.

그러므로 생산관리자는 그 상환관계(trade-off)를 고려하고, 최고경영층에 의하여 설정된 제약요건들을 준수하여야 한다.

3) 품질의 제조·통제

세 번째 단계는 실제 생산단계에서 품질을 유지 보전시키는 것이다.

이것은 제조공정, 제조 중에 있는 제품, 제조 후의 제품에 대한 검사 활동 등을 포함한다. 제품이 품질의 규정을 충족시키는지를 확인하기 위하여 완제품 중에서 표본을 뽑아 시험해 보기도 한다.

오늘날 많은 기업에서는 제품이 보관되거나 분배되는 과정에서 흔히 문제가 발생하기 때문에 제품이 판매된 후에도 품질관리를 연장시키고 있다. 즉, 기업들은 품질에 대한 애프터서비스를 경쟁적으로 벌리고 있다.

2. 검사에 의한 통제

적절한 품질을 보증하기 위해서는 철저한 검사(inspection)와 통계적 기법에 의한 공정관리(process control)를 실시하여야 한다.

관리자는 검사에 의하여 부품·제품 및 서비스의 합격여부를 결정하려고 한다. 검사는 제품이 계획되었던 기술적 규격과 어느 정도 적합되어 있는가?를 알아보는 것이다.

따라서 기술적 규격은 흔히 검사표준이라고 불린다. 그리고 검사는 시각적인 관찰이나 시험에 의하여 제품의 품질을 그 표준과 비교함으로써 이루어진다. 때때로 검사는 합격·불합격을 구분하는 분류과정으로 돌아가기도 한다.

그러면 검사는 얼마나 자주 실시되어야 하는가? 일반적으로 그 대답은 검사하는 경우의 비용과 검사하지 않는 경우의 비용을 고려하여 결정한다. 목표는 검사비용을 극소화하면서도 바람직한 품질이 보증되도록 하는 것이다. 어떤 경우에는 모든 부품이나 제품이 모두 검사를 받기도 하는데, 이를 전수검사(100% 검사)라고 한다.

그리고 검사대상에서 일부만을 검사하는 것을 표본추출검사(sampling inspection)라고 한다. 고가품이거나 경험에 비추어 많은 수가 거부될 경향이 있는 경우에는 보통 100% 검사가 실시된다.

완제품을 검사하는 시기와 장소는 제조과정의 단계를 분석함으로써 결정될 수 있다. 근본적으로 저가품은 고가품보다 적은 검사를 요구한다. 물론 검사회수나 검사량을 결정할 때, 검사비용과 스크랩 감소에 따른 잠재적 이득을 비교하는 것이 필요하다.

일반적으로 원자재는 제조과정이 적합한 재료들을 가지고 출발할 수 있도록 사전에 검사를 받는 것이 바람직하다. 그리고 부품이나 완제품은 올바른 부품이 조립될 수 있도록 하고, 완제품이 선적될 때 아무런 이상이 없도록 검사가 필요하다. 그리고 자동화된 생산시스템에서 산출되는 제품들은 오류를 줄일 수 있도록 정기적으로 검사하여야 한다.

3. 통계적 품질관리

통계적 품질관리(statistical quality control : SQC)는 제품을 생산하는 공정을 통제하는 것을 도와준다. 그것은 구체적인 통제일 뿐만 아니라 예방적인 통제이며, 통계적 원리와 기법을 토대로 하고 있다. 기업들의 적합한 품질을 보증하기 위한 많은 노력들이 항상 표본추출을 근거로 이루어져 왔다. 표본추출방법을 이용하면, 전체 품목 중에서 비교적 적은 수가 검사될 수 있다. 이와 같은 표본추출검사는 전수검사와는 달리 신뢰성과 정확성에 있어 문제가 있기 마련이다. 그렇지만 통계적 품질관리를 적용하면, 표본이 모집단과 똑같은 특성을 가지고 있다고 가정할 때 야기되는 위험이 밝혀질 수 있으며, 최소의 검사비용을 가지고 보다 나은 품질관리를 이룰 수 있다.

왜 통계적 품질관리(SQC)가 이용되는가? 첫째 이유는 그것이 불량(품)예방에 도움이 되기 때문이다. 생산공정이 진행되는 동안 기계로 부터 나오는 부품을 정확히 측정하여 미리 설정된 표준과 비교한 다음, 그 공정이 계속 진행되어야 하는지의 여부를 결정하게 된다. 이때, 문제의 원인이 밝혀지고, 스크랩이나 재가공에 의한 손실이 발생되기 전에 심각한 오류를 찾아서 시정 조치할 수 있다.

통계적 품질관리를 이용하는 또 다른 중요한 이유는 생산자가 제조해 내는 제품에 대한 품질을 평가할 수 있기 때문이다. 즉, 타당한 평가가 이루어질 수 있을 뿐만 아니라 품질표준의 타당성도 점검될 수 있다.

1) 통계적 품질관리의 기초

많은 동일한 부품 또는 제품이 생산될 때, 어떤 것은 약간 크거나 어떤 것은 약간 작거나 하겠지만, 대부분 거의 똑같은 크기일 것이다. 품목들을 크기의 빈도나 숫자로 수평축에 플로트하고 수직축에서 계산하면, 이른바 통계학자들이 정규분포라고 부르는 종모양의 정규곡선이 얻어진다. 평균으로부터의 산포의 크기를 측정하는 것을 표준편차(σ)라고 하는데, 그것의 통계적 개념은 ① 모든 크기의 산술평균과 각 크기의 값 사이의 차이를 찾고, ② 각 차이를 제곱하고, ③ 제곱된 수를 더하여 그 합을 품목수로 나누고, ④ 그 몫의 제곱근을 취함으로써 계산된다.

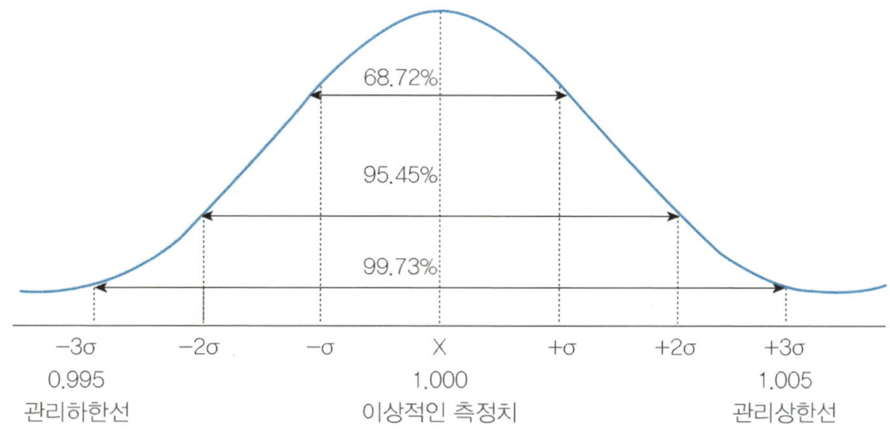

〈그림 14-5〉 정규분포

〈그림 14-5〉에서 보는 바와 같이 정규분포의 전체 면적의 68.27%가 평균을 중심으로 양옆으로 $\pm 1\sigma$ 사이에, 95.45%가 $\pm 2\sigma$ 사이에 그리고 99.73%가 $\pm 3\sigma$ 사이에 있게 된다.

크기로 말하면, 대부분이 1.000에 모여 있고, 기껏해야 0.995와 1.005 사이에서 변동되는데 그것은 우연한 것으로 볼 수 있다. 그와 같은 변동이 표시된 한계 내에서 발생되는 것은 생산공정 본연의 성질에 기인된 것으로 밖에 볼 수 없다.

그러나 똑같은 공정이 그 한계를 벗어나는 크기의 제품을 만들어 낼 경우에는 우연한 변동에 기인된 것이 아니라 어떤 이상원인 때문일 것이다. 즉, 1.007의 크기를 가진 제품이 이 특정 공정으로부터 만들어진다는 것은 정상이 아니다.

그 원인은 아마도 내부온도나 습도의 부적합, 기계부품의 마찰, 무디어진 도구, 원료의 변화, 기계조작의 잘못 등과 같은 것인지도 모른다. 이상원인 때문에 부적합한 크기가 어디서 만들어졌는지를 알기만 하면, 곧 기계를 멈추게 하여 문제를 찾아서 시정할 수 있을 것이다.

2) 관리도

관리도(control chart)는 공정이 변함없이 만족스럽게 작용하고 있는지의 여부를 기사가 말할 수 있도록 하기 위하여 작성된다. 관리도를 작성하기 위하여 작업현장의 데이터가 수집되고, 그것으로 부터 평균과 표준편차가 계산된다. 그리고 그 값들은 정해진 규격이나 원하는 한계와 비교된다. 만약, 실제의 값들이 규격 한계 내에 들어있으면, 그 공정은 좋은 것이다. 반대로 그 값들이 규격한계를 벗어나면, 그 공정은 개선되어야 한다.

관리도의 일반적인 형태는 수평축으로 시간을, 수직축으로 품질변동을 각기 나타낸다. 생산되는 제품들 중에서 표본을 추출하고, 정기적으로(매시간, 2시간마다, 또는 매일) 검사를 하여, 그 결과를 도표에 플로트한다. 만약, 그들이 관리한계에 들어오면 괜찮고 밖에 떨어지면 시정조치를 취한다. 〈그림 14-6〉은 측정된 값들이 플로트되어 있는 관리도를 보여준다.

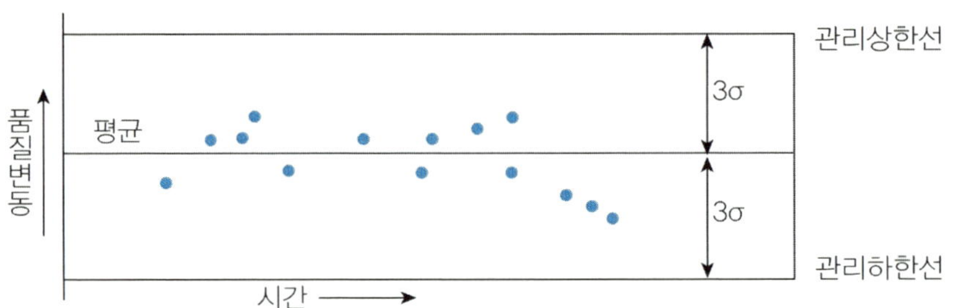

〈그림 14-6〉 통계적 품질관리를 위한 관리도

관리도에 의하면, 플로트된 값들이 평균으로부터 $\pm 3\sigma$ 내에 들어 있으므로, 수행되는 작업이 만족스러운 품질을 제조하고 있다. 그리고 플로트된 각 값은 지정된 시간에 뽑힌 몇 개의 표본들을 평균하여 얻은 것이다.

통계적 품질관리를 적용하고자 하는 사람들은 〈그림 14-6〉의 도표 오른쪽에 플로트된 하향추세의 값들을 보고 어떤 위험가능성을 지적할지도 모른다. 그와 같은 하향추세가 계속된다면 앞으로 언젠가는 관리하한선 밑으로 내려와서 품질이 어떤 원인이상 때문에 만족스럽지 못하다는 것을 알려주게 될 것이다. 그러한 경우에는 공정을 멈추게 하여, 그 이상원인을 밝혀내고 시정한다.

관리한계의 폭을 결정하는 값은 몇 가지 통계적 공식에 의하여 계산될 수 있지만, 어느 경우나 기본개념은 확률 및 표본이론을 토대로 한다. 편리를 도모할 뿐만 아니라 품질에 관심을 갖도록 하기 위하여 보통 관리도를 작업장 가까이 게시한다.

지금까지 설명한 내용은 품질특성의 측정치인 이른바 변량검사(variable inspection)를 근거로 한 것이다. 이와 같이 측정치의 평균과 그 평균으로부터 편차가 중요하다. 한편, 속성검사(attribute inspection)는 제품이 합격될 수 있는지 또는 불합격될 수 있는지에 관여하는 것이다. 이를테면, 속성검사는 제품의 마지막 손질(finish)에 대한 검사이다. 속성검사에서 중요하게 고려되는 것은 불합격되는 제품의 비율인데, 그것은 곧 불량률로 표시된다. 위에서 설명한 방법과 마찬 가지로 평균불량률이 상한계·하한계와 함께 결정된다.

4. 총합적 품질관리

통계적 품질관리가 관리자의 주관적 판단을 배제하고, 객관성이 높은 과학적 판단에만 초점을 맞추고 있기 때문에 합리적일 수가 있다. 그러나 조직의 행동적 측면에서 품질에 영향을 주는 모든 요인을 고려함이 없이 다만 통계적 기법만으로는 충분한 성과를 거둘 수 없다.

따라서 소비자가 만족할 수 있는 품질을 경제적으로 생산하기 위해 사내 모든 부문의 활동을 종합해서 관리되어야 할 것이다. 이와 같이 사내 모든 부문이 사전의 품질관리는 물론 사후의 품질보증까지 책임을 지도록 하면서 조직의 행동적 측면을 강조하는 품질관리활동을 이른바 총합적 품질관리(total quality control : TQC)라고 한다.

품질은 조직 내의 어느 한 사람, 어느 한 부서가 책임을 칠 수 있는 것이 아니다. 그것은 모든 사람의 책임이다. 즉, 품질에 대한 책임은 마케팅부서가 고객이 요구하는 품질조건을 결정할 때부터 시작하며, 그 제품이 고객에 의하여 만족스럽게 수락될 때까지 모든 부서가 계속 져야 한다.

총합적 품질관리(TQC)는 이와 같이 생산시스템의 모든 단계에서 전개되고, 전부문이 참가하며, 통계적 기법뿐만 아니라 모든 수단을 통하여 제품뿐만 아니라, 납기·원가·서비스 등을 대상으로 하는 품질관리이다. 이것은 곧 고객이 만족할 수 있는 품질의 제품을 가장 경제적으로 생산 내지 서비스할 수 있도록 사내 각 부문의 노력을 조정 통합하여 품질향상에 기울이는 시스템적 접근방법인 것이다.

오늘날 품질관리는 기술적 측면과 사회적 측면이 통합된 사회 기술 측면에서의 실천관리모형(ZD프로그램, QC서클 등)으로 부각되면서, 소비자가 요구하는 품질을 가장 경제적으로 산출할 수 있도록 총합적 품질관리의 방침 아래 통계적 품질관리의 기법으로 기업전반에 걸쳐 전개되는 전사적 관리활동이라고 특징지을 수 있다.

1) ZD프로그램

ZD프로그램은 무결점계획(zero defects program)으로, 일종의 품질관리의 행동과학적 접근방법이다. 사실, 무결점계획이라고 하여 결점이 하나도 없는 재화나 용역을 산출한다는 것은 아니다. 왜냐하면, 기업경영의 경제적 측면에서 그렇게 한다는 것은 비효율적이기 때문이다. ZD 프로그램은 오히려 제품을 생산하는데 이바지하는 개개인의 기여도가 매우 크고, 중요하다는 사실을 종업원들에게 일깨워 주려는 의도하에 그 사실이 종업원들에게 널리 전파되도록 하는데 목적을 두고 있다.

따라서 종업원들은 될 수 있는 대로 자기의 최선을 다하여야 하겠다는 사명감을 느끼게 되고, 결국 그들이 만드는 최종제품은 결점이 거의 없는 우수한 품질이 될 수 있다는 것이다.

2) QC서클

QC서클은 품질관리분임조(quality control circle)를 지칭하는 것으로서, 이것의 활동 역시 ZD프로그램과 마찬가지로 품질관리의 행동과학적 접근방법에 토대를 두고 있다. QC서클의 기본개념은 기업내 각 작업장단위로 5~20인의 자치적 집단을 구성하여, 상부관리자들의 통제나 간섭없이 자체 내에서 분임조장을 중심으로 작업 후나 점심시간에 모여 자기 부서에서 해야 할 일 등을 규정하고, 여기서 해결할 문제들을 찾고, 그 원인을 분석하고, 대책을 마련하여, 이를 실천에 옮길 방법을 처리하는, 일련의 문제해결 및 의사결정기능을 자치적으로 수행하는 것이다.

ZD프로그램이나 QC서클의 기본철학은 똑같다. 다만, ZD프로그램은 미국에서 생성되었는데 그 뿌리를 내리지 못했으나, QC서클은 1960년대에 일본에서 생성되어 크게 발전하였으며, 오늘날 우리나라에서도 활발하게 전개되고 있다.

제5절 관리적 통제

1. 소싱

소싱(sourcing)은 인소성과 아웃소싱의 2가지로 분류되는데, 인소싱(insourcing)은 전통적인 방법으로, 기업이나 조직의 서비스와 기능을 조직 안에서 총괄적으로 제공·조달하는 방식을 말하고, 아웃소싱(outsourcing)은 부품 조달을 비롯한 사업의 일부 또는 많은 부분을 외부에 위탁하는 방식을 말한다.

1) 인소싱

1980년대 이전까지는 세계 대부분의 기업이나 조직들이 아웃소싱에 관심을 기울이지 않는 상태였다. 글로벌 경쟁이 1980년대 이후처럼 심화되지 않고, 기업들 역시 자체 기획·설계·생산·판매로 이어지는 일괄 시스템만으로 효율적인 경제활동을 영위할 수 있었기 때문에 아웃소싱이 불필요했던 것이다.

따라서 인소싱만으로도 경제활동비용을 줄이면서 시장 경쟁에서 살아남을 수 있었는데, 1980년대 이후 미국의 장기적인 불황을 시작으로 세계 각지에서 기업의 구조조정 등 변화의 바람이 일면서 많은 기업들이 주력 사업 분야로 회귀하게 되었다. 이로써 부품 조달을 비롯한 많은 기능 부문에서 아웃소싱이 대폭 확대되고, 그만큼 기업의 내부조직(인소싱)을 통한 경제활동의 비중은 줄어들게 되었다. 그러므로 오늘날에는 아웃소싱의 중요성이 갈수록 부각되고 있다.

2) 아웃소싱

아웃소싱(outsourcing)이란 기업 내부의 프로젝트를 제3자에게 위탁해 처리하는 것으로, 인소싱(insourcing)과 반대되는 개념이다.

1980년대 후반, 미국 기업이 제조업 분야에서 활용하기 시작한 이후 전세계 기업들로 급격히 확산되고 있는데, 이는 기술 진보가 가속화되고 경쟁이 심화되면서 기업의 내부조직(인소싱)을 통한 경제활동 비용보다 아웃소싱을 통한 거래비용이 훨씬 적게 든다는 점에 따른 것이다.

보통 상호 복합적이고 의존적이며, 장기적인 파트너 관계를 형성해 하나의 통합 시스템으로 운영될 뿐 아니라, 비용절감보다는 기업의 성장과 경쟁력·핵심역량 강화를 위한 대안으로 운영된다는 점에서 임시적·단기적·반복적인 컨설팅·외주·하청 등과는 많은 차이가 있다.

결국, 세계시장의 급격한 변화와 경쟁력 심화에 따라 기존의 인소싱에 주력하던 기업들도 경영자원을 집중시키고 핵심역량을 강화하기 위한 수단으로 아웃소싱을 채택하고 있으며, 이 추세는 갈수록 늘어날 것으로 보인다.

그러나 가격증가에 따른 저효율과 발주사 직원의 전직, 직원의 직무 감소로 인한 직원 수 초과, 공급업체와 발주사 간의 마찰, 공급업체의 미숙한 관리와 구성원의 직무 혼동 등의 위험요소도 가지고 있다.

그리고 아웃소싱의 다른 형태로는 외부 정보통신 전문업체가 자신이 보유한 자원을 고객에게 제공함으로써 고객 정보처리 업무의 일부 또는 전부를 장기간 운영·관리하는 시스템이 있다. 이것도 엄격히 말하면 아웃소싱에 포함된다. 시스템 운영과 네트워크 관리, 응용 프로그램 개발 및 관리 등의 운영활동이 강조된다는 점에서 시스템 판매·개발 등 개발활동이 강조되는 시스템통합(SI)과 구별된다.

이 경우, 모든 전산 시스템을 외부에 위임하는 '전체 아웃소싱'과 특정 부분만을 위탁하는 '선별적 아웃소싱'으로 분류되는데, 전문가들은 한국의 경우 공격적인 전체 아웃소싱보다는 필요한 부분부터 시작해 점진적으로 확대해 나감으로써 불합리한 피해를 당하지 않도록 해야 한다고 지적하고 있다.

3) 글로벌소싱

글로벌소싱(global sourcing)이란 포스트 리엔지니어링(post reengineering) 활동의 일환으로서 매우 유망한 비용절감의 수단이다. 즉, 기업의 구매활동 범위를 범세계적 시야로 확대하여, 외부조달 비용의 절감을 시도하는 구매전략을 말한다.

해외 건설공사를 우선 수주한 한 업체가 그 공사의 전 공정을 혼자 도맡아하지 않고, 각 공정별로 다른 업체에 하도급을 주어 공사를 추진하는 방식도 그 한 예이다. 이러한 시공 방법은 현장관리를 위하여 투입되는 인건비와 차량을 비롯한 장비투입경비 등이 감소될 뿐만 아니라, 부가가치도 높여주는 건설관리사업 분야의 일종으로서 여러 기업들에서 많이 채용되고 있는 것이 현실이다.

2. 리엔지니어링

1) 리엔지니어링의 개념

리엔지니어링(re-engineering)은 '비용, 품질, 서비스, 속도와 같은 핵심적 성과에서 향상을 이루기 위해 기업업무 프로세스를 기본적으로 다시 생각하고, 근본적으로 재설계하는 것'이라고 정의할 수 있다.

리엔지니어링은 거대한 작업을 수행하기위한 가장 효율적인 방법을 연구한다. 특히, 강조되는 부분은 낭비적인 단계의 발견이다. 리엔지니어링이 이루어지고 난 작업과정에는 일반적으로 전달과정이 적어진다.

리엔지니어링은 많은 형태를 가지는데, 가장 대표적인 리엔지니어링으로의 접근은 컨설턴트인 토마스크(R.M. Tomask)에 의해 개발되었다. 이것은 〈표 14-1〉에서 보는 바와 같이 5단계로 구성되어 있다.

〈표 14-1〉 리엔지니어링의 5단계

단 계	내 용
단계 1 : 과정(공정)에 대한 관리를 한 사람에게 맡겨라.	만약, 한 사람이 전체적인 공정을 맡는다. 예를 들면, 한 사람이 주문서 작성이나 저당 신청서 처리 등에 대한 처리를 책임진다면, 시간을 절약하게 될 것이다.
단계 2 : 과정을 지도화하라.	리엔지니어링은 핵심과정에 대한 검증 또는 사업거래에 포함되는 실질적인 단계를 요구한다. 주문서 작성을 완료하기 전까지 다양한 부서를 통해 고객에게 요구되는 과정을 관찰해 보라. 과정 지도화의 주목적은 마지막 상품이나 서비스에 이익을 추가하지 못하는 단계들의 수를 줄이는 것이다.
단계 3 : 시스템 내에서 잠재적으로 문제가 될 부문을 제거하라.	시스템내에서 움직이는 부문이 적어지게 한다는 것은 불화를 일으킬 수도 있는 부문을 더 적게 한다는 의미이다. 같은 공정에서 더 적은 수의 사람은 더 적은 에러와 지연을 의미한다. 그리고 부서에서 부서로의 전달은 리엔지니어링으로 제거되어질 수 있는 또 다른 원천이다
단계 4 : 과업을 완료하라.	빠르게 돌아가는 회사가 된다는 것은 마음자세의 변화뿐만 아니라 새로운 기술의 적용을 요구한다. 리엔지니어링 과정 아래서는 중요한 작업이 서둘러 이루어진다. 리엔지니어링 전문가들은 많은 조직적 개선노력에서 범해졌던 똑같은 실수를 피하려고 한다. 과도한 통제, 차트, 변화없는 보고서 등의 생성이 그것이다.
단계 5 : 리엔지니어링을 계속 진행될 과정으로 만들어라.	리엔지니어링 프로그램이 완료되고 나서, 미래에 다시한번 리엔지니어링 하는 것이 필요하다. 한 권위자는 리엔지니어링 노력의 완료는 10년이 걸린다고 주장한다. 새로운 기술들이 더 많은 개선을 가능하게 하고 리엔지니어링 작업의 속성 자체를 바꿀 수도 있다.

2) 리엔지니어링의 수평조직

리엔지니어링의 결과로 직무는 수평적으로 구성된다. 수평적 조직은 공정완료를 책임지고 있는 팀을 위한 작업의 정렬이다. 마치 새로운 상품개발이나 복잡한 주문을 채워나가는 것 같은 핵심공정의 완료를 향해 팀을 이끄는 리더와 같은 기능을 한다.

리엔지니어링의 핵심적인 수행목적은 사이클 타임을 줄이고, 비용을 감소시키고, 원료처리량을 줄이는 것이다. 리엔지니어링의 결과로 나온 수평조직을 이해하는 또 다른 방법은 다음과 같은 수평적 모델의 핵심요소를 이해하는 것이다.

① 기능적인 부서보다 공정을 경영의사결정을 위한 주요 안건으로 삼을 것
② 판매 같은 기능적 그룹 대신 공정팀을 위해 예산과 자원을 할당할 것
③ 공정관리자와 공정 팀원이 함께 목표를 설정하고, 유지하기 위해 해당되는 책임을 질 것
④ 보상에 대한 원칙을 강조하는 업무 수행
⑤ 문제에 가장 가까운 사람에게 그것을 풀기 위한 책임을 부여

리엔지니어링 전문가들은 철저한 사업조사를 한 후에 시행하기 때문에 기업에 좋은 성과를 가져다 줄 수 있다. 예를 들면, 리엔지니어링을 착수했던 100개 이상의 회사들의 조사에서, 그들의 70% 이상이 생산성 이익을 창출했다는 사례도 나타나고 있다.

기업사례

저무는 내연기관 자동차 시대

1. 포드자동차의 CEO 결정

2017년 5월, 포드자동차는 최고경영자(CEO)를 마크 필즈(Mark Fields)에서 짐 해켓(Jim Hackett)으로 전격 교체했다. 경질된 마크 필즈는 약 30년간 완성차 업계에서 일한 베테랑으로 2009년 글로벌 금융위기로 포드자동차가 파산 위기에 몰렸을 당시 구조조정을 이끌며 회사를 회생시킨 영웅이었다. 반면, 짐 해켓은 가구업체인 스틸케이스에서 30년 동안 근무하다 2013년에야 포드 이사회에 합류한 '아웃사이더'였다.

글로벌 자동차 시장에서는 포드자동차의 CEO 교체를 두고 '도박'에 가까운 선택

이라는 평가를 내렸다. 그러나 창업자 헨리 포드의 증손자로 포드자동차의 회장을 맡고 있는 빌 포드(Bill Ford)는 "자동차 산업의 격변기에서 포드에 장기적인 비전을 제시하기 위해 비범한 혁신과 추진력을 보여준 짐 해켓을 선택했다."고 말했다.

짐 해켓은 스틸케이스 CEO로 일하는 동안 칸막이 없는 열린 사무공간을 도입하는 등 파격적인 아이디어를 제시하며, 회사의 실적 개선을 이끈 인물이다. 포드자동차에서는 자회사인 포드 스마트 모빌리티의 대표를 맡아 자율주행차와 차량공유서비스 등 미래 신기술 개발을 진두지휘했다. 그가 새로운 수장(首長)이 된 후 포드자동차는 대대적인 사업재편과 신기술 투자 확대에 한껏 속도를 높이고 있다.

자율주행차와 커넥티드카, 차량공유서비스, 순수 전기차 등 자동차 산업의 4대 기술혁명이 가속화하면서 자동차 업계는 가솔린, 디젤 등 내연기관 승용차를 대량생산해 판매하는 전통적 구조에 의존해선 살아남기 힘든 시기를 맞이하고 있다. 지난 1913년 내연기관 승용차의 조립라인 대량생산체제를 탄생시킨 주인공 포드가 100여년이 지나 새로운 변신에 나서는 것은 격변기에 놓인 자동차 산업의 현주소를 말해준다.

2. 미국 완성차 업체들의 발 빠른 변신

미국 자동차 기업들은 자율주행, 공유서비스 등 미래 자동차 패러다임에 발맞춰 생존전략을 발빠르게 다시 짜고 있다. 2000년대 후반 제품경쟁력 하락과 방만한 경영으로 큰 위기를 겪었던 제너럴모터스(GM)와 포드자동차는 독일과 일본 자동차 업체에 비해 일찌감치 사업구조 개편에 나섰다.

사실, 미국 자동차 기업들 입장에선 자동차 산업의 패러다임 변화는 위기라기보다는 기회다. 내연기관 자동차 시장에선 미국은 이미 클린 디젤을 앞세운 유럽과 견고한 내구성을 지닌 일본, 가격 경쟁력을 갖춘 한국에 밀려 예전의 영광을 되찾기는 사실상 힘든 상황이다. 특히, 미국은 첨단 소프트웨어 등 신기술의 보고인 실리콘밸리를 갖고 있다. 미국 자동차 기업들은 ICT(정보통신기술)와의 융합으로 표현되는 미래 자동차 시장에서 유럽과 일본에 앞서갈 수 있는 절호의 기회를 만난 것이다. GM과 포드자동차가 자율주행, 차량공유 등 다양한 첨단 기업을 적극적으로 인수하고 투자하는 이유는 여기에 있다. 테슬라가 전세계 전기차 시장을 선도하는 것도 미국 자동차 산업으로선 고무적인 일이다.

2016년, GM은 미국의 호출형 차량공유서비스(카헤일링)업체 리프트에 5억달러를 투자했고, 10억달러를 들여 자율주행차 스타트업인 크루즈 오토메이션의 경영권을 손에 넣었다. 지난달에는 자율주행에 필수 부품인 '라이다'를 만드는 스트로브를 인수했다.

GM의 잇따른 인수합병(M&A)과 투자는 최근 가시적인 성과로 나타나고 있다.

지난달 크루즈 오토메이션은 세계 최초로 운전자 없이 주행할 수 있는 자율주행차 양산체제를 완성했다고 밝혔다.

GM은 완전 자율주행시스템을 탑재한 순수 전기차 볼트EV를 샌프란시스코와 디트로이트 등에서 시험운행한데 이어, 2018년에는 뉴욕에서도 자율주행차 시험운행에 나선다. 리프트에 대한 투자와 별도로 올 초 자체 개발한 차량공유서비스인 메이븐도 지난 5월부터 뉴욕 등 미국 일부 도시에서 사업을 시작했다.

포드자동차는 지난 2월 자율주행차 개발 스타트업인 아르고 AI에 10억달러를 투자해 자회사로 편입했다. 아르고 AI가 지난달 라이다 개발업체인 프리스턴 라이트웨이브를 인수하면서 포드 역시 GM과 마찬가지로 자율주행차와 핵심부품 제작의 수직계열화를 이루게 됐다. 경쟁사인 GM이 대규모로 투자했던 리프트와도 지난 9월 자율주행차를 공동 개발하기로 합의했다.

미국의 기술평가업체인 네비건트리서치는 지난 4월 기술력과 비전, 상용화 전략, 생산력 등 10개 지표로 현재 자율주행차 개발에 나서고 있는 업체들을 조사한 결과, 포드자동차가 가장 우수한 경쟁력을 갖추고 있다고 평가했다. 2위는 GM이 차지했고, 르노닛산 얼라이언스와 다임러, 폴크스바겐이 뒤를 이었다. 일본 대표 자동차 업체인 도요타와 혼다는 10위안에 이름을 올리지 못했다.

3. 자동차 소유 대신 공유하는 자율주행시대

GM과 포드자동차는 완전 자율주행차 개발에 투자를 공격적으로 확대하고 있는 반면, 내연기관 차량의 대량생산과 판매 체제를 대폭 축소하면서 언젠가 있을 내연기관과 작별을 준비하고 있다. GM은 지난 2013년 유럽에서 쉐보레 브랜드를 철수한데 이어, 올해 3월에는 독일 자회사 오펠마저 프랑스 PSA그룹에 매각했다. 영국에 공장을 둔 오펠의 계열사 복스홀도 함께 팔아치웠다. 이어 5월에는 인도와 남아공 시장에서도 철수했고, 지난달에는 69년간 완성차를 생산했던 호주 공장도 폐쇄했다.

짐 해켓 포드자동차 CEO는 지난달 뉴욕에서 가진 투자은행(IB) 관계자들과의 세미나에서 “오는 2022년까지 내연기관 승용차에 대한 개발비용을 5억달러 감축하겠다.”고 밝혔다. 포드는 내연기관 개발비용을 줄여 확보한 5억달러에 45억달러를 추가해 총 50억달러를 순수 전기차 개발에 투입하기로 했다.

자율주행차는 일반적으로 가솔린, 디젤 등의 내연기관차보다 순수 전기차를 기반으로 제작된다. 복잡한 부품과 엔진이 탑재되는 내연기관차에 비해 배터리와 모터로 구동되는 전기차는 구조가 비교적 간단해 인공지능(AI)을 포함한 다양한 디지털시스템을 탑재하는 자율주행차에 가장 적합하다. 소음과 배출가스가 거의 없는 전기차의 장점과 사고 방지와 교통 혼잡의 최소화라는 자율주행차의 장점이 결합되고 있다. 미국의 전기차 제조사 테슬라가 오래 전부터 자율주행차 개발에 전력해 온 것도 이 때문이다.

완전 자율주행차가 상용화 단계에 들어가면 내연기관 중심의 승용차 판매는 크게 줄어들고 전기차가 대세로 부상할 것으로 전망된다. 또 차량공유서비스 시장도 빠르게 성장할 것으로 예상된다. 도시, 국가 시스템과 하나로 연결된 커넥티드카와 차량을 함께 쓰는 공유서비스가 대중화하면 비싼 구입 비용과 유지비를 감수하며 자가용 차를 소유할 필요성은 크게 감소할 수밖에 없다. 최근 GM과 포드가 개인소비자를 대상으로 판매할 내연기관차의 생산과 개발비용을 줄이고 차량공유서비스 업체 리프트와 앞 다투어 손잡은 것에는 이런 배경이 깔려있다.

지난 7월, 미국의 산업연구기관 리싱크엑스는 보고서를 통해 미국 자동차 운행대수가 2020년 2억 4,700만 대에서 완전자율주행 시대가 정착하는 2030년에는 4,400만 대로 10년간 약 80% 급감할 것이라고 예상했다. 반면, 2020년에서 2030년까지 전체 통행량에서 공유서비스차의 비중은 60%에서 95% 수준으로 증가할 것이라고 내다봤다.

이같은 전망처럼 자동차 생산대수가 감소하면 지금과 같은 대규모의 노동력이 필요하지 않게 된다.

자료 : 「조선일보」. (2017). "저무는 내연기관차 시대… 제조에서 서비스로 주도권 이동하나." (11월 10일).

연습문제

14-1. 간트도표의 장점과 단점을 설명하라.

14-2. PERT/CPM의 의의를 설명하라.

14-3. PERT/CPM 네트워크의 작성과정을 설명하라.

14-4. 재고의 의미를 설명하라.

14-5. EOQ모형의 가정을 설명하라.

14-6. 통계적 품질관리의 개념을 설명하라.

14-7. 관리도의 개념을 설명하라.

14-8. 리엔지니어링의 개념을 설명하라.

14-9. 미래 자동차 산업에 대한 전망을 기술하라.

Chapter 15

인터넷을 통한 운영

제1절 상품구매 및 판매관리

1. 온라인 구매 프로세스

1) 온라인 구매의 개념

온라인 소비자의 구매 프로세스는 고객이 인터넷 홈페이지의 쇼핑몰에 접속하는 것으로 시작한다. 그리고 구매가 완료되면, 배송시스템에 의해 구매자에게까지 제품이 도착되는 것이 일반적인 구매 프로세스이다.

2) 구매 의사결정 과정

온라인 소비자들의 구매 의사결정 과정은 다음과 같이 5단계를 거쳐서 이루어진다. 전자상거래 기업에 있어서 모든 활동의 궁극적인 목적은 고객으로 하여금 그 기업에서 제공하는 상품이나 서비스를 구매하도록 하는데 있다.

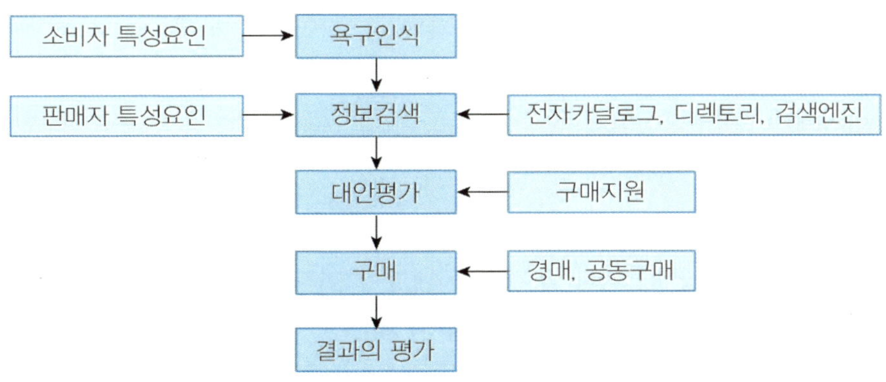

〈그림 15-1〉 온라인 구매 의사결정 과정

(a) 욕구인식

소비자의 구매욕구 인식에서부터 제품을 구매하는 출발점이 시작된다. 그리고 욕구는 소비자 행동의 동기에 있어서 중요한 역할을 하며, 소비자의 특성요인에 따라 차이가 있다.

(b) 정보검색

정보검색이란 소비자가 점포, 제품 및 구매에 대해 더 많은 것을 알고자 하는 의도적 노력이라고 할 수 있다. 즉, 소비자가 구입하고자 하는 제품특성 등 판매자의 특성요인에 대한 정보를 가짐으로써 불확실성을 감소시키고 올바른 결정을 내리는 단계이다.

(c) 대안평가

소비자들은 어떤 제품, 어떤 상표, 어떤 모델을 선택할 것인가? 라는 결정을 내리고, 몇 개의 선택 대안을 고려하게 된다. 그러므로 대안 평가는 최종적으로 도출된 몇 가지의 상표군에 속한 대안들을 평가하고, 소비자의 욕구에 합치하는 특정 대안을 선택하는 과정으로 정의할 수 있다.

(d) 구매

소비자가 일단 제품을 선택하면, 구매단계에 이른다. 그리고 소비자들은 경매나 공동구매를 통하여 원하는 제품을 보다 저렴하게 구입하고자 한다. 구매단계는 다음과 같이 몇 가지 관련된 세부행동으로 나눌 수 있다.

① 소비자는 인터넷 쇼핑몰 내에서 원하는 제품을 선택한다.
② 소비자는 신용카드, 지로 송금, 전자화폐 등을 이용하여 대금을 지불한다.
③ 업체는 웹기반 주문추적시스템을 이용하여 배송에 차질이 없도록 해준다.
④ 소비자에게 제품이 전달된다.

(e) 결과의 평가

평가는 제품구입과 상태, 기타 서비스에 대한 소비자의 만족과 불만족으로 나타난다. 즉, 소비자가 제품 사용 후 평가가 기대 이상이냐 기대 미만이냐에 따라 결정된다.

2. 기업간 구매 프로세스

1) 개념

기업간 구매 프로세스는 기업과 기업간의 구매 프로세스로서, 기업과 소비자간 구매 프로세스보다 상당히 복잡하고, 그 규모도 크다.

사실, 전자상거래의 등장이래, B2C 시장이 먼저 활성화 되어 전반적인 전자상거래의 성장을 주도해 왔다. 그러나 1998년을 기점으로 이미 거래 규모에 있어서도 B2B 시장의 규모가 B2C 시장의 규모보다 더 커졌으며, 이 차이는 시간이 흐름에 따라 더 욱더 커질 것으로 모든 예측기관들이 밝히고 있다.

2) 기업간 구매 프로세스의 유형

일반적인 기업간 전자상거래 시장을 구분하는 방법은 거래에 있어서의 참여 당사자 간에 누가 시장을 주도적으로 형성시키고 관리하는가에 따라 분류하는 것으로, ① 판매자 위주, ② 구매자 위주, ③ 중개자 위주의 3가지 종류로 나누어 볼 수 있다.

(a) 판매자 중심 시장

가장 일반적인 구조는 판매자 위주의 기업간 전자상거래이다. 생산주도형의 전자상점들이 대부분 여기에 속한다. 이 경우, 개인고객과 기업구매자들은 판매자가 관리하는 전자상거래 시장을 통하여 거래를 하게 된다.

(b) 구매자 중심 시장

현재, 대중적인 공급자 위주의 시장에서의 기업 구매자는 수작업으로 구매정보를 기업정보시스템에 입력해야 한다. 그리고 인터넷에서 수천 개의 상품을 검색하고 비교해서 구매하고자 하는 대기업 구매자는 그 비용이 만만치 않게 된다. 그러므로 대기업들은 그들 자신만의 구매를 위한 인터넷 시장을 열고자 한다. 이를 구매자 위주 시장이라고 부르며, 이 모델의 경우 구매자는 자신의 서버에 전자시장을 설립하고 잠재적인 공급자들로부터 RFQ(request for quotation)를 통해 입찰을 받게 된다.

(c) 중개자 중심 시장

중개자 중심 시장은 중개자가 직접 기업간 전자상거래 시장을 구축하고, 판매자와 구매자를 참여시켜 이들 간에 거래가 발생하도록 조성한다.

3. 비교 구매에이전트

비교 구매에이전트는 소비자를 대신해서 제품을 판매하는 여러 사이트의 정보를 모으고 또 분석해서, 가장 적합한 제품과 판매자를 찾아주는 비교 구매서비스를 제공한다.

1) 데이터베이스 중심의 비교 구매서비스

데이터베이스 중심의 비교 구매서비스는 사업 서비스 범주 안에 들어 있는 판매회사들과 비교 구매서비스 제공회사들 간의 긴밀한 사업적 협약을 기반으로, 판매자가 자신이 판매하는 제품에 관한 정보를 안정적으로 공급한다. 그리고 비교 구매서비스 회사는 실제 판매처와 사이에 괴리가 없는 정보의 데이터베이스를 구축하여, 소비자에게 비교 구매서비스를 제공하는 형태이다.

(a) 인공지능·지식기반 비교 구매서비스

① **전문가시스템** : 특정 분야에 대한 지식이나 규칙을 바탕으로 소비자가 원하는 제품에 대한 정보를 제공해 주는 방법이다. 그러나 지식의 확장성이나 일관성이 떨어진다거나 사용자에 부적합한 전문적인 답을 준다는 단점이 있다.

② **협력적 여과방법** : 사용자의 기호와 행위 등에 대한 통계적인 기법을 기반으로 최적의 해를 찾아 소비자가 원하는 제품에 관한 정보를 제공해 주는 방법이다. 그러나 특정 분야에 대한 최적해를 줄 수 없거나, 권고 안에 대하여 합당한 이유를 설명할 수 없는 경우가 존재한다는 단점이 있다.

4. 판매성향분석 및 관리

1) 전자상거래를 수행하는 고객의 특성

인터넷 이용자는 이미 인터넷을 통한 구매에 참여하고 있거나 적어도 향후 인터넷 구매에 참여할 가능성이 있는 잠재적 고객이라고 가정할 수 있다.

인구 통계학적 특성변수는 성별, 나이, 결혼유무, 교육수준, 수입, 직업 및 취업 여부 등이 있다. 최근, 국내 인터넷 이용자들을 대상으로 조사한 결과를 종합하여 고객의 특성을 분석해 보면, 다음과 같다.

① 여성 비율의 증가 추세

② 젊은층이 주류

③ 고학력, 전문직종 종사자가 주류
④ 평균 이상의 소득수준

2) 판매성향 관리

(a) 외부데이터에 의한 판매성향 관리

외부데이터를 바탕으로 판매성향을 관리 분석하고자 할 경우에는 전통적인 시장조사방법론을 사용한다. 시장조사방법론은 4가지 단계로 진행된다.

① 문제정의 및 조사목적의 설정 단계
② 조사방법론 결정 및 자료 계획 수립 단계
③ 자료 수집 및 자료 분석 단계
④ 결과를 도출하고 반영하는 단계

(b) 판매성향 관리의 지표

판매성향 관리의 지표는 판매성향 분석 그 자체일 수도 있고, 다른 형태의 분석을 위한 기초 자료로 사용되기도 한다. 마케팅에서의 지표들에는 다음과 같은 내용들이 있지만, 마케팅 목적에는 부합되나 실제 웹상의 운영에 있어서는 많은 도움을 주지 못하는 것으로 나타났다.

① CTR(click through rate) : 배너 광고를 본 사람 중 몇 퍼센트가 배너 광고를 클릭했는가의 비율
② 구매전환율(conversion rate) : 판매 사이트를 방문한 사람 중 몇 퍼센트가 구매를 했는가의 비율
③ ROI(retum on investment) : 배너 광고에 지출한 기업의 비용과 이에 대비한 수익의 비율로서 배너 광고의 수익성

그리고 전자상거래 쇼핑몰 운영 지표는 전자상거래에서만 구한 지표들의 결과로서 다양한 관점에서 보았을 때 도움을 줄 수 있으며, 그 내용은 다음과 같다.

① Look-to-Click Rate : 소비자가 제품에 대한 하이퍼링크를 본 후 이를 클력하게 되는 비율
② Click-to-Basket Rate : 쇼핑몰에서 장바구니에 담는 비율
③ Basket-to-Buy Rate : 장바구니 에 담은 상품을 소비자가 궁극적으로 구매하게 되는 비율

제2절 고객관리 및 서비스

1. 고객 데이터베이스 통합시스템

고객 데이터베이스 통합시스템이란 변화하는 시장환경에 능동적으로 대응하고, 고객 세분화와 밀착관리로 고객 충성도를 높이기 위해 분산된 데이터를 효율적으로 통합 관리하기 위한 경영기법이다.

고객 데이터베이스 통합시스템의 도입을 통한 고객 데이터베이스 마케팅을 실현하기 위해서는 개별 고객의 다양한 데이터베이스를 기초로 한 고객 형태 분석을 토대로 고객정보를 관리한다. 그 결과, 수익 창출을 가져다준 우량고객에게 이익의 일부를 보상함으로써, 고객과 기업의 관계를 개선하고 효율성을 극대화하는데 그 목적이 있다.

2. 고객 데이터베이스 개념과 활용

1) 고객 데이터베이스의 개념

고객 데이터의 수집 활동은 고객관리의 가장 기본적인 활동이다. 그리고 기업은 신규 회원이나 일반 고객들을 고정 고객으로 유도하기 위하여, 고객 데이터베이스의 품질과 활용성을 다음과 같이 향상시키고자 노력한다.

① 데이터 요소의 형태 결정
② 데이터 요소의 주요 특정 규명
③ 지역적인 구분 가능 여부 고려
④ 데이터 내용에 부여할 필드 확정
⑤ 각 데이터 요소의 수집 원천 명시

2) 데이터베이스 마케팅

데이터베이스 마케팅이란 고객의 다양한 정보를 컴퓨터에 축적하여 이를 가공, 비교, 분석 등을 통하여 마케팅 활동에 사용할 수 있도록 하는 객관화된 경영기법을 말한다. 그러므로 데이터베이스 마케팅이란 데이터베이스를 토대로 하여 DM(direct mail) 발송, 세일즈 프로모션, 벨레마케팅, 데이터베이스 스코어링을 통하여 마케팅 전개나 분석활동을 시스템적으로 처리하여 기업활동을 비롯한 마케팅활동에 적극적으로 활용하는 방법이라고 할 수 있다.

따라서 데이터베이스 마케팅에서 활용하는 데이터베이스는 일반 고객, 단골 고객, 데이터, 정보, 시스템 등을 기본으로 하여 고객의 데이터를 검색·분석하여 새로운 반응 데이터를 데이터베이스로 갱신하여 확장하는 실무적인 성격이 강한 마케팅이다.

3) 고객 데이터베이스 통합시스템 구축

데이터베이스 시스템이 운영되기 위해서는 하드웨어, 데이터베이스 소프트웨어, 데이터 그리고 운영자가 함께 유기적으로 움직여야 한다. 일반적으로 데이터베이스 소프트웨어는 일반적인 데이터 관리의 운영을 지원하고 있으며, 대부분의 경우 실제 업무를 운영하기 위한 응용 소프트웨어가 필요하다.

그러므로 데이터베이스 통합시스템의 역할은 다음과 같다.

① 데이터베이스의 정의 및 통제
② 데이터 검색, 조작 및 보고 기능
③ 데이터베이스의 보안 및 통합관리
④ 복수 사용자에 의한 동시 접근 제어
⑤ 응용프로그램 개발 지원 및 서비스 기능

3. 고객 데이터베이스 분석방법

1) 데이터웨어하우스

(a) 개념

1980년대 후반, 인먼(William Inmon)에 의하여 소개된 '데이터웨어하우스(data warehouse)'의 개념은 호스트인 운영시스템에서 데이터를 한곳에 모아 통합하고, 필요한 데이터를 추출, 가공, 요약하여 사용하는 것으로 정의된다. 즉, 데이터웨어하우스는 단순히 데이터가 보관되어 있는 거대한 저장고를 의미한다.

(b) 구성요소

데이터웨어하우스의 속성을 지원하기 위해서 일반적으로 다음과 같은 구성요소를 갖는다.

① 데이터 마트
② 정보배달 시스템

③ 메타데이터 저장소
④ 데이터웨어하우스 관리 도구
⑤ 웨어하우스 데이터베이스 기법
⑥ 데이터 질의, 보고, 분석 및 마이닝 도구
⑦ 데이터 소싱, 오류 처리, 변환 등을 지원하는 도구

2) 데이터마이닝

(a) 개념

데이터마이닝(data mining)은 기존의 지식탐사분야에서 발전하여, 1990년대 중반 상업적 요구에 대응하여 재정립되었다. 그리고 데이터마이닝은 대용량 데이터베이스를 이용하여 아직 알려지지 않은 의미있는 경향치나 패턴을 지식의 형태로 추출하는 작업으로, 미래의 고객관리에 필요하다.

그러므로 유전자 알고리즘, 퍼지, 사례기반추론 등 다방면의 기법(기계학습, 인공지능, 통계학, DB 등)들을 종합적으로 활용하여 의미있는 지식을 추출한다.

(b) 응용분야

데이터마이닝의 응용분야는 대용량 데이터베이스가 구축된 거의 전 분야에 걸쳐 있다고 할 수 있다. 그 내용을 열거하면, 다음 표와 같다.

〈표 15-1〉 데이터마이닝의 응용분야

· 카드도용사고 방지	· 텔레마케팅(TM)
· 위험관리	· 타켓 마케팅
· 고객불만관리	· 고객 세분화
· 마케팅 효과 관리	· 수요 및 판매예측
· 다이렉트 메일링	· 가격산출
· 고객유치 및 유지	· 교차판매

(c) 데이터마이닝 수행단계

데이터마이닝의 수행과정은 크게 5단계로 나누어 볼 수 있다.

① **데이터 수집** : 데이터 수집 후 하나의 대상 자료로 정리하고, 부족한 데이터를 보충한다.
② **데이터 준비** : 데이터마이닝 엔진에 전달되기 위한 전처리 과정으로, 사용되는 방법에는 데이터 변형, 결측 값 처리, 데이터 변환, 데이터 축소 등이 포함된다.
③ **데이터마이닝 엔진 적용** : 분류, 군집화, 시계열 예측, 연관 규칙 등의 기능을 활용하게 된다.
④ **데이터마이닝 결과의 시각화 과정** : 분류, 군집, 연관분석 등의 마이닝 결과들을 다양한 방법으로 사용자에게 보여준다.
⑤ **데이터마이닝 결과 활용** : 마이닝 목표에 따라 모델에 실질적인 적용 결과를 반영함으로써 모델을 지속적으로 변형, 적응시켜 나가는 작업을 수행한다.

3) OLAP

OLAP(on-line analytical processing)는 분석적인 업무에 대해서 전통적 데이터베이스 시스템이 가지는 단점들을 극복하기 위해 다차원 모형을 기반으로 하는 기술이다. OLAP는 다음과 같은 특징이 있다.
① OLAP는 복수관계형 데이터베이스 시스템을 지원한다.
② 최근에는 지식탐사(knowledge discovery) 분야에서 발전한 데이터마이닝이 관심분야로 나타났다.
③ 다차원 데이터베이스를 주축으로 하며, 시간에 따른 데이터 분석을 용이하게 할 수 있도록 설계한다.
④ 전통적 데이터베이스가 가지는 분석적 결함을 극복하기 위해 출현한 데이터베이스 분석프로그램으로 DB가 아니다.

4) 데이터마이닝, 데이터웨어하우스, OLAP의 관계

데이터마이닝, 데이터웨어하우스, OLAP는 고객데이터베이스를 이용한 기법으로, 다음 그림과 같이 상호보완적인 관계에 있다.

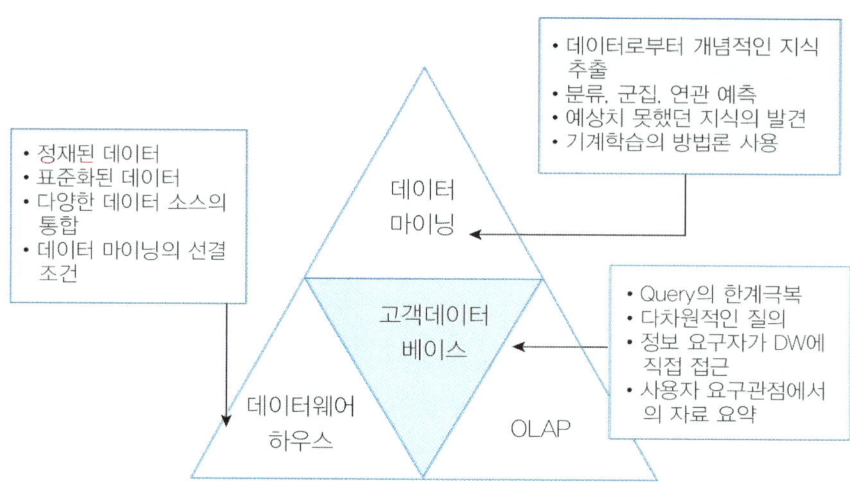

〈그림 15-2〉 데이터마이닝, 데이터웨어하우스, OLAP의 상호보완 관계

5) 고객 데이터의 분석 및 활용

고객 데이터의 기능적 목적을 명확히 설정하기 위해서는 고객 데이터의 분석 과정에서 정보처리를 위한 분석이 세밀하게 전개되어 활용될 수 있게 하여야한다.

(a) R-F-M 기법

최종 구입일(recency), 구매빈도(frequency), 구매 금액 합계(monetary)의 첫 글자를 따온 것으로서, 고객이 어떤 상품이나 서비스를 구입하였을 때, 마지막으로 구입한 날자, 총구매 금액 등을 토대로 고객정보를 분석하여 이를 고객관리에 활용하는 기법이다.

(b) 고객 생애 가치이익평가기법

고객이 자사의 제품을 최초로 구매한 시점부터 최종 거래에 이르는 기간동안, 구입하고 제공받은 서비스의 총이용 금액에서 고객 획득비용, DM(direct mail) 제작 및 발송비용, 매출액, 상품원가, 텔레마케팅 경비 등을 제한 후 영업수익을 산출하여 나타난 생산성을 기초로 고객 1인당 누적가치를 평가한 것이다.

(c) MCIF 기법

MCIF(marketing consumer information file : 고객속성 정보 파일) 기법이란

기존 고객의 구매형태와 고객관리에서 발생한 구매기간, 구매 회수, 금액, 장소, 품목, 구매방법 등의 다양한 데이터를 비교 분석하고, 정보를 서로 교차시켜 마케팅 활동에 활용하는 고객관리 및 분석 기법을 말한다.

4. CRM

1) CRM

(a) 개념

CRM(customer relationship management : 고객관계관리)은 경쟁적 상황 하에서의 지속적인 성장유지를 위해 수익성 높은 고객들을 파악하고, 획득 및 유지하는 일련의 활동, 즉 프로세스로 정의할 수 있다. 그러므로 단순한 전산시스템을 구축하는 것이 아니라 전사적인 BPR(business process reengineering)과 연동해서 기업활동의 중심을 제품에서 고객으로 대체하는 것이다.

(b) 전제조건

CRM을 구현하고자 하는 기업들은 정보기술 측면에서 다음의 3가지 정보기술이 필요하다.

① **고객 통합 데이터베이스** : 기업이 보유하고 있는 거래 데이터, 고객, 상품 데이터를 데이터웨어하우스(data ware house) 관점에 기초하여, 고객과 관련된 정보를 전사적인 차원에서 공유체제가 확립되어야 한다.

② **데이터마이닝(data mining) 도구** : 구축된 고객 통합 데이터베이스를 대상으로 마이닝 작업을 통해 고객의 특성을 분석한다. 그리고 대용량 데이터를 분석하여, 차별화한 정보를 획득하는 것은 마케팅 우위를 차지하는데 있어 큰 역할을 한다.

③ **마케팅 채널 연계** : CRM의 마케팅 채널로는 대리점 및 영업점, 콜센터, 캠페인관리, 고객서비스센터 등의 시스템을 통해 활용될 수 있다. 그리고 분류된 고객 개개인에 대한 특성을 바탕으로 해당 고객의 접점이 발생하는 곳에서 전략에 따라 다양한 형식으로 관련 부서 및 사용자의 목적에 따라 이용할 수 있다.

그리고 CRM은 고객, 정보, 사내 프로세스, 전략, 조직 등 경영 전반에 걸친 관리체계이며, 이를 정보기술이 뒷받침하여 구성되는 것이다.

2) SCM

(a) 개념

SCM(supply chain management : 공급사슬경영)은 공급망 전반에 대한 사업활동의 통합을 의미한다. 즉, 60년대말의 MRP(marterial requirements planning : 자재소요계획)에서, 70년대의 MRP Ⅱ(manufacturing resource planning : 제조자원계획) 그리고 80년대의 ERP(enterprise resource planning : 전사적 자원관리)로 이어져, 90년대 SCM은 사내자원뿐 아니라 자사와 연결되는 공급자, 외주업체, 판매망, 운송업체, 창고업체 등을 하나로 연결된 사슬로 간주하여, 이들 간의 협력과 정보교환에 기초한 통합물류와 최적 의사결정으로 비용절감 및 효율성 증대로 상호이익을 추구한다.

SCM은 최근들어 광범위하게 적용되고 있으며, 신제품개발에 대표적으로 사용된다.

(b) SCM의 기대효과

① 다양한 전자상거래 응용기술이 등장함에 따라 이를 활용하여 통합공급사슬(integrated supply chain)을 구현하려는 노력이 확산된다.

② 공급망상의 재고흐름이 보다 가시화되고, 나아가 공급사슬 참여자들 간의 보다 발전된 협업(collaboration)과 계획 및 의사결정을 서로 지원할 수 있는 기반이 이루어진다.

③ SCM 범위의 확장이 보다 용이하게 되며, 그동안 경제적, 기술적 이유로 SCM의 범위에 포함되기 어려웠던 중소기업의 참여가 보다 확산될 수 있다.

5. 전자우편 관리

1) 전자우편의 정의

(a) 개념

전자우편은 기본적으로 고객의 주문 확인이나 고객의 질의에 응답하는 수단으로 먼저 사용되었으나 현재는 오히려 고객에 대한 판촉활동에 더 많이 사용되고 있다.

웹은 고객이 해당 페이지에 직접 방문해야만 내용을 볼 수 있는 Pull 매체이다. 그러므로 웹은 간접적으로 고객을 끌 수 있는 소재로 사이트를 잘 구성해 놓더라도 고객이 오기만을 기다려야 하는 답답함이 있다. 이러한 단점을 전자우편이 잘 보완해 주고 있다. 왜냐 하면 전자우편은 운영자가 적극적으로 고객에게 찾아갈 수 있는 Push 매체이기 때문이다.

따라서 전자우편의 운영은 전자상거래 기업에 있어서 어떤 다른 실물 기업보다 매우 중요하게 접근해야 될 문제이다.

(b) 전자우편의 관리

전자우편 시스템을 통하여 다음과 같은 기능을 담당한다.

① **등록 고객에 대한 인사** : 가장 기본적인 서비스인데 상품의 구매가 없더라도 회원으로 등록한 고객에 대해서는 자동으로 인사말을 적은 내용을 전자메일로 보내는 것은 기본적인 예의를 갖추는 시작점이 된다.

② **구매 고객에 대한 확인** : 상품에 대한 주문 접수를 마친 고객은 과연 내가 보낸 내용이 잘 접수되었나 불안해질 경우가 많다. 이런 고객의 불안감을 전자우편을 통하여 훌륭하게 보완하면서, 주문한 정보에 대한 현재 진행 상황을 그때그때 전자우편으로 알려줌으로써 단골 고객으로 확보할 수 있는 좋은 방법이 된다.

③ **지속적인 쇼핑정보 제공** : 일단 등록이나 구매를 통해 확보된 고객에게는 지속적으로 상품정보나 요긴한 소식을 알려줌으로써 상점을 다시 상기시키고, 고객과의 반응을 유지해 갈 수 있다. 그러나 이 경우에는 고객의 반응을 잘 관찰하면서 불쾌하지 않도록 배려할 필요가 있다.

6. 텔레마케팅 센터의 운영

1) 텔레마케팅

(a) 개념

텔레마케팅(tele marketing : TM)은 텔레커뮤티케이션(telecommunication)과 마케팅(marketing)이 결합된 것으로, 상품이나 서비스가 생산자로 부터 소비자에게 전달되기 위해 행하는 광고, 선전, 조사활동 등 모든 기업활동에 전기통신 미디어를 효과적으로 활용하여 수행하는 마케팅 활동이다. 특히, 콜센터를 통해서 고도로 훈련된 텔레마케터(telemarker)들이 고객의 생생한 소리를 실시간으로 능숙하고 합리적으로 처리한다.

그리고 데이터베이스에 축적된 고객 데이터를 기초로 원하는 정보만을 적시에 직접 고객에게 전달할 수 있다. 또한, 정보기술의 발달로 인터넷 쇼핑몰의 매개체가 활발히 등장하고, 이를 통한 시장의 확대가 가시화되면서 기업의 입장에서 시장은 커졌지만, 상대적으로 경쟁 역시 심화되었기 때문에 기업의 생존을 위한 판매방식의 다양화전략이 필수적인 요소가 되었다.

(b) 특성

텔레마케팅은 전화 및 정보통신수단을 이용하여 기업의 마케팅 커뮤니케이션 믹스를 최적화한 마케팅시스템으로써 다음과 같은 특성을 갖고 있다.

① 텔레마케팅은 데이터베이스 마케팅적 특성을 가진다.

② 개인 대 개인의 커뮤니케이션 활동이다. 즉, 개별 고객과의 개인적인 커뮤니케이션을 통해 고객에 대한 각종 정보를 수집하고, 이를 해석하여, 고객에게 만족을 주는 마케팅시스템이다

③ 시간과 공간의 장벽 극복이 가능하다. 전화는 당사자와 직접 대화를 할 수 있는 양방향 미디어로서, 시간과 공간의 장벽을 무너뜨릴 수 있다. 그러므로 텔레마케팅은 스피드마케팅(speed marketing) 또는 타임마케팅(time marketing)이라고도 한다.

④ 텔레마케팅은 통합적 마케팅시스템이다. 그러므로 텔레마케팅은 다른 매체와 결합함으로써 더 효과적일 수 있으며, 기업의 통합적인 마케팅시스템 내에 위치하여야 한다.

⑤ 텔레마케팅은 관계마케팅을 위한 유효한 수단이다. 지속적인 고객접촉과 사후관리 및 서비스 등을 텔레마케팅에 의해 고객만족을 실현할 수 있으며, 이를 통하여 상표 충성도 제고와 구전 효과 등을 기대할 수 있다.

2) 콜센터

(a) 개념

콜센터(call center)는 원래 음성 위주로 시작되었지만, 이제 매체의 제약에서 벗어나 다양한 수단을 통해 사용자들의 음성과 데이터를 동시에 라우팅할 수 있도록 하는 CTI(computer telephony integration : 컴퓨터 통신통합)를 기반으로 접근하였다.

그리고 콜센터는 의사소통을 원하는 고객의 요구와 기술 발전으로 변화를 거듭하고 있다. 업체는 업체대로 고객에게 마치 개개인을 알아보고 응대하는 듯한 환상을 불어넣고 있다. 이제는 업무처리 외에 전자상거래 시대에 맞는 고객만족도 조사, 상품안내 및 통신판매, 신규고객확보 등 아웃바운드를 중심으로 한 공격적인 텔레마케팅 전문

체제로 바뀌고 있다.

그러므로 콜센터 구축은 고객대응뿐만 아니라 텔레마케팅의 생산성 향상에 절대적인 영향을 미친다. 현재, 콜센터는 국내에서 통신회사, 금융회사, 제조업체 등을 중심으로 콜센터 구축붐이 일어나고 있다.

(b) 인터넷 콜센터

인터넷 콜센터란 전통적인 콜센터의 기능을 인터넷이라는 채널을 통하여 수행하는 조직이다. 그러므로 인터넷 콜센터를 통하여 고객서비스 강화, 상담원 업무환경 개선, 일반 유선 및 웹접속 고객을 하나의 시스템으로 응대할 수 있고, 고객과 동일한 화면을 공유하면서 상담이 이루어지므로 고객 만족도가 높아진다.

상담원 역시 하나의 상담 시스템으로 다양한 통신수단의 고객을 응대하게 되어, 프로그램을 이동하면서 고객을 응대하지 않아도 되기 때문에 업무 환경이 크게 개선된다.

인터넷 콜센터로 인한 효과는 다음과 같다.

① 일대일 서비스 가능

② 상담의 효과를 극대화

③ 고품질의 고객서비스 제공

④ 판매 및 마케팅의 기회로 연결

제3절 사이트 관리

인터넷을 통한 기업운영을 하기 위해서는 먼저 사이트가 구축되어야 하며, 여기에는 웹 디자인과 콘텐츠가 기업의 특성에 맞게 갖추어 져야 한다. 그리고 보다 효과적으로 운영될 수 있도록 웹사이트의 뒷쪽에서 작업하는 혁신적인 백오피스가 필요하다.

1. 사이트 관리

1) 웹 디자인

웹 디자인(web design)이란 홈페이지의 외양을 구성하고, 그 틀을 짜는 일이다. 그러므로 웹을 디자인한다는 것은 단순한 아이콘이나 배경그림 따위를 그리는 일이 아니라 원하는 커뮤니케이션이나 마케팅 목표를 달성할 수 있도록 정보를 기획하고, 가공하여, 웹이라는 매체를 통하여 전달하는 일이다. 웹 디자인의 특정을 요약하면, 다음과 같다.

① **매체 디자인** : 사용하는 매체에 따라 전달효과는 판이하게 달라진다.
② **정보 디자인** : 멀티미디어의 특성 가운데 가장 중요한 상호작용성을 극대화하기 위하여 정보를 체계적으로 조직하고 구현한다.
③ **광고 디자인** : 웹사이트를 차별화하고, 흥미롭고 매력있게 만들 수 있는가 하는 것은 웹사이트를 제작하는데 있어서 중요한 전제조건이 된다.
④ **통합적인 커뮤니케이션 작업** : 마케팅 전략을 바탕으로 기획 및 설계, 문안 작성, 화면 디자인, 매체 제작 프로그래밍 등을 포함하는 통합적인 작업이다.

2) 콘텐츠의 구성

(a) 콘텐츠의 개념

콘텐츠(contents)란 단순한 의미로 내용, 목록 등을 일컫지만, 멀티미디어 시대의 콘텐츠는 환경과 여건을 제외한 모든 내용적 요소를 통칭한다. 그러므로 뉴스, 교육, 스포츠, 오락, 게임, 상품정보 등 다양한 내용으로 일반 소비자들이 관심을 가질 수 있는 광범위한 분야를 모두 포함하고 있다.

콘텐츠를 구성하기 위해서는 관련 정보내용(content), 디자인(design) 그리고 정보의 내용과 디자인을 기술적으로 뒷받침해 줄 기술(technology)이 필요하다. 콘텐츠의 역할은 다음과 같다.

① 복잡한 검토결과를 간단하게 표현하는 역할
② 다른 사람이 알기 쉬운 형태로 제시하는 역할
③ 생각을 상상력이 움직이기 쉬운 말로 바꿔 사고를 확대시키는 역할

그러므로 멀티미디어 기획의 성공은 핵심을 분명하게 표현하는 콘텐츠를 어떻게 잘 만드는가의 여부에 달려있다.

(c) 콘텐츠 전략

인터넷 콘텐츠는 인터넷 비즈니스에서 잠재적 구매고객으로서 회원을 확보하기 위한 중요한 요인으로 가치를 가진다. 일반적으로 웹 콘텐츠 설계시에 유의해야 할 사항을 열거하면, 다음과 같다.

① 중요사항은 앞부분에 두어 강조한다.
② 고객의 참여로 만들어져야 한다.
③ 계속적이고 지속적으로 콘텐츠를 개발한다.
④ 외부 콘텐츠와 연결하여 소홀한 내용을 상호 보완한다.
⑤ 전환어구의 사용을 자제하며, 진부한 표현을 사용하지 않는다.
⑥ 중요한 단어에는 링크를 제공하며, 링크를 너무 남용하지 않는다.
⑦ 최상의 콘텐츠로서 고객관리 전략과 상호정보가 이루어져야 한다.
⑧ 고객 데이터베이스를 활용하여 개개인의 개별화된 콘텐츠를 제공한다.
⑨ 참신하고 신선한 콘텐츠를 제공하며, 콘텐츠의 다양한 질에 승부를 건다.

(d) 콘텐츠 분석 및 평가

콘텐츠가 갖추어야 할 기본요소는 다음과 같다.
① 사용하기 쉬워야 한다.
② 내용이 충실해야 한다.
③ 대화법이 우수해야 한다.
④ 멀티미디어 요소가 조화롭게 배합되어야 한다.

인터넷 비즈니스의 콘텐츠는 무엇보다 사용자에게 편리하게 구성되어야 한다. 그러므로 콘텐츠를 평가하는 기준을 사용자 중심으로 살펴보면, 다음과 같다.
① 색의 충돌성이 없는가?
② 쉽게 종료할 수 있는가?
③ 화면의 구성이 깔끔한가?
④ 주제의 표현이 확실한가?
⑤ 피드백 과정을 두었는가?
⑥ 시작부터 고객 입장이었는가?
⑦ 사용자 중심의 인터페이스인가?
⑧ 배경음악 및 효과음이 적절한가?
⑨ 고객과의 의견 교환통로가 있는가?
⑩ 대상자에 맞는 매체를 활용하는가?
⑪ 하드웨어 성능에 관한 문제는 해결하였는가?

3) 웹사이트 구축 전략

성공적인 콘텐츠를 구성하고, 실용적으로 웹사이트를 구축하기 위하여 다음과 같은 전략이 필요하다.

① 유용성 : 유용한 정보라면, 신속한 업데이트가 반드시 필요하다.

② 유인성 : 사용자의 관심을 끌어야하며, 흥미롭고, 호기심을 불러 일으켜야한다.

③ 전문성 : 특정분야에 관련되어 운영한다면, 바로 전문성이 경쟁력이 될 것이다.

④ 양방향성 : 채팅, 전자게시판, 방명록 등으로 사이트를 꾸며, 고객의 참여도를 높일 수 있는 양방향성을 증가시킨다.

⑤ 이동의 편리성 : 논리적이고 조직적으로 디자인되어야 하며, 처음 방문하는 사용자도 원하는 내용을 쉽게 찾을 수 있도록 한다.

4) 콘텐츠의 기능별 메뉴

웹 상에 올려질 콘텐츠에는 다음과 같은 메뉴들로 구성된다.

〈표 15-2〉 콘텐츠의 메뉴 구성

메 뉴	내 용
공지사항	뉴스, 핫이슈 등
콘텐츠	제공자만의 특화된 정보제공, 고객중심
community	자료실, 게시판, 전자우편, 토론방, 채팅, 소모임 Q&A
서비스	이벤트, 참여도에 따른 서비스 제공, 메일진 등
전문자료	제공되는 콘텐츠와 관련된 전문 정보제공, 자료실, 추천사이트
다양한 검색 기능	맞춤 정보서비스, 북마크, 개별 메뉴화면, 정보탐색의 전략적 방법 제공
고객관리	회원등록, 데이터 구축, 고객의 의견을 수렴할 수 있는 기능, 사후관리
마케팅, 홍보전략	차별화된 정보 제공 및 서비스 부여
엔터테인먼트	내용구성과 제시 방법내에 재미의 요소가 첨가되도록
소비, 활용 기능	쉬운 인터페이스, 편리한 검색방법, 장바구니, 보안, 결재시스템

2. 백오피스의 운영 및 보완

1) 백오피스의 개념

(a) 필요성

백오피스(back office)는 웹사이트를 이용한 비즈니스가 보다 효과적으로 이용될 수 있도록 각종 의사결정을 지원하기 위해 웹사이트의 뒤쪽에서 정보의 수집, 가공, 저장, 배포하는 작업을 말하며, 이들의 상호 연관된 요소의 집합을 말한다. 이러한 백오피스의 필요성은 조직에서 백오피스의 구성을 효과적으로 활용하기 위해 정보기술을 사용하는 노력이 필요하다. 그리고 웹사이트의 전반적인 활동을 지원하고, 새로운 콘텐츠와 서비스를 제공하기 위한 새롭고 혁신적인 백오피스 환경을 개발하고 운용해야 한다.

(b) 백오피스의 기능

백오피스의 기능은 의사결정과 상호 조정 및 통제, 문제를 분석하고 해결하여 새로운 제품 개발을 돕는 것이다. 백오피스의 전체 과정은 입력기능, 가공기능, 출력기능으로 이루어진다. 이들 과정은 개별적으로 이루어지는 것이 아니며 피드백을 통하여 각각 연계되어 운영이 된다.

초기 머천트 솔루션은 상품 전시 등 일부 기능의 구현은 가능했던 반면, 주문, 결제, 배송, 반품, 교환, 환불 처리 등 다양한 백오피스의 기능면에서 취약하였다.

그러므로 인터넷 쇼핑몰이 유통 및 물류비용을 절감하고, 가격 경쟁력을 지닐 수 있는 체계임에도 백오피스 기능이 미흡하다면, 이에 따른 추가적인 인력, 비용 부담이 발생할 수밖에 없다.

2) 백오피스의 운영과 보안

인터넷 쇼핑몰의 규모가 작은 경우에는 백오피스를 운영하고 관리하는 사람이 적을 수도 있지만, 대형 인터넷 쇼핑몰의 경우에는 팀으로 관리할 수도 있다. 그러나 인터넷 쇼핑몰의 규모에 관계없이 운영자들의 일상적인 웹사이트 운영과 관리는 비슷하다.

3) 백오피스 시스템의 관리 대상

① 고객관리 : 고객관리는 시스템을 통하여 집약적이고 통합적으로 이루어져야한다.

② 거래관리 : 거래 처리를 지원해야 하는 시스템에는 주문시스템, 결제시스템, 배송시스템, 재고관리 시스템이 있다.
③ 트래픽 관리 : 자신의 사이트에 광고를 게재한다고 했을 때, 광고주에게 기본적으로 제공할 내용이 해당 웹사이트의 트래픽 정보이다. 그러므로 트래픽 정보에 기초해서 광고의 효과 및 광고가격을 결정한다.
④ 광고관리 : 광고관리에는 사이트 방문건수, 사이트 방문자의 수, 광고에 노출된 사람의 수, 배너광고에 클릭한 사람의 수, 구매의사를 표명한 사람의 수, 실제로 제품을 구매한 사람의 수 등이 있다.

4) 관리운영자들이 해야 할 일

① 서비스 중단 사태에 대비한다.
② 사이트의 항해구조를 개선한다.
③ 사이트의 다운로드 시간을 단축한다.
④ HTML로 콘텐츠 내용 및 구성을 바꾼다.

3. 사이트 모니터링

1) 웹사이트 구축관리

인터넷 비즈니스라는 관점에서 보면 웹사이트란 웹이라는 매체를 이용한 기업의 비즈니스 영역을 가리킴과 동시에 해당 기업의 사업 목적을 효과적으로 달성하도록 하는 공간의 개념이다.

그러므로 이러한 웹사이트를 잘 구축하기 위해서는 ① 컨셉, ② 콘텐츠, ③ 웹사이트 구조 및 네비게이션, ④ 백엔드 시스템 등의 구성요소에 대한 적절한 파악과 그 요소들의 효과적인 결합이 이루어져야 한다.

2) 웹사이트 관리

인터넷 웹사이트의 페이지 뷰에 대한 기능적 차이는 콘텐츠, 사용의 편리성, 디자인 그리고 무엇보다도 업데이트가 얼마나 빨리 이루어지는가에 있다.

따라서 새로운 콘텐츠를 지속적으로 제공하며, 이에 대한 평가내용을 웹사이트에 즉각 반영해야 한다. 이를 위해서는 웹사이트에서 발생하는 트래픽 정보에 대한 분석을 통하여 서버 능력에 대한 만족도 여부, 콘텐츠에 대한 관심도 등을 수시로 파악하고, 사용자의 요구사항을 웹사이트에 구현할 수 있어야 한다.

(a) 트래픽의 개념

트래픽(traffic)은 서버 및 회선에 걸리는 부하를 말하며, 총 트래픽은 서버 트래픽과 회선 트래픽을 합한 개념이다. 여기서 회선 트래픽은 서버에 연결된 회선의 대역폭 이상을 접속자들이 접속해서 데이터 전송을 요구할 때 회선에 발생하는 심각한 부하 현상이다. 그러므로 일반적인 트래픽은 데이터 전송량을 말한다.

(b) 트래픽 관리

웹사이트의 트래픽 관리는 웹사이트를 통하여 전개되는 활동이 목표를 달성하기에 얼마나 효과적으로 이루어졌으며, 지속적인 발전을 위한 기반이 얼마나 구축되었는지를 평가하고 개선방향을 도출하는 작업이다.

기업사례

인터넷시대의 고객만족경영

1. 더욱 강력해진 고객의 목소리

인터넷 시대인 오늘날, 고객만족경영이 묵은 논리로 여겨질 수도 있겠지만 반드시 그렇지는 않다. 오히려 인터넷 시대의 고객만족경영은 더욱 중요시된다. 왜냐하면, 인터넷 시대에서는 고객 입장의 코스트가 더 낮아지는 반면, 파워는 더욱 강해지기 때문이다.

우리나라 의류 중소기업인 모업체에서 회사의 웹사이트명에 3억 원의 경품을 걸고 공모하였는데, 무슨 연유가 있었는지 접수된 웹사이트명을 선택하지 않고, 하부업체가 사용하는 웹사이트명을 사용하였다. 그러자 전 네티즌들이 아주 거센 항의를 하여, 결국 그 업체의 관리자가 사과하고, 경품으로 제시한 3억 원을 불우이웃돕기 성금으로 내었다. 인터넷 시대에는 얼굴 없는 고객들이 이렇게 동시에 나타난다.

일본의 경우, 도시바 서비스회사에서 직원 한 사람이 전화를 잘못 받아 계속 불만이 누적되었다. 그래서 도시바사는 자사의 사이트에서 도시바사에 불만이 있는 고객들의 접수를 받았더니 600만 명이 넘었다. 결국, 도시바사의 부사장이 공식적으로 사과를 하였다. 이처럼 인터넷 시대의 네티즌의 파워란 엄청난 것이다. 그렇기 때문에 기업입장에서는 코스트 업이 되기도 하고, 파워 다운이 되기도 한다. 인터넷 시대가 아닐 때에는 품질에 불만이 있으면 편지를 보냈다. 그리고 답신이 올 때까지 기다리는 것이 관행이었다.

그러나 인터넷 시대는 실시간으로 전부 입력되며, 잠시를 기다리지 않고 자꾸 보내어 기업은 견딜 수가 없게 된다. 그리하여 인터넷 시대에는 고객만족을 더욱 중시하게 된다. 야후, 아마존 등도 고객만족을 위해 엄청난 노력을 기울이지만, 아직까지 우리나라는 그렇지 않은 것 같다.

2. 더욱 철저해야 하는 고객만족경영

지난 선거 때에 네티즌의 파워를 실감하였을 것이다. 인터넷 시대에는 고객만족경영을 더 철저히 하여야 한다. 왜냐하면 전 정보를 실시간으로 주고받기 때문이다. 하부 정보가 중추 정보에 직접적으로 연결되고 그 속도와 심도가 대단히 빠르기 때문에, 이것을 소홀히 해서는 기업경영을 할 수 없다.

과거에는 말이나 편지로 했지만, 이제는 중추신경에 바로 연결된다. 그리고 과거에는 해당 부서에 편지가 왔지만, 지금은 그 조직의 CEO나 경영자에게 바로 온다. 중추신경이 마비되면 회사조직이 마비 될 만큼 강한 힘을 가지고 연결된다. 그러므로 적극적으로 고객 불만 해결시스템을 갖추어야 한다.

그리고 소비자 평가제도를 제공하는 사이트들이 많다. 우리 회사가 생산하고 있는 제품과 서비스를 시시각각으로 체크하는 소비자조직과 사이트들이 엄청나게 많다. 그러므로 모든 문제의 출발에서 마감까지 철저하게 고객만족경영을 하지 않고서는 앞으로 기업의 성장이나 경쟁력은 갖기 어렵다고 할 수 있다.

뉴스위크에서도 닷컴니즘은 21세기의 핵심 이념으로 자리 잡을 것이라며, 닷컴의 중요성을 강조했다.

연습문제

15-1. 온라인 구매 의사결정 과정을 설명하라.

15-2. 기업간 구매 프로세스를 설명하라.

15-3. 데이터웨어하우스를 설명하라.

15-4. 데이터마이닝을 설명하라.

15-5. 고객 데이터의 분석방법을 설명하라.

15-6. CRM에 대하여 설명하라.

15-7. 전자우편의 관리에 대하여 설명하라.

15-8. 텔레마케팅 센터의 운영에 대하여 설명하라.

15-9. 사이트 관리에 대하여 설명하라.

Chapter 16

기업의 정보관리

제1절 정보관리의 개념

1. 기업 IT화의 문제점

우리나라의 IT화는 2001년에 시행된 IT기본법을 계기로, 급격히 진전되어 갔다. 특히, 광대역은 집중적으로 정비되어, 세계에서 앞선 기술 수준을 확립하였다. 산업계도 이 고도의 IT기술에 주목하는 새로운 산업혁명의 도화선이 되지 않을까 기대에 부풀어 갔다.

IT가 산업혁명과 같은 혜택을 우리에게 가져왔는가에 대한 논의의 여지는 있지만, 새로운 비즈니스 기회를 항상 우리에게 제공했다는 점에서는, IT혁명이라고 부를 만하다.

이러한 영향으로 기업도 기존의 정보화가 가져온 업무 효율화를 가져왔다. 그리고 커뮤니케이션 기능에 IT화를 추진하는 것으로, 기업 내 네트워크를 보다 견고하게 하였으며, 기업들의 새로운 관련성을 창조하고 되었다.

그런데 이렇듯 많은 과실을 가져온 IT화는 여러가지 폐해를 일으켰다. 예를 들면, 2009년에 퍼진 검블러 바이러스(gumblar virus)는 웹사이트의 조작과 웹 감염형 바이러스를 조합한 것으로, 그 웹사이트를 열람한 이용자가 바이러스에 감염되었고, 이 바이러스에 감염된 기업들은 조직적인 타격을 받아 기업의 존립을 위협하는 사태에 빠지게 되었다.

정보화의 진전이 기업의 IT화를 실현하고, 기업에 큰 손실을 가져오고 있는데, 이런 문제가 생기는 원인은 무엇인가? 그것은 우리가 기업에서 정보화를 추진한다는 것이 경영 강화로 이어지는 반면에, 폐해도 함께 가져올 것임을 충분히 이해하지 않았기 때문이다. 즉, 정보화의 진전에 따른 관리란 어떤 것인지를 기업은 상상하지 않았기 때문이 아닌가 생각한다.

2. 정보관리의 개념

정보관리는 정보화 사회에서 사람과 마찬가지로 자원으로서의 가치를 갖는 정보를 효율적으로 이용하기 때문에, 효율적·종합적으로 운용하는 것이다. 그리고 제한된 목적 이외에, 정보가 고의 또는 사고 등에 의해서 누설되지 않도록 관리하는 것이다.

실제, 기업에게 데이터가 가치있는 정보로 전환된 단계에서, 정보는 자산이 되었고, 그런 의미에서 정보를 효율적·종합적으로 운용하는 것과 정보가 제3자에게 누출되지 않도록 관리를 강화하는 것은 매우 중요하다.

그러나 1960년대, 군사 목적으로 활용되고 있던 컴퓨터가 상용 활용되기 시작한 무렵, 정보관리는 정보를 효율적·종합적으로 운용하기로 일관하는 정보 유출에 대한 관리에 적극적이지 않았다. 그것은 정보기술을 활용하려면 전문적 지식이 필요하고, 집중 관리되는 정보시스템에서 정보를 절취하는 것은 쉽지 않았기 때문이다.

그러나 1965년, 정보기술에 '무어의 법칙'(Moore's Law)이 실현되어, 현재의 정보시스템이 당초의 시스템과 비교할 수 없을 만큼 고도화되고, 전문적 지식을 갖추지 않아도 해커가 되는 지금의 상황에서, 정보관리의 방식도 달라질 수밖에 없는 상황이 되었다. 즉, 1960년대 정보관리는 정보를 효율적·종합적으로 운용하는 것이 중심이었지만, 현재의 정보관리는 정보 누설 등 기업에 손해를 미치는 다양한 위험에 강력하게 대비하는 시스템이 요구되었다.

여기서, 놀란(R.L. Nolan)의 3개의 정보화 시대 구분에 주목하는 정보관리의 진전을 살펴보도록 하자.

놀란은 1976년에 기업 조직이 정보를 성취하는 과정을 밝혔다. 그것은 기업이 컴퓨터를 경영 강화의 도구로 사용하려면, 기업은 컴퓨터를 도입하는 즉시 컴퓨터를 활용할 수는 없다는 것을 알리는 것이었다. 그리고 놀란은 1993년 컴퓨터의 진전을 ① 데이터 처리시대, ② 마이크로 시대, ③ 네트워크 시대의 3가지로 구분하여 기업이 각 시대에 컴퓨터를 어떻게 활용하는 것이 경영 강화에 도움이 되는가를 밝혔다.

1) 데이터 처리시대(1960~1980년대)

놀란(R.L. Nolan)은 이 시대를 '전통적 원칙에 근거한 기업의 기간'으로 파악하였다. 컴퓨터 시스템도 중앙집중방식으로 관리된 메인 프레임 컴퓨터가 주류이었으며, 피라미드형 기업 형태와 동일한 시스템이 내려졌다. 즉, 이 시대의 컴퓨터 도입은 어디까지나 사무의 생산성을 도모하는 것이었다.

그러나 이 시대 막바지였던 1975년 무렵에는, 〈그림 16-1〉에서 볼 수 있듯이 '메인 프레임 컴퓨터의 수요는 크게 후퇴한다'라는 것도, 많은 기업에서 컴퓨터는 사무작업뿐 아니라 중간관리자에게도 활용되어야 한다는 경향이 강해졌기 때문이다. 그러므로 이 시대에 필요한 정보관리는 조직의 효율적·종합적인 정보시스템을 정상 가동시키는 관리시스템이었다.

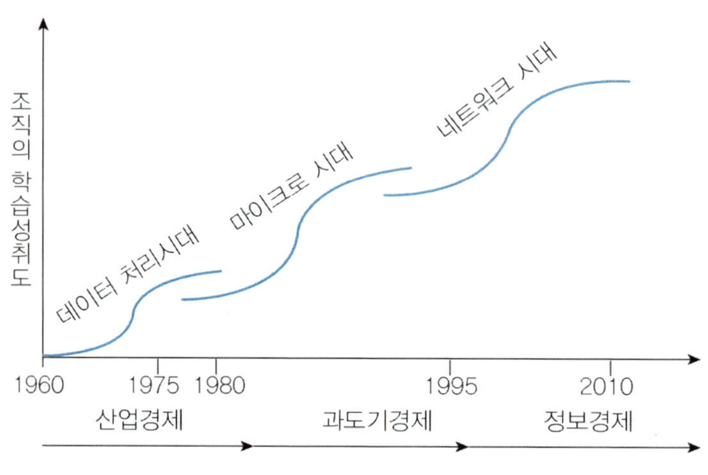

〈그림 16-1〉 정보관리에서 컴퓨터의 진전

2) 마이크로 시대(1975~1995년)

마이크로 시대는 중간관리자들의 일을 지원하기 위해서 컴퓨터를 활용하는 데이터 처리시대의 메인 프레임 컴퓨터와 선을 긋는 것이었다. 즉, 형태도 중앙집중방식에서, 각 중간관리자들의 업무를 지원하는 것으로 변모해서 갔다.

놀란은 이 시대를 '창조적 파괴의 기간', 즉 과도기 경제인 이 시기에 사용된 컴퓨터를 '마이크로 컴퓨터'라고 소개하고 있다. 덧붙여서, 마이크로 컴퓨터란 대형화에서 소형화로 축소된 데스크 탑 컴퓨터(desk top computer)를 나타내고 있다.

이 마이크로 컴퓨터의 보급으로, 표 계산, 워드, CAD 등 프로그래머를 필요로 하지 않고 소프트웨어를 활용하여, 중간관리자의 생산성을 보다 향상시키게 되었다. 또, 기존의 메인 프레임 컴퓨터는 컴퓨터 구입과 프로그램의 구축에 고액이 들었지만, 마이크로 컴퓨터의 출현으로, 어떤 기업이든지 보다 저렴하게 컴퓨터를 가질 수 있어 기업의 컴퓨터 활용 가능성을 넓히게 되었다.

실제, 데이터 처리시대의 컴퓨터는 업무에 대한 적용의 폭이 좁았지만, 마이크로 컴퓨터는 가동 범위가 상당히 넓어졌으며, 업무 지원을 신속하게 할 수 있게 되었다. 그 결과, 기업은 마이크로 시대 속에서 컴퓨터를 적극적으로 도입하고, LAN시스템 같은 온라인 컴퓨터 네트워크를 창출하는 토양을 만들어 갔던 것이다. 즉, 이 마이크로 시대의 네트워크화는, 데이터 처리시대의 중앙집중방식에 의한 수직적 네트워크에서 보다 분산화된 수평적 네트워크에의 이행으로, 조직의 정보가 공유화된 시대가 되었다.

그러나 이러한 정보의 공유를 추구한 네트워크화는 동시에 그 공유화한 정보가 제3자에게 절취되기 쉬운 환경을 낳는 결과가 되었다. 그런 사태를 받자, 경제협력개발기구(OECD)는 1992년에 정보보안에 관한 가이드 라인을 책정하고, 정보 절취를 막을 방안을 내놓았다. 즉, 이때부터 추가적으로 정보에 대한 위험관리를 실시하는 정보관리가 되기 시작하였다.

3) 네트워크 시대(1990년~)

마이크로 시대의 LAN 같은 한정된 영역에서 네트워크로부터 좀 더 광범위한 네트워크, 즉 인터넷이라는 네트워크 활용 시대이다. 놀란은 이 시대를 '새로운 기업 형성 기간'인 '정보 경제'라고 불렀다. 또, 인터넷을 와이드 밴드 네트워크라고 칭하는 LAN의 한계를 초월한 네트워크로 소개하고 있다. 사실, LAN은 조직 내로 한정되어 있는 범위에서의 정보 공유밖에 치르지 못한 것에 대한 인터넷은 오픈 시스템이다. 더구나 클라이언트 서버시스템이어서, 지리적으로 떨어진 다른 조직 간의 정보 공유를 가능할 수 있었다.

LAN의 구축은 확실히 메인 프레임보다 저렴하지만, 인터넷은 LAN보다 더 싼값에 기술적으로도 다루기 쉬운 것이었다. 그래서 시스템 수정을 쉽게 하였다. 그런 의미에서, 인터넷은 기업 경영의 효율적 관리를 가능하며 경영전략에도 유효한 도구인 것으로 알려졌다. 사실, 미국에서는 인터넷이 경제를 활성화할 것으로 생각되었고, 1991년, 슈퍼 하이웨이 구상이 강력히 제기되었다.

이 시대의 특징은 오픈 시스템이어서, 사내·외에 네트워크의 구축을 쉽게 하였다. 또, 기업에서는 수직적 정보 전달 및 수평적 정보 전달이 가능하게 되어, 조직 구조를 보다 공고히 할 수 있었다. 그리고 다른 기업 간의 관계도 속도감을 갖고 할 수 있어서 새로운 기업의 관계성 속에서, 새로운 비즈니스가 창조되었다.

이 시대의 고도화된 정보 도구는 인터넷을 통한 모든 정보를 외부에 송신할 수 있게 하였으며, 동시에 외부의 모든 정보를 수신하는 것도 가능하였다.

그러나 이처럼 언제, 어디서나, 누구나 접근할 수 있는 인터넷의 장점은 마이크로 시대에 발생한 문제보다 더 기업에 심각한 문제를 일으키게 되었다.

제2절 기업의 정보관리

1960년대 당시에도 정보 절취 문제가 기업에 큰 문제가 되었다. 그러나 당시는 현재와 같은 광범위한 최종 사용자가 아니라 전문적 지식을 가진 자만이 컴퓨터에서 정보를 입수할 수 있었다. 그러므로 기업이 정보 절취를 막기 위한 투자를 적극적으로 내놓지는 않았다. 그러면서 1980년대 후반까지, 기업에서는 컴퓨터를 경영 강화의 도구로 활용하였다.

그러나 1990년대부터 인터넷의 활용에 의한 네트워크망이 광역화하는 가운데, 인터넷이 갖는 장점이 반사회적 집단에게도 유효한 수단이 되었다. 즉, 부정 액세스로부터 생기는 정보 절취, 테러 등 각종 문제를 일으켰으며, 이러한 문제로부터, 기업의 정보 보안의 취약성을 노출시키게 되었다.

이런 결과를 받아 경제협력개발기구(OECD)는 1992년, 정보시스템의 보안을 위한 가이드 라인을 책정하였다. 그리고 우리나라도 이 경제협력개발기구의 가이드 라인을 받아 효율적·종합적으로 정보시스템을 운용하고, 사무의 생산성을 향상시키고, 정보관리 측면에서 정보 절취 및 바이러스나 부정 접속 등에 대응하는 위험관리를 하여야 할 것이다.

1. 정보를 효율적·종합적으로 운용하는 정보관리

1980년대, 우리나라의 산업계는 상용 컴퓨터를 도입하고, 국제 경쟁력 향상을 목표로 한, 당시의 경영자들은 컴퓨터의 능력을 과신하는 사내 업무의 효율화·합리화는 물론, 의사결정까지 하는 도구라고 믿었다. 그리고 무소불위의 컴퓨터가 낳는 정보시스템을 경영정보시스템(Management Information System : MIS)이라고 불렀다. 그리고 산업계는 MIS를 업무의 효율화·합리화뿐 아니라 의사결정의 질적 향상에 컴퓨터가 효율적으로 기능하는 것을 명기하고 있으며, 많은 경영자들은 이런 컴퓨터의 활용에 의한 정보혁명이 일어나기를 기대하였다.

많은 기업들은 정보화의 추진으로 경영관리, 특히 과학적 관리법의 철저를 도모하고, 그 다음에 정보화 유지 발전이 가능하다고 생각하였다. 구체적으로 '작업의 표준화와 시간연구의 철저', '사무의 표준화'의 필요성을 호소하였다. 이것은 바로 정보화를 추진하기 위한 환경 정비이다.

그 후, MIS에서 항상 좋은 의사결정을 만들어 내는 것은 불가능한 것으로 판명되었기 때문에, MIS구상은 실패로 끝났다. 그러나 기업은 컴퓨터가 업무의 효율화·합리화에 효과적인 것에 착안하는 기업의 경영 강화의 도구로 컴퓨터는 살아남게 될 것이다. 실제, 기업에서는 각각의 시대에 최신 컴퓨터를 도입하여 마케팅, 판매, 물류, 생산, 회계 등 각 분야에서 활용된 각 분야의 업무 효율화·합리화를 실현하였다.

현재, 기업에서 가장 앞선 정보시스템은 재무회계시스템과 인사급여시스템이며, 이 2가지 시스템이 어떤 기업에서도 거의 80% 이상 도입하고 있기 때문에 이들 시스템은 기업활동에 있어서 필수적인 정보시스템이다.

이어, 판매관리시스템, 그룹 웨어, 사내 정보 포털에 절반 이상이 도입되었으며, 이들 시스템이 기업활동에서 우선 순위가 높은 시스템이라 생각된다. 그 외, 재고관리시스템, 구매조달시스템, 고객정보시스템, 생산관리시스템, 문서관리시스템, 영업지원시스템, 물류관리시스템, 경영관리시스템 등이 있다.

또, 기업 간 거래를 효율적으로 실시하기 위한 SCM(Supply Chain Management : 공급사슬경영)시스템도 기업에게 생산성을 향상시키는 중요한 시스템의 하나이다. 시스템은 거래처와의 수주 및 발주, 자재의 조달에서 재고관리, 제품의 배달까지 단일 정보의 흐름에 IT를 활용함으로써 종합적으로 관리하는 시스템으로, 여분의 재고 등을 축소하며, 비용을 낮추고, 기업 전체의 최적화를 위한 수단이다.

그러나 이처럼 생산성 향상이 도모되는 정보시스템이 도입되더라도 그것이 성과로서 수치에 나타날 어려운 상태에 있다. 실제로, 재무회계시스템이나 인사급여시스템 등과 달리, 다른 시스템은 수치적으로 성과를 나타내는 것이 아니기 때문이다.

그리고 지금까지 구축되어 온 시스템이, 그 부문이나 전사적(全社的)으로 적합한가? 하는 문제가 있다. 예를 들면, 하드웨어의 장애, 네트워크의 장해. 테스트에서의 실수나 테스트 부족, 조작 실수 등 운용상의 실수, 설계의 실수, 성능 및 용량 등의 부족 등이 시스템 오류의 원인이 된다. 또, SCM에서도 지금까지 이 시스템이 목표로 한 생산성 향상을 실현하는 것은 어려운 상태였다.

이상과 같이, 기업활동이 IT에 의한 정보시스템의 도입에 의해서 더욱 강화된 뒤 에 시스템이 정상 가동되도록 유지 관리하는 것이야말로, 기업의 정보를 효율적·종합적으로 운용하는 정보관리이다.

2. 위험관리에서 본 정보관리

기업이 여러 형태로 정보를 작성, 입수, 가공, 복제, 배포, 공유, 이용함으로써 생성된 정보 자산을 보호하는 것이 정보보안이다. 구체적으로 정보 자산이란 기업의 영업 정보, 직원 정보 회계 정보, 고객 정보 등이며, 상대가 가치있는 것이라고 하는 의미가 정보에 가미되면, 정보자산의 의미는 더욱 늘어날 것이다.

현재, ① 기밀성, ② 안정성 ③ 가용성은 정보보안의 3요소로 불리며, 정보보안을 생각하는데 중요한 개념이다. 그 3개 요소의 의미를 살펴보면, 다음과 같다.

① **기밀성** : 정보 접근을 허가 받은 사람만이 정보를 사용할 수 있도록 한다.

② **완전성** : 정보 및 정보 처리 방법을 정확하고, 완전하게 한다.

③ **가용성** : 정보로의 접근을 허가된 이용자가 필요할 때는 언제든지 정보나 정보시스템에 접속할 수 있도록 한다.

가이드 라인에서는, 이 3개 요소가 갖는 중요성을 강조하였으며, 그 의식 아래, ① 책임의 원칙, ② 정보 제공의 원칙, ③ 윤리성의 원칙, ④ 다면적 고려의 원칙, ⑤ 비례성 원칙, ⑥ 통합의 원칙, ⑦ 적시성의 원칙, ⑧ 재평가의 원칙, ⑨ 민주주의의 원칙 등 9개의 원칙을 제시하였다. 그리고 세계를 향하여 기업에서의 정보보안이란 무언가를 설명하였으며, 이 가이드 라인은 보안을 관철하기 위해서 법률의 확립까지 시사하고 있다.

그럼, 기업이 3개 요소에 인식한 정보보안을 실현하려면, 어떻게 하면 좋을까? 그것은 기업 조직 전체에 정보보안에 임하는 자세가 있는지 여부에 달렸다. 그러므로 조직 전체가 정보보안의 실현을 추진하도록 '정보 안전규정'을 확립해야 한다. 더욱이 정보 안전규정이 기업 전체에 침투할 수 있다면, 공격자의 대상이 되는 취약성에 대한 최적의 대책을 내놓기가 쉬울 것이다.

그럼, 정보 안전규정이란 무엇인가? 일반적으로는 ① 기본 방침, ② 대책 기준, ③ 실시 절차의 3개를 합한 것을 '정보 안전규정'이라 하며, 기본 방침이나 대책 기준만으로는 이론적으로 납득이 되어도, 실효성의 단계에서 전사적(全社的)인 이해를 얻기 어렵다. 그러므로 실시 절차까지도 제시함으로써 전사적인 지지를 얻을 수 있는 것이다.

제3절 정보보안 위협의 동향

2009년, 감마 바이러스와 같은 지금까지 존재하지 않았던 신종 바이러스가 맹위를 떨쳤다. 다만 웹사이트를 열람했을 뿐인데, 바이러스에 감염된다는 것이었다. 더구나 해커들은 사용자들이 믿음을 가지고 있는 대기업의 웹사이트를 사용하는 여러 열람자들을 바이러스에 감염시키고 말았다. '감마 바이러스'와 '내부 범죄에 의한 정보 절도 사건'이 대기업에 일어난 2가지 사례를 살펴보자.

1. 감마 바이러스

감마 바이러스가 다음과 같은 3가지 위협과 각각의 리스크가 꼽힌다.

① **자사의 웹사이트가 조작되는 위협** : 자사의 웹사이트가 바이러스를 감염시키는 사이트에 조작되는 위협의 결과, 자사의 사이트에 방문한 이용자들을 공격하게 된다. 그 결과, 보안 대책이 불충분한 조직인 것으로 보인다.

② **이용자의 정보가 절취되는 위협** : 조작된 웹사이트를 열람한 이용자가 바이러스에 감염된 경우, 그 이용자의 개인 정보 등이 도둑맞게 된다. 그 결과, 조직의 신뢰가 떨어진다.

③ **자체의 네트워크를 공격하는 위협** : 자사 내의 네트워크를 공격하는 위협이 있다. 그 결과, 공격자에 의한 자사 내의 중요한 정보 절취, 네트워크나 중요한 시스템이 사용 정지에 빠진다는 위험이 존재한다.

이와 같이 감마 바이러스에 감염된 경우, 회사는 사업 지속의 관점에서 사전 및 사후 대책을 실시할 필요가 있다.

1) 사전 대책

감마 바이러스 같이 지금까지 경험하지 못한 바이러스에 감염된 경우, 기업은 체제를 정비해야 한다. 감마에서는, 자체뿐만 아니라 웹 사이트의 운영을 맡은 용역업체까지 포함하여, 이용자들의 ID와 패스워드가 절취된 것이 큰 원인이기 때문이다. 그러므로 위탁처 등의 관련 조직에 대한 보안대책도 고려해야 한다.

2) 사후 대응

사후 대응은 다음과 같은 절차에 의하여 진행한다.

① 담당자에 의한 정보의 일원화를 도모하고, 정보의 관리를 철저히 한다.

② 외부 전문 조사기관을 이용하는 등 누설한 항목, 양 등을 분석한다. 그리고 고객, 잠재 고객, 주주, 관계 기관 등 관계자와 정보를 공유하여 연계한다.

③ 계속적인 정보 개시에 의해서 대책의 진척 상황을 밝혀, 재발 방지를 목표로 한다.

2. 내부 범죄에 의한 정보 절취 사건

기업의 내부자에 의한 정보 절취의 위협은 외부의 공격에 의한 정보 절취의 위협보다 중요한 정보를 절취당할 가능성이 높다. 실제로, 그런 범인이 중요한 정보에 접근할 권한을 가졌을 경우, 정보를 쉽게 훔칠 수 있다. 이처럼 내부자는 고의로 정보를 빼내고 있기 때문에 그 정보가 악용될 가능성이 매우 높다.

고객 정보나 기밀 정보 등이 절취되고 또 악용되자, 조직의 신뢰 추락은 물론 경쟁력이 저하하는 등의 위험이 존재하므로, 기업은 막대한 손실을 보게 된다.

1) 사전 대책

사전 대책으로서 중요한 정보가 저장되는 시스템이 있는 방에 대한 접근을 제한하는 등의 물리적인 측면으로, 사원의 PC접근을 제한한다. 즉, 시스템적인 측면의 쌍방에서 접근 통제를 하는 것이다. 또한, 중요한 정보에 접속하여 작업할 때는, 이중 체크하는 등의 규정을 적용하는 것도 유효하다.

2) 사후 대응

사업 지속의 영향을 최소화하는 것을 전제로 행동하여야 한다. 사후 대응은 감마와 같은 대책이 필요하다. 그리고 내부의 범죄처럼 중요한 정보를 도둑맞아 버리는 사태에서는, 특히 고객, 제휴 기업 등 관계자에 대한 소통이 중요하다. 즉, 관계자들에게 계속적인 정보 전달에 의해서 대책의 진척 상황을 밝힌다.

3. 앞으로의 정보관리

지금까지 정보시스템의 진전과 그에 따른 정보관리의 변천을 확인했지만 오늘날의 정보관리는 기업이 정보를 효율적·종합적으로 운용하는 기능뿐만 아니라, 위험관리 등 정보보안의 측면에 중점이 놓이게 된다. 다시 정보시스템과 정보관리를 정리하면, 데이터 처리시대의 정보시스템은 메인 프레임과 같은 중앙 집중방식을 취하게 되어 위험관리를 쉽게 할 수 있는 환경에 있다. 더구나 메인 프레임이 수직형이기 때문에 통제를 취하기 쉬우며, 정보 도구는 전문 지식을 가지지 않으면 컴퓨터를 조작할 수 없었고, 상대적으로 범죄도 적었다.

그러나 마이크로 시대, 네트워크 시대와 중앙 집중방식에서 분산화로 컴퓨터 시스템이 이행되고, 메인 프레임에서 클라이언트 서버와 같은 오픈 시스템이 되었고, 정보시스템이 수직형에서 수평형으로 옮겨졌다. 이것은 엔드 유저의 인구를 급속히 늘어나게 하였으며, 그만큼 전문성이 높지 않아도 해커가 될 수 있다. 그래서 컴퓨터에 의한 범죄가 빈번하게 발생하게 된다. 이는 정보보안을 강화했음에도 불구하고, 더 강력한 컴퓨터 범죄가 출현하고 있는 것에서도 알 수 있다.

이런 가운데, 클라우드 컴퓨팅 시스템이 등장하였다. 클라우드 컴퓨팅의 '클라우드'(cloud)란 구름의 의미이지만, 일반적으로 인터넷을 그림으로 나타낼 때 구름 같은 그림을 사용하기 때문에, 이 클라우드는 인터넷을 의미한다. 즉, 이 클라우드 컴퓨팅은 인터넷 자체가 컴퓨터의 서버의 CPU이거나 애플리케이션을 가동시키는 플랫폼이거나, 또 애플리케이션 소프트웨어 자체가 되는 것을 의미한다. 즉, 웹사이트만 있으면, 이들 자원에 접속할 수 있다는 것이다. 그러므로 컴퓨터의 능력은 고성능일 필요가 없게 되었다. 이제, 휴대 전화, 스마트 폰, 게임 단말기 만으로도 인터넷에 접속이 가능하며, 다양한 자원을 활용할 수 있다. 이런 일이 가능한 것은, 오픈 메인 프레임 등 하드와 소프트가 통합되고 있는 시스템을 활용하고 있기 때문이다.

이상에서, 이 클라우드 컴퓨팅은 오픈 메인 프레임과 클라이언트 서버의 오픈 시스템의 특징을 갖추고 있으므로, 정보의 종합적인 운용면에서 볼 때, 효율적인 기능을 한다고 생각된다. 즉, 이 클라우드 컴퓨팅은 기업 이익을 창출하는 정보의 관리는 유효하지만, 정보보안 등의 위험관리 측면에서는 어떨까?

클라우드 컴퓨팅은 종류의 차이를 불문하고, 코드가 서버 측에 존재하므로, 해커가 그 코드를 입수하는 것은 극히 곤란하다. 만약, 코드를 입력하지 않아도 사이버 공격이 불가능하진 않지만, 이 시스템에 대해서 말하면, 안전은 확보할 수 있다. 즉, 이 클라우드 컴퓨팅은 정보보안 측면에서도 유효하게 기능하는 것이다.

그러나 클라우드 컴퓨팅에 대한 공격은 그곳에 취약성이 존재하는 한, 멈추지 않을 것이다. 그러므로 기업의 존속을 바란다면, 어떤 체제라 해도 정보보안을 놓을 수 없다. 즉, 정보관리는 그곳에 정보시스템이 있는 한, 정보시스템 자체와 거기에 관련된 환경을 항상 의식하고 강화하여야 한다.

기업사례

빅데이터 분석 능력 없으면 도태된다

1. 빅데이터란

빅데이터(big data)란, 대량의 다양한 정보뿐만 아니라 신속한 정보의 수집 및 처리 속도를 갖추는 것으로, 데이터의 불확실성을 인지하고 분석을 통한 비즈니스 가치를 찾아내는 것이다. 또한, 빅데이터는 주변 환경에서 생성되는 데이터로 규모가 방대하고 생성 주기도 짧고, 형태도 수치 데이터뿐 아니라, 문자, 영상 데이터 등을 포함한 대규모 데이터를 일컫는 말이다. 그리고 빅데이터 환경은 과거에 비해 데이터의 양이 폭증한 부분과 함께 데이터 종류, 사람들의 행동, 위치정보 및 SNS를 통해 생각과 의견을 분석하고 예측하는 것을 말한다.

우리의 생활에서 행동으로 시작한 모든 부분에는 데이터가 존재한다. 물건의 구매, 구매를 위한 활동 등 인간이 활동하는 모든 부분에는 데이터가 저장되고, 저장된 데이터를 기반으로 새로운 시스템이 개발되고 접목된다. 기술 발달이 부족했던 과거에 비해 블로그, 트위터, 구글, 네이버 SNS가 활성화되고부터 상상할 수 없는 수많은 데이터가 쌓이기 시작했고, 그 결과 빅데이터 시대를 맞이하게 된 것이다.

2. 하둡의 개발

각종 데이터로 범죄자를 찾아내는 아이디어는 오래전부터 공상과학(SF) 영화에 등장했다. 그러나 10년 전까지만 해도 이를 현실에서 구현하려면 큰 장애물을 넘어야 했다. 데이터를 수집하고 저장하는 기술은 충분했지만, 기존 통계 프로그램으로 대용량 데이터를 분석하려면 많은 비용과 시간이 필요했다. 이 때문에 기업과 공공기관은 데이터 분석의 중요성을 알면서도 엄두를 못 냈다.

그러다가 빅데이터를 쉽게 분석할 길이 열린 것은 2006년 야후 엔지니어로 일하던 더그 커팅(Doug Cutting)이 '하둡(Hadoop)'을 개발하면서 부터다. 하둡은 대용량 데이터를 적은 비용으로 더 빠르게 분석할 수 있는 소프트웨어다. 여러 대의 컴퓨터로 데이터를 분석하고 저장하는 방식으로 빅데이터 분석 비용을 대폭 낮췄다. 페이스북이 자동으로 사진 속 인물이 누군지 찾아주는 기술, 구글이 이메일과 검색 패턴을 분석해 '타깃 광고'를 보여주는 기술 등이 하둡의 대표적 성과다.

뉴욕타임스 칼럼니스트 토머스 프리드먼(Thomas L. Friedman)은 "당신이 단 한 번도 들어보지 못했을 법한 소프트웨어인 하둡이 등장하고 나서야 비로소 빅데이터 분석이 가능해졌다"고 평가했다. 하둡을 개발한 커팅은 2009년 야후를 퇴사하고 빅데이터 소프트웨어 업체 클라우데라(Cloudera)에 합류하여 현재까지 수석 설계자로 일하고 있다.

2000년대 초반 많은 기업이 데이터 활용 방안을 고민했다. 당시 대용량 데이터를 분석하려면 정보처리센터를 지어야 하는 등 많은 비용이 들었다. 커팅은 더 적은 비용으로 데이터를 처리할 방법을 고민하던 도중 우연히 데이터를 여러 곳에 분산해 분석·처리하는 아이디어가 담긴 보고서를 접했다. 구글 직원이 2003년에 작성한 보고서였다. 보고서 내용을 토대로 2003년부터 개발을 시작해 야후에서 엔지니어로 근무하던 2006년 완성했다. 출시 당시에는 마이크로소프트, 오라클, IBM 등 주류 IT 기업까지 하둡을 가져다 쓸 줄은 몰랐다. '하둡'이라는 이름은 10년 전 두 살배기 아들이 코끼리 인형을 보고 옹알거리던 말이다. 갓난아기도 부를 수 있는 쉬운 이름을 붙이고 싶어 '하둡'이라고 지었다고 한다.

3. 구체적인 활용 사례

"(뉴욕 남동부) 새러토가 애비뉴 409번지 부근에서 총성(銃聲) 8발 확인."

2015년 12월 4일, 미국 뉴욕 경찰국 소속 경찰관들의 스마트폰엔 이런 경고 메시지가 떴다. 해당 구역에서 순찰을 하던 경찰관이 즉시 현장으로 파견됐다. 경찰관은 경고 메시지가 가리킨 건물 옥상에서 탄피를 발견하고, 다시 스마트폰을 꺼내 이 건물에 지명수배범이 거주한 적이 있다는 정보를 확인했다. 그는 즉시 수색영장을 발부받아 수배범의 옛 거주지를 샅샅이 수색, 방금 전 사용된 권총 2자루를 발견했다. 이어 건물 주변에 숨어 있던 지명수배범을 현장에서 체포했다.

뉴욕 경찰국이 빅데이터 기반 범죄 감시 프로그램 '샷 스포터(Shot Spotter)'를 활용해 신속하게 범인을 검거한 사례다. 샷 스포터는 뉴욕시 곳곳에 깔린 음성 센서 수천 개로 포착한 총성과 전자지도, 경찰 정보 데이터베이스(DB) 등을 종합적으로 분석해 범죄 발생 지역과 시간을 알려주고, 심지어 다음 범죄 가능성까지 예측한다. 사람의 귀로는 총성과 폭죽 소리를 정확하게 구별하지 못하지만, 샷 스포터는 거의 완벽하게 분간해 뉴욕시의 총격 범죄 사건 해결에 획기적인 도움을 줬다는 평가를 받는다.

미국 최대 금융회사인 뱅크오브아메리카는 금융거래 내역 수십억건을 분석해 금융 사기 방지 프로그램을 도입했다. 월트디즈니는 디즈니월드 방문객의 이동 패턴과 놀이기구 탑승률, 호텔 예약 정보, 디즈니TV 시청률 등 각종 데이터 간 상호 연관성을 분석해 디즈니월드의 개·보수 작업에 활용한다. 월마트는 구글 등 검색 엔진의 키워드를 분석해 마트 내 제품 배열에 활용한다. 2011년엔 인기 퀴즈쇼인

제퍼디(Jeopardy!)에서 하둡으로 만든 IBM의 인공지능(AI)이 퀴즈 달인을 꺾었다. 하둡 출시 초기에는 민간 기업들이 주(主) 사용자였지만, 최근에는 공공기관도 하둡을 빅데이터 분석에 활용하고 있다. 올해 초부터 UC샌타크루즈는 종양 환자들의 데이터를 모아 일반 환자들이 종양에 걸릴 가능성을 미리 예측하는 프로젝트를 진행 중이다.

세계 최대 건설장비업체인 캐터필러는 굴착기나 트럭 등 자사 제품 구석구석에 센서를 부착해 실시간으로 건설 현장에서 사용되는 제품의 데이터가 본사에 전송되도록 했다. 이렇게 모인 데이터는 굴착기 등 제품이 일주일 안에 고장 날 가능성이 커졌을 때 제품을 구매한 고객에게 미리 '부품 교체가 필요하다'고 알려주는 데 쓰인다.

이 과정에서 하둡으로 만든 빅데이터 프로그램은 각 제품에서 초당 수만개 데이터를 실시간으로 수집해 분석한다. 과거에는 이렇게 방대한 데이터를 분석하는 것이 불가능했다. 하둡은 여러 대 컴퓨터를 활용해 병렬식으로 데이터를 분석하기 때문에 대용량 데이터를 단번에 분석한다. 빅데이터 분석에 필요한 마지막 퍼즐을 채워넣었다고 본다. 처음에는 하둡을 유료화할까 생각했지만, 더 많은 사람이 사용할 수 있도록 오픈소스(무료로 소프트웨어 소스코드를 공개하는 것) 형태로 개방했다. 덕분에 위키피디아처럼 각계각층 전문가가 하둡을 더 나은 방향으로 발전시켜나가고 있다.

4. 기업활동에의 영향과 고민거리

기업활동에서 지금까지 경험 많은 경영진이 감(感)과 통찰력에 의존해 다양한 결정을 했다. 그러나 이제 명확한 데이터 분석이 의사 결정 과정에서 핵심적인 역할을 하는 시대가 됐다. 앞서가는 기업은 빅데이터를 분석해 얻은 정보로 제품 품질을 끊임없이 향상시킨다. 사용자의 피드백을 주기적으로 반영하는 테슬라의 전기자동차가 대표적이다. 구글, 페이스북, 애플도 마찬가지다.

요즘, 기업 실무진을 만날 때 '소프트웨어가 세상을 집어삼키고 있다'는 마크 앤드리슨(넷스케이프를 공동 창업한 유명 벤처투자자)의 말을 종종 인용한다. 왜냐하면 5년 후 빅데이터 분석 능력이 떨어지는 기업은 경쟁에서 뒤처질 것으로 전망하기 때문이다.

한국의 빅데이터 활용 수준은 아직 초기 단계에 머무르고 있다. 빅데이터에 대한 관심은 크지만 정작 활용 범위는 좁은 편이다. 특히, 에너지 기업과 자동차 회사는 빅데이터를 활용할 여지가 많다. 전통 제조업 분야 기업도 제품 개발에서 비용 절감 계획까지 다양한 분야에서 빅데이터 분석을 활용할 수 있다. 무엇이 잘못되고 있는지조차 모르면 개선책을 찾을 수 없다. 즉, 빅데이터 분석은 기업의 낭비 요소를 발견하는 데 큰 도움을 줄 것이다.

그런데 빅데이터 활용에 따른 사생활 침해 논란은 많은 고민거리를 던져준다. 소비자는 자신의 데이터를 활용하는 기업에 더 많은 권한을 요구해야 한다고 본다. 반대로 기업들도 소비자 대상 교육을 강화하고, 데이터 활용을 의사 결정에 반영할 때 그 파급효과를 더 세심하게 살펴야 한다.

아직 사생활 침해 가능성에 무감각한 기업 경영진도 있다. 특히, 통신회사, 의료기관, 금융기관 등 소비자 정보를 많이 보유한 기관은 사생활 침해 논란에서 자유롭지 않다. 윤리적 관점에서 내부 규정을 만드는 것도 방법이다.

자료 :「조선일보」. (2016). "感·통찰력만으론 안 된다… 빅데이터 분석 능력 없으면 도태된다." (12월 17일).「한국경제」. (2018). "AI에 빠진 국내 제약바이오 업체들 … AI로 신약개발." (1월 3일).

연습문제

16-1. 기업 IT화의 문제점을 설명하라.

16-2. 정보관리에서 컴퓨터의 진전을 설명하라.

16-3. 컴퓨터의 진전에서 네트워크 시대에 대하여 설명하라.

16-4. 정보보안의 3요소를 설명하라.

16-5. 정보보안의 위협요소를 사례를 이용하여 설명하라.

16-6. 빅데이터의 활용이 중요시되는 이유를 설명하라.

16-7. 기업활동에서 빅데이터의 적용사례를 기술하라.

Chapter 17

기업의 환경관리

제1절 지구의 환경에 관한 규제

환경문제란 인간의 활동에서 발생기는 환경의 변화로 인한 마이너스 영향의 총칭이다. 20세기 선진국의 급속한 공업화는 인간의 삶에 풍요를 가져오는 동시에 전 지구에 환경의 부하를 키웠다. 환경문제 해소의 방법은 환경 규제의 강화, 기업 등 환경오염에 관련한 주체들의 자주적이고 적극적인 환경 대책이다.

미국에서는 1978년에 일어난 '러브 카날 사건'을 계기로 제정된 통칭 '슈퍼 펀드법'(Super fund Act)이 운용되고 있다. 이 법은 유해 물질에 오염된 땅을 정화하는 것을 주요 목적으로 하고 있으며, 책임 대상은 당시로 소급할 잠재적 책임 당사자로서 소유자·관리자나 유해물질 발생원뿐만 아니라 유해 물질의 수송업자나 유해물질에 투자 및 융자를 하는 금융기관까지 확대된다.

일본은 제2차 세계 대전 후의 고도 경제성장이 가져온 공해, 특히 공해대책기본법(1967년 8월, 법률 제132호)을 1993년 11월 폐지하였다. 그 대신 '환경'이라는 이해 속에 대기나 물뿐만 아니라 자연환경 및 생태계를 포함하여 환경보전에 관한 시책의 기본이 되는 사항을 정한 환경기본법을 제정했다. 환경기본법에서는 개별법에서 구체화되어야 할 기본이념으로 다음의 3가지를 규정하고 있다.

① **환경의 혜택의 향유와 계승 등** (제3조) : 건전하고 혜택이 풍부한 환경이 인류의 존속에 필수적이라는 인식에 서서, 현재 및 미래 세대가 그러한 환경을 누릴 수 있도록 환경보전을 해야 한다.

② **환경에의 부하의 적은 지속적인 발전이 가능한 사회 구축 등** (제4조) : 환경부하형 사회로의 이행, 역할 분담의 형평성, 과학적 식견을 내실화시키고, 미연에 환경부하의 방지를 내용으로 하여 환경보전을 이룬다.

③ **국제적 협조에 의한 지구 환경보전** (제5조) : 지구 온난화 대책이 그 전형이며,

지구 환경보전은 국제적 과제뿐 아니라 국내적 과제이기도 한 것을 인식하는 국제사회와의 협력 하에 시책을 추진하는 것이 요구된다.

환경정책의 선진국인 유럽에서는, 1960년대 말부터 1970년대 초, 각국에서 각각 환경정책의 확립을 위한 대책이 시작되었으며, 동시에 유럽 공동체(EC)에서 국제적인 틀을 의도한 '유럽 공동 환경정책'의 구축이 진행되었다.

1980년대 이후는 '환경보전을 위한 정책 통합'을 기본 이념으로, EU에서 각종 규제가 진행되어, 국제적인 환경 규제에 지대한 영향을 주고 있다. 다음은 세계적으로 영향력 있는 EU규제를 나타낸 것이다.

① ELV규정(End of Life Vehicles Directive)

② Ro HS규정(Restriction of the Use of the Certain Hazardous Substance in Electrical and Electronic Equipment)

③ WEEE규정(Waste Electrical and Electronic Equipment)

④ REACH규정(Registration, Evaluation, Authorization and Restriction of Chemicals)

제2절 환경경영의 실천

1. 환경경영 이념

경영이념은 기업활동을 전개할 때 가장 기본이 되는 경영자의 가치 기준이다. ISO 표준규격 4.2 '환경 방침'에서는, 경영자를 비롯한 최고경영층에 환경 방침을 정하여 준수하고 공표하도록 하였다. 구체적으로 작성할 방침으로 다음의 7개 사항을 충족하는 것을 요구했고, 경영자를 비롯한 최고경영층은 작성된 방침을 전사적으로 정착시킬 필요가 있다.

① 조직의 활동, 제품 및 서비스, 성질, 규모 등을 환경 영향에 대해서 적절하게 설정한다.

② 지속적인 개선과 오염의 예방에 관한 약속을 포함한다.

③ 조직의 환경 측면에 관계하고, 적용 가능한 법적 요구 사항 및 조직이 동의하는

기타 요구 사항을 준수할 약속을 포함한다.

④ 환경 목적 및 목표의 설정 및 검토를 위한 틀을 제공한다.

⑤ 문서화하여 수행하고, 유지한다.

⑥ 조직에서 일하는 모든 사람에게 주지시킨다,

⑦ 일반 사람도 입수 가능하도록 한다.

2. 환경관리 기술

환경관리시스템은 기업이 그 본래적 활동에서 환경보전에 자발적이고 지속적으로 대처하기 위하여 관리·운영하는 구조이다. 환경관리시스템의 표준규격에는 ISO에서 발행한 ISO14000시리즈(1996년 발행 2004년 개정)가 세계적으로 보급되어 있지만. 그 이외에도, 영국의 BS7750, 유럽 위원회가 책정한 EMAS, 일본 환경성이 발행한 에코 액션 21 등이 꼽힌다.

ISO14000은 다양한 조직의 환경관리로서 적용이 가능하기 때문에 그 대상을 기업에만 한정하지 않고, 조직일반으로 하고 있다. 본 항에서는 ISO14000시리즈를 중심으로 관리시스템과 그 관련 영역을 살펴보도록 한다.

1) 환경관리시스템(Environmental Management System : EMS)

기업을 포함한 조직이 적절한 환경에의 대응을 체제적으로 구축하고 운용하고 있는 것을 관계자에게 제시하는 동시에, 각 조직의 활동이나 제품·서비스의 환경에 대한 부하를 절감하기 위해서 효율적인 환경관리시스템의 유지 및 운용의 촉진을 목적으로 한 ISO14000시리즈에 의거 심사 등록 제도가 세계적으로 확대되고 있다.

ISO14000시리즈의 핵심을 이루는 ISO14001은 조직 활동, 제품 및 서비스의 환경 부하 절감이라고 하는 환경 퍼포먼스의 개선을 실시하는 구조가 계속적으로 운용되는 시스템(환경관리시스템)를 구축하기 위해서 요구되는 규격이다. 거기에서는 환경관리 시스템을 조직의 관리 시스템의 일부로, 환경 방침을 책정하고 실시한다 그리고 환경 측면을 관리하기 위해서 사용되는 것으로, 5년마다 재검토를 필요로 하고 14000시리즈 중 유일하게 인증 등록을 정하고 있다.

그 과정은 ① 계획(plan), ② 실시 및 운용(do), ③ 점검(check), ④ 시정 활동 내지 개선(action)이며, PDCA사이클대로 계속적인 개선을 촉진하도록 설계되어 마지막으로 관리 검토의 단계를 갖는다.

2) 환경 성능 평가(Environmental Performance Evaluation : EPE)

주로, 대기 오염, 수질 오염, 폐기물 에너지처럼 측정 가능한 환경 항목에 대해서, 환경관리시스템처럼 PDCA사이클에서 운용하고 평가한다.

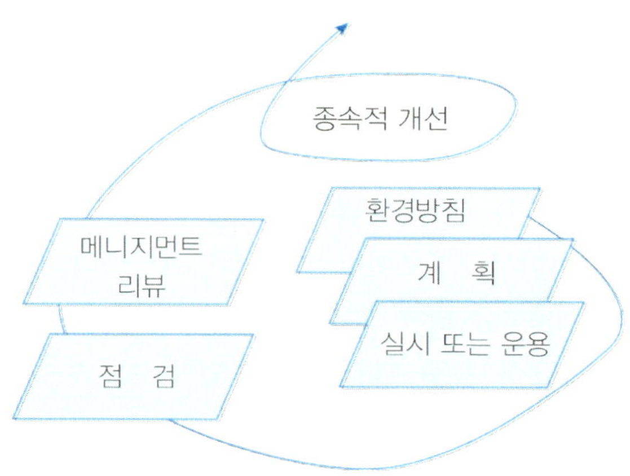

〈그림 17-1〉 ISO14001의 관리 프로세스 개념도

3) 환경 라벨(Environmental Label)

환경보전과 환경부하 절감에 유용한 상품, 또 그 대책을 첨부하는 라벨이다, 소비자가 친환경 제품을 골라내기 위한 정보임을 목적으로 한다. ISO에서는 14020~ 14025이 환경 라벨의 규격이다.

4) 라이프 사이클 평가(Life Cycle Assessment : LCA)

제품에 대한 환경 영향 평가 기법이다. 주로 개별 상품은 인에서 자원의 조달에서 생산, 수송, 판매용 및 서비스의 제공, 폐기, 재이용에 이르는 각 단계의 환경 영향을 정량적, 객관적으로 평가한다. ISO14040규격에는 ① 목적 및 조사 범위의 설정, ② 라이프 사이클 목록 분석, ③ 라이프 사이클 영향 평가, ④ 라이프 사이클 해석, ⑤ 보고, ⑥ 크리테이칼레뷰 등 6단계로 구성되어 있다.

5) 환경 적합 설계(Design for Environment : DfE)

조달, 생산, 수송, 판매, 사용 및 서비스의 제공, 폐기, 재활용(라이프 사이클)에 이르기까지의 생산물 사슬의 모든 단계에서 발생하는 환경부하를 더 작게 하도록 배려한 제품·서비스의 개발 및 설계이다.

6) 환경 회계(Environmental Accounting : EA)

환경 회계는 기업이 지속 가능한 발전을 목표로, 사회자의 좋은 관계를 유지하면서, 환경보전에의 대응을 효율적이고 효과적으로 추진하는 것을 목적으로 한다. 사업 활동에서 환경보전을 위한 비용과 그 활동으로 얻어진 효과를 인식 가능한 한 정량적(화폐 단위 또는 물량 단위)으로 측정하여 전달하는 구조이며, 그 기능은 외부에 대한 기능(외부 환경 회계)과 내부에 대한 기능(내부 환경 회계)의 2가지로 나뉜다.

7) 환경 보고서

기업이 스스로의 활동에서 환경 배려의 대처 상황에 관한 정보를 공개하는 사회 내지 이해 관계자로부터의 평가를 받아 기업 경영에 반영하기 위한 정보 제공의 유용한 수단으로서 환경 보고서의 역할은 커지고 있으며, 최근에는 이를 작성하는 공개하는 기업들이 증가하고 있다.

기업사례

사드보복 보다 무서운 中 환경규제

1. 중국의 환경오염 단속

주중한국대사관 관계자는 20일 "베이징 퉁저우(通州)에서만 대유신소재 중국법인을 비롯해 한국계 자동차 부품업체 3곳이 당국으로부터 생산정지 명령을 받았다."며 "중국이 역대 최고 수준의 환경오염 단속에 나서는 가운데 현지 진출 한국 기업에도 불똥이 튀기 시작한 것"이라고 밝혔다.

대유신소재는 한국의 자동차 핸들(스티어링휠) 1위 업체다. 대유는 기아자동차 합작공장이 있는 장쑤(江蘇)성 옌청(鹽城) 공장을 증설해 현대차 합작법인 베이징현대에 납품하는 것으로 일단 납품 중단 사태를 막고 있다. 나머지 2곳은 2차 협력업체로 자동차 핸들용 가죽제품과 헤드라이트의 플라스틱 표면을 만드는 곳이다. 칭다오에서도 한국계 미선가구 등이 가동중단 명령을 받은 것으로 전해졌다.

중국 당국은 환경오염 단속 강화가 경제 성장률을 0.2% 끌어내릴 것이라는 관측에도 불구하고 연말까지 환경문제 업체 퇴출에 속도를 낼 것으로 알려졌다.

특히. 내달 18일 개막하는 19차 당대회(19大)를 앞두고 베이징의 맑은 하늘을 보여주기 위한 수도권 환경오염 업체 단속이 대폭 강화되고 있다. 베이징주택.도농건설위원회는 최근 겨울 난방이 시작되는 11월 15일부터 내년 3월 15일까지 베이징 내 각종 토목, 석재공사와 철거공사를 전면 중단하는 통지문을 발표했다.

북경한국중소기업협회 관계자는 "작년초부터 강화된 환경단속은 한국기업만을 겨냥한 게 아닌 거스를 수 없는 큰 변화"라면서도 "다만 불공정하게 과잉단속당하는 사례가 있는지 살펴보고 있다."고 말했다. 중국에서는 올해말까지 달성해야할 5개년 대기오염 해소 목표 달성을 못할 경우 당할 문책을 우려한 지방정부 관리들이 과잉 단속에 나서고 있다는 우려도 나온다.

중국 진출 한국 기업들은 강화된 환경기준을 점검하고 신속히 대응해야하지만 환경시설 설치 및 개보수 비용이 만만치 않다는 지적이다. 주중한국대사관은 현지 지역 한국상회 코트라 등과 협력해 12일 베이징, 14일 텐진, 20일 칭다오에서 중국의 환경오염 관리 강화와 한국 기업 대응 방안 설명회를 잇따라 개최했다. 26일엔 기아자동차 합작공장이 있는 옌청, 27일엔 난징에서 설명회를 연다.

2. 공무원 과잉단속 우려

중국의 최근 환경오염 단속 폭풍은 작년 7월부터 4차례에 걸쳐 31개 성과 시를 상대로 진행된 것을 일컫는다. 환경보호부 관리는 물론 부패관료 잡는 공산당 기율검사위원회와 공산당 인사를 책임지는 조직부 관리들로 구성된 중앙환경보호감찰조는 올 9월 중순까지 이뤄진 1년여에 걸친 조사에서 18,000여개의 오염기업을 처벌했다.

이들에 물린 벌금만 8억 7,000만 위안에 달한다. 또, 1만 2,000명이 넘는 관리들이 기율 위반으로 처벌을 받았다. 세수와 일자리 유실을 우려해 문제 있는 업체의 환경오염을 눈감아준 관리들이 타깃이 됐다. 베이징에서만 퇴출 대상이 5,500개, 이 가운데 퉁저우 소재 기업에 1,240개사로 파악됐다. 1,240개 가운데 한국기업은 3곳으로 한국기업만을 겨냥한 건 아니다는 지적이다.

중국 당국은 이어 9월부터 문제가 큰 6개 성과 시를 상대로 동절기 특별 환경오염 감찰을 시작했다. 연인원 2,480명이 투입돼 내년 3월말까지 진행될 이번 감찰 대상지역은 베이징 텐진 산둥 산시(山西) 허베이 허난 등이다. 주중한국대사관의 정복영 환경관은 "이번 감찰은 "부실 관리한 공무원을 처벌하고 해당 기업을 끝까지 추적 관리할만큼 엄격히 진행된다."고 전했다. 베이징의 경우 환경보호부 부장(장관)출신인 천지닝(陳吉寧)이 올 5월 베이징 시장으로 오면서 환경오염 단속이 더욱 강화되고 있다.

환경오염 사범에 대한 행정처벌 뿐 아니라 형사처벌도 강화되는 추세다. 올해 1월 최고인민법원과 인민검찰원이 엄중한 환경환경에 속한 18가지 행위를 구체적으로 적시해 하달한 게 대표적이다.

3. 환경 오염 단속 한국 기업에도 불똥

"사드 보다 무서운 게 환경오염 단속입니다. 한국업체만을 겨냥하지는 않지만 한국의 대기업과 동반진출한 많은 협력업체들이 중국의 환경정책 리스크게 노출돼 있어요." 중국 진출 한국 대기업 관계자의 전언이다. 대기업들도 협력업체의 환경기준 준수를 면밀히 들여다 봐야한다는 것이다. 정복영 환경관은 대기업들이 협력업체들의 원가나 품질 관리 뿐 아니라 환경기준 준수 여부도 관리 지원하는 노력이 필요하다고 지적했다. 중국 당국이 환경단속에서 집중적으로 들여다보는 유형을 파악해야하는 이유다. 유형은 크게 3가지다.

첫째는 적법한 토지 사용권이나 건물 등기증이 없이 공장을 운영하는 곳이다. 즉각 폐쇄시킨다는 게 중국 당국의 방침이다. 둘째는 환경영향 평가를 받지 않은 곳으로, 생산라인을 증설하거나 환경오염방지 시설을 바꾸면 새로 환경영향평가를 받아야 하는 규정이 원래 있었지만 이를 무시하는 게 관례였지만 이젠 더 이상 묵인되지 않는 분위기다.

휘발성유기화합물(VOC) 처리시설 유무 여부다. 고깃집에서 볼 수 있는 환풍시설 같은 덕트를 설치하고, 옥상에서 VOC를 처리하는 시설을 갖춰야한다는 것이다. 지난해 대기오염방지법 개정으로 미세먼지와 오존을 유발하는 VOC 관리를 강화함에 따라 지방정부들이 앞다퉈 구체적인 규제기준을 내놓으면서 도장(塗裝)을 비롯해 VOC가 발생할 수 있는 모든 기업들이 환경 정책 리스크에 노출되게 됐다.

수시로 환경단속이 이뤄지면서 한국의 중소기업들이 밀집한 칭다오에선 야간으로 조업시간을 돌리거나 일시적으로 공장 가동을 중단하는 업체들도 적지 않다는 게 현지 진출 한국업체 관계자의 전언이다.

4. 환경단속과 경제악재 논란

중국사회과학원의 류유휘 연구원은 최근 홍콩 사우스차이나모닝포스트(SCMP)에 "중국 정부의 이번 단속은 겉 시늉이 아니라 정말로 진지하게 이뤄지는 것으로 보인다."며, "이러한 단속이 지속하면 생산자 물가, 실업률, 성장률, 경제구조 등에 다각적인 영향을 미칠 것"이라고 전망했다.

그의 분석에 따르면, 베이징 주변의 대대적인 환경 단속으로 중국의 경제성장률은 0.2%포인트 하락할 것으로 예측됐다. 톈진과 허베이성에서는 4만여 명의 노동자가 일자리를 잃을 것으로 예상됐다. 실제로 최근 중국 철강업계 조사를 위해 방중한 포스코경영연구소 심상형 수석연구위원은 "철강에 대한 구조조정 정책은 10년도 더 됐지만 실제 집행되는 건 시진핑 정부 들어서라고 얘기한다."고 전했다.

그러므로 중국에서는 과도한 환경오염 단속이 경제에 악영향을 끼칠 수 있는지를 놓고 논란이 일기도 했다. 20일자 일간 신경보는 사설을 통해 환경단속으로 경제가 영향을 받는 것에 과잉반응을 해서는 안된다고 지적했다. 최근 중국에 진출한 독일계 자동차 부품업체 쉐플러의 중국 담당 최고경영자(CEO)가 상하이 정부에 보낸 공문을 두고하는 얘기였다. 쉐플러는 이 공문에서 환경 단속으로 니들베어링을 만드는 협력업체 제룽(界龍)이 납품할 수 없게돼 결과적으로 중국내 49곳의 자동차 공장이 가동을 중단하고 이에 따라 200개 모델의 자동차가 최소 3개월 생산을 중단해야하고 피해액이 3,000억 위안에 이를 것이라고 지적한 것이 호들갑이라는 지적이다. 쉐플러 사태는 납품업체 확보로 해프닝으로 끝나게 됐다.

그러나 이 과정에서 중국 당국의 환경오염 척결의지를 확인시켰다. 환경보호부는 환경보호가 실물경제에 주는 충격을 과대포장하지 말라는 신경보 사설을 중국판 트위터 웨이보 공식계정에 올렸다. 쉐블러 사건에서 드러난 부품 납품 중단 위기는 자동차 산업이 오랜동안 환경 오염을 경시한 문제를 부각시킨다는 게 환경보호부의 지적이다. 이어 대기와 수질 및 토양 오염에 대한 대규모 처리가 이미 시작됐다며 감독강화는 거스를 수 없는 대세로 진짜 리스크는 감독강화에 있는 게 아니고 오염문제를 장기간 무시하는 데 있다고 강조했다.

5. 녹색 제조업과 녹색금융 시장

환경단속은 녹색시장을 창출하는 효과를 낳는다. VOC처리 기술을 가진 환경업체들로서는 중국이 새로운 황금시장이 되고 있는 것이다. 최근 공업정보화부 고위관리가 가솔린과 디젤 엔진자동차 생산 판매 중단 시간표를 만들고 있다고 공식 확인한 것도 전기자동차 시장의 급팽창을 예고한다. 세계 최대 전기차 판매량을 기록하는 중국은 이미 세계 전기차 생산의 절반을 차지하고 있다.

2016년 12월, 중국 정부가 발표한 13차 5개년 전략 신흥산업 육성 규획에는 녹색 저탄소가 5대 영역중 하나로 제시됐다. 규획안은 신에너지자동차 신에너지 환경보호 등으로 형성된 녹색 저탄소 산업의 규모를 2020년까지 10조 위안(약 1,700조 원) 이상으로 키운다는 목표를 설정했다. 그만큼의 시장이 생긴다는 얘기다.

녹색시장은 제조업에 머물지 않는다. 작년 8월 인민은행 환경보호부 등 7개 부처는 공동으로 '녹색금융 체계 구축과 관련한 지도의견'을 발표했다. 지도의견에서는 탄소배출권 선물거래도 모색하기로 했고, 탄소배출권을 기반으로 한 스와프 리스 채권 자산증권화 펀드 등 관련 금융상품도 차례대로 발전시켜 나가기로 했다.

알리바바 계열사로 중국 최대 핀테크 기업인 앤트파이낸셜이 작년 9월 저장성

(浙江省) 항저우(杭州)에서 유엔(UN)과 녹색금융 협력을 위한 양해각서(MOU)를 교환한 것도 탄소배출권 시장 성장으로 급부상할 것으로 예상되는 녹색금융 시장을 선점하겠다는 포석이라는 지적이다.

한국의 산업은행에 해당하는 중국 국가개발은행은 이달 12일 은행간 채권시장에서 '창장(長江)경제벨트 수자원 보호'녹색금융채권을 발행했다. 최대 50억위안 규모로 처음으로 개인을 상대로 발행한 녹색 금융채권이다.

녹색 제조업과 녹색금융을 쌍끌이로 키우겠다는 게 중국 당국의 구상이다. 그 흐름에 올라타는 것도 한국엔 기회가 될 수 있다. 위기와 기회는 늘 함께 다가옴을 중국발 환경정책 리스크에서 읽게 된다.

자료 : 「조선일보」. (2017). "사드보복 보다 무서운 中 환경규제." (9월 21일).

연습문제

17-1. 일본 환경기본법의 기본이념을 설명하라.

17-2. EU의 환경규제를 설명하라.

17-3. 환경경영의 이념을 설명하라.

17-4. 환경관리 기술에 대하여 설명하라.

17-5. ISO14001의 관리 프로세스를 설명하라.

17-6. 우리나라의 환경규제 실태를 설명하라.

17-7. 중국의 환경규제에 의한 우리나라의 기회요인에 대하여 설명하라.

참고문헌

감형규. (2016). 『알기쉬운 재무관리』. 서울: 유원북스.

강명주. (2015). 『소비자행동과 마케팅액션 [3판]』. 고양: 피앤씨미디어.

권수영. (2013). 『회계학 이야기』. 파주: 신영사.

김명호. (2014). 『기업사례경영학 [개정2판]』. 서울: 두남.

______. (2017). 『생산운영관리 [개정판]』. 서울: 두남.

김영수·정동섭. (2015). 『경영사례연구 [2판]』. 파주: 학현사.

김종길. (2015). 『재무관리 강의노트 [3판]』. 서울: 소온.

김종의·김소영·임승희·석유미·김소리. (2013). 『소비자행동론』. 서울: 형설출판사.

박우동·김명호. (2003). 『기업과 경영의 이해』. 서울: 법문사.

서도원·이덕로. (2015). 『현대 경영학원론』. 서울: 박영사.

신지용. (2016). 『현대마케팅 [9판]』. 서울: 탑북스.

안동규·김춘식·박찬주. (2015). 『현대경영학개론』. 서울: 두남.

양영종·한상필. (2016). 『New 광고의 이해』. 서울: e경영연구원.

오환종·이호·한승우. (2015). 『재무관리 이해』. 서울: 범한.

유성은. (2014). 『스토리 창업경영 [2판]』. 고양: 피앤씨미디어.

유순근. (2017). 『서비스 마케팅』. 서울: 무역경영사.

전찬열. (2015). 『경영학개론』. 서울: 영민.

정기한·신재익·오재신·김대업·박귀정. (2015). 『경영학개론』. 서울: 시그마프레스.

정용길. (2016). 『서비스 마케팅』. 서울: 이프레스.

최중락. (2015). 『경영학개론 [2판]』. 서울: 필통북스.

「조선일보」. (2016). "感·통찰력만으론 안 된다… 빅데이터 분석 능력 없으면 도태된다." (12월 17일).

________. (2017). "사드보복 보다 무서운 中 환경규제." (9월 21일).

「한국경제」. (2018). "AI에 빠진 국내 제약바이오 업체들… AI로 신약개발." (1월 3일).

P.Robbins Stephen. (2014). 『Fundamentals of Management 9/E』. Pearson.

Gulati, Ranjay and Mayo, Anthony J. and Nohria, Nitin. (2013). 『Management』. Cengage Learning.

谷口 和弘. (2012). 『経営原論―実学の精神と越境力』. 培風館.

馬頭 忠治. (2013).『アソシエーションとマネジメント － 経営学再考』. ラグーナ出版
山本安次郎·加藤勝康 編著.『經營學原論』. 文眞堂, 昭和 57年.
佐久間信夫 編著. (2011).『經營學概論』. 創成社.
片山富弘·山田啓 編著. (2014).『經營學槪論』. 同友館.

찾아보기

ㄱ

ㄴ

ㄷ

ㄹ

ㅁ

ㅇ

ㅈ

ㅍ

ㅎ

A

B

C

D

E

F

G

H

I

J

L

M

N

O

P

V

W

Z

기타

저자약력

김 명 호

한양대학교에서 생산관리 전공으로 경영학박사 학위 취득
성균관대학교에서 산업공학 전공으로 공학박사 학위 취득
현재, 국립 강릉원주대학교 경영학과 교수로 재직

|강의경력|

한양대학교, 동국대학교, 서울시립대학교 강의
미국 몬타나주립대학교 산업공학과 객원교수 역임

|주요 보직|

강릉대학교 사회과학대학 학장
강릉대학교 경영정책과학대학원 원장
강릉대학교 전자상거래지원센터(ECRC) 소장
강릉대학교 통일문제연구소 소장
국무총리 산하 '6·25전쟁 납북피해 진상규명위원회' 위원

|연구업적|

『기업사례경영학』, 『기업과 경영의 이해』, 『계량경영학』,
『생산운영관리』, 『기초통계학』 등 다수의 저서와 논문 발표

|수상|

2005년, 대한민국 창업대전 '동상' 수상
2010년, 대한민국 인권상 '근정포장' 수상
2015년, 『흔맥문학』 수필부문 '신인상' 수상
2017년, 통일부장관 표창
2018년, 농민신문사 『전원생활』 수기공모 '우수작' 수상

사례중심의 경영학원론

초 판 1쇄 발행 —— 2018년 3월 5일
초 판 2쇄 발행 —— 2019년 8월 10일
지은이 —— 김 명 호
펴낸이 —— 전 두 표
펴낸곳 —— 도서출판 두남
서울시 강동구 성내로6길 34-16 두남빌딩
신 고 : 제25100-1988-9호
TEL : 02) 478-2065~7, 2311
FAX : 02) 478-2068
E-mail : dunam1@unitel.co.kr
http://www.dunam.co.kr

정가 25,000원

ISBN 978-89-6414-788-7 93320